ニューカマーの子どもたち

学校と家族の間(はざま)の日常世界

清水睦美

勁草書房

はじめに

　「ニューカマー」と称される外国人が，多数，日本にも生活するようになった。「ニューカマー」（新来外国人）という呼称は，1970年代末から長期間滞在する外国人が増加し始めたことにより使われるようになったものである。これによって，日本の植民地支配と第二次大戦を契機に日本に来たり，強制的に連行された在日韓国・朝鮮人や在日中国人には「オールドカマー」という対語が使われている（駒井1997，p.16）。

　法務省入国管理局の発表によれば，2005年末の時点で，外国人登録を行っているものは201万人あまりで，総人口に占める割合は1.57%である。この数は，2004年末と比べて1.9%増，10年前（1995年）と比べて47.7%増で，1969年以降連続して増加してきている。そのうち，ニューカマーと称しうる外国人は約150万人である。

　ニューカマーの日本への流入は，三つの時期に区分することができる。第1期は1970年代末から1980年代前半で，この時期は，フィリピン女性を初めとする風俗関連産業に従事する女性の外国人労働者，インドシナ難民，中国帰国者二世・三世，そして欧米系ビジネスマンである。第2期は，1980年代後半からバブル経済が崩壊する1990年代初頭で，資格外就労者および超過滞在者からなる非正規の外国人労働者，ラテンアメリカからの日系人である。第3期は1990年代初頭以降で，国際結婚と日本企業の国際進出にともなう外国人雇用という形態が生み出されつつある。ただし，この時期区分は，当該の形態での流入がその時期から始まったことを示すものであり，通常，後の時期になってもその形態の流入は多少なりとも存続し続けている（駒井1997，pp.12-14）。

　ニューカマーの流入には，このように異なるいくつかの形態があるため，このことは，当然のことながら，かれらが住む地域での生活の仕方を異ならせている。例えば，宮島（1996）は，ニューカマーを地域社会における生活者としてとらえる視点から，①単身就労型，②家族出稼型，③日本人の配偶者型，④契約社員型，⑤就労・留学型，⑥定住型の6タイプに分類している。ただし，

これらのタイプは固定的ではなく，他のタイプへの移行——例えば②→⑥，⑤→④，①→③は，現実にかなり観察されているという。滞在の長期化，定住化は，確実に進んでいると言えよう。このような変化の中で，ニューカマーの地域生活との関わりは着実に増している。そのことは，かれらの問題が，単身者を前提とする雇用や賃金に関するものから，家族との同居を前提とする住宅・社会保障・教育などに関わるものへと拡大してきていることを意味してもいる。

　本書では，こうした新たな問題群の中から教育，なかでも学校にかかわる問題を取り上げる。ニューカマーの滞在の長期化や定住化の中で，かれらが生活の保障や精神的な安定を求めて，日本で次世代を再生産したり，母国から家族を呼び寄せたりすることは至極当然である。しかしながら，その営みが成功するかどうかは，日本社会において教育を担う制度として社会的に位置づけられている学校との関係によるところが大きい。また，高度に制度化された社会における国際移動は，子どもの教育機会を減らし，結果として世代間の職業階層の変化を減じているとも指摘されている（駒井1995, p.18）。ということは，ニューカマーの教育や学校の問題は，ニューカマー家族の成員間に異なる問題を提起することにもなっているのである。そこで本書では，特に「ニューカマーの子どもたち」に焦点を絞って検討してみたい。

　ところで，日本の学校にニューカマーの子どもたちは，どのくらい在籍しているのであろうか。文部科学省の公式発表によれば，2004年9月現在，1万9,678人（小学校13,307人，中学校5,097人，高等学校1,204人，盲・聾・養護学校55人）の「日本語指導が必要な外国人児童生徒」が日本の学校で学んでいる。そして，かれらの在籍している学校数も5,346校に達している。しかしながら，この数は，「日本語指導が必要な外国人児童生徒」というカテゴリーによってカウントされたものであるから，ニューカマーの子どもたちの日本の学校における在籍数は，この数を遙かに上回ると予想される。本書の射程は，文科省の統計調査にはカウントされないニューカマーの子どもたちも含まれている。

　ここで本書の構成を簡単に述べておきたい。本書は，第Ⅰ部と第Ⅱ部に大きく分かれている。これは方法論の違いによるもので，第Ⅰ部は「エスノグラフィー」を手法として，ニューカマーの子どもたちと学校や家族の「間（はざま）」にある日常世界を描き出すことを試みている。第Ⅱ部は，エスノグラフィックな研究をベースとした「臨床的アプローチ」を手法としたものである。本書は，

1997年秋から2005年3月までの7年余りをかけた筆者のフィールドワークの成果である。研究期間の長さは，ニューカマーの子どもたちの日常世界への接近の困難さを物語るものである。それゆえ，膨大な紙面が必要となってしまったが，しばらくおつき合いいただければ幸いである。

ニューカマーの子どもたち
―― 学校と家族の間（はざま）の日常世界 ――

目　次

はじめに　　*i*

序　章　ニューカマーの子どもたちの日常世界を
　　　　読み解くために……………………………………………1
　　1　受け入れる側の日本の学校の状況 ………………………2
　　2　ニューカマーの子どもたちに関わる研究の状況 ………5
　　3　研究対象の概要 ……………………………………………22

第Ⅰ部　エスノグラフィー

第1章　学校と家族 …………………………………………29
　　1　教師のまなざしとの関係 …………………………………29
　　2　日本人の子どもたちとの関係 ……………………………45
　　3　家族との関係 ………………………………………………64

第2章　学校と家族の間(はざま)の日常世界 ……………71
　　1　ニューカマーの子どもたちをめぐる多様なコンテキスト …71
　　2　「手厚い支援」とは …………………………………………111
　　3　ニューカマーの子どもたち自身による
　　　　コンテキストの生成 ………………………………………120

第3章　地　域 ………………………………………………135
　　1　地域におけるボランティア教室 …………………………138
　　2　地域におけるニーズ発見の試み …………………………150
　　3　ニューカマーの子どもたちによる日常的支援の組織化 …169
　　4　蓄えられた資源 ……………………………………………179
　　5　第Ⅰ部を締めくくるにあたって …………………………189

第II部　臨床的アプローチ

第4章　教育社会学による「臨床」の可能性 ……195
1. エスノグラフィーにおける「研究者」と「現場」の関係 ……197
2. 「研究成果のオーディエンス」としての現場 ……200
3. 研究成果の「再埋め込み」……202
4. 研究者コミュニティで蓄積された研究成果を背景として　206
5. 「研究者」と「現場」のストラグル ……209

第5章　外国人生徒のための授業
　　　　――学校文化の変革の試み ……212
1. 学校の支配的なコンテキストからの転換 ……212
2. 外国人生徒のためのカリキュラム編成 ……227

第6章　学力調査による課題設定
　　　　――再帰的学校文化の醸成 ……259
1. 新たな課題の立ち上げ過程 ……260
2. 教師の認識枠組の変化 ……263
3. 新たな課題・学力補充学習の意味構成 ……268
4. 課題の連鎖 ……277
5. 再帰的学校文化の醸成 ……286

第7章　ニューカマーの子どもたちによる
　　　　自治的運営組織の可能性 ……290
1. ボランティア教室からの独立 ……290
2. 自治的運営組織の活動 ……294
3. 帰属によるニーズの創出 ……305
4. 自治的運営組織の機能 ……311

終　章　ニューカマーの子どもたちの日常世界への接近 …323
　　1　エスノグラフィーによる知見の要約 …………………………323
　　2　臨床的アプローチの成果 ……………………………………330
　　3　どこに可能性は拓かれていくのか ……………………………332

参考・引用文献　　　346
資料1　本書に登場するニューカマーの子どもたちのリスト　　355
　　2　家族インタビュー対象者リスト　　357
あとがき　　361
人名索引　　363
事項索引　　364

序　章　ニューカマーの子どもたちの日常世界を読み解くために

　外来の人になにもてきません。学校きたからみんなてわるいのはなしいわれました。この人ともたちいない。自分てさふしかたです。この人を中国からきました。いろいろわかないし。たれかおしえて欲しい。でもみなてわたしのきもちなんかわからないです。わたしはわかる一年前にわたしは日本にきたの学校にきたときに。みんな怖い。学校にいきたぐない。こころときときする。教室の中に。みなてなんかいわれた。わたしはいろいろわかりません。たれかたすけて。自分て怖いかた。わたしは学校でいぢめることあります。あのどき怖いかた。あの人のきもちわたしはわかります。あのときさぶしかた。ともたちいないなんにもてきません。なんかみないわれた。あの人どてもかわいそをないろいろがいわれました。ともたちいないとかなんにもてきないなー。あのときわたしはちょームカツクです。あの人にわたしのきもちおんなじおもいました。なんかみんなてあの人にいじめないでともたちなるほしいです。外来の人をいじめないでいま日本と中国ともたちなてしよう中国じの人日本きたのなかともたちなたほしいてしよう。かんじゆめるし。中国語てきるし。日本語てきるしい。漢字ゆめないおしえてもらたしい。みんなでたのしいのともたちてきる。よにいてしよう。これはわたしのかんそうです。

　この作文は，来日2年になろうとする中学1年生の中国籍の女の子によって，筆者がフィールドワークを行っていた中学校のある授業で書かれたものである（フィールドノーツ，2002年11月）。句点や読点，濁点の間違いからは，日本語の書き言葉にまだまだ不慣れであること，また，文章の流れからは，彼女の感じていることが日本語を通して十分に表現されるまでに至っていない様子が感じられる。そうではあっても，「ちょームカツク」の表現に見られるように，日本の若者文化の影響を確実に受けていることも感じられる。
　しかしながら，本書の問題関心は，そこにはない。

ここで，日本語の表現上の問題を横に置いて，もう一度ニューカマーの子どもの一人である彼女が，来日間もない時期に，何を学校で感じていたのか，この作文から確認してみたい。そこには「みんな怖い」「学校に行きたくない」「ドキドキする」「誰か助けてほしい」といった不安を読み取ることができる。そして，こうした彼女の気持ちを，学校の教師はどのように扱うのだろうか。そのように扱われた結果，彼女は日本の学校をどのようにとらえるようになるのか。そして，そのことは彼女の日本での生活をどのように意味づけていくのか。本書の問題関心は，ここにある。

　第Ⅰ部では，日本の学校に通うニューカマーの子どもたちと，かれらを受け入れる日本の学校の教師との間で繰り広げられる対面的相互行為に焦点をあてつつ，そうした相互行為を規定する互いの認識枠組や力関係までを含み込んで，ニューカマーの子どもたちの日常世界を描き出すことを試みたい。さらに，第Ⅱ部では，筆者のフィールドワークを通じて，ニューカマーの子どもたちの日常世界に接近した試みやニューカマーの子どもたち自身の新たな活動の展開を描き出してみたい。本章では，それに先だって，ニューカマーの子どもたちを受け入れる日本の学校の状況を概括した上で，先行研究との関連，本書の研究対象に言及することとする。

第1節　受け入れる側の日本の学校の状況

　ニューカマーの子どもたちの日常世界を描き出すにあたって，本節では，受け入れる側の日本の学校の状況，特に制度的枠組を概括することとする。というのは，それらが，ニューカマーの子どもたちと日本の学校の教師との間で繰り広げられる対面的相互行為を，一定の方向に規定していく側面があるからである。

　学齢期の子どもを伴って来日したニューカマーの親が，子どもを学校に通わせようと考える場合，かれらは居住場所を管轄する教育委員会に就学依頼をしなければならない。なぜならば，日本における義務教育は，法令上，日本国民に義務づけられているものであるから，外国人には適用されないのである。外国人には，子どもを日本の義務教育諸学校に就学させる義務がないために，就学を希望する場合は，当該の教育委員会に就学を依頼し，それが許可されなけ

ればならない[1]。阿久澤（1998）によれば，ニューカマーが急増した当初は，学校教育へのアクセス自体が困難であるという「入り口」の問題が起こったとされる。そこで紹介されているのは，日系ブラジル人の子どもの就学を「日本語がわからないから」という理由で拒否した事例や，就学案内が送られていなかったカンボジア人家庭の子どもが，就学時期を6ヶ月も過ぎていながら本人も家族もまったく気づかないままで，地域のボランティアによってそれが発見された事例である（pp.97-98）。また，太田（2000b）によれば，編入学年を年齢相当学年にすることが適当かどうかが問題となった場合もあるとされている（pp.148-153）。

　こうした様々な問題がありつつも，「入り口」が開放されれば，ニューカマーの子どもたちは日本の学校に通うことになる。そこで，かれらはどのように扱われることになるのであろうか。太田（2000b）によれば，「日本人と同様に取り扱う」というのが，文部科学省の示す基本原則であるという。外国人の子どもには，日本人と同様に，授業料は徴収されないし，教科書も無償で配布される。その代わりに，授業も日本人と同じ内容を同じ方法で受け，学校生活も日本人と同じように過ごすことが求められる。言いかえれば，日本の学校は，外国人を「特別扱いしない」というのである（pp.25-26）。こうした状況は，筆者のフィールドワークにおいても実感されることで，それを表象するようなエピソードもある。1999年3月，筆者は，本書のフィールドともなったS中学校に，フィールドワークを依頼するために訪問しているが，その際に当時の管理職は次のように話していた。

　　皆さんも法令に関してはご存じだと思いますが，日本の学校には，外国籍生徒を受け入れる義務は法律上ありませんから，学校の方針に従えない生徒については，ご遠慮いただいて結構だと考えています。［フィールドノーツ，1999年3月2日］

　しかしながら，現実的には，日本語をほとんど解さないニューカマーの子どもたちを，日本の学校で「日本人と同様に取り扱う」ことには無理がある。そこで行われるのが，「特段の配慮」である。そのことは，文部科学省の帰国・外国人児童生徒教育に関する施策[2]の冒頭部分に次のように示されている。

【帰国・外国人児童生徒教育の充実】
　帰国児童生徒については，単に国内の学校生活への円滑な適応を図るだけでなく，海外における学習・生活体験を尊重した教育を推進するために，帰国児童生徒の特性の伸長・活用を図るとともに，その他の児童生徒との相互啓発を通じた国際理解教育を促進するような取り組みが必要である。
　また，外国人の子弟には就学義務が課せられていないが，我が国の公立小・中学校への就学を希望する場合には，これらの者を受け入れることとしており，受け入れた後の取扱いについては，授業料不徴収，教科書の無償給与など，日本人児童生徒と同様に取り扱うことになっている。このような外国人児童生徒の我が国の学校への受入れに当たっては，日本語指導や生活面・学習面での指導について特段の配慮が必要である。（後略）

　この文章に最初に触れた際の筆者にとっての最も大きな違和感は，外国人児童生徒教育に関する施策が，帰国児童生徒と同じ範疇にあることである。阿久澤（1998）によれば，こうした枠組の背景には，「ニューカマー」と呼ばれる人びとの中で，最も早くに日本に定住し，学校に受け入れられた最大のグループが中国帰国者であったことと密接な関係があるという。かれらの受け入れは，「保護者の勤務に伴って海外に長期間在留した後に帰国した子どもと同じ扱い」，すなわち，海外で長期にわたり教育を受けて帰国した日本人，いわゆる「帰国子女」と同様であると判断されたというのである。その結果，中国帰国者については「中国帰国孤児子女」，それ以降に来日したインドシナ難民や日系人などについては「外国人子女」という範疇が新たに設けられたという。しかし，いずれの場合も「海外子女教育」「帰国子女教育」を担う海外子女課がそれを担当しており，その結果，ニューカマーに対する文教政策も「帰国子女教育」と同一線上に位置づけられることになったというのである（p.100）。この制度的枠組は，2005年3月現在も変更されてはいない。

　こうした制度的枠組のもとで，外国人児童生徒の教育施策がなされることによって，ニューカマーの子どもたちに対する「特段の配慮」は，日本語指導や生活面・学習面での指導に焦点化されていく。筆者は，ニューカマーに関する研究を行うために，いくつかの自治体の教育委員会を訪問してきたが，その際になされるニューカマーの子どもたちに対する教育支援の施策の説明は，そのほとんどが「日本語指導」と「適応指導」に関係するものであったことは，こ

うした制度的枠組の結果であろう。

　また，こうした目的のもとで行われる教育施策は，文部科学省の施策だけでなく，各自治体ごとに取り組まれているものもある。例えば，「日本語指導」では，拠点校方式・センター校方式・教員の派遣方式・協力者（通訳）の派遣方式など，各自治体の教育政策や財政状況，地域住民の特性などの要因から多様な形態がとられている。また，「適応指導」では，一定数（一般的には5人）の「日本語指導が必要な外国人児童生徒」が在籍する学校には，教員を加配して「国際教室」といった呼称の場が設けられたりもしている[3]。

　ところが，太田（2000b）は，この「日本語指導（日本語教育）」と「適応指導（適応教育）」のいずれもが，ニューカマーの子どもたちを「日本人と同様に取り扱う」ことを可能にするために行われていると，次のように説明している。

　　こうした子どもたちを受け入れる学校で，真っ先に取り組まれるのが日本語教育である（中略）が，同時にかれらを対象にして実践されるのが適応教育である。つまり，かれらは「日本語を話せない」だけでなく，「日本の学校になじんでいない」子どもたちととらえられる。「日本語能力が極めて不十分」な子どもに対する「日本語指導」のみならず，「家族ともども日本の生活習慣に通じていない」子どもに対する「生活面・学習面での指導」が，文部省の意図する「加配教員」の配置理由であった。（中略）／「日本人と同様の」教育を可能にするために強調されるのが日本語教育であったが，適応教育も同様である。日本語がいくら話せるようになったとしても，日本人と同様の行動をとれるとは限らない。ここに日本の学校習慣になじむという意味での適応教育が強調されるゆえんがある。（pp. 191-192）

　以上，ニューカマーの子どもたちを受け入れる日本の学校の制度を概括したわけであるが，これによって明らかになったことは，「日本人と同様に取り扱う」「特別扱いしない」ことを前提とする制度的枠組のもとで，日本の学校の教師は，ニューカマーの子どもたちを受け入れているということである。

第2節　ニューカマーの子どもたちに関わる研究の状況

　ニューカマーの子どもたちは，来日後，前節で明らかにしたような状況のも

とにある日本の学校に通うことになるわけであるが，本節では，ニューカマーの子どもたちに関わる先行研究を本書との関連で俯瞰してみたい。その上で，「ニューカマーの子どもたちの日常世界を描き出す」ための方法論を検討することとする。

（1）問題の取り上げられ方

　日本の学校に在籍するニューカマーの子どもたちが注目を浴びるようになったのは，1990年代に入ってからである。というのは，それまで日本の義務教育課程に在籍する「外国人児童生徒数」としてカウントされてきた数は，暫時減少を続けていたわけであるが，それが90年頃を境に増加傾向に転じたからである（阿久澤1998，p.96）。こうして注目されるようになったニューカマーの子どもたちは，「日本語が十分に話せない」ところに特徴あるとされ，「教師と意思疎通することのできない子どもを指導した経験のないわが国の学校は，現在，非常に大きな衝撃を受けていると考えて差し支えない」（梶田1997，p.1）と理解されるに至ったのである。

　日本の学校の受けたこのような衝撃をベースに，ニューカマーの子どもたちへの教育的対応を検討した梶田（1997）は，それを3階建ての家に例えている。1階のフロアは異文化交流・理解，2階のフロアは日本語指導，3階のフロアは教科指導である。そして，その3階建てを支える土台となるのが，アイデンティティ形成である。この中でもアイデンティティ形成のフロアは最も重要で，「しっかりとしたアイデンティティで支えられていないと，地上3階の建物は崩壊することになる」（p.15）と述べ，この土台と各フロアの関係を次のように指摘する。

　　このアイデンティティとは，端的にいうと，「あなたは誰か（Who are you?）」あるいは「わたしは誰か（Who am I?）」という問いに対する自分自身の答えである，と言って間違いないだろう。いろいろな答えがありうるけれども，外国人児童・生徒へのアイデンティティの問いは，3階建てのそれぞれのフロアの活動から，直接に発せられることが多い。異文化理解の1階のフロアからは，「なぜ学校にピアスをしてくるのか？」と問われる。2階の言語教育のフロアからは，「熱心に漢字を覚えないと困るよ！」といわれる。3階の教科指導のフロアでは，

「ブラジルの割り算の仕方は，日本と違うので，日本の書き方を覚えてよ」と言われる。それらすべての問いは，何らかの形で外国人児童・生徒の内面にすでにある価値意識，自我，自尊心に密接に関わってくる。そして時には衝突し，深刻な葛藤に悩むこともあるだろう。(p.15)

　ここで，梶田は「アイデンティティの問いは，3階建てのそれぞれのフロアの活動から，直接に発せられることが多い」と指摘した上で，各フロアからの具体的な問いを例として示している。しかしながら，ここで示されている各問いを検討すると，それぞれの活動から直接的にアイデンティティが問われているというよりは，いずれも1階の異文化交流・理解のフロアを経由して，アイデンティティの問いが発せられているのではないか，という疑問が生じる。例えば，漢字を熱心に覚えることも，割り算の方法についてブラジルの方法ではなく日本の方法を覚えることも，「なぜ，それを覚えるのか」という問いが，明示的ではないにしても，確実にその背後に存在している。そして，その「なぜ，それを覚えるのか」という問いは，異文化交流・理解のフロアに関係するものである。梶田が異文化交流・理解のフロアを，建物の1階に比喩しながらも，2階の言語指導や3階の教科指導のフロアとの階層性に言及していないのは，異文化交流・理解のフロアが理念的に想定されているからではないかと思われる。
　この点を詳しく検討するために，異文化交流・理解のフロアの梶田の説明を引用してみよう。

　　ここでは外国人児童・生徒が，日本の学校のイメージ，子どもに期待されるもの，先生の役割，学校での成果の意味などを理解するとともに，日本の子どもや教師にとっても，外国人児童・生徒がもっている学校についてのイメージ，期待，態度・価値観などを知ることが，このフロアの基本になる。(p.12)

　この梶田の指摘に対して，志水（2001）は，ニューカマーの子どもたちへの教育的対応として三つのフロアがあることを認めつつも，異文化交流・理解のフロアについては，次のように異を唱えている。

ニューカマーの子どもたちの実際の学校生活を検討してみると，その実態は，「異文化交流」などという「よそいき」のものとは似ても似つかない性質のものであることがわかる。そこでは，上の解説（梶田の説明）で仮定されているような相互性が実現されていることはまれである。圧倒的な日本の学校文化の圧力の前に，ニューカマーの子どもたちがなんとか「適応」を遂げようとしているというのが，おおよその実態であろう。（p.16——括弧内引用者補足）

　この点における両者の違いとは何であろうか。それは，梶田が，ニューカマーの子どもと日本人の子どもや教師との関係を並立的に対置しているのに対し，志水の場合，「圧倒的な日本の学校文化の圧力の前に」という指摘に示されるように，ニューカマーの子どもと日本人の子どもや教師との関係には，マイノリティとマジョリティという一定の権力関係を想定しているのである。この両者の違いは，日本のニューカマーの子どもたちをめぐる問題の取り上げられ方の二つの異なる側面につながるものである。その違いを，ここでの梶田と志水の認識の違いからのみ拾い上げれば，次の３点が指摘できよう。前者が理念的であるとすれば，後者は実証的である。また，前者が国際理解教育・多文化教育推奨的であるとすれば，後者は学校文化批判的である。さらに，前者が「日本人と外国人の対等性」を前提にしているとすれば，後者は「日本人の外国人の権力関係の非対称性」を前提としているのである。
　このように両者の認識には大きな隔たりがありながらも，現在のところ，その違いが明確に顕在化しているとは言い難い。それは，特に日本人と外国人の対等性を理念的に想定している立場によってもたらされているように思われる。というのは，この立場は，ニューカマーの子どもたちの問題を取り上げる際，理念にそぐわない現実を取り上げる際には，学校文化批判的分析枠組を用いるのだが，そうした現実に対して提唱するのは国際理解教育・多文化教育推奨であり，その間に存在する隔たりに必ずしも自覚的ではないからである[4]）。しかし，こうして推奨され続けている「国際理解教育」や「多文化教育」に対しては，疑問の声も徐々に起こり始めている。金（1999）は，1980年代後半から行われた多文化共生の教育実践に対して，次のように述べている。

　　彼らマイノリティの子どもたちが，いくら自民族の文化的素養を学び，またマジ

ョリティの子どもたちが「異文化理解」の名のもとに，民族的マイノリティの子どもたちの民族文化を学んだとしても，ホスト社会における「差別・抑圧の構造」が残りつづけているかぎり，「共生」は「絵に描いた餅」に終わってしまう。また，多文化教育は，文化間の相互理解を強めることを目的とすることによって，「文化的差異の強調」と「支配関係や差別関係の隠蔽」という危険性をももつ。(p.45)

一方，日本人と外国人の権力関係の非対称性を前提とする立場は，ニューカマーの子どもたちの問題を取り上げる際には，実証的であることを最優先する。それは，例えば，太田晴雄（2000b）『ニューカマーの子どもと日本の学校』，志水宏吉・清水睦美編著（2001）『ニューカマーと教育』，児島明（2006）『ニューカマーの子どもと日本の学校文化――日系ブラジル人生徒の教育エスノグラフィー』などである。本書も，この立場で，ニューカマーの子どもたちの問題を取り上げていく。なお，この立場に対しては，「では，どうすればいいのか」という問いに答えていないという批判があることも事実である。本書ではこうした批判に答えて，第Ⅱ部の展開を試みている。

（2）日本におけるエスニック・マイノリティ研究

さて，日本人と外国人の権力関係の非対称性という前提によって取り上げられるニューカマーの子どもたちの問題は，まず，エスニック・マイノリティ研究との関連で検討する必要が出てくる。日本におけるエスニック・マイノリティ研究は，日本において支配的であった単一民族神話のもとで（姜1996，酒井1996，小熊1995），蓄積がそれほど多いと言えない。そうした状況のもとで，1990年以降のニューカマーの子どもたちの急増は，それまで看過されがちであった「エスニック・マイノリティ」に光をあてることになってもいったのである。例えば中川明編著（1998）『マイノリティの子どもたち』には，アイヌ民族の問題が取り上げられており，そうした状況の一端をうかがうことができる。

こうした変化の中でにわかに表舞台に出てくることになったのは，在日韓国朝鮮人に関する研究である。教育の分野で「多文化」に視点をあてたものとして，1985年という極めて早い時期に初版が刊行されたのが，小林哲也・江淵一公編著『多文化教育の比較研究』である。この中で日本の事例として在日朝鮮

人教育を紹介した中島（[1985] 1997）は，教育現場の実態について次のように述べている。

　　一般に日本人教師は，「朝鮮人の子どもも日本人と同じに扱っているので，学校の中に差別はない」という意識をもち，「とくに義務教育段階の学校は日本国民の育成を目指すところで，朝鮮人の親もそれを承知で子どもを通わせている。したがって特別な配慮は必要なく，かえって寝た子を起こすことになる」と現状を肯定しがちである。しかし，朝鮮人を日本人と区別なく扱うことが実は朝鮮人差別につながることや，朝鮮人保護者が決して日本の学校の教育内容の同化性に満足しているわけではないことは理解されにくい。（1997第3版，pp.317-318）

　これらの指摘は極めて示唆的であるわけだが，それ以上に驚くべきことは，20年以上が経過しようとする現在でも，日本におけるエスニック・マイノリティに対する教育は変化しているとは言い難いという事実である。
　こうした同化主義的な傾向のもとにある日本の学校の対応は，一方で批判され続けつつも，それは変化し難く存在していて，在日韓国朝鮮人の子どもたちはそうした状況をくぐり抜けて日本社会で大人になっているのである。ここではそうした状況を肯定しているわけではないが，こうした事実が実際に存在することも認めざるを得ない。そして，こうした事実と，欧米のエスニシティ研究の出会いが，日本のエスニック・マイノリティ研究に，新たなステージを準備することになっていくのである。
　ここで，欧米におけるエスニシティの議論に，簡単に触れておきたい。欧米におけるエスニシティの議論は，実はそれほど古いことではない。例えば，コーエンが「過去わずか数年間に出版された本や研究論文のタイトルをざっとみわたしてみると，『エスニシティ』や『エスニック』という用語が，着実にまた急速に受け入れられ用いられていることがわかる」と記したのは1978年のことである（1996 [1978]）。このような「エスニシティ」や「エスニック」という用語の頻出傾向は，当然のことながら，その定義をめぐる議論を活発化させていく。そうした中で，エスニシティの定義は，客観的アプローチと主観的アプローチの違いが明確化されるようになる。前者は「エスニック集団をあたかも現実の現象として『すぐにそこにある』ものであるかのごとく仮定」する定

義である。これに対して，後者は「エスニシティを個々人が自らを他者とは異なっている，もしくは異なる集団に属していると同定する過程，あるいは個々人が他者から異なっていると同定される過程，あるいは個々人が自らを他者とは異なっていると同定し，他者からも異なっていると同定される過程である」とする定義である（イサジフ1996［1974］）。

さらにこの議論はそこにとどまらず，双方のアプローチを可能にする複合的定義へと概念化されるようになる。こうした複合的定義の概念化は，次のバルト（1996［1969］）の議論に象徴されるように，エスニック集団の境界を問題として据えていくことになる。

> この観点からみた研究の重要な焦点は，集団が囲い込む文化の中身ではなくて，集団を規定するエスニックの境界となる。私たちが注目しなければならない境界とは，いうまでもなく社会的境界——地理的境界を伴っているかもしれないが——である。ある集団の成員が，他の集団の成員と相互作用を行う際にアイデンティティを維持しているならば，そこには，その成員資格を決定する基準と，成員資格を示したり排除したりする方法があるはずである。エスニック集団は，ただたんに——あるいは必ずしも——排他的な土地の占有を基礎としているわけではない。集団が維持されていくさまざまな方法——一度かぎりの成員編入だけでなく，継続的な意思表明や認定によっても行われる——については，分析が必要である。(p.34)

こうして，エスニック集団の境界を問題にすることに焦点化したエスニシティの議論は，当該の集団を維持するアイデンティティの問題へと切り込んでいくことになるのである。

このような欧米のエスニシティの議論の影響を受けて，日本の在日韓国朝鮮人に関する研究も，アイデンティティに焦点をあてた研究が蓄積されるようになっていく。例えば，福岡（1993）は，在日韓国朝鮮人の若者の間に存在する多様なアイデンティティを描き出すことを試みている。また，金（1999）は，エスニシティと在日韓国朝鮮人の世代間で異なるアイデンティティとの関係を捉えている。

こうして新たなステージを迎えた日本のエスニック・マイノリティ研究では

あるが，それは決して平坦ではない。その困難さは，鄭（1996）の「アイデンティティを超えて」と題される論文の，次の文章に記されている通りである。

　　アイデンティティが，社会的承認，他者（たち）による承認があってこそ成立するものゆえ，アイデンティティをもつとは，ある社会的存在であることを自他ともに認めることである。そこには，他者との単なる合意ばかりか，権力構造を許容・温存する共犯関係までもが入り込むスキがある。アイデンティティを有することが，他者ばかりでなく，自己までも他者化し，ステレオタイプ視することになれば，自分を差別する構造を，進んで助長することにほかならない。
　　にもかかわらず，アイデンティティを奪われる／否定されると，反差別運動は，それを回復／確立することをめざす。そこに潜んでいる，もうひとつの重要な問題が，見落とされがちだ。アイデンティティが奪われる／否定される一方で，実は念入りなことに，アイデンティティを持たなければいけない，という社会的圧力もまた，より一層強まっていることが，見落とされている。反差別運動が，奪われた／否定されたアイデンティティを回復／確立することに終始するだけでは，第一の落とし穴は避けられても，第二の落とし穴に，マンマとはまる。カムアウトや，アイデンティティの回復／確立とは，イコール，解放でもなく，最終的な目的となるわけでもない。むしろ，そこから，アイデンティティという構造がもつ，差別性を打ち破っていくための，ひとつの手段であり，一過程であるにすぎない。問題はそこからだ。差別と闘い，自己を解放するとは，アイデンティティをもつことを強制されることからの自由，境界を自由に往来する権利，を求める実践そのものの中にあるのだ。自分がどうあり／たいのか，自分がどこに所属し，誰を仲間として選ぶのか，それを自己決定する際，それは単一の固定された〈アイデンティティ〉——既製服——を以てするのではなく，複合的／流動的／超境界的な〈自己〉が，"場"——自分の手で自分に合った服をつくりだすための——として必要とされるだろう。（pp.18-19）

　ここに示されるのは，「奪われた／否定されたアイデンティティを回復／確立すること」は，一方で「アイデンティティを持たなければいけない」という社会的圧力を強めているのであり，それによって，それまでとは異なる次元であるとはいえ，ある種のアイデンティティは奪われ否定されることになる，という「アイデンティティ」という概念そのものに内包される問題である。

この問題と関連して本書を検討すれば，本書は，前項で示したように「日本人と外国人の権力関係の非対称性」を前提とする立場でニューカマーの子どもたちの問題を取り上げるわけであるから，そこで作成されるテキストが「アイデンティティを持たなければならない」という社会的圧力を強める傾向を持ちやすいことは否定できない。しかしながら，こうした傾向をもったテキスト作成によって，「日本人と外国人の権力関係の非対称性」が一層固形化されるのでれば，それは避けなければならない。本書では，こうした傾向を回避する可能性を方法論に見出している。この点は，後に検討することとする。

（3）学校文化研究

　ここで，ニューカマーの子どもたちから視線を転じて，かれらの日本での受け入れ側である学校に関する研究を検討してみたい。教育社会学の分野では，欧米で1970年代頃，日本では1980年代頃，学校研究から学校文化研究への大きな転換があったとされる。この転換は，「教育社会学におけるパラダイム展開」や「〈新しい〉教育社会学」などと言われ，それによって学校に関する研究も，学校の機能に焦点化した学校研究から，学校そのものを文化現象として考察する学校文化研究へと変化してきている（木原他1993，アップル他1993，長尾・池田1990，カラベル＆ハルゼー1980［1977］）。

　そうした欧米での研究動向と，それらの日本での紹介のされ方を整理した志水（1990）は，「不平等の生成」をキーワードとするアメリカの学校文化論[5]と，「文化の再生産」をキーワードとするヨーロッパの学校文化論[6]を大別した上で，両者に共通する公約数的な論点として，次の2点を指摘している。第一に，それらの論考のターゲットは，「教育がいかに社会構造の再生産に寄与しているか」という問題であり，第二に，教育における再生産のプロセスを「学校における文化伝達の過程」に注目して解き明かそうとしたことである。しかしながら，こうした含意をもつ学校文化論が日本に紹介される場合，第一に，その問題の立て方として，社会階層的な基盤と関係しないところで論じられる嫌いがあり，第二に，日本文化の諸特徴を，欧米の個人主義に対する集団主義とする考え方があり，結果，学校文化の諸特性もその集団主義の概念をもって解説が加えられる傾向があったとしている（pp.37-41）。

　この側面を詳細に検討するために，ここで日本の学校文化研究の系譜をたど

ってみよう。代表的なものとして，カミングス（1980［1980］とローレン（1988［1983］）を挙げることができる。カミングスは，日本の小学校の平等主義的・全人主義的教育のメリットを，ローレンは，五つの高校を対象とする調査から，日本の高校は効率的だがインスピレーションに欠ける，という結論をそれぞれ導き出している。そして，この著作のすき間を埋めることを意図しつつ，日本の中学校の学校文化を，「指導」をキーワードとして描き出したものが，志水・徳田（1991）である。また，日本の学校文化をニューカマーとの関係で考察した数少ない先行研究に，恒吉（1995, 1996）がある。恒吉は，小学校の教室での参与観察と学校関係者へのインタビューに基づいて，日本の学校文化の第一の特徴を「一斉共同体主義」と名づけ，それがニューカマーの子どもたちに同化圧力として働いていると説明している。

しかしながら，これらの学校文化研究に共通するのは，「平等主義的・全人主義的教育」「効率的だが，インスピレーションに欠ける教育」「指導」，そして「一斉共同体主義」といった特徴が，日本の学校文化の諸特徴の中から"なぜ"選び取られることになったのか，という点が必ずしも自覚的に提示されてはいないということにある。つまり，他の特徴と比して，それを"なぜ"特徴としてあげたのかが，問われていないのである。

こうした疑義をここで提示するのは，学校文化研究においても文化人類学を中心とする「文化」概念の議論を射程に入れる必要があると考えるからである。近年，人類学や社会学を中心に「文化」概念をめぐる大きな転換があった。この転換は，前項のエスニック・マイノリティ研究において提示した「エスニシティ」概念の登場とも連動している。これは，「本質主義（essentialism）」と称される「ある個人，社会集団や国家に特有であり，時間を超越して（非歴史的に）存在する特性を主張する考え方」（太田1998, p.145）からの転換である。この転換を，中谷（2001）は，人類学の「ポストモダン的転回」とも言われているとし，「近代人類学の発展と不可分の関係にあった植民地支配の終焉，世界の辺境までも覆う交通網・情報網の急速な発達，旧植民地に出自をもつ人類学者の登場などを背景に，これまで人類学が異文化に向けてきた特権的なまなざしと民族誌記述を通じておこなってきた文化の本質化・実体化に異議がつきつけられた」（p.110）と説明する。

こうした「文化」概念の転換は，当然のことながら，学校文化に焦点をあて

る学校文化研究にも，少なからず影響を与え，いくつかの新たな地平を開いてきたといってよい。まず第一の地平は，すべての他者理解は「部分的真実」（クリフォード1996［1986］）に過ぎないことを認めた上で，その多層性を描き出したり「分厚い記述」（ギアーツ1996［1988］）を行う研究である。この地平で，学校文化の多層性を正面から取り上げた論考としては，例えば久冨（1996）が，学校文化を構成する諸要素（制度文化・教員文化・生徒文化・「校風」文化）と，学校内・外の関係を網羅的に捉えようとする試みを行っている。また，「分厚い記述」としては，文化人類学に起源を有する「エスノグラフィー」を用いて学校文化を描き出してきた志水の著作（1991，1994，1999，2002，2003）がある。氏によって描き出される一連の著作は，「教育現場のありのままの姿に迫ろうとした」（1999, p.11）という言葉に端的に示されるように，学校文化を全体的に捉えようとする強い指向性のもとで創出されている。しかしながら，いずれの場合にも，研究者（＝調査者）は，学校文化に対して，文化的他者として存在することを前提としているために，描き出された文化的特徴が，研究者によって「"なぜ"選び取られたのか」という根拠に対する疑念には答え切れていない。

第二の学校文化研究の地平は，本質主義を批判する立場として優勢になった「構築（構成）主義」[7]によって開かれている。本質主義が，文化の非歴史性や固定性を強調してきたのに対し，この立場の特徴は，文化や伝統，習慣がつねに取捨選択や駆け引きの対象となりながら，現在の固有の社会的・政治的コンテキストにおいて構築されたものであるとみなすことにある（中谷，2001）。この地平からの学校文化研究としては，児島（2006）がある。児島の分析枠組は，学校文化を完成された所与の実体ではなく，つねに進行中のプロセスとしてとらえることによって，学校文化をそれぞれ固有の立場や利害をもつ行為者が意味をめぐってせめぎ合う闘争の場として捉えようとするものである。これによって描き出されるのは，教師の「差異の一元化」や「差異の固定化」という戦略であり，教師が依拠している支配的文化を維持しようとする日常的実践である。そして，それへの対抗として描き出されるのは，ニューカマーの子どもたちが，自己の存在の意味を自分で管理するために行う，状況に応じた「協調的抵抗」「拒絶的抵抗」「創造的抵抗」の試みである。児島は，こうした関係の有り様を描き出すことによって，本質主義に陥ることなく，学校文化は常に進行

形として捉えることできるとする。

　しかしながら，ここで注意しなければならないのは，学校文化が，それぞれ固有の立場や利害をもつ行為者の意味をめぐってせめぎあう闘争の結果であるとしても，そうした闘争は，同じ構図で永久に続くことは想定しにくい。闘争の結果，ある立場やある利害をもつ行為者の意味が勝利し，その勝利が確認されたその瞬間に，今度は，異なった構図で，違う立場や利害をもつ行為者同士の意味をめぐる闘争が始まるのかもしれない。また，同じ構図で，それまでとは異なる立場や利害のもつ行為者が闘争するのかもしれない。また，闘争の成り行きによっては，異なる立場が共同することも考えられる。つまり，学校文化は，支配的文化と対抗文化の闘争として捉えられることによって，本質主義から逃れられたとしても，まさにその瞬間に，支配的文化や対抗文化として描き出されたそれぞれは，本質主義の罠に陥ってしまっているのである。その結果，その闘争は永遠に続くような幻想がもたれてしまうのである。

　この点に関する本書の立場は，児島の分析枠組を否定しようとするものではない。そうではなくて，私たち研究者が「文化」を問題にする場合，ある固有の文化を，たとえ異なる意味のせめぎ合う闘争として描き出したとしても，私たち研究者は，それを書き上げたまさにその瞬間に，新たな本質主義のステージに立つことになる，この必然的帰結への自覚を検討したいと考えるのである。そして，そうした帰結への自覚は，研究者が自ら編み出したテキストを脱構築する指向性を，今まさに書かれようとするテキストに内包させていくことを可能にするのではないかと思うのである。ここで用いた「脱構築」という概念は，守中（1999）によって，次のように説明されるものである。

> 「脱構築」はさまざまな「構造」をその「必然性」において引き受け，それを「分解」するかに見える。しかし，それは「構造」を単に「否定」し，それを「破壊」するためではない。そうではなく，さまざまな「構造」（「あらゆる種類の，言語学的，〈ロゴス中心主義的〉，〈フォーネー（音声）中心主義的〉，社会－制度的，政治的，文化的，そしてとりわけ何よりもまず哲学的な構造」）に働きかけ，いわばそれらを引き受けつつそれらを侵犯するような「両義的」身振りによって，一つの「総体」がいかに「構築」されているかを明らかにすること——それが「脱構築」という否定にも肯定にも属さない作業の意味するところだと言ってよい。
> （p.7）

本書では，この地平でのテキスト作成を模索するために，学校文化を問題にしつつも，それを真正面から取り上げずに，ニューカマーの子どもたちと日本の学校の教師との対面的相互行為に焦点をあて，それぞれの行為の意味づけられ方を時間の経過をおって描き出そうと試みている8)。それは，ニューカマーの子どもたちが，日本の学校の教師を文化的他者として意味づけているように描き出される場合もあれば，他方，日本の学校の教師が，ニューカマーの子どもたちを文化的他者として意味づけて描き出される場合もある。そして，そうした両方向から意味づけの重なり合いが，〈いま－ここ〉の両者の行為を決定づけていくコンテキストとなるのである。こうして成立したコンテキストは，両者の次の意味の生成を規定していく。しかしながら，両方向からの意味づけの重なり合いが，単一のコンテキストを生成するかといえば，そうではない。なぜならば，両者の意味づけは，完全に重なるとは言えないのであり，コンテキストは複数存在することもあるのである。また，時間の経過とともに，新たにコンテキストが生成され，コンテキストの移行が見られることもある。また，時間の経過とともに消えていくコンテキストもある。こうした時間の経過を射程にいれて，コンテキストを描き出すことは，脱構築の営みに通じるものであり，それによって，本質主義の罠に陥ることを，ある程度回避できるのではないかと考えるのである。

(4) 日常世界への接近の方法

　日本におけるエスニック・マイノリティ研究を検討した際に課題として残ったのは，日本人と外国人の権力関係の非対称性を問題としつつも，その関係の固定化を回避する方法論の検討であった。また，学校文化研究を検討した際には，ニューカマーの子どもたちと日本の学校の教師との対面的相互行為に焦点をあて，それぞれの行為の意味づけられ方を，その行為が立ちあらわれる場のコンテキストにそくして検討することによって，本質主義の罠に陥ることを回避する可能性が示唆された。この結果，とるべき方法論として見えてくるのは，文化を創造的なエージェントによって構成されるものとみなすカルチュラル・スタディーズにおいて，その中心カテゴリーの一つとなっているエスノグラフィーである（ターナー1999［1996］pp.215-230）。エスノグラフィーにおいて，その代表格とされるのは，ウィリス（1996［1977］）の『ハマータウンの野郎ど

も』である。ウィリスは，その方法について，次のように説明している。

> この研究では，統計学的な定量分析ではなく，被調査集団に参入して行なう定性的な記述方法，つまり，文化人類学的な生活誌の方法を採っている。筆者がなによりも「文化のレベル」に関心を寄せているために，そうせざるをえなかったのだ。生きた文化の諸相を記録するには生活誌の形式がふさわしいし，そうしてはじめて，ある文化に潜在する微妙な意味論や価値観を描き出し，象徴的な言動の告知するところを記述することも，解釈することも可能になる。さらにいえば，生活誌的な記述は，ときには記述者も意識しないままに，研究対象の生きて動く創造性や文化の担い手としての人間たちのことを，ある程度まで文章にとどめ，読者の経験に語りかけもする。私にとってはそれこそがねらいなのだ。なぜといって，およそ文化というものは，社会化の理論が言うように，単純に外的世界が人格に内面化された体系などではないし，また，ある種のマルクス主義が主張するように，支配的なイデオロギーを受動的に押しつけられた結果であると片づけることもできない。文化はそれらでもあると同時に，少なくとも部分的には，集団的な人間主体の実践的な行為から生み出されるものなのである。（p.20）

本書でエスノグラフィーを手法として採用することについての説明は，このウィリスの説明で十分明らかであろう[9]。

とはいえ，日常世界を調査者が読み解くためには，それ相当の認識枠組が必要となる。そのために，本書では日常世界を描き出すことを試みた多くの著作を傍らにおきつつ，ニューカマーの子どもたちに接近することとなった[10]。これら日常世界を理解するための理論は，古賀（2001）によれば，二つの異なる研究の流れがあるという。一つは，シュッツの現象学的社会学で用いられる「日常的知識」や「社会的知識」に注目した研究——日常的知識の内容（意味）の研究——である。他方は，ガーフィンケルのエスノメソドロジーに代表されるように，認識を生成する基盤となる人々の相互行為や意味の形式構造を分析する研究——会話の形式（構造）の研究——である。そして，両者を比較した場合，後者の方が，日常世界の理解の転換には貢献してきたけれども，それは，前者の「日常的知識」として表出していた生活者たちの自分にとっての「生きられた文化」の世界からは離れたものになってしまったと，古賀は指摘している（pp.14-25）。このように「日常世界」理解のための理論を総括する古賀は，

先の学校文化研究の項で提示した構築主義のアプローチを検討した上で，エスノグラフィーの有効性について次のように結論づけている。

> この立場では，文化は日常生活の「内側」からのみ理解できることになる。その理由は，第一にいかなる意味の世界も「現場の文脈」（コンテクスト）に依存して理解されること，第二にそれは，場での「言語行為」すなわち言説や語りによって，またそれを通してしか理解されないこと，第三にその行為を遂行する多くの人々の「実践のコミュニティ」のなかでしか，そこに参加することによってしか理解されないこと，があるからである。(p.41)

ここでの古賀の指摘は，本書とも大いに重なるわけであるが，注意すべき点が一つだけある。それは，古賀が，意味の世界の理解を支えるところの「現場の文脈」，いわゆるコンテキストについて言及する際に，その多層性には触れていないことである。古賀は「コンテキスト」を一枚岩として想定している可能性もあり，その場合には「コンテキスト」という概念に本質主義的理解の罠が存在することになる。

そこで，本書で「コンテキスト」の多層的理解のために導入したいのが，「相互作用論的社会観」という概念である。これは，ジンメルの思想を，現代を読み解くツールとして捉え直すことを試みた菅野 (2003) によって提示された概念である。菅野は，この概念を次のように説明する。

> ジンメルの〈相互作用論的社会観〉の特徴とは，社会を〈すでにそうであるもの〉という既成的・実体的なものとしてとらえるのではなく，〈いま・ここでそうなっていること〉という出来事のプロセスにおいてとらえるということにあるといえる。(p.36)

では，「すでにそうであるもの」ではなく，「いま・ここでそうなっていること」と理解するとは，どのような認識枠組なのであろうか。菅野 (2003) は，「俯瞰する視点」と「当事者の視点」を導入し，地方公務員や国家官僚の例を用いて次のように述べている。

彼らは職業上明らかに〈俯瞰する視点〉からある地域を眺めたり，日本という国に関する種々のデータを収集することが必要だ。しかし，どんな都市計画も国家的政策も，それを行なうものが社会というものに対してどのような現実感覚(リアリティ)をもっているかによって，それがよいプランになるかそれとも大衆の生活をますます追い込むような悪いものになるかという決定的な違いが生じるだろう。
　　そして彼らの現実感覚を支えるのは，日ごろ彼らが生活者としてどのような社会像をもって暮らしているかという〈当事者の視点〉なのだ。現実感覚があまりにも世間の常識や大衆が望む暮らしの志向性からかけ離れていれば，それは，複雑な要因の組み合わせによるどんなに精巧な計算式にもとづく分析であっても，「百害あって一利なし」というものになる。たとえ公務員や官僚といった社会政策のプランナーであっても，自分が一人の生活する主体として社会というものをどのように感じ，どのように意味づけようとしているかということがまず基本になるだろう。(p.47-48)

　こうした例に示されるのは，「当事者の視点」の相違が「俯瞰する視点」の相違をもたらすということであり，逆に「俯瞰する視点」に相違が見出されるのは，「当事者の視点」の相違があるからに他ならないということである。そうした関係で理解される社会は，今まさにここで起きている事柄を必然的帰結として捉えるのではなく，「当事者の視点」が変化することにより，解釈の変更が生じ，別の事柄が起きうる可能性が想定されていく社会である。
　こうした社会観に倣って，本書で用いる「コンテキスト」を概念化すれば，コンテキストも，「いま・ここでそうなっているもの」を解釈するための枠組として理解されるのではなく，「いま・ここでそうなっていること」を解釈するための枠組として理解されることになる。それは，「当事者の視点」からの多様な解釈の可能性を導き出すことになるのである。これによって，ニューカマーの子どもたちの日常世界は，かれらとかれらをとりまく人々との対面的相互行為の場面において，それぞれが互いの行為を意味づけ，互いに意味づけられていく〈いま－ここ〉の積み重なりを描き出すことを可能にし，それはコンテキストとして多層的に描き出されていくことができると考えるのである。
　こうして検討された日常世界への接近の方法は，本書がエスノグラフィーという方法論を採用しているという点にとどまらず，それを超えたところで，「カルチュラル・スタディーズ」の末端に位置づくことにはならないだろうか，

と考えるのである。上野・毛利（2000）は，カルチュラル・スタディーズについて，次のように説明している。

> 専門的な知識や技術として学び知ったことを使いながら，学ぶことのかたちを問いなおし，それが持ちかねない権力性を抜き取っていくような「学び逸れる」とでも呼べる研究のスタイルがありうる。カルチュラル・スタディーズとはそのような立場を追求する理論／実践であり，そのような身ぶりをとりつづける知的運動なのである。(p.13)

しかしながら，たとえその可能性があったとしても，「これがカルチュラル・スタディーズである」と言い切ってはならないとも思うのである。ターナーの『カルチュラル・スタディーズ入門』を翻訳した大熊・毛利（1999）は，訳者解説で次のようにも述べている。

> 本書は「入門」の本であるが，じつのところ，カルチュラル・スタディーズには「入門」以外のものはない。知識はだれに対しても開かれている。ここで紹介されてきたことはカルチュラル・スタディーズの一部ではあるが，もっと重要なことはまだ書かれていないこと，つまりあなたが書くはずのことなのだ。もしあなたが世の中で「当然」だと言われていることに疑問や憤りを感じ，もっとよりよい世界があると信じているならば，カルチュラル・スタディーズは必ず適切な言葉をあなたのために提供するだろう。もしあなたにとって非常に重要なテーマがあり，しかし残念ながらそうしたテーマが大学という制度のなかでまともにあつかわれたことがなく，そしてまさにそのまともにあつかわれていないという事実によって大きな痛みと苦しみを受けているとしたら，それはカルチュラル・スタディーズのテーマかもしれない。こういうことを書くとほとんど宗教の勧誘みたいであるが，本当である。くりかえすが知識はだれに対しても開かれている。(p.346)

この可能性をニューカマーの子どもたちに開くことを試みて，本書のテキスト作成を展開してみたいと考えるのである。

第3節　研究対象の概要

　本書は，1997年度に発足した「東京大学ニューカマー研究会」（研究代表者志水宏吉）での首都圏3地域の公立小学校で行われたフィールドワークをきっかけとして，それ以後，その1地域を個人研究のフィールドとして引き受け，現在に至るまで継続的にフィールドワークを積み重ね，そこで得られたデータがもとになっている。なお，本書で扱うデータは2005年3月までのものである。

　対象となった地域は，神奈川県のZ地区である。Z地区には，1980年頃から，ニューカマーが多く居住するようになっているが，その増加は2期にわけることができる。第1期は，1980年頃からのベトナム・カンボジア・ラオスというインドシナ系ニューカマーの増加である。この増加は，Z地区にインドシナ難民受け入れのための定住促進センターの開設（1980年2月29日）が契機となっている[11]。第2期は，1988年頃以降のベトナム人の増加，そして，中国からの帰国者二世・三世，フィリピン人，ペルー・ブラジル・パラグアイからの日系人の増加である。ベトナム人の増加は，ベトナム出国に際し家族離散が多かったため，ベトナム人に限ってODP（合法出国計画）による家族の呼び寄せが認められたことによるものと考えられる。また，それ以外は，1990年入管法の改定によって許可された外国籍の日系二世・三世の日本滞在の増加によるものと考えられる。

　このZ地区には，K市とM市にまたがる大型公営G団地がある。G団地の建設は1974年で，高度経済成長期の鉄道開発に伴い，都市郊外へ住宅を求める人びとの増加に伴って建てられたものである。10階以上の高層の建物6棟と，5階建ての78棟からなり，収容世帯は最大3500世帯になる。

　G団地にニューカマーが入居を始めるのは，インドシナ難民受け入れの数年後の1984年頃であるという。インドシナ難民は，定住促進センターでの日本語指導と社会生活適応指導を中心とした約6ヶ月の生活を終える頃に，就職先を決め，その会社が提供する住宅に住むことになっていた。しかし，多くのインドシナ難民は，よりよい就職先を求めて転職することを希望し，転職による居住移動の不安定さを避けるために公営団地への入居を希望するようになる。また，このようにして公営団地に住む外国人が増えると，同じ公営団地へ住むことを希望する同国人も多くなる。さらに，神奈川県では，公営団地の入居に際

して，中国帰国者とインドシナ難民に対し，在住条件の緩和などの優遇措置を設けている。これらの結果として，Ｚ地区を含む県内のいくつかの公営団地にニューカマーが集住するようになっているのである。

　1999年度のＧ団地の自治会会員名簿からニューカマー世帯を割り出すと，Ｋ市側が349世帯（中国167，ベトナム134，カンボジア30，ペルー10，ラオス８），Ｍ市側が106世帯（ベトナム39，カンボジア33，ラオス17，中国14，ペルー３）であり，Ｋ市側では６世帯に１世帯，Ｍ市側では12世帯に１世帯の割合で，ニューカマー世帯となっている。1996年度の資料では，Ｍ市側のニューカマー世帯数は89件であるから，増加傾向にあると言えよう。

　本書に登場するニューカマーの子どもたちは，すべて仮名で，筆者がＺ地区で出会った79名である。ただし，本書に事例として登場しないもののおよそ300人程度のニューカマーの子どもたちを射程に入れつつ，かれらの日常に接近するフィールドワークを行ってきた。また，その子どもたちとの関係で９名の日本人の子どもも仮名で登場する。かれらと筆者との出会いの多くは，Ｍ市立Ｓ小学校，Ｍ市立Ｓ中学校，また，地域で行われていたインドシナ定住難民を対象とした民間ボランティアの教室，そして，後にその教室で活動をしていたニューカマーの子どもたちによって立ち上げられた自治的運営組織団体の４カ所である。また，かれらとの関わりで，教師，ボランティアも原則として仮名で登場する。

　Ｓ小学校でのフィールドワークは，1997年９月から1999年３月までで，週１回から２回，対象としたニューカマーの子ども（インドシナ系６人）の教室に入り込み，参与観察を続けた。Ｓ小学校は，Ｇ団地の建設に伴う学齢児童の増加により，Ａ小学校から1974年に分離して，Ｇ団地内に創立された。Ｍ市では，インドシナ難民の定住促進センター開設に伴い，インドシナ系ニューカマーの子どもを受け入れ，その増加によって「国際交流教室」（後に「国際教室」に改称）を設置する施策を施行する。それにより，Ｓ小学校でも1986年に国際教室が開設されている。Ｓ小学校の児童数は，創立以後，1981年までは増え続けたが，その後次第に減少していく。その結果，2002年３月に閉校となり，Ｇ団地の子どもたちはＡ小学校に通うようになっている。この間のＳ小学校のニューカマーの児童数は，確認できる資料に基づくと，1993年12％，1998年15％，閉校時24％と増加の傾向にあった。

S中学校でのフィールドワークは，1999年4月から2005年3月まで行った。S中学校は，1983年にA中学校から分離・創立している。S中学校でのフィールドワークは，大きく二つに分かれている。1999年4月から2002年3月までは，S小学校で対象としていたインドシナ系ニューカマー6人について，参与観察を週1回のペースで継続した。また，1999年10月からは，第II部の臨床的なアプローチが始まる。詳細は第II部の記述で明らかにするが，2000年4月から2005年3月までは，外国人生徒のための授業づくりに，授業者という立場で参画してきた。

　地域での研究活動は，第3章で明らかにするように，筆者の参入時期が，地域の民間ボランティア教室の閉室に向かう時期であったことにより，筆者とボランティア教室との関係は，かなり特殊にならざるを得なかった。詳細は，その立場性も含めて，第3章および第7章で明らかにしていく。この場への参加は週1回，多いときは週数回となっている。

　以上のような出会いの場所において，調査者は，学校での参与観察では記録を中心に行ってきたものの，その他の場では，その場へのコミットメントの程度が強いため，記録はその場を離れてから書きとめられた場合がほとんどである。エスノグラフィーという方法の採用については前述した通りであるが，そのデータ収集は，あらゆる機会において，あらゆる方法を用いて行った。この点は，エスノグラフィーの標準テキスト（Hammersley 1995）において，「エスノグラファーは，長期にわたって，人びとの日常生活に参加し，そこで起こることを見，語られることを聞き，さまざまな質問をする。つまり，調査者自身が関心を抱いている問題を明らかにするために，利用しうるあらゆるデータを片っ端から集める」（p.1）とされている。これを受けて，志水（1998）は，フィールドワーカーがデータを収集するために行う活動には，「さまざまな場における観察や活動への参加，当事者たちとの日常的な会話，彼らに対するフォーマルあるいはインフォーマルなインタビュー，調査対象に関する文書資料や統計資料の収集，質問紙調査の実施などなど」（p.8）とされている。本書にかかわるデータ収集も，これに準じて行ってきている。

1） 外国人の日本の学校への就学保障の法制度的枠組みについては，太田（2000b, pp139-148）で詳細に検討されている。
2） http://www.mext.go.jp/a_menu/shotou/clarinet/03082702.htm, 2005.3.10.
3） 志水・清水（2001）では，大都市圏内の小学校でのフィールドワークに基づいて，「日本語指導」と「適応指導」の実際のシステムについて3校の事例を紹介している。
4） このことは，例えば，佐藤郡衛著『国際理解教育』や，天野正治・村田翼夫編著『多文化共生社会の教育』の「日本」に典型的に表れている。
5） ここで検討されているのは，ボウルズ＆ギンタス（1986-87［1976］），アップル（1986［1979］），ローゼンバウム（Rosenbaum）1976，オグブ（Ogbu）1978である。
6） ここで検討されているのは，バーンスティン（1985・1981［1978・1971］），ブルデュー（1991［1970］），レイシー（Lacey）1970，ウィリス（1996［1977］）である。
7） 千田（2001）は「構成主義という翻訳習慣も構築主義という翻訳習慣も，これらふたつの訳語を使用する理論の影響関係のなかで発展してきたという歴史を考慮すれば，それほど重要な問題ではないかも知れない」（p.9）としており，ここではそれに依拠して「構築主義」という概念を用いている。
8） 学校文化を問題としつつも，それを真正面から取り上げずに，子どもと学校の関係に焦点をあてたものとして，朝倉（1995）の『登校拒否のエスノグラフィー』がある。氏の試みは，不登校の子どもたちが，いかに「学校」にとらわれているかを描き出すことによって，学校文化の有り様を問題としていて，その方法は逆照射的であり，本質主義的の罠に陥らないテキスト作成の一つの方法と言えよう。
9） 実際の「エスノグラフィー」の方法については，この手法に関連する多くの著作から示唆を受けている。巻末の参考文献を参照されたい。
10） 例えば，生活世界を日常的な社会的生活として分析したシュッツの『現象学的社会学』（1980［1970］），またそれを引き継いだバーガー＆ルックマンの『日常世界の構成』（1977［1966］）。ミードの『精神・自我・社会』（1995［1934］）などに見られる思考をベースとして展開されたブルーマーの『シンボリック相互作用論』（1991［1969］）や，人が他の人たちと居あわせている「共在」という場について，その「共在」たらしめているカラクリを明らかにしたゴッフマンの『行為と演技』（1974［1959］）を初めとする一連の著作。そして，「エスノメソドロジー」の命名者であるガーフィンケルらによる『日常性の解剖学』（1989［1964］）などである。
11） インドシナ難民受け入れのための定住促進センターは，インドシナ三国の政情の安定化に伴い，1998年3月31日に閉所した。

第Ⅰ部　エスノグラフィー

第1章　学校と家族

　ニューカマーの子どもたちは，日本の学校で，どのように認識されて意味づけられているのだろうか。そして，かれらは，そのまなざしのもとで，それらをどのように内面化し，また，どのように行為するようになるのだろうか。本章の前半は，そうした視角から，ニューカマーの子どもたちの学校での日常を，1節では教師のまなざしとの関係で，2節では日本人の子どもたちとの関係で描き出すこととする。続く3節では，ニューカマーの家族にスポットをあてていく。ニューカマーの子どもたちの日常は，学校と並行して，他方で家族とも営まれている。当然のことながら，これら二つの日常は，別々に独立しているわけではなく，互いに影響しあってもいる。この影響関係を明らかにする第2章に踏み込む前に，本章ではそれぞれを個々別々に検討してみたい。

第1節　教師のまなざしとの関係

　教師のまなざしとの関係で捉えられるニューカマーの子どもたちの学校での日常は，母国での経験が記憶にある年齢で来日した場合と，日本生まれもしくは幼少期に来日した場合とでは違いが見られる。ここでは，そうした違いを明らかにするために，それぞれの場合をわけて検討することとする。

（1）母国での経験が記憶にある年齢で来日した場合

　就学が許可されたニューカマーの子どもの多くは，ほとんど日本語を解さない状態で，日本の学校に通うようになる。序章で明らかにしたような「特別扱いしない」という制度状況のもとに日本の学校はあるものの，ほとんど日本語を解さない子どもを受け入れた学校が，ニューカマーの子どもを日本人と同じように扱うことはできない。というよりは，「特別扱いしないように扱おうとしても，言葉がわからないのでそのようには扱えない」という表現の方が，教

師の認識にマッチした表現であろう。したがって，ある程度「やれている」と理解されるような行為がニューカマーの子どもに確認されるまでは，「手厚い支援」が行われている。

　この「やれている」という状態は，教師によって若干の違いがあるものの，おおよそは「日本語による教師の指示や子ども同士のやりとりに対する反応に大きな逸脱がない」状態を示しているように見える。そうした状態が教師に確認されるまでは，「手厚い支援」は一般的に続けられることになる。また，「手厚い支援」は多くの場合，二つの教師の行為を通してなされている。一つは，教師がニューカマーの子どもに対して，直接，日本人の子どもに対しては行わない支援をする場合であり，「直接的支援」と呼びうるものである。もう一つは，教師が日本人の子どもに対して，ニューカマーの子どもを支援するように促す場合であり，「間接的支援」と呼びうるものである。「直接的支援」の典型としては，教室で一斉に伝達された内容が，ニューカマーの子どもにも伝わっているかどうか確認するために，放課後，教師が個別にかれらを呼び出して伝達した内容を確認するような対応がある。あるいは，教室で一斉に伝達した後，ニューカマーの子どもに個別に「わかったか」と声をかけて，その反応から，さらに個別伝達が必要かどうかを見極めるような対応が行われる場合もある。一方，「間接的支援」としては，日本人の子どもに対して，ニューカマーの子どもの行為に注目するように伝え，その行為が逸脱している場合には，それを補正するような対応を日本人の子どもに促すような対応である。もちろん，そのような対応がなされているからといって，決して威圧的な対応が要請されているわけではなく，「思いやりをもって」とか「相手の気持ちになって」といった表現とともに「教えてあげてください」といった言葉が使用されるのが一般的である。

　こうした「手厚い支援」のもとで一定期間が過ぎ，教師がニューカマーの子どもを「やれている」と判断するようになると，かれらへの対応は，一気に「特別扱いしない」方向へと転換され，さらにその方向へ加速していく。それは，「支援の方向性の転換」と呼びうるようなものである。この点を児島（2006）は，「国籍に関係なく生徒としてみんな一緒に扱う」教師の戦略を「差異の一元化」と称し，「文化の違いを理由にニューカマー生徒の逸脱を許容する」教師の戦略を，「差異の固定化」と称し，一見すると正反対のベクトルを

有するかにみえる戦略を，教師たちは状況に応じてじつにうまく使い分け，教師の内面でさほどの葛藤をともなってもいないと説明する。なぜ，このような使い分けが可能であるのか。

　これについての児島の解釈は次のようなものである。「生徒としてみんな一緒に扱う」という考え方に象徴される「差異の一元化」は，ニューカマーの生徒に対しても，日本人生徒と同様に指導が行われることを，日本人生徒に対して示すために用いられるというのである。また，「差異の固定化」は，ニューカマー生徒を，支配的文化の視点から，恣意的に構成し実体化し解消不能な「文化の違い」のなかに閉じこめて，非関与の対象とすることを可能とする戦略であり，それによって，日本の学校の規範やルールはまさに「日本人」のためのものであることを再認識させるというのである。つまり，いずれの戦略においても，ニューカマーの生徒の異質性は，日本人生徒に対して既存の学校文化の正当性を印象づけるための格好の道具として利用されるというのである。このような状況のもとで，「ニューカマー生徒自身の経験は見過ごされる」(p. 128)と児島は述べている。

　確かに筆者のフィールドワークにおいても，ニューカマーの子どもたちの存在によって，学校文化が自然と変化している様子を目の当たりすることはない。第Ⅱ部で明らかにするように，学校文化の変化は，意図的に仕組まれ，戦略的な方法によって，既存の学校文化を相対化する営みを伴ってようやく変化の兆しが見える，そういう類のものであるというのが筆者の実感である。したがって，教師自身は，児島が指摘するような点を意識してはいないとしても，教師の対応がそうした機能をもってしまっていることは否定できないであろう。

　では，ニューカマーの子どもたち自身の経験を見落とさないために，われわれは何に注目すればよいのだろうか。それは，「支援の方向性の転換」が起きる背景に，教師のニューカマーの子どもに対する「状況理解のスキップ」が存在しているという点にある。日本の学校の教師は，「日本語による教師の指示や子ども同士のやりとりに対する反応に大きな逸脱がない」という状況を，「日本語がある程度理解できるようになった」という状況と同等であると理解する解釈枠組をもっているが，ニューカマーの子どもたちの教室での様子をつぶさに観察していくと，「やれている」という状況は，必ずしも日本語能力の向上のみで生み出されているわけではないことに気づく。そうではなくて，

「やれている」という状況は，むしろ，教師の指示に対する日本人の子どもの反応や，日本人の子ども同士のやりとりに反応している他の日本人の子どもの反応等を手がかりとして生み出されていることの方が圧倒的に多いのである。したがって，教師のコントロールが弱い教室や，子どもたちの人間関係が不安定な教室（いじめがあったり，グループ化が顕著であったりする状態）では，「やれている」という状態になるまでにかなりの時間を要する。また場合によっては，「やれている」という状態に至らず，「不適応」といったレッテルを貼られる場合もある。一方，教師のコントロールが強い教室や，子どもたちの人間関係がある程度安定している教室では，早い時期に「やれている」という状態に至ることになる。

　「やれている」という状態に対する教師の判断に関わって，さらにここで注意しなければならないのは，それが，日本の学校生活への適応状況を説明する言葉であって，日本の学校が提供する教育内容の習得状況が「問題」とされた言葉ではないという点である。言い換えれば，日本人と似たような学校生活を送っていることのみが「問題」とされているのであり，学校での学習内容を理解しているかどうかは「問題」とされていないのである。だから，ニューカマーの子どもたちへの教師のまなざしは，学校生活への適応状況に閉じこめられることになるのである。

　こうした日本の学校の対応は，鍋島（2003）によって，氏自身が経験したアメリカと日本の教育経験の違いを明らかにしたものの中にも示されている。氏は，「学校に来ることの意味」という表題のもとで，「今もって理解できないのは，なぜ私は日本の学校で，日本語が読めない・書けないという状態で放置されたのかということである」（p.89）と始め，「日本の学校は学習する場ではなく，日本社会での子どもとしての義務を果たすためにそこに行っていなければならないのだという価値観を，当時の私はすでに内面化していたようである」（p.90）とまとめている。まさにここで指摘されていることが，今日も変わらず日本の学校には存在している。したがって，日本の学校で，ニューカマーの子どもの学力が「問題」になることはなく，学校生活への適応状況のみが「問題」とされ語られることになるのである。

　ところで，教師の「状況理解のスキップ」によって，「支援の方向性の転換」がなされた学校でのニューカマーの子どもたちの日常とは，いかなるものであ

ろうか。このことは，ニューカマーの子どもたちが，教師によって「やれている」と判断される向こう側で，どのような経験をし，それをどのように解釈し意味づけているかを描き出すことでもある。ここでは，筆者のフィールドワークのなかで見出された三つの事柄に言及してみたい。

■「やれている」状態に覆い隠された「不安な毎日」

　教師によって「やれている」と判断されることは，「支援の方向性の転換」を伴い，「特別扱いしない」という学校の日常が，ニューカマーの子どもたちに準備されることにつながる。このことは，ニューカマーの子どもたちにとって，「わからない」と言える場を一気に失うという経験と連動していくことになる。

　当然のことながら，ニューカマーの子どもたちの多くは，学校の教師によって「やれている」と判断されることを心地良く思っている。フィールドワークの中でも，「〇〇，わかるようになってきたな」という教師からの声がけに，ニューカマーの子どもがニコリとする様子は，よく観察されるものである。言葉がわからない日常から，相手の言っていることがわかるようになり，それへの自らの反応が誤りでないと判断されるような日常へと変化していることを，ニューカマーの子ども自身が実感として感じるだけでなく，他者の自らへの評価が"よい"ものであることによって，かれら自身の実感はより強化され，学校の日常での活動を活発にさせたりもする。しかしながら，たとえそうだとしても，言葉のわからないことに起因する「不安な毎日」が，日常での活動の活発な様子に覆い隠されるように存在しているというのが，ニューカマーの子どもたちの感覚には近いと思われる。例えば，それは次のような場面にも垣間見られる。

　　孝（カンボジア〈通名使用〉，中３，男，来日年未確認）〔学年は当時のもの〕は高校入試をひかえて，学習補充教室で数学の勉強をしている。筆者は，ボランティアを急遽その場で頼まれて，数学のわからないところを孝に教えることになる。午後１時から始まった勉強で，平方根の計算問題は，難問を除けば多少時間はかかるもののすらすら解くことができて，難問の解き方を教えてあげる程度のフォローで学習は進んでいた。特に無駄話もせずに，黙々と，時には「疲れた」といいながらも休んでは勉強をし続けた午後２時半過ぎのことである。

孝　：（思いついたように，また，独り言でつぶやくように）願書の清書もあるんだよな。
筆者：（無視できる程度の声だったのだが，あえて反応をして）自分で書くの？
孝　：（筆者の方を見ることもなく頷いた後，また，独り言でつぶやくように）無理だよな……。
筆者：じゃあ，区切りまで行ったら，その後，一緒にやろう。
孝　：（筆者の方を見て，ニコリとして頷く）
　　　［フィールドノーツ，2005年1月4日］

　ここでは，当初，数学の学習に向かう孝の「やれている」状態が観察されるわけであるが，その数学が「やれている」ことの向こう側に，受験願書の書き方にかかわる不安が孝にはある。しかし，彼は，それをそれとして言い表すことはしない。いや，できないという方が正しいのかもしれない。つまり，教師の「やれている」という判断のもとで，彼は「わからない」と言える場を失ってきた日常の積み重ねの結果として，事例で示したようなコミュニケーションの方法しか身につけて来なかったのである。ニューカマーの子どもたちの「やれている」状態に覆い隠された「不安な毎日」は，そうした意識の層がかれらに存在していることを予想できうる他者にしか反応することのできない，そういう類のものである。筆者自身とて，長期的なフィールドワークを通して，おぼろげながら感じることができるようになったものでもあり，フィールド参入当初には想定することもなかった問題群でもある。

■「ふり」に向かう態度
　先の孝の事例に見られる「不安な毎日」は，きっかけさえあれば表面化する可能性をもっているわけであるが，筆者のフィールドワークを通して多く観察されたのは，「不安な毎日」が表面化することを恐れて，「ふり」に向かう態度を身につけていくニューカマーの子どもたちである。教師の「やれている」という判断により，「特別扱いしない」という学校の日常がニューカマーの子どもたちに広がるようになると，かれらにとって「やれている」と見なされていることが日常となり，「手厚い支援」は負の意味をもつことになっていく。その結果かれらは，負の意味をもつ「手厚い支援」を受けなければならないような状態を避けて行動するようになるのである。それが「ふり」に向かう態度で

ある。例えば，ティー（ベトナム，中2～3，女，来日1～2年）について，S中学校での授業記録には次のようなコメントがある。

 グループ学習ではそれぞれが吉田さんの言葉にそってプリントを埋めていた。そんな中で，ティーは漢字を教えてもらいながら答えを書こうとしているのだが，意味がわからなくても漢字で答えを埋めれば終わりといった意識が見られ，しかも非常に急いでいる様子でもあった。ひらがなでもいいし，全部終わらなくてもいいからじっくり取り組んでいくことを教えないと力がつかないのではないだろうか。[2001年度「選択国際」授業のあしあと，12月3日より抜粋]

 こうした様子が見られたティーが，中3のある授業の自己紹介をする場面（フィールドノーツ，2002年5月13日）では，小さな声で早口に自己紹介を行う様子が観察された。その自己紹介に対して，授業者からやり直しが指示されるが，当初，ティーはそれを嫌がり「いいです」を繰り返していた。しかし，授業者が執拗に促したので，半ば捨てばちな感じではっきりと自己紹介を行うという場面があった。やり直された自己紹介に間違いはなかったわけであるが，そうであるにもかかわらず，最初にティーが小さな声の早口で自己紹介を行ったことからは，ティーには，自己紹介として許容される範囲がいかなるものであるかを判断する基準がまだないこと，そのために，間違いがあるかどうかが判断されることを可能な限り避けるように場面を作る態度形成ができつつあることがわかる。また，別の授業の場面で，テット（ベトナム，中3，女，日本生まれ）に対して授業者から質問がなされた時，テットが困っている様子に，ティーはテットに対して「もういいよ」と投げやりな言い方で声をかけたということがあった（フィールドノーツ，2002年6月3日）。ここでのティーの発言の意図は，「わかるか，わからないか」を判断される場に，テットが長時間おかれることを，ティー自身が嫌ったことによるものであると解釈できる。

 ティーの事例に見られるのは，ニューカマーの子どもたちの抱える「やれている」状態と「不安な毎日」は，かれらの内部で完全に分断されて表出されているということである。先の孝の事例では，まだ孝の内部で両者は分断されてはいないので，「やれている」状態に覆い隠された「不安な毎日」を予想できる他者の存在によってそれは表面化し，それによって孝は他者が提示する支援

第1章　学校と家族　35

を受けることが可能になる。しかしながら，ティーの場合には，両者が分断しているために，覆い隠された「不安な毎日」を，ティー自身はまるで無いかのように扱うことになる。それが「ふり」という行為となって表出するのである。

にもかかわらず，学校の日常において「不安な毎日」を露わにさせるような場面はたくさんある。にもかかわらず，それら多くの不安を覆い隠して，ティーの「やれている」という状態は維持されていくのである。その結果，ティーは，孝が受けることのできた支援を受けることができなくなる。先の事例に登場したテットは，こうしたティーの振る舞いを自らのこととして解釈しながら，「ティーはわかっていないと思うよ。わかるふりをしてるんだと思う。大丈夫かなあ」と心配して話したことがあるという（フィールドノーツ，2002年6月10日）。テットが心配するのは，ティー自身が受ける必要がある支援を受けられない状況に自らを導いていることなのである。そして，それがわかるテットも，彼女自身，過去にそうした経験を持っているからなのであろう。

■自分に対する他者と自身のイメージのギャップ

「やれている」状態に覆い隠された「不安な毎日」は，自分に対するイメージが，他者と自分自身では，大きく異なるような事態を引き起こすこともある。この点は，江本（ブラジル〈日本国籍取得〉，中2～3年，男，来日7～8年）の事例から明らかにすることができる。江本は，S中学校で観察する限り，「内気な」「ひきこもりがちな」イメージをもつ生徒であった。また，彼の中3の担任であった神代先生も，「江本は，表面的には問題が見えないから……。むしろ見えなくなってしまう子だから，逆にそれが心配なくらいだけどね」（フィールドノーツ，2002年11月18日）と話す。江本に対する周囲からのまなざしは，彼にそのように向けられているのである。

ところが，江本は，自らを評して「短気だ」というのである。そして，次のようにも書いている。

> ぼくはたんきだからすぐにけんかになってしまうかもしれません。しかもそのとき小学校の時だから，そういうふざけた気持ちがあったからへたしたらあいてがぼこぼこになるまでなぐっていたかもしれません。でもいまは，すこしぐらいのわる口は，がまんできます。［2002年11月18日，授業の感想より］

このように彼自身が自らのことを表現しても，中学校の担任も筆者も，彼が表現するとおりに彼のイメージを置き換えることはできなかった。その時に，思い出されたのが，その約1年前に，ある授業で，彼が筆者に語った日本の学校での経験である。

　　筆者：日本語がわからなくて困ったこととかないの？
　　江本：小学校の頃，粘土箱と弁当箱を聞き間違えて，弁当を持っていって笑われ
　　　　　たことがある。
　　　　［フィールドノート，2001年7月9日］

　ここでは想像力を働かせて彼の経験を描き出す以外に方法はないわけであるが，言葉の間違えによって笑われた経験をもつ彼が，その後，自ら聞き取った言葉を，自ら疑い，確かめてからようやく行動するようになることは容易に想像できうることである。そうした想像を可能にするのは，筆者のフィールドワークを通して，ニューカマーの子どもたちが，教室において，教師から出された指示に対して，キョロキョロして周りの様子を伺う場面に日常的に出会ってきているからである。それは，自ら聞き取った言葉を確かめることであったり，聞き取れなかった言葉を周囲の日本人の反応から伺う行為であったりするのであろうが，そうした行為の繰り返しが，「内気な」「引きこもりがちな」イメージをつくり出していくことを想像することは容易である。しかしながら，そうしたイメージは，江本自身の自分のイメージと大きく異なっているのである。
　自分と他者の間に，自分に対するイメージの大きなギャップがあるという事実は，実際のところ，なかなか明らかにならない。しかしながら，確実に存在している。例えば，戴エイカ（1999）がエスニック・アイデンティティに関わるインタビュー調査を行った際の対象者の中にも，そうした事実を告白しているものがいる。

　　とにかく日本人として受け入れてほしい，みんなと同じように見てほしいっていうのはすごくあったと思う。だからいつも控え目で目立たないようにすっごく努力した。でもほんとうは燃えているのよね，心の中では（笑）。混乱しているっていうか。喜びもすごくあったんだけれど，すごく怒りもあったりとか。でも

いつも抑えていた。外見からみたら『なんてこの子は感情に激しさのない，おっとりとした子でしょう』って思えたかもしれない。(p.252)

こうした事例が少ないことの原因は，そうした自己表明をする機会が準備されてはいないからである。江本の場合も，S中学校に「選択国際」という特別な授業の場（詳細第5章）があったからこそ，こうした事実が明らかになったわけであり，そうでなけれな江本の「内気な」「引きこもりがちな」イメージは固定化されたままであったであろう。

■**不登校傾向**[1]

これまでに明らかにしてきた，「ふり」に向かう態度や，自分に対する他者と自分自身のイメージにギャップを伴うようなニューカマーの子どもたちの日常は，それが積み重ねられることによって，新たな事態が引き起こされていくこととなる。この点を考察するためには，個人の内面に閉じこめられた「不安な毎日」を，かれらがどのように処理していくのかを検討する必要がある。次は，この点にかかわる小野田（中国，中3，男，来日4年）の作文である。

　　中学校に入って，最初，誰も知らなくて誰にも話しかけなかった。日本語に自信がなかった。だんだんみんなの名前は分かるようになったけど誰とも遊ばなかった。日本語分からないから，何を話しかけていいかわからないし，話しかけてもなんていっていいか分からない。みんな「この子つまらない子」と思っているんじゃないかと思った。／2年生になって，また知らない人が増えた。2学期になって，「自分がつまらない」「何でこんな生活してるんだ」とおもって，中国に帰りたくなった。2年になって，つまらなくて，めんどくさかった。起きるのが遅くて，朝ごはん食べる時間がなくて，体育つまらなくて，学校へ行ってもつまらないから，休むことが多くなった。体育は，たとえば，ソフトやっていると，やり方がわからないけど誰も気づいてくれないし，聞こうとしたけどやめた。そのままたっていた。間違えると，「ちゃんとやれ」といわれた。／日本語分からないからすごく傷つく。例えば「死ねよ」って遊びのときに言われても傷つく。日本語分からないから，考えたらそういうこと言わないと思うから。その人にとっては普通かな。でもかなり傷つく。だから遊んでもつまらなくなる。／3年になって女子から悪口を言われた。言葉は聞こえなかったけど，こっち見て笑って，変な顔していた。体育のとき，やり方間違ったら，笑って何かしゃべっていた。

／今は，クラスの中で，毎日そのまま過ごしている。誰にも話しかけない。話しても「友達じゃないけど話してるな」という感じで話している。話すと「ふーん」という感じで終わってしまう。他の人と話している人に話しかけると，気づかない振りされて，何回か言ってたまに気づくと，「なーに」といわれて，話したくなくなる。「今日も早く終わっちゃった」と毎日思う。つまらないと一日が早い。［選択国際授業資料，2004年10月18日］

ここに示されるのは，「不安な毎日」が個人の内部にどのように蓄積されていくのかという過程と，その結果として，「学校へ行ってもつまらないから，休むことが多くなった」と語られる不登校傾向である。

ニューカマーの子どもたちの遅刻や欠席は，中学校の2年生ぐらいで急激に増加する。明らかに学校での不適応が顕在化していれば無断欠席するようになるし，そうでなければ「親の通訳の手伝いのため」といった日本人の教師には介入することを躊躇させるような家族の理由を提示して休むこともある。先の「ふり」の事例で取り上げたティーは，中1での欠席が0日であるが，中2で32日と急増し，テットは中1で0日，中2で4日，中3で16日と増えている。また，「自分に対する他者と自身のイメージのギャップ」の事例で取り上げた江本は，中1で4日，中2で7日，中3で27日と増えている。

ニューカマーの子どもの欠席日数が，日本人の子どもと比較して多いことは，正確な統計結果が公表されてはいないものの，S中学校では多くの教師に共有された経験知である。そこで，2000年～2002年について残されていた資料をもとに，日本人生徒の欠席日数と外国人生徒の欠席日数の比較を行ってみた。その結果は，【図表1-1】である。第5章で，S中学校での外国人生徒支援の転換の具体的な経過については明らかにするが，そうした取り組みが始まった2000年度以降は，その効果として，外国人生徒の欠席日数は減る傾向にある。しかしながら，長欠者を除く平均欠席日数が，日本人生徒の場合10日～12日であるのに対し，外国人生徒は23日～74日となっていて，その不登校傾向は依然としてある。こうした状況に追い込まれたかれらに対して，日本の学校が準備しているのは，序章の冒頭でも示したような「日本の学校には，外国籍生徒を受け入れる義務は法律上ありませんから……」（フィールドノーツ，1999年3月2日）というものである。こうした教師の認識によって，ニューカマーの子ど

【図表1-1】 日本人生徒と外国人生徒の欠席日数の比較

卒業年度	授業日数	日本人生徒		外国人生徒	
		長欠数*／在籍数	平均欠席日数（長欠者を除いた平均欠席日数）	長欠数／在籍数	平均欠席日数（長欠者を除いた平均欠席日数）
平成12年度（2000年度）	660日	4／112	25.9日（11.4日）	3／10	181.7日（73.4日）
平成13年度（2001年度）	654日	1／83	13.3日（10.5日）	1／11	46.2日（23日）
平成14年度（2002年度）	634日	2／96	17.5日（10.9日）	0／18	31.7日（31.7日）

*長欠：3年間で150日以上欠席したもの

もたちが，日本の学校を去ることは一層容易に準備されることになるのである。

（2）日本生まれや幼少期来日の場合

　日本生まれや幼少期に来日したニューカマーの子どもの場合，先の母国での経験が記憶に残っているような年齢での来日の場合と比べて，「やれている」と教師に判断されることが多いため，事情は一層複雑となり，場合によっては深刻な事態を引き起こすことになっている。【図表1-1】に示した2000年度卒業の長欠者3名，2001年度卒業の長欠者1名のいずれも，日本生まれか幼少期来日のケースである。

　日本生まれや幼少期に来日した子どもたちの多くは，保育園入園や学校就学前，家庭では母国語で生活している。しかし，入園や就学により，家庭での生活よりも保育園や学校での生活が長くなる中で，かれらの多くが次第に母国語を使わなくなり，日本語だけを話して生活するようになる。かれらの母国語の能力は，親の話を何とか聞くことができる程度で，話すことも，書くことも，読むこともできない場合が多い。

　一方，日本人の子どもの多くは，小学校入学段階で，ひらがなが書ける状態になっているという。そうした状況を背景として，小学校の入学事前指導においては，「ひらがなは書けるようにしておいてほしい」といったことが，小学

校側から保護者に要求される場合もあるという。しかしながら、ニューカマーの親にとって、外国語である日本語を子どもたちに教えることは困難である。まして、日本語を話すというレベルでは、子どもたちの方が流暢に日本語を使いこなしているのであり、その子どもに日本語を教えるという場面設定そのものが困難である。こうして、ニューカマーの子どもたちの日本語による「読み書き」は、日本人の子どもとは同程度にならないまま、小学校入学を迎えることになるのである。

こうした差を伴って小学校生活は始まるわけであるが、入学当初、日本の学校では学校生活に慣れること、つまり適応することに重点がおかれた指導がなされている。したがって、日本語を聞いたり、話したりすることがある程度できれば、「やれている」という判断を教師がくだすような状況は、容易に準備されてしまう。

　　最初、この学校に来たとき、カタカナ書きの子どもばっかりで、本当にどうしようって戸惑ったけれども、でも、実際に子どもたちと話してみると、日本語も話せるし、聞けるし、なんだ問題ないじゃないって思って、それからは、外国人とか日本人とか、そういうこと意識しないで、平等に扱っていますよ。[フィールドノーツ、1998年11月26日、S小学校での教師との会話]

こうした教師のまなざしは、筆者のフィールドワークでの多くの教師の発言に共通している。この点を、S中学校のある教師は、次のように指摘する。

　　自分も外国籍生徒のいろいろなことを知るようになるまでは、日本語話せるんだから、学力が低いのは、努力してないからじゃないかって（考えていました）。こういう考えって、たぶん、今でも、学校の教員の多くが思っていると思いますよ。[フィールドノーツ、2002年9月12日]

この発言は何名かの教師を含めた外国人生徒の問題を考える学習会でなされたもので、この場にいた教師は、この教師の発言に同意している様子であったことからも、日本の学校の教師の認識としてある程度一般的であると言えよう。

このような教師のまなざしと、学校の生活に慣れることを強調する学校のも

とで，日本人の子どもたちとニューカマーの子どもたちの日本語能力の差は隠蔽されたまま，学校での学習が積み重ねられていくことになるのである。しかしながら，その差は，学年進行とともに，学業達成の差として顕在化することになる。そして，こうした状況を，日本の学校の教師は，「日本語が話せるんだから，学力が低いのは，努力してないからじゃないか」と解釈するわけである。この語りに示されるのは，日本語能力の差によって生ずるニューカマーの子どもたちの学業達成の差を，「努力」といった個人の問題とする教師の解釈枠組である。ここにも，日本の学校の教師による「状況理解のスキップ」が存在する。

　会話の流暢さが，必ずしも学力に結びつかないという点は，言語学的に多くの論者が指摘するところであり，言語能力には「会話的能力（conversational competence）」と「学力に結びついた言語能力（academically related language competence）」という概念的にはっきりと異なった範疇が存在するとされている（ベーカー1996［1993］, p.20）。これらの指摘の中で，太田（2000b）は，特にカナダの言語教育学者のカミンズに注目して，次のように指摘する。前者は，会話の流暢さに結びつく言語能力で「社会生活言語」と称することができ，顔の表情やジェスチャーなど言語内容を理解するのに役立つ非言語的要素を多く含んだ文脈依存度の高いものである。一方，後者は，学力に結びつく言語能力で「学習思考言語」と称することができ，内容の理解はテキストそれ自体を理解する以外に手がかりがなく，言語それ自体のほかに言語の意味内容を理解する手がかりとなる非言語的要素がない，もしくは少ない状況で用いられるものである（pp.172-175）。したがって，学業達成が低くとどまるのは，この「学習思考言語」が獲得されていないことに起因するわけであるが，日本の学校の教師はこの二つの言語能力を区別しない。ここに「状況理解のスキップ」が起きているのである。

　こうした「状況理解のスキップ」を伴う教師の認識によって，「外国人である」ということによる「手厚い支援」は全くなされない。つまり，日本生まれや幼少期来日のニューカマーの子どもたちは，日本の学校への就学当時から「特別扱いしない」という状況が設定されてしまうのである。しかしながら，「学習思考言語」が獲得されていかなければ，学業達成は低位にとどまることになる。そして，学業達成が低位にとどまることは，それを説明するための解

釈枠組をもたない教師によって，「努力」の問題として説明されるのである。ここには，教師の「状況理解のスキップ」によって生じている問題が，ニューカマーの子どもの個人の性向の問題として処理されていく過程が見出される。日本の学校の教師のこうした問題処理の仕方は，「問題の個人化」（志水2000）と言えよう。

ところで，「問題の個人化」という教師のまなざしのもとで，ニューカマーの子どもはどのようなことを感じるようになるのであろうか。

> なんか，日本人って，「やってない，やってない」って言っていて，最初は，「やってない，やってない」って言っていても，やっているのかなあって思ってたけど，本当にやってない子もいるんだよね。でも，テストやるとできちゃうんだ。「あーあ」って思ってやる気がなくなることがある。［フィールドノーツ，2000年7月3日］

この語りは，ビン（ベトナム，高2，男，来日5歳）の高校の期末テストのための勉強を筆者が見ていた時のものである。この語りに見られるのは，「日本人と同じようにやっていてもできない」「やっていない日本人でも，やっている外国人の自分よりもできる」という感じ方であり，「外国人である」ことに起因する劣等感である。こうした劣等感は，教師が「問題の個人化」によって問題とする「努力」や「やる気」の継続を一層妨げることになる。さらに，こうした劣等感は，極端な場合，次のような解釈枠組を，ニューカマーの子どもたちにもたせるようにもなる。

> 地域のボランティア教室に，久しぶりに姿を現した中3のダン（ベトナム，中3，男，来日4年）に筆者が声をかける。
> 筆者：ダンは，高校どうするの？
> ダン：たぶん無理だと思います。
> 筆者：どうして？
> ダン：外国人はバカだから，高校へ行くのは無理ですよ。
> 　　　［フィールドノーツ，1999年1月30日］

この発言を聞いた筆者が驚いたことは言うまでもない。そして，後にこの発

言を，筆者は別のニューカマーの子どもとの会話で取り上げたことがある。その時にも，次にような反応があった。

> 筆者：前にある中学生の子にね，「高校へ，どうして行くのは無理だと思うの？」って聞いたら，「外国人はバカだから，無理ですよ」って言われて，びっくりしたよ。
> チャン：え？　そうじゃないんですか？
> 筆者：えー，そんなわけないでしょ。
> 　この後，なぜ，ニューカマーの子どもたちが勉強ができなくなってしまうように見えるのかについて，筆者なりの考えを説明する。
> チャン：そっか。私，外国人はみんなバカなんだと思ってました。
> 　［フィールドノーツ，2002年1月11日］

　このように「外国人はバカだから」という解釈は，ニューカマーの子どもたちの一部に存在するわけではなく，一定程度の広がりをもった解釈枠組として存在しているのである。こうした解釈枠組は，ニューカマーの子どもたちが，日本の学校において「特別扱いしない」状況のもとにおかれた上で，教師が，学力が低位にとどまる原因を，個人の「努力」や「やる気」とするような「問題の個人化」という問題処理を行うことによって成立させているものなのである。
　以上，本節では，「特別扱いしない」ことを前提とする制度的枠組のもとで，日本の学校の教師が，ニューカマーの子どもたちに向けるまなざしと，そのまなざしとの関係で，かれらが学校での日常をどのように意味づけて構成しているかを明らかにした。日本の学校の教師は，「特別扱いしない」という前提を維持しようとは試みるものの，実際には日本語を解さないニューカマーの子どもを「特別扱いしない」わけにはいかず，結果的に「やれている」という判断を下すまでは，「手厚い支援」がなされることとなっていた。ただし，「やれている」という教師の判断は，ニューカマーの子どもたちの学業達成との関係でなされているのではなく，日本人と同じように学校生活を送っているという適応のみを「問題」とした枠組でなされているのである。そして，「やれている」と判断されるやいなや，ニューカマーの子どもたちに対する日本の学校教師の

対応は,「特別扱いしない」方向に転換するのである。そうした中で生じるニューカマーの子どもたちの不適応は,「努力」という個人の問題として処理されるようになるのである。

　こうした日本の学校の教師のまなざしのもとで,ニューカマーの子どもたちの日常は,「やれている」という状態に覆い隠された「不安な毎日」となる。そうした日常の中で,「やれている」ことを表面的に維持するために「ふり」に向かう態度を形成したり,「自分に対する他者と自身のイメージのギャップ」が生じるようにもなる。そして,さらにこうした日常が積み重なることによって,やがてかれらは学校へ行かないことを選択するようにもなっていく。また,ニューカマーの子どもたちの「やれている」という教師の判断枠組は,学校生活の適応の問題に焦点化されていると同時に,かれらの不適応の原因は,個人の努力の問題として処理されているため,かれら自身も自らの言語的ハンディキャップに気がつくことはない。その結果,「外国人はバカだから」という認識をニューカマーの子どもたちがもつようにもなるのである。

第2節　日本人の子どもたちとの関係

　では,ニューカマーの子どもたちの,日本人の子どもたちとの関係は,どのように結ばれているのであろうか。ここでは,2002年度S中学校で行われた「選択国際」という授業(詳細第5章)で,ニューカマーの子どもたちによって語られた内容を手がかりに,そこにわけいってみたい。

　2002年度のS中学校の文化祭では,生徒会役員が,友だちどうしのあり方についての寸劇を演じた。その内容は,集団の中の力のあるものに,その是非を問わずについていくことによって発生する「弱い者いじめ」(「いじめ」として外から特定できにくい形態をもったものも含んで)の実態を描くものであった。その後,この寸劇を題材として,いくつかのクラスでは,教師主導で寸劇を意味づける授業が行われたという。「選択国際」の授業では,その後,それらの授業で書かれた感想の中から,原島(中国,女,中1,来日1年),杉田(中国,中3,男,来日4年)の感想を取り上げることで,日本の学校でのこれまでの経験を語る授業が試みられた。

中国籍の原島と杉田が書いた日本の学校での様子の作文を読み，ボランティアの家上さんが，王艶（中国，中3，女，来日1年），ドン（カンボジア，中2，女，日本生まれ）とロム（カンボジア，中2，女，来日8年），ドミングス，アルギロ，シメナ（ボリビア，中2，女，来日それぞれ7年，3年，3年），テット（ベトナム，中3，女，日本生まれ）に自分の経験を語ってもらおうと試みている。

家上：原島さんや杉田君のような気持ちになったことはありますか？

王艶：（日本語で即座に答えた）あります。最初，日本の学校に来たとき，自己紹介するときうまくできなかった。「みんなに挨拶をして」と先生に言われたが，何も言えなかったのでみんなに笑われた。すごく恐かったし，すごく緊張した。みんな私のこと笑っているから，学校行きたくない気持ちでした。（後略）

家上：日本に来たばかりの時など，学校が恐いとかつらいとか，「自分って一人だなー」「味方がいないなー」っていう気持ちですね。

ドン：中1の時，あった。女ってグループで行動しますよね。私は初めカンボジアに行っていたんです。帰ってきて，みんなの中に入れなかった。小学校のとき仲良かった子とも一緒に行動できなくて，学校に行くのいやだった。

家上：そういう時，どうやって入っていったの？

ドン：自分で積極的に入ろうとした。でもまださびしい気持ちはあって……。一言話しても会話が続かなくて，そこで終わっちゃう。たとえば授業で理科室に行くときに，友だちが教科書とか持っていたのに「一緒に行こう」って恥ずかしくて言えなかった。結局，友だちのグループの中にはいたんだけど，ウチは後ろにいて，友だちは前にいて二人でしゃべっていて，自分は何なんだろうと思った。

家上：それと同じような話をロムのお兄さんからも聞いたよ。「日本人の友だちとは話さない。スーッと流れちゃう。だから話さない」って。シメナはどうだった？

シメナ：私は3年生の終わり頃に日本に来て……。日本語がわからなかったけど，やさしい先生がいたから，あまりそういうものはなかった。あまり覚えていない。

家上：原島さんの作文のように学校に行くのが恐いとかってなかった？

テット：ウチは日本で生まれたんですけど，5年生のとき突然普通に仲良かった友だちがどんどん離れちゃって，一人になっちゃって。いじめ……，自分の顔とか肌のことで，「黒人」とか言われて。

家上：そのとき相談できる味方のような人はいなかった？
テット：いません。「学校行きたくないなー」と思いながら半年くらいずっと一人でいたけど，それもいやだったから「入れて」とか言って。でも一緒に行動はするが，流されて。
家上：ロムは？
ロム：ない。
アルギロ：小学校3年生の2学期に日本に来たんだけど，ボリビアの学校と全然違うから。友だちは一人できて，その人とずっと一緒にいた。その人がいっぱいいろいろなこと教えてくれて。（その子は）日本人の子。先生とかも（教えてくれた）……。
ドミングス：わかんない。6歳で日本に来たけど，最初は大阪にいて，大阪では外人の友だちとかいなくて，いじめになっちゃったことはあるんですよ（泣き出す）。3年生位の時。3年生の3学期の初めに○○に引っ越すことになって。
家上：テットは一人だったときはどんな風に思った？
テット：みんなヤナ人だなって。
〔2002年11月18日，S中学校の選択国際の授業記録，○○――引用者変更〕

　ここでの語りに見られるように，ニューカマーの子どもたちの多くは，大なり小なり，日本の学校でいじめられた経験をもっている。森田・清永（1994）は，「現代の子どもたちの世界ではどの学級でもいじめが発生している」として，「いじめ」の一般化を指摘している（p.60）。したがって，事例で語られたニューカマーの子どもたちのいじめられた経験の語りも，日本の学校の教室の状況を反映したものといっていいだろう。また，森田・清永は，「いじめ」という視点からみた教室を次のように描き出してもいる。

　　いじめという視点からいまの教室をながめて気のつくことがひとつある。それは教室のなかが，いくつかの円筒で仕分けられ，その円筒の高さがそれぞれ異なってふぞろいだということである。円筒の高さと容量は，子どもの学業成績や運動能力など，要するに子どもを分ける能力や資質という規準にしたがって決められる。子どもたちは，朝登校し，この円筒のなかに分かれて入って行く。能力や資質の高い子どもは高くて大きな円筒へ，そうでない子どもは順次小さな円筒へと自然に進む。どこに自分が入るのか，入らねばならないのかが，なにもいわれ

ずとも子どもたちにわかるというところがすごいところだ。このような場所で，学校での一日を，子どもたちは，笑い，話し，鉛筆を動かし，たがいに突き合いながらすごす。
　子どもたちは，円筒の壁をやすやすとは超えられない。あまりにがんじょうで，かつ自分の身のたけには高すぎ身軽には飛び越えられないのだ。また子どもたちは，円筒を超えて積極的に会話を交わそうともしない。話す言葉が違うからだ。(p.120)

　ここで描き出されているのは，子どもたちの教室における「棲み分け」の実態である。「どこに自分が入るのか，入らねばならないのかが，なにもいわれずとも子どもたちにわかるというところがすごいところだ」と指摘されているように，教室には境界があり，境界で括られた部分同士の力関係も，そこに住んでいるものには明白な，教室での「人間関係の地図」のようなものが存在しているのである。
　ニューカマーの子どもたちの日常は，この「人間関係の地図」への位置づき方との関連で考察可能である。そして，それは日本生まれや幼少期来日の場合と，母国での経験が記憶にある年齢で来日した場合とでは異なっていて，子どもたちの証言する「いじめ」も異なった様相を示している。ここでは，そうした違いに焦点を当てながら，かれらの多様な「いじめ」経験を考察してみたい。

（1）日本生まれや幼少期来日の「いじめ」経験
■棲み分けによる「いじめ」の回避
　まず，最初に注目されるのは，早期の「棲み分け」によって「人間関係の地図」に安定して位置づき，それによって「いじめ」を回避する場合である。その際，「棲み分け」は，言語環境による場合と，男の子のニューカマーに見られる女の子への接近による場合が確認された。
　まず，かれらの言語環境に注目してみよう。ニューカマーの子どもたちの多くは，家庭において，親の第一言語である「母国語」，もしくは「たどたどしい日本語」の中で生活している。ところが，保育園への入園とともに，日本語中心の言語環境におかれることになる。こうした言語環境の変化の中で，ニューカマーの子どもたちは，かなり早い段階での「棲み分け」を行っている。

トゥーン（カンボジア，中2，男，日本生まれ）：保育園にあがったとき，日本語ができなくて日本人の子とはあそばなかった。日本人の子と遊んでいると，話がよくわかんなくて，ほとんどあっちはあっちという感じに。保育園までは親はカンボジア語で。保育園入ったときわからなかったから，いつも同じ外国人の子と遊んでいた。
　筆者：それはカンボジアの子と？
　トゥーン：あと，バン。バンは話せなかったんだけど，カンボジア語は。
　筆者：［そばにいたバン（ベトナム，中2，男，来日11年）が驚いた表情をしたので］バンは覚えてないの？
　バン：覚えてないですよ。
　トゥーン：小学校になったとき，だんだん単語を覚えていったら，カンボジア語は忘れていった。今ではほとんど覚えていない。
　［2002年11月18日，選択国際の授業記録］

　このように，日本生まれや幼少期来日のニューカマーの子どもたちの多くは，お互いによく分からない同士で固まりながら，日常を構成していくのである。こうした早期の「棲み分け」を半ば無意識のうちに行うことで，「人間関係の地図」に位置づいてきたニューカマーの子どもたちは「いじめ」経験をもたない。この事例に登場するバンも「いじめ」経験をもってはいない。しかしながら，この「棲み分け」には，その場の状況について「よくわかるもの－よくわからないもの」という力関係が存在していて，かれらはその言語環境のもとで後者に位置づけられるわけであるから，教室の「人間関係の地図」の「周辺」に位置していることは明らかである。
　さらに，この「棲み分け」は，次のような問題をも孕んでいる。この事例のトゥーンとバンは，日常生活の多くをともにしているが，「棲み分け」を多少なりとも意識しているのはトゥーンである。この「棲み分け」意識の強いトゥーンは，「いじめ」経験はもたないものの，「いじめ」への警戒心が非常に強い。例えば，トゥーンは，「選択国際」のまとめにおいて，「緊張の歴史」と題する自分史を作成しているが，その中で，今までの中で最も緊張したのは，小学校の入学式で，その時の気持ちを「いじめられるか，ともだちができるか，ずっときんちょうした」と記している。こうした「棲み分け」への意識は，教室で

第1章　学校と家族　49

のかれらの行為を不安定にし，それが学業達成を低位に留める一要因ともなっている。

また，トゥーンは，「バンをいじめたこともある」と語り，自身が「棲み分け」た内部で，「いじめ」の加害者となった経験を語ってもいる。一方，「いじめ」の被害者であるバンは，トゥーンからのこの指摘を受けても，過去に遡って「いじめ」を認識することはなく，「そうだったの？」といった表情をする。バンが自分自身の過去を振り返って語るのは，自らの「気の弱さ」であり，「１年生の時，学校でいつもないていた。ないていたりゆうは，母さんがいなかったから」で「このとき，ぼくは，きがよわくそだった」と記してもいる。バンは，いじめられていても，いじめられたと認識していないのであり，彼には「いじめ」経験がないのではなく，「語られたいじめ」経験を持たないのである。このような場合，トゥーンの場合とは異なり，「棲み分け」への意識は，教室での行為を不安定に導くことはない。しかしながら，かれが，教室の「人間関係の地図」の「周辺（トゥーンの位置）」の「周辺（バンの位置）」であることに変わりはなく，学業達成は，その行為が安定しているにもかかわらず，低位に位置することになっている。

「語られたいじめ」経験をもたない別の事例として，女の子への接近を試みるサック（ラオス，小４〜中３，男，来日６年〜11年）の場合がある。筆者がフィールドワークで最初にサックにあったのは，彼が小学校４年生の時であった。そのときから，サックは「女の子とばかり遊んでいるせいか，女っぽい」として，教師からも，子どもたちからも認識されていた。そうした傾向について，小学校時代は日本人の子どもがからかう様子も見られたが，サックは「関係ない」と取り合う風はなかった。このように女の子と行動を共にする傾向は，中学校に入っても変わらず，そうした態度によって，「サックはそういう子だから」という認識のもとで，次第にからかいの対象ではなくなる様子が観察された。こうした「女の子への接近」による「棲み分け」の結果として，サックは「僕はいじめられたことはないから」と語り，「からかわれたことは？」という問いにも「何もない」と語り，「語られたいじめ」経験をもたない。しかしながら，ここでの「棲み分け」には，「男であるのに女といる」「男なのに女っぽい」という「正常－異常」あるいは「強い－弱い」という力関係が存在していて，彼は後者に位置づけられることで，教室の「人間関係の地図」の「周辺」

に位置していることは明らかである。

　さらに，この「棲み分け」には，次のような問題を孕んでもいる。S中学校では，2002年10月半ばの文化祭の準備中に，杉田（中国，中3，男，来日4年）が，オハラ（ペルー，中2，男，来日4年）に対して，「ふざけ」の延長でケガをさせるという事件が起きていた。オハラは，「幼少の頃の事故がもとでの障害がある」とされている子どもで，これまでにも多くの「いじめ」が確認されていた。この事件について，サックは次のように書いている。

　　オハラの事がおきるまえに何かできたのではないでしょうか？（とくに先生）おこってからではおそいから。オハラの事は，先生とかはしってるし，オハラはこういうやつだとか，こうゆう性格なんだっていうのを。そうゆうのをはあくして，いろいろたいしょしていってほしいと思います。[2002年11月18日，選択国際授業記録より抜粋]

　ここで表面化されているのは，教師主導による「いじめ」解決の志向である。この反応は，他のニューカマーの子どもの多くが，「なぜ，この事件が起きたのか」という原因についての自らの考えを表明した様子とは明らかに異なっていた。
　森田・清永（1994）の分析によれば，「いじめ」の被害者層は，「教師主導による意志決定を望み，規則・きまりを細則化して学級内の秩序化を図ろうとする志向が強い」と述べ，そこには「『力への弱さ』ともいうべき被害者的性格を読みとることができ，教師や規則による秩序の回復は権威や制度化された力によりかかろうとする依存的態度のあらわれ」があるとしている（p.153）。この解釈は，サックの志向とも重なるものである。サックは，女の子に接近することによって，かろうじて「力への弱さ」が顕在化していないのであって，彼が「語られるいじめ」経験をもっていないとしても，「いじめ」は，彼の身近にあると解釈することができよう。

■「いじめ」経験の諸相
　「棲み分け」による「いじめ」の回避が成功しない場合，「いじめ」は起きることになる。筆者のフィールドワークにおいて，それらの「いじめ」は，二つの異なる諸相で確認された。一つは，「いじめられ続ける」という状況である。

オシロ（アルゼンチン，中３，男，来日12年）は，「僕は小学校のころずっといじめられてきた」と証言する。以下は，彼がこれまでの生い立ちを書いたものからの抜粋である。

　　小学校に入った。日本語はしゃべれるようになりましたが，まだ，わからない言葉があった。そして，１年生として入った時，初めてのいじめというものに出会った。１年生の時に○○小にいて，２年の最後らへんで○○小学校にひっこしした。○○でもかわらぬいじめがあり，その事を僕は先生に言ったのだが学校の先生は何もしてくれなかった。そして，３年生の最後らへんまたひっこした。その学校は○○小学校だった。その小学校も同じように先生に言ったのだが，何もしてくれなかった。とても悲しかった。先生に言って，信用してくれませんでした。そして，４年生の最後らへんで，また，ひっこして，１年生と２年生の時過ごした○○小にもどった。／５年生になり，いじめもかわらず先生に言おうとしたが，また，信用してくれないんじゃなかと思い，５年生１年間ずっといじめをたえてきました。そして，６年生になった時に声をかけてくれた，やさしい先生がたんにんになった。その先生にそうだんしたら，初めて信用してくれた。自分もうれしかった。その事を先生がみんなに言ったら，みんなあやまってくれた。そして次の日に，みんながあやまり，その日はなんにもなく，みんなやさしくしてくれたが，次の日になると，みんなはきのうはきのうで，きょうはきょうで，またいじめがはじまった。小学校時代の６年間はとっても最悪だった。今も心の中にその事がわすれられない。［2002年２月，選択国際のまとめより抜粋，○○──引用者変更］

　オシロがいじめられ続けるのは，彼が，先の事例で示した「棲み分け」による「いじめ」の回避という戦略を可能にする相手を，教室の中に見いだすことが出来なかったことによる。そして，教師の力による「いじめ」の抑止も，「いじめ」から彼を逃れさせたのは僅か１日であり，「教室の人間関係の地図のどこに位置づくか」をめぐる「居場所探り」を終焉させるものとはならなかったのである。こうして，彼は，いじめられ続けたのである。
　ところで，ここで彼の行為を「居場所づくり」ではなく「居場所探り」と表現するのは，ニューカマーの子どもたちの「わからない言葉がある」という状況のもとでは，日本人の子どもたちの関係において，「よくわかるもの－よく

わかないもの」という力関係が常に働いていて,「つくる」という言葉に内包される積極性を,かれらが持ち得ているとは言い難いからである。「ヴァルネラビリティ」に注目して「いじめ」を分析した竹川(1993)によれば,「特異な身体的違和感や明らかな負性から生じるヴァルネラビリティ」は,いじめを発生させるヴァルネラビリティの一つであり,そうした性質として,「言語表現能力に欠けること」を挙げている(pp.7-8)。すでに明らかにしたように,オシロのような日本生まれや幼少期来日の場合,教師の「状況理解のスキップ」により「手厚い支援」の対象とはならないために,彼の態度は,転校する先々でヴァルネラビリティを招き,いじめられ続けることになっているのである。

ただし,ここで注意しなければならないのは,オシロが,いじめられ続けたのは,彼が「居場所探し」を試み続けたからである。つまり,彼は学校に行き続けたのである。仮に彼が不登校傾向に陥れば,いじめられ続けることはなかったのかもしれない。ニューカマーの子どもたちの多くが大なり小なり,いじめられた経験をもつにもかかわらず,いじめられ続ける事例が限られるのは,不登校傾向による「いじめ」の回避があるからと言えよう。

もう一つの「いじめ」経験は,ヒガ(ペルー,中2,男,来日10年)によって語られる経験に示されるものである。

> ヒガ:(前略):小学校1-2年のころはアキラみたいにいじめられたけど3年生になったら他の男子とかいじめる側になった。
> 筆者:なんで変わったの?
> ヒガ:なんでかわからないけど。
> (中略)
> 筆者:ヒガはひょうひょうとしているけど,いじめられていたとはしらなかった。どんな気持ちだった?
> ヒガ:あんまり覚えていないけど,下の立場にいるような気持ち。
> (中略)
> 筆者:ヒガは何がきっかけでいじめるようになったの?
> ヒガ:他の人が他の人をいじめていて,上の人と仲良くなるために,やっていたかな。
> 〔2002年11月18日,S中学校の選択国際の授業記録〕

ヒガのように，自分以外に「居場所探し」をするものを，「いじめ」の新たなターゲットとすることで，自身は「いじめ」から解放される場合がある。「人間関係の地図」において，「いじめられる者」から「いじめる者」へ自らの位置づけを転換するのである。しかしながら，この転換によって，かれらの「居場所探し」が終わったわけではなく，表面上見えなくなっているだけである。というのは，そうした転換の結果，かれらから「不安な毎日」がなくなったようには決してみえないからである。

　筆者がヒガに初めてあったのは，2001年の夏であった。彼はＳ中学校の1年生で，この地域のニューカマーの子どもたちの自治的運営組織の夏キャンプに，友だちに誘われて参加していた。当時の彼は，キャップを斜めにかぶり，強ばった表情で，「何にでも反抗してやるぞ」といった雰囲気をもっていた。Ｓ中学校の教師によれば，「大人に対して反抗的な態度を持っていて要注意である」といった内容が小学校からの申し送り事項として記載されていたという。このキャンプへの参加以後，地域での活動やＳ中学校で部活に参加していく中で，ヒガは他者に対して先の事例のような内容を語るような変化が見られるようになる。したがって，先の証言にあるように，小学校時代の「いじめられる者」から「いじめる者」への転換は，それに伴って「反抗的な態度」として形容されるような行為を生み出していたのであって，「居場所探し」の終焉を意味しているとは言えないであろう。

（2）母国での経験が記憶にある年齢で来日した場合の「いじめ」経験
■来日初期

　母国での経験が記憶にある年齢で来日したニューカマーの子どもたちは，既存の「人間関係の地図」への「新規参入者」となる。転校経験をもつ日本人の竹中（中3，女）によれば，ニューカマーであるかどうかに限らず，日本人の子どもたちは新しい子どもが転校して来ると，次のような行為を起こすと話す。

　　　自分が転校したときにみんな興味があって近寄ってその人がこうだと知ると，
　　　離れていく……。［2002年11月18日，Ｓ中学校の選択国際授業記録］

つまり，日本人の子どもの行為は，「教室の人間関係の地図に，いかに新規参入者を位置づけるか」という目的をもって，「新規参入者」に接近する。それは，「新規参入者を理解する」というよりは，「新規参入者は，自分たちの存在を脅かす存在かどうか」という「見極め」の目的をもった行為といってもいいかもしれない。したがって，「見極め」という目的が達成されれば，当然，接近するという行為は起こらなくなる。この点については，森田・清永（1994, p.91）も，いじめられっ子の属性の特徴の一つに「転校生」をあげて，新規参入者である転校生を，集団の力関係のなかにどう位置づけるかを知るために，迎える集団はさまざまな鞘当てをしかけてくると指摘している。

　さて，こうした日本人の子どもたちの行為の変化を，ニューカマーの子どもたちは，どのように解釈しているのだろうか。ここでは，王艶（中国，中3，女，来日1年）の作文（題「日本に来て」）を手がかりに探ってみたい。

　　私は中国人です。去年の1月12日に日本に来ました。この2年間の中で，せつなかった，悲しかった，困っていた，泣いた，ショックだったこともたくさんありました！でも，この2年間で，今の私は2年前の私と比べたら，本当に成長したと思っています。私は日本に来て，最初は宮城県の仙台市に住んでいました。学校は○○中学校でした。／あのとき，私はただ「おはよう，さようなら」しかしゃべれませんでした。初めて中学校に行ったとき，日本語で自己紹介もできませんでした。クラスのみんなに笑われました。あのとき，本当に家に帰りたかったです。初めて日本の学校へ行った時はこんな状態でした。こんなことになるなんて思いませんでした。翌日，ひとりでゆっくり歩いて学校に来ました。突然，ふたりの女の子が「おはよう」と言ってくれました。あのとき，とてもうれしかったです。心も熱くなりました。あのとき，私はあのふたりの女の子と友達になれるかもしれないと思いました。でも，一ヶ月後，彼女たちは何も話してくれませんでした。あのときから，本当に友達がほしいと思いました。あのとき，私の日本語もしゃべれなくて，体育もすごく苦手でした。毎日ひとりで学校に行って，勉強していました。でも，友達はいませんでした。ある日こんなことがありました。体育の時間に，バスケットボールを練習している時，ある三人の男の子がボールを私の頭に投げながら，「バカ，学校に来るな，この学校は中国人なんていらねえよ。」と言っていました。／私は泣きたくなりました。あのとき，わたしは一人になりたいと思いました。あれはもう人間の生活じゃないからです。私は

涙をこらえながら，一生けんめいバスケットボールの練習をつづけました。そして，「絶対にあなたたちに負けません。うまくなりたい。」と思っていました。なぜかというと，私は中国人で，中国人は弱虫じゃないと思っていたからです。もっと信じられないのは，女の子も話してくれないことでした。女の子はいつも私のことを笑っていました。あのとき，自分は地獄にいるように感じました。「このクラスは何でこんなに暗いの。何でみんなこんなに冷たいの？　みんな，同じ人間だよ。何でこんなことがあるの。」私は放課後，いつも一人教室でいろんなことを考えていました。そして，「何でここに来たの。何のためにここにいるの。」と考えると，涙が止まらなくて，とても自分の国に帰りたくなりました。中国の先生や友達に会いたかったです。ときどき，夢の中で友達に会ったとき，泣いたこともたくさんあります。あのときに私は，本当に生きているのは意味がなくて，友達もいない，もう人間の生活じゃないと思いました。〔2002年10月26日，S中学校文化祭での作文発表，○○──引用者変更〕

ここに表現されている「最初，日本人は優しいけど，だんだん離れていく」という証言は，多くのニューカマーの子どもに共通する経験である。日本人の子どもにとっては，新規参入者の「見極め」を意味する行為が，ニューカマーの子どもにとっては「言葉が理解できない」ことに導かれた「よくわからない」という「現実(イメージ)」のなかで，「優しさ」の表れとして解釈されている。しかしながら，日本人の子どもにとって，ニューカマーの子どもたちへの接近は「見極め」であるから，その目的が達成されれば，それに応じる境界の設定がなされる。ところが，そうした行為の変化は，ニューカマーの子どもにとって「優しさから冷たさへの変化」として受け取られるのである。ここに，同一の行為が，一方で「優しさから冷たさへの変化」と解釈され，他方で「見極めによる境界の設定」と解釈されているという状況が生み出されていて，両者の「現実(イメージ)」は大きく隔たっていることがわかる。

竹川（1993, p.9）は，先に述べた「特異な身体的違和感や明かな負性から生じるヴァルネラビリティ」とは異なるヴァルネラビリティに，「ある一面のつけ込まれやすさから生じるヴァルネラビリティ」というものがあるという。それは「学級集団の雰囲気に溶け込めないことや，その雰囲気を支配する価値基準に照らして劣位に位置することが，ヴァルネラビリティとなっていじめが発生する」と説明されている。日本人の子どもの「見極めによる境界の設定」と

ニューカマーの子どもの「優しさから冷たさへの変化」という同一の行為の解釈のズレは，多くの場合，当該の場面で明らかにされることはないし修正されることもない。結果として，マジョリティである日本人の「現実（イメージ）」が教室を支配し，ニューカマーの子どもたちの行為は解釈ミスとして扱われる。ここに「ヴァルネラビリティ」が生じ「いじめ」が起こるのである。
　さらに，ニューカマーの子どもたちの多くは，一度「いじめ」を経験すると，その原因を自分自身に探そうとする。

　　筆者：いじめられた時の気持ちって，どんな感じ？
　　マルヤマ（ペルー，中3，女，再来日3年）：やなことしたかな，嫌われることし
　　　たかなと思う。
　　［2002年11月18日，Ｓ中学校の選択国際の授業記録］

　こうした行為は，竹川（1993, p.3）がいうところの「仮想ヴァルネラビリティ」ともいうべきものへの警戒であり，それによって行為が萎縮し，「いじめ」が一層身近に引き寄せられることになるのである。
　このように，ニューカマーの子どもたちの教室での経験は，マジョリティである日本人の子どもの「見極めによる境界の設定」の行為と，ニューカマーの子どもによる教室の解釈（＝「現実（イメージ）」）のマッチングの結果として積み重ねられていく。それは，教室の既存の「人間関係の地図」のどこにいかに位置づくのかという，教室での「居場所探り」の営みでもある。

■「いじめ」経験の様相
　ニューカマーの子どもたちに引き寄せられた「いじめ」によって，「いじめ」経験の様相は，かれらの「居場所探し」のやり方や，参入する教室の「人間関係の地図」の状況によってさまざまである。まず，「いじめ」から逃れるための一つの方法として，教室以外での「居場所」を確保するという方法がとられることがある。マルヤマ（ペルー，中3，女，再来日3年）は，4歳で来日，その後7歳でペルーに戻り，11歳で再来日している。「選択国際」の授業では，再来日の頃の様子を次のように書いている。

　　最初のころ，こわくて学校に行きたくなかったし，いろいろ笑われたりされた

ことがある。でも，私はいじめられた方で，日本人にだけじゃなく，自分と同じ外国せきの人にいじめられたことがあります。先生が言ったみたいに，学校で話す人がいない，家でも話す人がいない時，私がありました。やっぱ，外国で話す人がいて日本に来ると親とのきょりができちゃうし，自分の言葉じゃないので友達つくるのが大変だった。[2002年11月18日，S中学校の選択国際授業記録]

　その後は，「中学校に入るのが不安だった」としながらも，「自分をちょっと変えたいと思い，生徒会に立候補した」としている。選挙は信任投票であり，信任された彼女は生徒会役員として活動することになる。
　この年の生徒会長であった日本人の結城（高1，女）によれば，生徒会発足当初中2であったマルヤマは，その活動の中でも一人でいることが多く，生徒会担当の教師も心配していたという。翌年も，マルヤマは生徒会に立候補し役員となるわけであるが，結城によれば，「生徒会の活動そのものに魅力を感じていたというよりも，『やれる自分，めだつ自分，わかっている自分』をアピールする場として，生徒会という場を利用しているような感じだった」（フィールドノーツ，2003年2月19日）と話す。もちろん，マルヤマの場の選択に類する行為は，日本人生徒にも同じことである。また，たとえ彼女がそうした場として「生徒会」という場を利用しようとしたとしても，「生徒会」という場が，彼女の意図を超える意味をもつ活動を展開することがあったのならば，彼女にも別の在りようが準備されたかもしれない。しかしながら，結果としては，彼女は，この学年の「外国人のリーダー的存在」として，教師からも子ども全体からも認識されるようになっていく。こうして彼女は「いじめ」を回避していったのである。
　こうした状況は，次のような問題を孕んでいる。それは，彼女のラベルとなった「外国人生徒のリーダ的存在」の比較対照群は，「他の外国人生徒」なのであり，日本人も含む生徒全体ではないという点である。ここが，日本人が「生徒会」を居場所とする場合と異なるところである。彼女へのまなざしは，「外国人生徒なのに頑張っている」という意味合いを含んだものであり，そうしたまなざしは，彼女を学校の「周辺」に位置づけることになっているのである。さらに彼女以外のニューカマーの子どもたちは，彼女の存在ゆえに「周辺」の「周辺」に位置づけられることになるのである。

生徒会役員以外の場として，部活動という場もある。ティー（ベトナム，中2〜中3，女，来日1〜2年）は，中学2年生でS中学校へ転校し，それを機にソフトテニス部での活動を始める。運動能力の高い彼女は，入部当初日本語があまりわからない状態ではあったが，他の人の見よう見まねでありながらレギュラーメンバーであり続け，それによって注目され，「いじめ」も回避していた。
　しかしながら，こうした状況は，次のような問題を孕んでいたのである。部活動でのティーの様子について，ソフトテニス部の顧問の教師は，ある時期，次のように語っていた。

　　日本語の問題があって，技術指導の細かい部分はわかっていない。ソフトテニスの場合，運動神経より思考力が必要になるような段階になると，難しいかもしれない。できるだけ，丁寧に説明するように心がけてはいるけれど，わかっていなくても「はい，はい」という癖が既についてしまっていて，そこがネックかな。
　　［フィールドノーツ，2001年11月16日］

　その後の彼女をめぐる状況は，顧問の教師が予想したように進んでいく。彼女は，ある時期から試合で勝つことができなくなり，レギュラーメンバーからはずれることが多くなり，そうしたことが繰り返されると，部活動への出席状況も悪くなっていった。
　一方，転校当初の学年や学級の教師のティーへのまなざしは，教室でも"にこにこ"していて，「やれている」というものであった。そうした状況は，転校早々に，教室外で「居場所」を見つけ，そこで活躍することによって導き出されたものでもあった。ところが，教室外での「居場所」が不安定になることで，ティーは，初めて教室での「居場所探り」に直面せざるをえなくなった。しかしながら，ティーは，部活動での活躍や転校早々の「やれている」という教師の判断によって，1節で明らかにしたような「ふり」に向かう態度を身につけてしまっていたのである。そのことによって，日本の学校生活において多くの時間が費やされる授業の時間を生きるための「日本語能力」さえも身につかないまま，ある時期を過ごしてしまったのである。ティーの部活動の顧問の教師は，何人かニューカマーの子どもを指導してきた経験をもっているが，後にこの経験も含めて次のように語っている。

第1章　学校と家族　59

部活動には生徒指導の意味合いが強くあるから，外国籍でも，部活動で何とかなれば学校生活をうまくやれるのではないかと思っていた。でも，何回か（ニューカマーの生徒を受け）持つ中で，「違う」と思うようになった。前にもった子も，全国大会で３位になった時にレギュラーでいて，高校へ推薦でいったけど，結局，部活も学校も続かなかった。日本人は部活は辞めても学校は続く。でも，外国籍はそうはいかないってことだけは，いろいろ経験してようやくわかるようになった。［フィールドノーツ，2002年8月5日］

ここで語られるのは，部活動という教室以外の「居場所」の持つ意味が，ニューカマーの子どもと日本人の子どもとでは異なるということである。日本人の子どもにとっては，教室外の「居場所」は，教室での位置づけを，より「中心」に導く場合が多い。それによって，「いじめ」も回避できるかもしれない。しかしながら，ニューカマーの子どもの場合には，たとえ「いじめ」が回避できたとしても，日本人の子どもがそれによって「中心」に導かれることとは逆の作用，つまり「周辺」に導かれる可能性をもってしまうのである。

次に，「いじめられ続けている」と判断されるオハラ（ペルー，中１～３，男，来日３～５年）の事例を検討して見たい。筆者のフィールドワークを通して，母国での経験が記憶にある年齢で来日した場合，「いじめられ続けている」と判断されるのは，オハラただ１人である。オハラは幼少の頃の事故がもとでの障害があるようだとされている。

オハラ：小学校６年の時，友達からいろいろな事を言われて，物とられたりした。
篠田先生：いじめられた時の気持ちは？
オハラ：むかついた。
　　　［2002年11月18日，S中学校の選択国際の授業記録］

いじめられ続けた経験が，オハラただ１人にしか当てはまらないのは，次のような要因によると解釈できる。先に示した幼少期に来日したオシロがいじめられ続けたのは，教師の「状況理解のスキップ」により「手厚い支援」の対象とはならなかったからである。一方，母国での経験が記憶にある年齢で来日する場合，「手厚い支援」の対象となるため，いじめられ続けるという現象は起

きにくい。しかし、ここで注意するべき点は、「手厚い支援」は言語的ハンディキャップにのみ向けられているという点である。オハラの場合、「手厚い支援」を受けるべき「言語的ハンディキャップ」を考慮したとしても残ってしまう「特異な身体的違和感や明かな負性から生じるヴァルネラビリティ」（竹川 1993, pp.7-8）があったのである。よって、オハラはいじめられ続けることになったと解釈できよう。

続いて、「いじめられる者」から「いじめる者」への転換を経験する子どもを検討してみたい。序章の冒頭で紹介した「怖い」「誰か助けて」と書いた原島（中国、中1、女、来日1年）の作文の「いじめ」に関する記述は「わたしは学校でいぢめることあります。あのどき怖いかた。あの人のきもちわたしはわかります。あのときさぶしかた。ともたちいないなんにもてきません。なんかみないわれた。あの人どてもかわいそをないろいろがいわれました。ともたちいないとかなんにもてきないなー。あのときわたしはちョームカックです。あの人にわたしのきもちおんなじおもいました。なんかみんなてあの人にいじめらないでともたちなるほしいです」である。日本語表現の不備もあり、読みとり難いのであるが、担任教師がこの作文について彼女と話したところによれば、「日本に来てから、自分もクラスにいた日本人をいじめたことがあり、自分もいじめられた経験があるから、その子の気持ちはわかるはずなのに、その子をいじめてしまった。今は、いじめた自分にとてもむかついている」という意味のことを書こうとしたのだそうである。

筆者のフィールドワークを通して、母国での経験が記憶にある年齢で来日した場合に、「いじめられる者」から「いじめる者」への転換が見られるのは、彼女のみである。彼女の場合、彼女が「新規参入者」となった教室には、それまでに「いじめ」にあっている日本人の女の子がいたという特殊な要因がある。先のオハラのいじめられ続けた事例に重ねて考察するならば、原島の「言語的ハンディキャップ」を考慮した場合に残る「ヴァルネラビリティ」よりも、当時「いじめ」にあっていた日本人の女の子の方が、原島より多くの「ヴァルネラビリティ」を招いていたと解釈できよう。

最後に「いじめ」経験を全くもたない場合を検討しよう。本節の冒頭の事例に登場しているアルギロ（ボリビア、中2、女、来日3年）は、日本に来た時の様子を「友だちは一人できて、その人とずっと一緒にいた。その人がいっぱい

いろいろなこと教えてくれて。（その子は）日本人の子。先生とかも（教えてくれた）……」と語っている。

　なぜ，彼女は「いじめ」経験をもたなかったのか。これを読み解くためには，幼少期に来日して，いじめられ続けたオシロの経験を参考にすることができるであろう。彼によれば，小学校時代，一時転入生が来て，その子がその学校を去るまでの間，彼は「いじめ」から逃れられたとして，次のように書いている。

　　（前略）僕は小学校のころやさしくしてくれた男の子がいました。ときには，いじめることもあつたし，助けてくれるときもありました。最初に思ったのは，日本人ってややこしいいな〜と思った。僕は，いままで小学校ころ日本人は，いやなやつだと思ったけど，その子がこの小学校に来てくれてほんとうによかったと思い，日本人にはやさしい人，いやな人がいると思いました。［2002年11月18日，選択国際作文の記録］

　ここからは，ニューカマーの子どもたちが「いじめ」経験を持たないのは，かれらが参入しようとしている教室の「人間関係の地図」に，かれらの新規参入以前に「居場所探り」を行っている日本人の子どもがいるような場合であることがわかる。つまり，「居場所探り」を行っている日本人の子どもにとって，「新規参入者」であるニューカマーの子どもは，自らの「居場所探り」を終わらせる存在たり得るわけである。したがって，ニューカマーの子どもたちの友だちとなる日本人は，複数ではなく１人なのである。このような場では，日本人の子どもの「見極めによる境界の設定」と，ニューカマーの子どもの「優しさから冷たさへの変化」という解釈のズレは生じない。もちろん，日本人の子どもが，ニューカマーの子どもを，「いじめ」の新たなターゲットとする場合もあり，そうした戦略を当該の日本人の子どもがとらない限りにおいてのことである。しかしながら，ニューカマーの子どもが「いじめ」経験を持たない場合であっても，教室の「人間関係の地図」の「周辺」に位置づくことになってはいるのである。

　以上，本節では，ニューカマーの子どもたちの多くが，「日本の学校で経験する」と証言する「いじめ」を，かれらの解釈や意味づけに注目して描き出すことを試みた。こうした試みのもとで明らかになったことは，ニューカマーの

子どもたちが,「いじめ」経験を通して,かれらは,学校の「周辺」に位置づいていくという事実である。

　日本生まれや幼少期来日のニューカマーの子どもたちの中には,かなり早い段階で「棲み分け」を行うことによって,「語られたいじめ」経験をもたない者たちがいる。かれらの「棲み分け」は,教室の中心的価値基準である「よくわかるもの」「正常」「強い」と対極にある「よくわからない」「異常」「弱い」といった価値基準のもとに集まることで成立していて,それは「いじめ」を回避すると同時に,教室の「周辺」に位置づくことにもなっている。しかしながら,「棲み分け」た「内部」に,教室の中心的価値基準が持ち込まれることで,「いじめ」が生じることもあり,その場合には,「周辺」の「周辺」が生み出されることになる。

　一方,同じ境遇にある者が身近にいないことによって「棲み分け」られない場合には,いじめられ続けることになり,継続される「いじめ」によって,教室の「周辺」に位置づけられる。また,中には,「いじめられる者」から「いじめる者」への転換を試みる場合もあるが,そうした場合には,教室の中心的価値基準を体現する「仮の自分」を作らざるを得なくなり,それが「本来の自分」との間で葛藤を生じさせることになってもいる。

　母国での経験が記憶に残っているような年齢で来日したニューカマーの子どもたちの場合は,その多くがいじめられた経験をもっている。かれらの来日初期には,教室の「新規参入者」であるかれらに対して日本人が行う「見極めによる境界の設定」という行為が,かれらにとっては「優しさから冷たさへの変化」として解釈されるという,同一行為の解釈のズレが生じる。しかし,その解釈のズレという状況は,日本人がマジョリティであることによって,ニューカマーの子どもの解釈ミスとして扱われることとなり,「いじめ」が発生するのである。こうして生じた「いじめ」を回避するための方法として,かれらは,教室以外で「居場所」を確保する場合がある。しかしながら,それがどのような居場所であれ,教室以外である以上,教室の「周辺」もしくは「外」に位置づくことになるのである。一方,参入する教室に,「居場所探り」を行っている日本人がいたり,ニューカマーによる「棲み分け」が既に行われている場合には,ニューカマーの子どもたちは「いじめ」経験を持たない。しかしながら,そうした場合であっても,「居場所探り」を行っている日本人も,「棲み分け」

ているニューカマーたちも，教室の「周辺」に位置づいていることになってはいるのである。

このように，ニューカマーの子どもの「いじめ」経験は，教室の「周辺」に位置づくことと密接に関連していて，さらに，教室をベースに学校生活の多くが運営されている日本の学校においては，「学校」の「周辺」に位置づくこととも連動しているのである。

第3節　家族との関係

家族との関係で捉えられるニューカマーの子どもたちの日常は，筆者もその一員として加わった「東京大学ニューカマー研究会」の研究成果である『ニューカマーと教育——学校文化とエスニシティの葛藤をめぐって』(2001，明石書店)に詳述されている。そこで，本節では，その中から第2章以降の記述に関係のある研究成果の概要を把握しておきたい。

第2章で検討するニューカマーの子どもたちは，主にインドシナ系である。インドシナ系のニューカマーの来日は，1975年のベトナム戦争の終結に伴うもので，その後ベトナム・ラオス・カンボジアから大量の人々が国外へと向かったのであった。その多くは，急激な社会主義化や内戦，政治的な迫害を逃れた人々であった。国際連合は出国理由を問うことなく，かれらすべてを「インドシナ難民」と認定し，日本政府も78年にベトナム出身者，79年にラオス・カンボジア出身者の定住受け入れを決定している。1999年時点では10,465人のインドシナ難民が日本に定住していると報告され，その内訳は，ベトナム出身者が全体の4分の3を占め，その残りをラオス・カンボジア出身者が二分している[2]。

こうして来日しているインドシナ系ニューカマーの家族に対して，筆者らが行ったインタビュー調査[3]からは，「家族の物語」と「教育戦略」について【図表1-2】に示した内容が明らかとなった。まず，多くのインドシナ系ニューカマーの中に見出された「家族の物語」は，母国とは異なる「自由」「平和」「安全」「安心」への「安住」と，日本で手に入れた「安定」への「安住」という二つの認識によって導かれる「安住の物語」であった。それは例えば，次のように語られている。

【図表1-2】 インドシナ系ニューカマーの「家族の物語」と「教育戦略」

		ベトナム家族	カンボジア家族	ラオス家族
教育戦略	子どもの将来へのかかわり	期待と可能な範囲での関与	期待するが関与できず	周辺的
	日本の学校とのかかわり	関与する努力	日本の教育システムに依存	子ども依存と無関心
	母国文化伝達の様相	積極的保持の意志と現実の乖離	親子関係維持の期待	諦め
	特徴	教育への積極的な関与の努力	子どもの資質に期待	放任
「安住の物語」の核		家族再結合	皆と同じ	現金獲得
家族の物語		安住の物語〈自由・平和・安全・安心への安住〉〈安定した生活への安住〉		

・日本に着いて，自由な国に着いたということはすごくうれしかった。将来金持ちになるか貧乏になるかは考えていなかった。とりあえず自由になれたのがうれしかった。(V6)
・日本にきてはじめての印象はやはり，ああ安全になった，平和なところに着いた，そういう感じがする。(L2)
・日本とカンボジアを比べたら，日本は安心できる。日本では仕事をもらって生活できる。カンボジアでは仕事は少ないし，農業もとれる時期とそうでない時期がある。だから，日本のほうが安定している。子どももちゃんと教育できる。治安もいい。(C9)

しかしながら，定住先である日本で手に入れた「安住の物語」の核となるものには，出身母国による違いが見られ，それが「教育戦略」の違いと関連していた。
ベトナム家族の場合：ベトナム家族に見出された核は「家族再結合」である。ベトナム家族へのインタビュー調査において，16件のうち15件がボート・ピー

プルとその呼び寄せであった。つまり，危険を伴う母国脱出の経験者とそうした経験をもたずに呼び寄せられた者とで家族が構成されているのである。しかしながら，こうした経験の違いは，家族内で共有されてはいかないようである。例えば，それは次のような語りに表れている。

> 父親：なかなか古いこといわないよね。忘れたいこと。あまり言わないよね。ビン君は大体友達に聞くし，僕は言わないね。家内だけ。
> インタビュア：お父さんにとっては忘れたいことですか。
> 父親：忘れたいんじゃないかな。あまりいいことではないから。だから話したくない。
> インタビュア：出てきたことはいいことではない？　何がいけないことだって思いますか？
> 父親：話しにくいね。でも，ビン君まだ小さくて分からないから，僕がいくら言っても分からない。そうでしょ。政治，政権，いろいろなこと，ビン君にいろいろベトナム語で言っても分からないと思う。（V15）

　こうした物語のもとでの「教育戦略」は，教育への積極的な関与の努力がなされるというものである。かれらは母国語および母国文化を積極的に保持しようと努力している。それは，家族が一緒に暮らすという「家族再結合」の目標が実現したことにより，家族の紐帯を強める手段になりうる母国語や母国文化への思いが高まっているからだと思われる。さらに，親たちがベトナムで諦めなければならなかった教育機会を子どもに獲得してもらいたいという希望から，子どもの教育に関与しようともしているのだろう。その背景には，教育を重視するかれらの性向が一要因として働いているように思われる。
　しかし，親の教育に対する期待と積極的関与によって，子どもが教育達成を実現しつつあるかという点については，留保する必要がある。多くの家族では親子間の地位関係が保たれており，親は自分が母国で経験した親子関係に基づき子どもの教育に関与しようとしているが，それを受容できない子どももいるようである。ベトナム家族における親子間の地位関係の維持は，後述される「苦しい経験」を共有するカンボジア家族と相違し，日本での居住年数が少ないことによるようである。家族が一緒に暮らすという実態的な意味での「家族

再結合」は果たしたものの，家族成員間で日本での生活の意味付けの共有という意味での家族（再）結合は，かれらにとって模索中ではないかと思われる。

カンボジア家族の場合：カンボジア家族は，難民として来日するまでに非常に過酷な経験をしている。かれらの多くは内戦および政変にともない家族離散と強制移動，強制労働を経験し，それを逃れるためのタイ国境への移動，そしてたどり着いた難民キャンプで食糧不足に悩み，治安の悪さの中で生活をした。しかし，インタビューした家族は，経験したであろう過酷な過去を，「キャンプ生活は大変なので，どうしても，どこの国でもいいから行ける国に行こうと思った」（C23）と淡々と語ることが多かった。さらに，かれらは日本の生活の良い点として，「仕事ができて皆と同じようにちゃんと生活ができて，子どももちゃんと学校にいけること。自分にとっては何より嬉しい」（C2）と，日本人の多くが「普通のこと」として享受している点を挙げている。この言葉が表しているのは，生命の危険がない中で仕事をして収入を得，子どもを教育させられる「皆と同じ」普通の生活が，戦争と移動の生活の中では得られなかったということの裏返しでもある。

こうした物語のもとでの「教育戦略」は，母国的な親子関係維持への期待を抱きながらも，親の関われる範囲を超えたところで生きる子どもの状況を受け入れていくというものである。例えば，それは次のように語られたりしている。

> 年配者に対してはちゃんとしてもらいたい。ただ，（子どもは）日本の感覚で生きていることが多いのでそういうわけにはいかない。繰り返し言っても理解してもらえるか分からない。でも，日本の社会がこうであるということも理解している。（C2）

またその先では，全面的に日本の教育システムを信頼して依存し，その中で行われる子どもの進路選択にも関われずに受け入れていく。そして，将来に関しても親は関われず，子どもの資質に応じたより良い将来に期待をよせていくということになっていくのである。

このような「教育戦略」の背景には，かれらのもつ「安住の物語」の内実が「皆と同じ」に扱われることであることと関係している。つまり，カンボジアの親にとって，「子どももちゃんと学校に行ける」という「平等」な教育シス

テムのもとで，子どもが将来進路選択をしたり，生活を営んだりするであろう日本という場は，「皆と同じ」公平な機会を与えてくれるものとして捉えられているために，子どもが望んで努力するのに応じた結果が必然と期待できると認識しているということである。それを反映するかのように，家族の将来の生活の場は，自身の帰国を考えている一方で，子どもに関しては日本でと話したり，はっきりとした言及はないにしても，子どもは日本で将来も暮すであろうという前提が感じられたのである。

　親たちは，実際にみずからの資源の少なさによって子どもへの教育や将来への関わりを制限されている。しかし，それだけでなく，日本の社会が自分たちも「皆と同じ」に扱ってくれるという認識が，そのなかで期待を実現させるための具体的な策を講じさせる必要性を親たちに感じさせていないように思われる。そのために，親たちは子ども自身が決めていくその時々の選択を受け入れながらも，それが親の期待に反したものであっても，子どもを心配し，よりよい将来を期待し続けているのである。

ラオス家族の場合：ラオス家族のインタビューにおいて興味深いことは，11件の家族への聞き取り調査において「日本に来て良かったこと」を尋ねた際，「現金獲得」以外の良さに言及したのはわずか2件で，それも「病気がない」（L2）と「子どもがきちんと社会人になって」（L5）であり，子どもの教育に関する良さをあげた親は皆無であったことである。これは，同じように日本は仕事があって安定していると答える者の多かったカンボジア家族が，同時に子どもの教育が受けられることを良い点としてあげたのとは異なっている。かれらは日本の学校に対し，母国と比較して圧倒的に高く評価しているにもかかわらず，「日本に来て良かったこと」の項目では，こうした点に言及していない。ここでまず，かれらの学校や教育に対する意識の希薄さをうかがうことができる。さらに，L8の親戚に対して，ラオスで家族聞き取り調査[4]を行った際に，その家族の夫は，1993年に短期ビザをとって日本へいき，オーバースティで1997年まで日本で働いた経験を持っていて，次のように語っていた。

　　　夫　：日本で稼いだお金で，この家を建てた。日本での生活は，大変楽しかった。また，日本へ行きたいという気持ちはある。でも，ビザをとるのは難しいだろう。

インタビュア：どうして日本へ行きたいのですか。
夫　　：楽しいから。カラオケとか飲んだりしていろいろ遊べることが楽しい。

　このように，ここでも現金獲得が可能になる日本での生活の楽しさが言及されている。日本に住むラオス家族の中には，この家族のように「親族訪問」の短期の在留資格で呼び寄せた親族が，在留期間を超過して日本に滞在し，就労して現金を得てラオスに帰っていくという例が見られる。この調査で通訳をしてくれたL8の長男によれば，「警察に捕まりさえしなければ，オーバーステイしていても大丈夫。会社の社長もわかって雇っている。タイから来ている人の多くは，そうしている」（フィールドノーツ，2000年3月26日）と話し，ラオスの人々の中に「現金獲得」を目的とした出稼ぎ的な意識が生まれつつあることもうかがうことができる。
　こうした「家族の物語」に導かれた「教育戦略」は，「諦め」「子ども依存と無関心」という態度に導かれた「放任」であると思われる。例えば「諦め」は，L3の次のような語りに表れている。

インタビュア：言葉がうまく通じないという思いはありますか。
父親：はい。
インタビュア：そういうときはどうするんですか。
父親：しようがない。

　また，「子ども依存と無関心」については，次のような態度からうかがうことができる。インタビュー調査では，親たちが学校から来る連絡にどのように対処しているかという観点から聞き取りを行っているが，11件のラオス家族のうち，学校からの連絡は親自身が読む，あるいは読めない場合は近所の人に説明してもらうと答えた家族は1件（9％）のみであった。親の多くは，学校から連絡される内容を，子どもに説明してもらい，これに対処しているのである。これは，ベトナム家族16件中10件（63％），カンボジア家族23件中6件（26％）と大きく異なっている。ここに，「子ども依存」が確認できる。また，かれらの中には，学校で年一回行われる懇談会であっても，「行かない。母は仕事。父は小学校の時に行ったことがあるが，中学校は行ったことがない」（L7）と

答える者もいて，そこに「無関心」をうかがうことができる。

　以上のことから，現在の日本の生活において「現金獲得」に焦点をおいているラオスの親たちにとって，子どもの教育はこの「現金獲得」の陰で，大きな関心を引くものにはなっていないといえよう。つまり，教育を現金獲得への手段として捉えてはおらず，「学歴」による多額の現金収入の可能性を認識していない者が多いのである。このような中で，子どもは親とは関係なく自身の将来の選択をしなければならない状況におかれているのである。

　以上の概要から導き出されるのは，インドシナ系ニューカマーの場合，子どもの教育に対する関わりは，母国的なやり方で子どもの教育に積極的に関わるか（ベトナム家族），あるいは，日本の教育システムに依存するか（カンボジア家族），日本での子どもの有り様を追認するか（ラオス家族）になっているということである。こうした関わりは，日本の学校や教育に対する批判的な観点をもちにくくさせているので，インドシナ系ニューカマーは，自分自身の子どもの学校での様子を「問題」として立てて，日本の学校の教師に対して「クレイム申し立て」（キッセ＆スペクター1992［1977］）を行うことは想定されにくいこととなる。そして，そのことは翻って，インドシナ系ニューカマーの家族の日常において，日本の学校や教育は「周辺」に位置づけられていることを示してもいるのである。

1）　序章でも明らかにしたように，外国人には子どもの就学義務がないわけであるから，学校に行っていない子どもについては「不就学」とするべきであるという考え方もある。しかし，筆者のフィールドにおいては，就学年齢に相当する外国人の子どもは，ほとんどが年齢相当の学校に籍があり，学校に来なくなっても，その籍が抹消されることは観察されなかった。したがって，本書では，日本の学校に在籍しているにも関わらず，学校に行っていない外国人の子どもについては「不登校」としている。

2）　財団法人入管協会『平成11年版在留外国人統計』

3）　1998年2月から1999年6月の間に家族インタビューを実施。インタビュー対象者はベトナム家族16件，ラオス家族11件，カンボジア家族24件である。本章以降でこの調査のインタビュー結果を引用する際には，巻末に提示したインタビュー対象リストのケース名（ベトナム家族：V1-V16，ラオス家族：L1-L11，カンボジア家族：C1-C24）を用いている。

4）　調査期間は2000年2月28日～4月2日。詳細はトヨタ財団研究助成報告書『カンボジア・ラオス・ベトナム報告書――フィールドノーツから――』（調査代表者志水宏吉）。

第2章　学校と家族の間(はざま)の日常世界

第1節　ニューカマーの子どもたちをめぐる多様なコンテキスト

（1）分析枠組

　ニューカマーの子どもを受け入れている日本の学校でフィールドワークを行った太田（2000a 2000b）は、かれらに対して行われている実際の日本語指導や適応指導は、日本の学校が「日本人」のための学校であり続けるための営みに過ぎないのではないかと指摘する。こうした指摘から、太田は、ニューカマーの子どもたちに対する日本の学校の対応を、かれらから文化を奪い、かれらになじみのない新たな文化を強要する「奪文化化教育」であるとして批判している。こうした指摘に対して、例えば、児島（2001）は、「奪文化化」の過程はたしかに存在するとしつつも、かれらはただ一方的に自らの文化を奪われるだけの受動的な存在ではなく、ときには教師の注意をのらりくらりとかわし、ときには学校の規範を逆手にとって教師をやりこめるなど、予想された規範や価値とはしばしば矛盾するようなふるまいがあるとし、それを「創造的適応」と名づけて描き出している。

　筆者のフィールドワークの経験に基づいた場合にも、児島が指摘するように、「奪文化化」の過程は進行しつつも、一方に「創造的適応」の過程も確実に存在していると言える。しかしながら、筆者のフィールドに多く在住するインドシナ系ニューカマーの場合、児島が対象としていた日系ブラジル人とは異なり、第1章でも明らかにしたように日本での生活について「安住の物語」をもっている。そのため、日系ブラジル人生徒ほどに「創造的適応」の過程を見出し難くさせているという側面があることは否定できない。さらに、インドシナ系ニューカマーの日本への受け入れが始まってから20年という時間が経過し、日本生まれの子どもたちが増加することによって、「抵抗」にも多様性が見られ、

【図表2-1】 ニューカマーの子どもたちを意味づける日本の学校の支配的なコンテキスト

「エスニシティなるもの」の顕在化の程度	日本の学校の教師の認識枠組	差異の一元化 ← やれている	→ 差異の固定化 手厚い支援
強い	強い方	I	III
弱い	弱い方	II	IV

それによって「創造的適応」にも多様性が確認されるのである。つまり、ニューカマーの来日年数が長くなればなるほど、その適応も多様化していくのであり、それら一つひとつを丁寧に描き出す必要が出てきているのである。

そうした問題関心にたって、第1章では、ニューカマーの子どもたちの日常の主要な場となる「学校」と「家族」をそれぞれ検討したわけであるが、それによって明らかになったことは、かれらが、いずれの場においても、「周辺」に位置づけられているということであった。しかしながら、それぞれの場において、かれらが周辺的であろうとも、かれらがかれら自身として生き抜く日常世界の意味づけにおいて、かれらが中心にいることは確かである。こうした状況を想定することによって、学校と家族の「間(はざま)」という空間が浮かび上がる。本章で明らかにすることを試みるのが、学校と家族の間にあるコンテキストの多様性である。

学校と家族の間のコンテキストは、その空間が「間(はざま)」であるがゆえに、学校の支配的なコンテキストと、家族の支配的なコンテキストと密接な関連をもち、それぞれのコンテキストをニューカマーの子どもたちは内面化しつつも、一方で状況に応じて、それらを異化し意味づけ直すことで、新たな日常を構成してもいく。そこに見出されるのは、意味づけ、意味づけられることが繰り返される終わりのない過程である。本章では、そうした終わりのない過程のある部分を切り取って（そうするしか方法がないわけであるが）、その過程を描き出すことを試みていく。

さて，その過程を描き出すための基点とするのは，ニューカマーの子どもたちを意味づける学校の支配的なコンテキストであり，第1章で得られた知見をもとに図示すると【図表2-1】のようになる。ここを基点とするのは，筆者が，日本人というマジョリティに属しているという制約と，本書が，日本の学校に通うニューカマーの子どもたちに焦点をあてていることの複合的結果である。

　まず最初に【図表2-1】を説明しよう。横列は，日本の学校の教師の認識枠組を基準としている。日本の学校の教師は，ニューカマーの子どもたちに対して「特別扱いしない」ということを原則としているため，かれらを「やれている」かどうかという判断基準で選別し，もし「やれている」と判断されなければ，「手厚い支援」が行われる。両者の間には明確な境界があり，「やれている」という判断に伴うのは「差異の一元化」戦略であり，「手厚い支援」という判断に伴うのは「差異の固定化」戦略である。

　一方，縦列の基準は「エスニシティなるもの」の顕在化の程度である。ここでの「エスニシティ」の定義は，序章で検討した「エスニシティ」の複合的定義を十分に考慮しつつも，特に主観的アプローチ〔エスニシティを「個々人が自らを他者とは異なっている，もしくは異なる集団に属していると同定する過程，あるいは個々人が他者から異なっていると同定される過程，あるいは個々人が自らを他者と異なっていると同定し，他者からも異なっていると同定される過程である」と定義する立場（イサジフ1996［1974］, p.82)〕を採用する。これによって，エスニシティの顕在化の程度は，ニューカマーの子ども自身の振る舞いによってのみ導き出されるという解釈から離れて，日本の学校の教師や日本人の子どもたちのニューカマーの子どもたちに向けられるまなざしや，そのまなざしに対するニューカマーの子どもたちの意味づけや内面化，また，それに対する反応などによって変化するものとして捉えることができることになる。

　さらに，ここでは「エスニシティ」の定義の境界をより曖昧にした「エスニシティなるもの」という表現を用いている。それは，「エスニシティ」という概念が，日本の学校で一般的に用いられる概念ではないために，エスニシティに関連する事柄は，家族に関わる事柄として意味づけられたり，母国に関わる事柄と意味づけられたり，また，時には異質性の象徴として意味づけられることもあるからである。したがって，「エスニシティなるものの顕在化」として

捉えられるのは,「学校」という場を構成する人々（教師,日本人の子どもたち,ニューカマーの子どもたちなど）が,「エスニシティなるもの」の意味をめぐるせめぎ合いの結果として立ちあらわれるものとして考察することとなる。

なお,本来ならば,「エスニシティなるもの」の顕在化の程度は,尺度を程度としているわけだから,強い方から弱い方へとバリエーションがある。しかしながら,本書ではコンテキストとして,ある特定の状況を記述するために,便宜的に"強い""弱い"という2分法を使用することとする。加えて,縦軸と横軸を組み合わせて析出される四つのコンテキストにおいて,ⅠとⅣには,【図表2-1】で波線で×を記入してある。それは,日本の学校の教師が,「エスニシティなるもの」の顕在化の程度が弱いニューカマーの子どもに対して「手厚い支援」を行うことは,筆者のフィールドワークにおいて観察されることはなかったし,逆に「エスニシティなるもの」の顕在化の程度が強いニューカマーの子どもが,「やれている」と判断されていることも観察されることはなかったという,本書の1章の研究成果を図表に組み込んだからである。

この分析枠組をもって本章で描き出すのは,ニューカマーの子どもたちを意味づける学校の支配的なコンテキストにおいて,ⅡとⅢのコンテキストに位置づけられたニューカマーの子どもたちが,「学校」という場を構成する人々の意味をめぐるせめぎ合いの結果として,新たにコンテキストを生み出していく,その生成過程である。また,学校も,そのせめぎ合いの結果,新たなコンテキストを生み出していく,そこにも生成過程がある。

ここで,コンテキストの生成の過程に注目するのは,ゴッフマンの「スティグマ」の分析において提示された「精神的経歴（モラル・キャリア）」という概念に注目するからである。ゴッフマンは,「ある特定のスティグマをもつ人びとは,その窮状をめぐって類似の学習経験をもち,自己についての考え方の類似した変遷をもつ傾向がある」（2003［1963］,p.61）と指摘し,その変遷を「精神的経歴（モラル・キャリア）」として概念化している。したがって,新たなコンテキストの生成によって,「学校」という場を構成する人々の意味づけられ方は,その場の意味づけの変化に対応して移行していくのである,本書では,この点を「コンテキストの移行」として捉えていく。

第1節　ニューカマーの子どもたちをめぐる多様なコンテキスト

（２）ニューカマーの子どもたちを意味づけるコンテキストの多様性

　本節の対象は，1997年度Ｓ小学校5年生であった6人のインドシナ系ニューカマーの子どもたちである。筆者はその後，かれらがＳ中学校に進学し卒業するまでの計5年間，かれらの在籍する教室で継続的に参与観察を行った。

　1997年度Ｓ小学校でのフィールドワークの主な対象は5年1組の教室で，24人の子どもが在籍しており，うち6人〔カンボジア人のソッグ（男），リット（男），ワン（女），ラオス人のアテ（男），サミ（女），ベトナム人のアン（男）〕がニューカマーの子どもであった。この教室では，学級崩壊に近い状況が広がっていて，ニューカマーの子どもであるソッグとアテを中心に，それに関わる男の子数人によって，担任である竹下先生の意図する授業の展開は常にそらされていた。竹下先生は，自分の話を聞いているであろう子どもたちの反応を手がかりになんとか授業を展開していこうとはしていたが，竹下先生の話を聞いている子どもたちは常に固定されているわけではないので，竹下先生は，教室の中から授業を展開してくれるような子どもを，常に探し続けなければならない状態であった。

　当時，Ｓ小学校の5年生は2クラスに学級編成されていて，他方の2組には3人のニューカマーの子どもが在籍していた。一人は，不登校でほとんど学校に姿を見せないカンボジア人のタラ（男），日本生まれの中国人の洋志（男），そして，もう1人はカンボジア人の小百合（女）で，彼女は既に帰化していて，外国人であることが表面化することはほとんどなく，日本人と同様の振る舞いをこなしていた。したがって，学校の外部者であり，かつ，外国人に焦点をあててフィールドに参入している筆者の目から見れば，5年生の2つの教室は，日本の学校への適応に困難さが確認できるニューカマーの子どもが多く，かれらを中心に学級崩壊に近い状況が展開されている1組と，落ち着いた2組とで，対照的な印象を受けた。

　このような対照的な学級編成替えが行われた背景に，不登校になっていたタラに関わる大きな問題があることを薄々感じるようになるのは，フィールドへの参入後，およそしばらくしてからであった。というのは，こうした学級編成の意図について，学級担任へインタビューを行った際には「答えられない」という返答があったからで，外部者である筆者は，様々な情報を集めながら，こうした事態の背景を探ることとなった。

タラは，小学校低学年から友だちの物を盗る，いじめる，殴るなどの逸脱行為を頻繁に行っており，学校内だけでなく，G団地でもかなりよく知られている子どもであった。したがって，4年生の時には，教室にタラがいるだけで，教師にとっては配慮しなければならないことが膨大で，加えてタラの影響を受けて同じような振る舞いをする子どもが教室には多数いて，それによって教室における教師のコントロールが成り立たなくなる事態が起きていたようである。5年生（1997年度）の学級編成は，そうした事態に配慮するもので，タラの振る舞いに影響されにくい子どもたちを集めて学級編成を行った結果，進級後しばらくして，タラは校外に生活の中心を移し不登校傾向を示し始めるようになる。結果として，筆者が参入した時点では，1組と2組の対照的な教室ができあがることになっていたのである。この点については，後に5年生の社会科の授業を担当していた日比野先生から次のような情報を得ることになり，筆者の状況把握も，S小学校の教師の把握と大きく異なっていないことを確認することとなった。

　　タラのことがあったので，ああいうふうにクラス分けしたでしょ。でも，タラが結局は学校へあまり来なかったので，1組の方がかえってだめなんですよ。タラが来ていれば，もう少し2組もできなかったかもしれませんよ。［フィールドノーツ，1998年2月16日］

　5年生段階で対照的な雰囲気にあった2クラスは，6年生への進級に際しても学級編成替えが行われた。既にタラはほとんど学校に姿を見せなくなっていたこともあり，5年1組で同じ教室にいた6人は，ソッグとワンが1組，アテ，アン，リット，ラッサが2組となった。また，2組の3人は，タラが2組，洋志と小百合は1組で，その結果，1組のニューカマーの子どもは4人，2組は5人となった。ただし，小百合は帰化しているために外国人として捉えられることはほとんどなく，また，教室の日常において，日本人と異なる行為を見出すことは困難であるほどに同化していて，結果として，教室で教師から「外国籍児童」と位置づけられている子どもは3人であった。また，洋志は帰化しているが，彼自身が「僕は中国人です」と表明することが多いことから，「外国籍児童」として位置づけられていた。しかしながら，洋志は，学校の日常にお

いて日本人と異なる何かを見出すことが不可能なほどに「奪文化化」された子どもであった。6年生での担任教師は、1組が武内先生（女性）、2組が田宮先生（男性）となり、2クラスとも担任が替わった。6年生（1998年度）でのフィールドワークでは、6年生の2教室を対象として参与観察を行ったが、いずれの教室も落ち着きを見せていた。

　以下では、インドシナ系ニューカマーの6人の子どもたちの学校の日常について、学級編成替えを伴った時期の変化を起点として、その後中学校を卒業するまで継続したフィールドワークでのデータを補足的に補いながら、その多様性に言及していきたい。とくに、学級編成替えの時期に焦点を当てるのは、5年生の教室での秩序が解体され、6年生の教室で新しい秩序が構築されるという側面をもつ学級編成替えが、第1章で明らかにしたような「やれている」状態に覆い隠された「不安な毎日」の再編成を確認するのに有効だからである。それは、ニューカマーの子どもが日本の学校の支配的コンテキストのもとで、自らがそれを内面化して教室の状況を理解し、そうした理解をもとに、教室で起きる様々な事柄を意味づけることによって、自らを教室に位置づけていく過程でもある。

①状況依存的な教室理解と乏しい教育資源

　■学校：5年生の学級崩壊に近い教室の状況の中で、ソッグ（カンボジア、男、タイ難民キャンプ生まれ、生後8ヶ月で来日）は、そのような状態を生み出す中心的な役割を果たしているように見えた。例えば、個別に教師から課題が与えられる場合、ソッグは課題を行おうとはせず、教室の中を徘徊し始める。男の子たちは、彼が近づいて来た時は彼と会話をする。時には、離れたところで行われているソッグと他の子どもの会話に、大声で参加する子どももいる。男の子たちの多くは課題をやりながら、一方ではソッグとの会話を楽しんでいるように筆者には見えた。

　このような中、教師は「やらなきゃ、宿題だ」とソッグに声をかける。ソッグは教師のこのような声がけに「いいよー」とは答えるが、その直後、カンニングを始めるのが行為のパターンである。ソッグは、特定の誰かのものを強引に見るのではなく、課題をやっている子どもにそっと近づいてそっと覗き、課題の答えが見えると、本当にうれしそうに「にっこり」して、机に戻ってノー

トにその答えを書き込むのである。そして，ソッグはこのような行為を繰り返して課題を終わらせ，ノートを教師に見せるのである。教師は，「人の見ただろー」と言いながらも，提出された課題にマルをつけ，ソッグの課題は終了することになる。彼はこの時，満面の笑みを浮かべ「やったー」と大声を出して大喜びをする。このような行為は，テストにおいても行われる。教師は，彼のこうような類の行為に閉口している様子で，それを見逃すことが多い。また，このような行為を繰り返すソッグではあるが，真面目に課題に向かう時もある。それは，彼に多少なりとも「やろう」という気持ちがある時に，教師がつきっきりで彼に課題を説明したりする場合である。しかしながら，このような場面は，彼の「やろう」とする気持ちと，教師の彼のために割ける時間という二つの要因が重ならなければ生じないことであり，筆者の目には，非常に希にしか起きないことのように映っていた。このような5年生のソッグの教室での様子を観察していると，「はちゃめちゃ」という形容が最もふさわしく感じられるもので，彼の中で，学校生活の出来事は，まだ何事もどのようにも整理されていないように見えた。

　ところが，6年生の学級編成替えによって，ソッグには大きな変化が見られた。それは，担任である武内先生の声がけによって引き起こされているようであった。その典型として次のような場面がある。

　　　（4時間目，授業：算数）11：44　ソッグ，大きな声を出してあくびをする。
　武内先生：ソッグさん，昨日言ったでしょ。
　ソッグ：昨日，何言ったっけー。昨日，日曜日。
　　　武内先生，ソッグの後ろにまわり，体を抱えるようにして何かを話している。
　　　その後，武内先生がソッグの側を離れると……
　ソッグ：でも……あくび小さくすると，気持ちくないもん。
　　　武内先生は，吹き出す仕草をする。
　　　……（中略）……
　　　11：50　武内先生：じゃ，式書いてくれる人？
　子どもたち：はい，はい，はい
　　　ソッグは，武内先生の話を聞いていなかったようで，子どもたちの「はい，はい」の声に，何が起きたのかとキョロキョロしている。
　武内先生：おー，ソッグさんだけ。先生と後で勉強しようね。

ソッグ：やだー。
　　　隣の子どもが，武内先生の質問をソッグに説明している様子。
　　武内先生：じゃ，式書いてくれる人？
　　　全員の手が挙がる。その後も，ソッグに対する武内先生のこのような声がけは繰り返された。［フィールドノーツ，1998年5月18日］

　小学校での授業はほとんどが担任教師によって行われるため，上の事例に示されるような武内先生の声がけは，ソッグの6年生の教室での日常を覆い尽くしているように見えた。そのことは，彼に「今やるべき事は何か」というメッセージとなっていて，5年生では一度も観察することのできなかった「与えられた課題にまず取りかかる」という行為が，しばしば見られるようになったのである。

　武内先生は，6年生への進級直後の教室での子どもたちの様子について，「ほんとはソッグさんが悪いのではないのに，ソッグさんをはやし立てるようなそういう感じがまわりにあってとてもいやだった」（フィールドノーツ，1998年6月1日）と話していた。このように，ソッグの「はちゃめちゃ」な部分を煽っている子どもたちの存在にも，教師の注意が払われた上で，教師のソッグにかける声がけは，ソッグに対して「今やるべきことは何か」というメッセージとなっていて，学校での出来事に対する一定の整理を彼にもたらしているようである。こうした教室での彼の日常の変化は，教室以外での行為にも変化をもたらしているようで，他の教師たちによっても，「奇声を発しなくなった」「ちゃんと受け答えするようになった」（フィールドノーツ，1998年6月1日）と評されるように変化していったのである。

　このようなソッグの事例に示されるのは，状況依存的な教室理解である。筆者のフィールドワークでは，同様の傾向を示すニューカマーの子どもたちがかなりいることが確認できている。こうした教室理解をしているニューカマーの子どもたちにとって，ソッグの6年生の教室に見られるような教師のコントロールが強い教室は，「はちゃめちゃ」と形容されるような行為を減少させる場となる。それは，教師の教室状況の理解の枠組にそって，ニューカマーの子どもたちは位置づけられ，かれらもそれを受け入れていくからである。ただし，当然のことながら，その教師のコントロールにニューカマーの子どもが従うか

どうかは，その時々の彼の気持ちや教室の雰囲気によって左右されてはいる。
　一方，5年生の教室のように，教師のコントロールが弱く，教室状況の理解が子ども各個人に任せられているような場合には，子ども各個人のもつ教室イメージが場面場面で錯綜し，その結果，その場を圧倒したムードが教室イメージとして，教室を構成する子どもたちに理解されていく傾向がある。筆者にとって，5年生の教室が学級崩壊に近い状況に見えたのは，筆者の教室イメージと，5年生の教室の日常にかなり隔たりがあるように感じられたからである。しかしながら，この「学級崩壊」という捉え方は，筆者固有の理解とは言いきれない側面がある。それは，先の5年生の事例で示したように，担任である竹下先生は，授業を行う際に，教室の中から授業を展開してくれるような子どもを常に探し続けながら，授業を進めていったのであり，そのような竹下先生の授業に応える子どもたちは，筆者と同様の教室イメージを持っていると考えられるからである。ということは，実際に表面化してはいないものの，教室イメージは，担任の竹下先生とその教室で授業を進めることに参加している子どもたち，そして，筆者の間では重なりがあることになる。そして，ソッグはそうした重なりから排除されているのである。
　そうであるならば，ソッグに対して教室イメージの重なりの共有を促す行為が，教師側から行われる必要がある。6年生でソッグの担任となった武内先生の行為は，その類の行為であるといえるであろう。しかしながら，5年生の担任であった竹下先生は，そうした行為を行うことはなかった。では，なぜ，竹下先生はこのような類の行為をしなかったのであろうか。
　次の反応は，竹下先生に，ニューカマーの子どもたちの学力についての質問を投げかけた時のものである。

　　　筆者：学力不足を感じますか。
　　　竹下先生：ないと思いますよ。姿勢の問題じゃないかと。宿題を出してもやらな
　　　　　　　いとか，家で勉強する時間が短いとかそういうことだと思うんですよね。
　　　　　　［フィールドノーツ，1997年11月21日］

　ここで用いられる「姿勢の問題」という語りに示されているのは，第1章で明らかにしたように「問題の個人化」という教師の問題処理の方法であり，そ

れによって，教室イメージの重なりという，学校での学習に先行する前提は，教師によって当該の教室で補われなくなってしまっているのである。そして，日本の学校の教師はそうした志向性が強い。

　こうした状況依存的な教室理解のもとにあるソッグの様子が，筆者からみて「はちゃめちゃ」に見えるのは，日本の学校の教師の「問題の個人化」という問題処理のもとで，ソッグに必要である援助がなされないという状況のもとで，ソッグが自らの「存在証明」（石川，1992）をかけて，さまざまな意図をもつ行為を試みるからであろう。しかしながら，前提が共有されないところで行われる行為は，その時々によって教室にいるソッグ以外の子どもたちにも，教師にも，そして筆者にも異なった意味をもつものとして解釈され，結果としてソッグの行為の束は「はちゃめちゃ」と形容されるようになってしまっているのであろう。

　ソッグが進学したS中学校は，教科ごとに若干の相違はあるものの，学校全体のムードとして教師のコントロールが強い。したがって，ソッグの行為の「はちゃめちゃ」な様子は，その後エスカレートすることはなかった。しかし，彼の行為の束が，教師や筆者に理解される程度に整理されることはその後もなかったと言ってよいだろう。

　さらにここで付言しておかなければならないのは，ソッグを観察した5年間，彼が彼自身の感情をむき出しにして，友達とケンカをしたり，悔しそうに涙を流したり，または，悲しそうに涙を流すという場面に筆者が出会うことは一度もなかったということである。彼は，たいていはいずれの場面でも，「にこにこ」していたのである。教師のコントロールの弱い授業においては，教科担任をからかう行為を行い，それを楽しむ友達に対して満面の笑みを向けていた。また，イタズラが過ぎて教師から叱られることがあったとしても，その時は教師を前に神妙な態度をとるのであるが，その叱られた内容によって，彼のそれに続く行為が，何らかの規定を受けて変化していくということもなかった。ソッグの行為は，彼と向かい合う他者の言葉に対する「存在証明」の意味が最も強いために，それらの言葉によって，彼が内面から規定されて行為するに至るということはなかったと言っていいだろう。そして，ソッグはこうした枠組をベースとする「精神的経歴(モラル・キャリア)」を積み重ねていくことになっている。

■家族：ソッグの家族へのインタビュー（家族インタビューC12）は，ソッグ

が中学1年生になった1999年春に行った。この時期，既にS小学校での1年半のフィールドワークを終えていて，「はちゃめちゃ」な様子や，小学校の学習内容の習得状況が低位にあることが観察された上でのインタビューであった。しかしながら，筆者の予想に反して，両親は子どもの学校や学力に関する心配事は「ない」と答え，また学校に関することで，子どもたちからの説明で，親がよく理解できない場合には，高校に在学中の母親の妹（家族インタビューC2の第七子）が相談にのっているから「心配はない」としている。そして，むしろ心配していることは，「子どもがわからないことを聞いてくるけど，親として教えられなくて困っている」と答えていて，学校の事柄が家族の中に持ち込まれることを恐れてもいた。

　ソッグの両親は，1986年にタイの難民キャンプで結婚し，1987年に来日している。父親は，強制移動・強制労働のために，12歳で家族と別れていて，1979年には強制移動の地から難民キャンプへ移動している。父親が12歳で別れた自分の親の生存を確認できたのは1993年であったという。一方，母親は7歳で親の強制移動に同行し，1979年難民キャンプへ10歳で移動している。現在，母親の家族は全員が日本に定住していて，家族インタビューのC2の家族の両親がソッグの母親の両親であるというように，親戚が比較的近くに居住している。両親は，日本の学校について母国と比較して「日本の方がいい」「悪いところはない」としているが，わずか12歳と7歳で移動したことを考え合わせれば，比較対象するべき学校のイメージすらないと考えるのが妥当であろう。

　ソッグのような状況依存的な教室理解を示すニューカマーの子どもたちに類似する家族の特徴として，親の教育資源の極端な不足をあげることができる。ソッグのカンボジア家族を例にあげれば，1975年に始まるポルポト政権期には，強制移動・強制労働が行われ，寺院や学校が閉鎖され，僧侶や教師をはじめとする高学歴者の大量虐殺が行われたと言われている。また，ポルポト政権以前であっても，その教育制度の整備状況は，都市と地方で大きく異なっていたようである。そうした中で，親世代の多くは母国での教育経験に恵まれずに育っている。また，母国で教育経験をもてなかった人々が，母国脱出後に教育の機会があったかといえば，それも大変限られたものであった。タイの難民キャンプ内にも学校は存在していたが，それは識字を中心としたものであり，教育制度を利用した教育経験とは言い難い。また，難民キャンプ内の社会環境は，必

ずしもいい状態に保たれていたわけではないようで，盗難や強姦なども頻繁にあったという。こうした事態を憂慮した親は，娘に早い時期の結婚を勧めたという。われわれのインタビュー調査においても，難民キャンプで結婚した事例での母親の結婚年齢は16，17，20歳であり，こうした場合には，来日後に日本の学校で教育を受けることも困難で，教育資源は非常に限定されていると言える。

②安定した教室理解と家族の教育戦略

■学校：5年生の教室において，ソッグの対極に位置するように筆者に映っていたのは，リット（カンボジア，男，日本生まれ）とアン（ベトナム，男，日本生まれ）である。リットとアンは，ソッグとは異なり学力的に日本人の子どもたちと同等に，時にはそれ以上であるようにも見受けられた。この点は，教師にも共有されているもので，それは，例えば次のような場面に如実に表れている。

  竹下先生は，算数のテストの採点をしている。
竹下先生：リットすげーな。うちのクラスは，勉強するやつとしないやつがはっ
    きりしているなー。
アテ：俺じゃないやつ。
竹下先生：リットとアンは家に帰ってから勉強するもんなあ。
アン：（否定するような感じ）nーん。
竹下先生：何，隠してんだよー。俺の言ったこと一回で理解できないだろう？
アン：……
竹下先生：7時から8時まで勉強の時間って決まってるんだろう？
アン：nーーん。
竹下先生：勉強しているかしていないかは漢字テストにしっかり出てるよ。
  ［フィールドノーツ，1997年12月18日］

この場面に登場するアテについては後述するが，彼は学力が低位にとどまっているニューカマーの子どもである。この場面で，教師の「リットすげーな」という発言の比較対象群は，他のニューカマーの子どもたちである。このこと

は教師によって明示化されているわけではないが，その場の子どもたち，特にニューカマーの子どもたちには，暗黙の了解事項として引き受けられていて，そうしたコンテキストにアテは反応しているのである。当然のことながら，先の事例のソッグは状況依存的な教室理解をしているために，こうした暗黙の了解事項を解さないため，この場には参入してこない。

さて，リットやアンは，自分自身の状況が教室全体に対して明らかにされることについて避けようとする傾向はあるものの，学習に対する意欲は折に触れて観察することができた。このような彼らは5年生の学級崩壊に近い状態の中でも，徘徊してまわるソッグや，次項で明らかにするアテとは一線を画していて，他の日本人の子どもたちと同様に，彼らの相手にはなるが，その場でやるべきこととされていることは必ずこなしていた。

また，6年生への進級に際して行われた学級編成替えによって，彼らはアテと同じクラスとなり，教室のコントロールにおいて教師の基準を強く提示する田宮先生となった。学級崩壊に近い状態から，教室の新しい基準への移行において，次項で明らかにするアテが大きく変化したのとは異なり，リットとアンには大きな変化は見られなかった。学力の高さに裏づけられた彼らの行為は，「学校」という場で既に安定を見せているようにも見受けられた。アンは，教室の新しい基準のもとで一層学習に力が入るようになり，1学期に41回行われた漢字テストで，34回は100点，4回が90点，3回が80点という好成績をおさめた。また，アテと遊ぶことの多かったリットは，アテの不登校に伴って遊び友だちが微妙に変化し始め，教室の雰囲気の中心的な位置を占めている学力の高い男の子である一平が中心となっているグループに加わるようになっていったのである。

このような安定した教室理解を示すリットとアンであるが，他のニューカマーの子どもたちと比較した場合，他とは異なる特徴的な行為がひとつだけある。それは，ニューカマーの子どもが，たまたま一つのグループにまとまったりすると，彼らはその様子を指して「外人ばっかだ」（フィールドノーツ，1997年11月13日）「なんで，外人残るんだろ」（フィールドノーツ，1998年1月22日）といった言葉を発するのである。このような言葉を，筆者はソッグや，後述するアテ，ワン，ラッサから聞いたことはない。もちろん，筆者が観察する限り，日本人の子どもたちからもそのような発言はない。彼らは，日本人の子どもと同

等もしくはそれ以上に教室の中でやっていけるにも関わらず，特定の場面では，他のニューカマーの子どもたち以上に，自分達が外国人であることを意識しているようにもみえる。

　このことは，子どもたちの発達段階を考慮すれば，次のように言い換えることもできるだろう。かれらは日本人の子どもと同等もしくはそれ以上に教室の中でやっていけることによって，学校における「日本人と変わらない」というまなざしを生きていくことができる。しかしながら，かれらの日常は，学校生活だけで構成されているわけではなく，他方に家族との生活もある。学校において「日本人と変わらない」ものとして身をおく時，家族に関わる事柄は，その場に異質性を持ち込む可能性を孕むから，それがかれらの不安をかき立てるわけである。一般的に人々は，そうした不安をかき立てる異質性は隠蔽する傾向をもつ。この点は，ゴッフマンの「スティグマ」の分析において，「パッシング」として概念化されているものと共通している（2003［1963］）。しかし，リットやアンは11，12歳であり，そうした情報管理や操作に熟達していない。そうした未熟練な情報管理や操作の結果，不安は不安として表出され，それが「外人ばっかだ」といった言葉になっていると解釈できるのである。

　■家族：リットの家族へのインタビュー（家族インタビューC7）は，リットが小学校6年生であった1999年冬におこなった。リットの両親は1984年に来日したが，1992年には離婚していて，インタビュー当時は母親41歳，第一子（女・17歳・高3），第二子（男・15歳・中3），第三子（リット）の4人家族であった。母親は母国で強制移動の経験をもち，母国での学歴は高くはないが，日本の生活への意味づけは積極的で，日本語能力はかなり高い。彼女は，日本での生活について，次のように話す。

　　日本語が少しできれば，自分で仕事を探せる。カンボジアでは学歴があるか，商売人じゃないと仕事が探せない。田舎から出てくる人はそれだけでレベルが低いと判断される。日本では田舎からとか関係なく平等なのがいい。カンボジアは工場がないので，パートやアルバイトができるところはない。カンボジアの場合は，夫が仕事をして生活するので，女性は仕事をしない。都会は平等だけど。

　このように話していた母親は，当時自分が勉強している日本語のテキストを

持ってきて筆者らに見せた。また，離婚についても「別れた方が精神的に良かった。まわりの人も，一人で子どもを高校に行かせる力があると誉められる」と話す。ここからは，母親にとって，日本での生活は母国のそれと比較して肯定的に受けとめられていることがうかがえる。したがって，当然のことながら，子どもたちが日本の学校でどのようにうまくやっていくかは，母親にとって重要な関心事となっていた。

インタビュア：勉強について心配なことはありますか？
母親：（一子・二子の子どもは）勉強が弱いから勉強についていけるかを心配。努力してほしい。毎日，勉強しなさいと（子ども）3人ともに言う。
インタビュア：子どもたちは嫌がらないですか？
母親：「うるさい」とは言われるが，カナとセンは，「お母さんは勉強しないから，自分で勉強しなさい，勉強しないと高校には入れないよ」と言った。
インタビュア：勉強が弱いという判断はどういうところでするのですか？
母親：あゆみ（通知表）や成績表を見て。弱いところがあるのは心配。

また，母親によれば，子どもたちの父親だった人は，母国カンボジアでもタイの難民キャンプでも英語塾を開いて教師をしていて，家庭では父親が子どもの勉強を見ることもあったという。

第1章で提示したカンボジア家族へのインタビューのデータを俯瞰してみると，子どもが安定した教室理解を示す場合，親の日本の生活への意味づけが積極的であるという共通点があることがわかる。それと関わって注意を要するのは，そうした指向性をもつカンボジア家族は，その多くが華僑である点である。ケースC14の父親は，戦乱から逃れてというよりは，チャンスを求めて1982年に難民キャンプへ移動したと次のように話している。

父親：キャンプには1年くらい。長い人は13年もキャンプにいるのに，自分は運が良く，頭も良かった。頭が良かった一番は，いろいろ情報を聞いて，どうすればいいかと情報を集めた。本当を言えば，日本へ行きたいとは思わなかった。アメリカへ行きたかった。…（後略）…（キャンプの中では）プノンペンで暮らしていた頃より生活が厳しくなった。
インタビュア：キャンプに行って失敗したと思いませんでしたか？

父親：いや，自分達は動いている人間だから，戻ろうと思えばいつでも戻れる。商売の人間だから，いろいろな道を知っている。…（後略）…

カンボジア家族の場合，第1章で明らかにしたように「安住の物語」の核は「皆と同じ」であり，そうした意識は，日本での外国人としての潜在的な問題を見えにくくしている。しかしながら，そうした中にあって，リットの母親のように離婚を契機とする場合や，先の事例の華僑というアイデンティティをもつ場合などには，日本の生活の意味づけに積極性が見出されるのである。さらに，こうした傾向が見出される家族は，親の日本語能力が高い。このような日本の生活の意味づけへの積極性は，ニューカマーの子どもの日本の学校へのコミットメントの程度を高く維持する機能をもち，かつ，親の日本語能力の高さは，子どもの日本の学校生活を支える教育資源としての機能をもっているのである。それは同じカンボジア家族でもソッグの場合とは大きく異なる。

アンの家族へのインタビュー（家族インタビューV3）は，アンが中学1年生の春に行った。アンには中学3年生になる兄がいて，兄弟は2人である。アンの父親は1982年，母親は1983年の来日で，1983年に日本で出会って結婚している。第1章で明らかにしたように，ベトナム家族の場合，ボートピープルとして単身で母国を出国しているため，「安住の物語」の核は「家族再結合」にあった。しかしながら，アンの家族の場合，父親は3人きょうだいで，妹1人と一緒にボートピープルとなったが，既に妹も日本で別に世帯をもち，また，母国に残された両親と妹には来日の意向がない。一方，母親はきょうだい11人で，ドイツとカナダで3人が生活し，他はみなベトナムで生活していて，やはり来日の意向がない。この点を「家族再結合」を志向する他のベトナム家族と比較した場合，母国との関係に距離があることがわかる。それが，日本の生活の意味づけに対する積極性を導き出すこととなっている。

また，ベトナム家族の教育戦略として，「教育への積極的関与の努力」を見出すことができる。この点は，アンの家族のように「家族再結合」を志向しない家族であっても，他のベトナム家族と共通している。それは，次のようなインタビューに明確に表れている。

インタビュア：子どもに学校での話を聞きますか？

母親：聞く。でも，毎日同じだから（笑い）。
インタビュア：どういう会話になるのですか？
母親：「今日，ちゃんと勉強した，友達仲良くした？」と聞くと，子どもは，「ちゃんとやってるよ」と答える。
インタビュア：お父さんは？
父親：時々，学校の教科書とかノートとか調べたりする。ノート持って来なさいと言うと，持ってくる。

また，「子どもが自分から学校のことを話すか」という質問に対しても，次のように答えている。

父親：テストなんかは，自分で持ってくる。点が多いときはうれしい顔，点が悪いときは悲しい顔。点が悪いとき，「ちゃんと勉強しなさい」というと，「これ難しいよ，僕わからない，難しいよ」という。だから，「難しいは自分で先生にちゃんと聞いて，お父さんは日本語わからないから教えられないよ」という。

さらに，「家に帰ってきてから勉強をしているか」についても，次のように答えている。

父親：宿題しているみたい。僕も毎日宿題のことは聞く。たまには，「今日はないよ，ないよ」という。「何にもないのはおかしいよ。どうして学校何にもないの？」と聞く。でも「ない」という。いつも，ホントかなと思う。
インタビュア：言わないと勉強しないですか？
父親：言わなくても勉強している。
インタビュア：お母さんも勉強しなさいという？
母親：言います。お母さん，一番うるさいって言われています。

このインタビューに見られるような「教育への積極的な関与の努力」は，アンの安定した教室理解に大きく影響していると思われる。しかしながら，アンの事例にみられた安定した教室理解と，教育への積極的な関与の努力という教育戦略との関連は，ベトナム家族の一般的傾向としておさえることはできない

という点をここでは指摘しておきたい。この点についての詳細は，本章の次節で明らかにすることとする。

③不安定な教室理解と放任，そしてきょうだい
　■学校：5年生の学級崩壊に近い教室の状況の中で，ソッグと同様に，その中心的な役割を果たしているように見えたのは，アテ（ラオス，男，タイの難民キャンプ生まれ，2歳で来日）である。したがって，その様子は，リットやアンとは明らかに異なっていて学力も低位にとどまっていた。しかしながら，それは，ソッグのように状況依存的な教室理解とは異なっていて，「はちゃめちゃ」と形容されるような行為の束があるわけではなかった。そこで，まず最初に，5年生の学級崩壊に近い状況の教室で，アテがソッグとどのように違っていたのかという点を詳述していくこととする。

　個別に課題が教師から与えられる場合，アテも，ソッグと同様に教室の中を徘徊し始める。しかし，アテが，ソッグと異なるのは，カンニングをしないことである。自分でやれそうな時は何とか自分の力でやろうとし，わからないところは空白のままで，誰かに「見せてほしい」と頼むこともない。時に，ソッグがカンニングしてマルをもらった課題を，ソッグがアテに近寄っていって見せると，見せられたものを写すこともあるが，自らそれを求めることはない。また，時には，誰のどのような呼びかけにもかかわらず，決してやろうとしない頑なな態度を見せることもある。

　　（5時間目　授業：算数）アテはノートに絵を描いている。
　竹下先生：おい，アテ，何している？
　アテ：絵を描いている。
　竹下先生：絵，描いてるんじゃない。
　　（しばらくして）
　竹下先生：アテ，やれ。
　アテ：やだ。
　　（しばらくして）
　竹下先生：アテ，やれ。
　アテ：何ページ？

第2章　学校と家族の間の日常世界

竹下先生：55ページ。
　アテはそのページを開いたが，また，絵を描き始め，その時間はずっと絵を描いていた。［フィールドノーツ，1997年10月30日］

　このような様子を見せるアテではあるが，国語の課題には真面目に取り組む。アテは，小学校5年生段階でも句点を全くつけずに文章を書くぐらいに，書き言葉に不慣れであるが，文章を読んで何を言おうとしているのかを読み取ることを好んだり，自分で思っていることを書くことを好む。このような課題が出たときは，他の子ども全員が課題が終わって傍目には楽しそうに別のことを始めていても，彼は一人淡々と自分の課題に取り組むのである。そして，その課題が終わった時には，教師に褒められる褒められないに関わらず，非常に満足そうな表情を見せるのである。

　また，アテは，放課後などの遊びにおけるリーダー的な存在である。給食の時間を過ぎる頃になると，アテは，日本人でも外国人でも区別なく，放課後の遊びの約束を取り交わしている。先の事例のリットやアンもこの仲間である。遊びはさまざまで，誰かの家に集まってゲームをすることもあれば，団地のショッピングセンターの周辺で遊んでいることもある。また自転車に乗って遠乗りしたり，釣りに出かける姿を見かけることもある。

　アテのこうした特徴について，5年生の担任教師がどのように認識しているかは，筆者との次のような会話の中で明らかにされることがあった。

竹下先生：ところで，清水先生。（フィールドノートを指して）いつも書いてますけど，何書いているんです？　差し支えなかったら見せてもらえます？
筆者：いいですよ。汚い字なので，読めるかどうか……。
　竹下先生は，パラパラめくっている。前回のアテに竹下先生が注意している会話が書かれているところで，手を止めて見ている。
筆者：あー，これは，先生が，アテに算数やれって言っている時の会話です。
竹下先生：こんなの書いているんですか。
筆者：そうです。あんなに言われてもやらないのってどうしてかなーと思って。勉強をやるっていうことの意味が，日本の子どもとは違うのかなって思って……。
竹下先生：日本の子どもでも，やらない子はやらないですよ。

筆者：そうですか？

竹下先生：アテが違うとすれば，向こうでは，学校へ行くか行かないかは決められるみたいだから，学校やめるって決めようかっていうようなことをいつも言っている。日本って学歴社会でしょ。いい大学出た人，いい会社に入っていく。でも，いい大学出た人が，必ずしも，社会に出ていいっていうわけじゃない。前に心理学の先生から，東大に行くような人は，親も勉強ができていて，子どもにもそれをがんばらせたいから，偏っている人が多いっていうことを聞いたことがある。だから，悪いこともする。アテなんか見ていて思うよね。アテは生活力あるものね。釣りなんかうまくて，それが，今，クラスの男子の共通の趣味になりつつあるものね。

［フィールドノーツ，1997年11月6日］

　この担任教師の発言に見られるのは，教師によって「やれている」と判断されるニューカマーの子どもたちが，「日本人と変わらない」状態にはない，あるいは至らないとき，その根拠は，母国の社会的・文化的要因に求められるということである。したがって，そのように処理された事柄は，日本の学校でニューカマーの子どもたちがうまくいかないことに，日本の学校の教師が責任を負うことを回避させてもいく。そして，ここではそれが「生活力がある」という表現によって示されることになっている。

　しかしながら，一方には，教師の発言の前半部分に示されるような，ニューカマーの子どもたちであっても「日本人と変わらない」という強い信念もあり，この一見すると正反対のベクトルを有する認識を，日本の学校の教師は内面でさほど葛藤をもたずに保有しているのである。ということは，第1章で参照した児島（2006）の議論の「差異の一元化」戦略と「差異の固定化」戦略が，ここでも機能していることとなる。児島はこれらの戦略の概念化の際に，ここで指摘するような状況を想定しているわけではないが，ここで明らかになったことは，そうした教師の戦略が，児島が指摘した状況とは異なる状況でも適用されているということである。

　ここで，新たに見出された教師の認識枠組を，本章の冒頭で提示した図表に組み込むと【図表2-2】となる。この図は，「やれている」と判断されるニューカマーの子どもたちの中にも，努力・姿勢・態度などが"十分"であるとさ

【図表2-2】「やれている」枠組内部の差異の管理による新たなコンテキストの生成

日本の学校の教師の認識枠組 / 「エスニシティなるもの」の顕在化の程度	①日本語能力 ②努力・姿勢態度など	やれている（差異の一元化） 不足 固定化←	十分（差異の管理） →一元化	手厚い支援（差異の固定化）
強い ↑↓ 弱い	強い方	Ⅰ'	Ⅰ	Ⅲ
	弱い方	Ⅱ'	Ⅱ	Ⅳ

れて「差異の一元化」戦略が継続されるコンテキストと，"不足"とされて新たに「差異の固定化」戦略が用いられるコンテキストがあるということを示している。これによって明らかになるのは，Ⅱのコンテキストに位置づけられ，その位置づけを内面化していくニューカマーの子どもたちの中にも，その内部の差異に対する教師の意味づけの違い（＝差異の管理）により，Ⅱのコンテキストとは異なる新たなコンテキストが教師によって生成され，そこに位置づけなおされるようなコンテキストの移行があるということである。それは，先の事例のリットやアンがⅡのコンテキストに位置づけられ，かれら自身もそれを内面化し続けていくのに対し，本事例のアテは，Ⅰ'のコンテキストに位置づけられ，それを内面化していくのである。さらに，これによって本節の最初の事例のソッグもアテと異なるコンテキストに位置づけられていくことがわかる。なぜならば，アテに対する教師のまなざしは，ソッグに対する教師のまなざしと共通するところがありつつも，ある面では異なっている。それは，ソッグの行為の束は「はちゃめちゃ」と形容されるような類のものであるために，その場その場のソッグの行為をとりまとめて意味づけることを教師ができないのに対し，アテの行為の束は，「生活力がある」と評されるような意味づけを可能にする類のものだからである。こうしたアテとソッグの違いは，国際教室の担当教師によって，次のようにも表現されている。

ソッグはひきいていく力がない。アテは少し力がある。それで，竹下先生（5年生の担任のこと）は常にチェックしていると思いますが，ちょっとしたことを見逃すと大変なことになる。でも，親が来るとちゃんとする。やなやつでしょう。運動会だって旗だって，前日までぜんぜんなってなかったのに，当日は結構やるの。［フィールドノーツ，1997年10月24日］

このように，ニューカマーの子どもの行為の束に，教師が意味づけできるかどうかが境界となり，意味づけられた場合には，その意味づけは「エスニシティなるもの」の問題として固定化されるのである。そして，それは「ちょっとしたことを見逃すと大変なことになる」と表現されているように「反学校的」と意味づけられていて，「エスニシティなるもの」は「反学校的」であることと結びつけられやすい。こうして，アテはⅠ'のコンテキストに位置づけられ，それを内面化していくのに対し，ソッグはⅡ'のコンテキストに位置づけられ，それを内面化していくことになるのである。

5年生の教室で，このように位置づけられるアテは，6年生でどのように変化していったのであろうか。6年生でアテの担任となったのは，子どもたちの間で「厳しい」と評される田宮先生である。学級経営の方針として「遊びと勉強の区別をつけさせることが重要」（フィールドノーツ，1998年7月18日）と話し，このような方針に基づいて，4・5月は，けじめをつけるためのさまざま約束事が教室に導入されていった。この導入にあたっては「なぜ，そうしなくてはいけないか」「なぜ，これをしてはいけないのか」の丁寧な説明が行われ，それにもかかわらず，子どもたちができない場合には「やり直し」が繰り返されていた。そして，このような中で，子どもたちは次第に田宮先生によって示される教室の新しい基準を理解し行動するようになっていった。

このような田宮先生のもとでのアテの変化は，忘れ物と遅刻の激減であった。アテは5年生の時には，体操着を忘れて体育を見学することがほとんどで，その理由を「のどが痛い」と表明していたが，体操着を持っていない場合が多く，教師の間では体操着を持たせない母親のルーズさによってこの行為は説明されていた。しかし，6年生になってからは，体育の見学はなく，いつでも真っ白な体操着を着て汗を流す姿がみられるようになった。また，遅刻については，5年生の時は始業時間の10分過ぎぐらいに登校するのが日常であったが，6年

生になってからは，始業5分前には登校するようになった。

　ところが，6月半ば頃から，アテは月曜日になると学校を休むようになり，6月後半には体調を崩して休んだことをきっかけに不登校傾向となり，7月は数日登校しただけとなった。休みの日には，アテの兄のセナ（当時中学2年生，6年生の中頃から不登校）やその友だち，そして，同じ学年で4年生頃から不登校になっているタラと遊んでいる姿が，子どもたちによって目撃されるようになり，欠席の理由は体調の悪さだけではないことは明らかであった。また，同じ学年の遊び友だちは，日本人の子どもも，ニューカマーの子どももともに「休むようになってから遊んでいない」と話す。

　こうしたアテの変化は，【図表2-2】を用いれば，次のように説明可能であろう。アテは，6年生の進級にあたって，教室の新しい基準にそって行動する努力をし，6年生でも同じクラスになったリットやアンのようにⅡのコンテキストに位置づけられる可能性を求めていたのだろう。しかしながら，彼はその行為を継続することができなかった。その結果，5年生のように教室の秩序を混乱させるのではなく，学校を離脱し，学校外の場に自分自身の日常を移していったのである。

　このような様子であったアテに対して，担任の田宮先生は6月29日に家庭訪問を行っている。その様子を田宮先生は，筆者に対して次のように綴っている。

　　さて，暫く欠席が続いていたアテさんですが，一昨日より登校してきました。顔色もあまり良くなく，確かに体調は悪そうですが，夜中に外出しているくらいですから，大したことはないとは思うのですが。／今後，同じような状況が繰り返されなければ良いのですが，まあ，あと2週間で夏休みということもあるので，1学期は何とかなるとは思うのですが，正直なところ，2学期はどうなるのか大変心配です。／お兄さんのセナ君も，以前2学期からほとんど登校しなくなってしまった……。ということですので。［フィールドノーツ，1998年7月1日］

　この田宮先生の語りには，5年生の時の担任教師の発言に見られた「日本人と変わらない」状態にないあるいは至らないとき，その根拠を母国の社会的・文化的要因に求めるような認識は明示的にはなっていない。その代わりに登場するのが，兄であるセナの日本の学校への適応である。しかし，田宮先生は，

第1節　ニューカマーの子どもたちをめぐる多様なコンテキスト

アテの兄のセナがS小学校在籍中に，S小学校には勤務してはおらず，セナ本人を直接には知らない。したがって，セナの不登校に至る経緯を詳細に知らないにもかかわらず，セナと関連づけてアテの不登校傾向の根拠を説明しようとする背景には，「家族」を問題の根拠とする認識枠組が存在していると言えよう。したがって，アテは，6年生においても【図表2-2】のⅠ'のコンテキストに位置づけられ続けていたと言えよう。

■家族：アテの家族へのインタビュー（家族インタビューL8）は，アテが中校1年生の初夏に母親に対して行った。アテの両親は，アテの兄2人と親戚を連れ立って，1984年に船でメコン川を渡ってラオスを出国し，タイの難民キャンプで4年間を過ごして，1988年に来日している。子どもは来日した時点で，長男タオ8歳，次男セナ5歳，そして，難民キャンプで生まれたアテは2歳であった。母親は，他のラオスの家族と同様に，「日本に来てよかった。仕事ができるから」と語っている。両親の母国での教育経験については，母親は家の手伝いをしていて，学校へ行った経験をもたない。一方，父親は中学校までと，インタビュー調査を行ったラオス出身の父親の標準的な学校経験を持っている。

この日のインタビューは，S小学校での1年半のフィールドワークによって，アテの不安定な教室理解と不登校傾向を観察した上でのものであった。また，次男のセナは中学卒業後，少年院送致になったことも情報としてあった。しかし，この日の母親の反応は，ソッグの場合と同様，インタビュアの予想に反して「子どもの心配は何もない」であった。また，インタビュアからの「アテが小学校をしばらく休んでいたけれど，それについてどう思うか」という質問に対しても「そのことを，親は知らなかった。先生に聞いても行っていると言っていた。子どもには学校で何かあったのかとは聞いた」「子どものことで学校に相談に行くことはない。子どもにちゃんと学校に行きなさいと言うだけ」と語った。また，子どもの教育について相談する相手がいるかどうかについても，以下のような応答であった。

　　母親：相談相手はいない。
　　インタビュア：子どもたちがいろいろと問題があるので，相談しにくいのですか？
　　母親：子どもがうまくいっていないことを他の人が知ってもかまわない。子ども

がダメだからしょうがない。隠すことはできない。

　この日，通訳をしてくれたのは，アテの兄のタオ（長男，当時19歳）であったが，タオはインタビュアの意図と母親の応答の微妙なズレを感じてはいるものの，それをどのように処理したらいいのかわからずに，戸惑って苦笑いする様子も時々見られた。その様子から，アテの母親が行う子どもの状況への対応と，インタビュアが当然視する日本人の母親が行う子どもの状況への対応にズレがあることが，筆者にも自覚できた。さらに，そのタオの表情からは，ニューカマーの子どもが，学校と家族や日本人と親の「間(はざま)」を，かれら自身で整理しなければならない立場に置かれることを，筆者に実感させもした。この日のインタビューは，そうした場でもあった。

　■きょうだい：上述したような親へのインタビューからは，アテの不安定な教室理解の向こう側にある家族との関係をはっきりとつかむことができなかったため，その後，アテの兄のタオとセナとも接触する機会を持った。それによって，アテにとってのきょうだいの影響が明らかとなってきた。ここでは，その後のアテのきょうだいへのインタビュー等をデータとして，アテの家族の様子を2000年秋（アテ中学2年生）の時点で描き出すこととする。

　2000年秋頃，タオは20歳で自動車整備工場で働き，セナは17歳で鈑金屋で職人として働いていた。タオもセナも，稼いだお金は「ほとんどは親に渡す。たぶん，貯めていると思う」（フィールドノーツ，2000年8月12日）と話す。この家族と親しい人の話によれば，かれらの両親は「将来ラオスに戻り商売をしたい」と話しているとのことである（フィールドノーツ，2000年8月12日）。ここには，第1章で明らかにしたラオス家族の「現金獲得」を核とする「安住の物語」を見いだすことができる。こうした物語のもとで導かれる教育戦略は，やはり他の多くのラオス家族と同様に「放任」することに留まっていた。

　結果として，タオは中学2年生から不登校となり，昼間は家で寝ていて，夜は友だちと遊び歩く生活を続け，高校進学を断念する。18歳まで父親と同じ職場で働いたが，その後自動車整備工場に転職する。セナは小学校6年生頃から不登校となり，その後の数多くの違法行為の結果，中学校を卒業した1999年4月に少年院に送致され，2000年の2月に退院している。

　そうした2人にとってのそれぞれの転機は，タオの転職，セナの少年院送致

である。タオへのインタビュー（フィールドノーツ，2000年3月26日）によれば，現在勤めている会社では，日本の中古車のハンドルを付け替え，それを東南アジアに輸出しているという。社長はそのためにタイなどへの出張も多く，またラオスへも行ったことがあるという。「自分もラオス語ができれば，そういうことができるんじゃないかと思うんです。だから，ラオス語が読んだり書いたりできるようになりたいと思うんです」と話した。1999年初夏に母親にインタビューした際には，母親が「諦めている」と語っていた母国文化伝達を，彼が彼自身のために獲得しようとする時期を迎えることになったのである。これがタオの転機である。

　一方，セナへのインタビュー（2000年7月15日）によれば，彼の転機は少年院での担当教官との出会いが契機となっているようで，次のように語っている。

　　　インタビュア：「ラオス」がいやだっていうことあった？
　　　セナ：あった。中1の頃。最初に悪いことし始めてから，周りのラオス人が噂とか広めて，そこからどんどんいやになった。ラオス人だったらそういうことするな。日本に来てそういうことしているとラオス人の恥とか言われて……ラオス人，ラオス人って言われるのがいやだった。
　　　インタビュア：ラオス人いやだっていう気持ちから，ラオス人でやろうって思える変化はいつ頃あったの？
　　　セナ：少年院の中で。「大川」っていう関西人の担任の先生に言われたんです。
　　　インタビュア：どういう風に言われたの？
　　　セナ：なんかいろいろあったんですよ。少年院の中に入っていても，みんな周りが日本人だったから，そういう時も，周りが日本人で，最初は気にしてなかったんですけど，ちょっとずつ周りの自分を見る目が外人だっていう感じで見ているから。それを担任の先生に言ったら，そういう風に言われたからすぐやる気なくすとかじゃなくて，何をどうしても結局は，日本の国籍とってもラオス人なんだからって言われて。だから，もうどうしようもないんだから，めそめそしてないで自分がラオス人であることに誇りをもてば，もっと自分がラオス人なんだって思えば，そういうのも絶対気にしなくなるって言われて。今はまだ自分はラオス人だっていうことが周りにそう思われるのが恥ずかしいっていう気持ちがあるから，ラオス人とか外人だって言われるのがいやなんだって言われて。自分がラオス人だって思

えば周りに外人だって言われても絶対平気になるって言われて……
　　インタビュア：今はそういう気持ちはない？
　　セナ：今は何とも思わない。自分はラオス人だって思っている。

　ここで，タオとセナの転機の共通点を探ると，そこに「エスニシティに対する認識の転換」を見いだすことができる。それは何を意味するのか。アテの事例で示した【図表2-2】にしたがえば，日本の学校の支配的なコンテキストにおいて，アテの学校不適応の原因は，母国の社会的・文化的要因に求められ，結果として，アテはⅠ'のコンテキストに位置づけられていた。そして，それによって「エスニシティなるもの」には，すべて負のレッテルが貼られることになっていた。同様のことは，セナの語りからも読みとることができ，「最初は気にしてなかったんですけど，ちょっとずつ周りの自分を見る目が外人だっていう感じで見ているから」と語っている。そして，おそらく，それによってセナはやる気をなくしたのであろう。
　だから，少年院の担任から「そういう風に言われたからすぐやる気なくすとかじゃなくて」「自分がラオス人であることに誇りをもて」と諭されるわけである。その言葉をセナが受け入れることにより，「エスニシティなるものに対する認識の転換」がおこったのである。それがセナの転機となったのである。
　きょうだい，特にアテの3歳年上であるセナの行為は，アテの行為に大きく影響している。アテが小学校6年生で不登校になった時期，セナは中学校3年生で，G団地の周辺では最も恐れられていた，いわゆる「不良」であった。酒，たばこ，万引き，窃盗，傷害，シンナー，薬物など「違法行為」とされるものに，セナは次から次へと手を出したとされている。セナの少年院入院と同時に，アテは中学校へ入学し，年回りによって，セナの学年を担当していた教師が多くいるもとで，アテは中学校生活を送ることとなる。そうした教師とアテの関係は，アテに対して必要以上の負のレッテルをはることにもなるわけだが，アテの中学時代は，第Ⅱ部で明らかにするようなS中学校の学校文化の変革の時期と重なることとなり，アテに対する負のレッテルはある程度回避されていた。
　しかしながら，少年院から退院してきたセナが，「エスニシティに対する認識の転換」を果たし，新たなコンテキストのもとで日常生活を進められたのは少年院退院後の8ヶ月間であった。セナは，2000年9月末，飲酒によるバイク

事故で意識不明の重体になり，その後1週間意識が戻らない状態が続いた。そして，奇跡的にも一命をとりとめる。セナは，その長期入院をきかっけに，再度，少年院退院後のコンテキストのもとでの生活を始め，高校進学を目指して受験勉強を行う。この時期は，セナの状況とパラレルにアテの学校生活も，学力が低位にとどまることが問題にされることはありつつも，部活や行事や遊びに充実した中学校生活を送っている様子が観察されていた。にもかかわらず，セナが全日制の高校入試に失敗し，その後，定時制へと進学するが，そこを3ヶ月程度で退学すると，それに呼応するようにアテも不登校傾向を示し始める。アテの不登校に際しては，S中学校での教師や地域のボランティア教室のメンバーも関わってさまざまな可能性が模索された。セナも自らの行動がアテに大きく影響していることは自覚していて，アテへの対応には積極的ではあったものの，セナが積極的にアテに関わることを試みると，アテは家出をして他の学校の不登校生徒のところに居着くようになったりもしたのである。こうして事態は好転しないまま，アテは中学校を卒業することとなった。

　アテ，セナ，タオのキョウダイをおっていくと，日本の学校の教師の提示する，日本の生活でうまくいかないことを，ラオスという「エスニシティなるもの」と関連づける認識の枠組が，ニューカマーの子どもたちの日常世界のみならず，そのライフコースに大きな影響を及ぼすことがわかる。ゴッフマンの「精神的経歴」（モラル・キャリア）概念で，その社会化過程は，「その後の発達の基礎となり，さらにスティグマのある人びとのとり得るさまざまな精神的遍歴の違いを生み出す媒体となる」（2003 [1963]，p.62）として示される，まさにそのことがここで起きているのである。

　おそらく，タオもセナも，そしてアテも，日本の学校の教師の提示する，日本の生活でうまくいかないことを「エスニシティなるもの」と関連づけるコンテキストを，親の放任的な教育戦略のもとで内面化していったのであろう。セナの左手には「LAOS」という入れ墨がある。彼はこれを中学校時代に自らの体に彫り込んだという。それは，セナが少年院に入院する前であり，ラオスという「エスニシティなるもの」に誇りを持つように転換する前の時期である。自分自身の生活世界において負のレッテルが貼られていると自らが感じているものを自らの体に刻み込むという行為を，セナは中学生の年齢で行なっていたのである。その時のセナの想いとはいかなるものであったか。この事実を筆者

第2章　学校と家族の間の日常世界　　99

が知ってからかなりの年月が過ぎているが，今に至ってもその点を解釈することに躊躇していて，これ以上文章を繋ぐことができない。ここではその事実のみをそっと提示することに留めておきたい。

④家族の囲い込みと不安定な教室理解，そして日本人とのグループ

　ここまでに4人のニューカマーの子どもの日常世界を詳述してきたわけであるが，それはいずれも男の子であった。残る2人は女の子であるワン（カンボジア，女，日本生まれ）とサミ（ラオス，女，日本生まれ）である。筆者のフィールドワークの印象として，一般的に男の子と女の子を同じテーブルで論じることは困難であるという感じを受ける。というのは，ニューカマーの女の子は，学校でうまくいかないことについて，自分自身で家族の事情を持ち出す場合が多いからである。先に提示した【図表2-2】で説明するならば，男の子であるアテはⅡのコンテキストでやろうとするが，そうできない部分の原因を，日本の学校の教師が母国の社会的・文化的要因に求めるために，その結果としてⅠ'のコンテキストに位置づけられ，それをアテも内面化していっている。それに対して，ニューカマーの女の子の多くは，彼女たちの日常が学校よりも家族に枠付けられているために，そもそも自ら「エスニシティなるもの」を顕在化させている。

　この辺りの事情についてホフステード（1995［1991］）は，移民の受け入れ国における移民の娘たちについて，「彼女の父親や男兄弟は，娘の純潔を守るのが自分たちの務めだと思っており，学校はよからぬ影響を与えるところだと考えていることが多い。家を離れて夜を過ごすことなどもってのほかだという理由で，学校からの旅行にも参加させてもらえない。デートすることも許されず，学校を途中でやめさせられて，同国人と見合い結婚させられることもしばしばである」（p.239）としている。このような状況を考慮した場合，女の子の場合には，先の男の子の事例とは異なり，まず，家族の状況から考察していくことが重要であると考える。

　■**家族**：ワンの家族へのインタビュー（家族インタビューC6）は，ワンが小学校6年生の冬に行った。両親は，別々の出身地から強制移動させられ，1975年に強制結婚させられている。そこで，第一子（男）が生まれ，1979年にタイの難民キャンプに移動する。そこで約5年を過ごすのであるが，そこで第二子

リサと第三子ロナ（いずれも女）が生まれている。来日は1984年で，第四子であるワンは日本生まれである。そして，この家族には，インタビュー当時1歳の子どもがいた。その子は第二子リサの子で，彼女は高校在学中に妊娠し，それをきっかけに高校を退学，結婚しないまま出産したのである。

ワンの家族も，他のカンボジア家族と同様に，「安住の物語」を生成していることは，母親が日本とカンボジアを比較して，次のように語るところから読みとることができる。

> 日本とカンボジアを比べたら，日本は安心できる。日本では仕事をもらって生活できる。カンボジアでは仕事は少ないし，農業もとれる時期とそうでない時期がある。だから，日本のほうが安定している。子どももちゃんと教育できる。治安もいい。

しかしながら，当時のワンの両親には，他の家族が「安住の物語」へ安住していく様子とは異なる様子が見られた。それは，第二子リサの妊娠，そして高校中退に始まるようで，そのことは母親によって次のように語られている。

> 母親：カンボジアのしつけで，自分の体は守りなさいとかだらしないとかは言う。でも，リサのようなことが出てきてそれは日本の状況がそうだから仕方ないと思う。
> インタビュア：リサのようなことがおこることで，お母さんが困ることは？
> 母親：カンボジア人の中に噂が広まって，居づらい思いをしている。昔は友達が多かったけれど，今はいない。このことについて，お父さんは，みんな忙しいからそうなっているんだから，そういう風に言わないことと言っている。
> インタビュア：それをどう受けとめている？
> 母親：自分ではそうなってはほしくないとは思っている。でも，そうなってしまったことは仕方ないと思う。だからこそ，残っている子どもたちには，今から注意している。

ここには，両親の価値とは異なる子どもの日本での日常が，両親の同国人とのネットワークも断つものとなっていることが明らかにされている。しかし，

両親はそのリサを家族の外へ押しやることができずにいる。なぜならば，4人の子どもの中で，カンボジア語の能力が高いのはリサであり，両親は市役所等の手続きで困るとき，リサの手助けを必要としているからである。日本語に不自由する両親にとって，カンボジア語を解する第二子リサは重要な資源であり，両親はリサとの関係でダブルバインドの状況に置かれているのである。その結果，両親はリサがそのようになったことの原因を，日本の子どもたちに求めていく。

  インタビュア：日本での生活で，困ったり悩んだりしていることは，どんなことですか？
  母親：一番いやなのは日本の学生。いじわるする。金髪にする。子どもはいじめられているばかりでよくない。

 こうした理解は，第四子であるワンを必要以上に家に囲い込むことになっているようで，そうした囲い込みに対して，ワンは一定程度の反発をしている。それについて母親は，「学校のことは話さないので良くない」と話す。こうした親の心配による囲い込みは，母親だけでなく，父親にも見られたことである。
 このインタビュー以前に，S小学校で筆者がフィールドワークを行っていた時のこと，放課後，ワンとサミと話をしている教室の廊下へ，ワンの父親が第二子の子どもを抱いて現れたことがある。それまでの筆者の経験から，ニューカマーの子どもの親が，このように単独で学校に現れることは希であったので，非常に驚いた。父親を見つけたワンは飛び出していったので，続いて，サミ，そして筆者も廊下へ移動し，その場に居あわせる形になった。ワンは子どもを父親から受け取りながら，たどたどしい日本語を使う父親と次のような会話をしていた。

  ワン：どうしたの？
  父親：ワンちゃん，鍵ないでしょ。
  ワン：あるよ。（首からかけた鍵を取り出して見せる。）
  父親：買い物行くから。
  ワン：あるよ。お母さんもあるよ。

（筆者には意味を完全には了解できない日本語の会話ではあったが，みんなそれぞれに鍵を持っていることが了解されたようである。その後，ワンが子どもを抱くように促すので抱いて，父親に声をかける。）
筆者：かわいいですね。
父親：はい。ワンちゃん心配です。よろしくお願いします。
　　（父親は学校の人と誤解している様子ではあったが，状況を説明するには，日本語で説明することは困難であると判断し，「はい」とだけ答えた。その後，父親がその場を去ろうとするので，ワンに一緒に帰るように促すと，ワンとサミは鞄を持って父親の後を追っていった。その際に，ワンと交わした会話が以下である。）
ワン：お父さん，心配しすぎなの。
筆者：いいお父さんじゃないの。
ワン：でも，しすぎ。
　　　　［フィールドノーツ，1998年5月16日］

　こうした状況のもとにあるワンは小学校での欠席日数が多く，心配による囲い込みが，ワンの学校へのコミットメントを一定程度制限しているようであった。
　サミの家族へのインタビュー（家族インタビューL9）は，サミが中学校1年生の初夏に行った。両親は1980年にラオスを出国し，タイの難民キャンプで4年間を過ごし，1984年に来日している。サミには9歳違いの妹スニがいるが，2人とも日本生まれである。日本を選んだ理由としては，サミの母親の姉が先に日本に来ていたことをあげている。ただし，サミの父親は，父親の父親（サミの祖父）がアメリカにいたので，アメリカ行きを希望したが，サミの母親の意見が通ったという。この関係が示すように，家族内において母親の意見は強く，サミもなかなか母親に逆らえない様子が，筆者のフィールドワークの中でもしばしば観察された。
　こうした家族関係のもとで，サミは，「エスニシティなるもの」に深くコミットする傾向があった。例えば，当時，地域のラオス人の子どもを集めて行われていたラオスの伝統的な踊りを踊るグループにサミは参加し，いろいろなイベントに踊り手として出てもいた。しかしながら，中学校へ入学する頃から，恥ずかしがるようになっている様子もあり，また，踊りのグループに参加していた多くの子どもはサミより年上で，サミと同様の恥ずかしがる傾向を示すな

かで，このグループの活動も徐々に縮小している様子もうかがわれた。

　また，家族内のコミュニケーションについては，第二子のスニも含めてラオス語で会話しているが，サミだけは日本語である。そうした様子のサミに対して，母親はラオス語を覚えて欲しいと思っていると話す。ただし，このようにサミに対して，母親が「エスニシティなるもの」に深いコミットメントを要求するのは，親に母国回帰の意志があるからではない。母親は「ラオスの帰ることは考えていますか？」という質問に対して，はっきりと「考えていない。日本にいたいと思う」と答えている。したがって，サミに対して「エスニシティなるもの」へのコミットメントを促す傾向は，親子の地位関係を確立することを促し，それによって，家族として日本で安定して暮らしていくことをねらったものだと言えよう。まさに「安住の物語」を生きているのである。

　こうした物語のもとでの教育戦略は，他のラオス家族と同様「放任」している。例えば，「学級通信や子どもの連絡帳を読んでいるか」という質問に対しては，「読んでいない。行事など何かあるときは，サミが言ってくれる。プリントなどは難しくてわからない」と答えていて，「子ども依存」的である。また，サミの将来について質問した際には，次のように答えている。

　　　高校には行かせたい。高校の後はわからない。でも，高校は無理みたい。高校に行かないならアメリカに行かせる。アメリカにはおじいさんがいる。でも，サミはアメリカは怖いから日本がいいと言っている。

　こうした回答には，サミの将来を非常に漠然と捉えている様子がうかがえる一方で，子どもの将来において「アメリカ」を提示する様子は，「日本でうまくいかなければアメリカで…」といった「安住の物語」への囲い込みが強く求められている様子がうかがわれる。

　■学校：ワンとサミは，ワンの場合，家族の心配による囲い込みによって，サミの場合，家族の「安住の物語」への囲い込みによって，家族へのコミットメントの程度が強い。そして，こうしたコミットメントの程度の強さは，ニューカマーの子どもたちを意味づける学校の支配的なコンテキストにおいて，努力・姿勢・態度などの"不足"と結びつき易い。それは，例えば次のような状

況である。

　ワンとサミが6年生であった1998年度の夏休みの後半，筆者は，地域のボランティア教室に参加するためにG団地を訪れ，偶然にワンとサミに会った。その場で宿題の話をすると「終わっていない」というので「勉強をしよう」という約束をした。しかしながら，約束の日，ワンとサミは現れなかった。二学期が始まって最初のS小学校でのフィールドワークの日，2人別々の場で，「来なかったけど，宿題終わった？」と問いかけてみた。その答えは次のようなものであった。

　　　［サミの場合］宿題やったよ。いいたかったんだけどね（連絡したかったの意味だ
　　　　　　　　　　ろう），用事があったの。海へ行ったの。お田さんのお姉さんが，
　　　　　　　　　　電話あってね。後，マボンさん（踊りのグループの代表者）からも
　　　　　　　　　　電話があって，踊りの練習もあったの……。
　　　［ワンの場合］家でやった。漢字は終わってないけど……。
　　　　　　　　　　　　　　　　　［フィールドノーツ，1998年9月1日］

　この後，サミの宿題のでき具合を知る場面があったが，ほとんどが白紙の状態であり，日本の学校の教師が，一般的に納得するような状態で宿題が終わっている状況ではなかった。一方ワンは，サミが「行かれない」というので，1人で出かけることが難しかったのだろうか，宿題が終わっている状態にはなかった。このようなワンとサミは，先の事例で，努力・姿勢・態度などが不足しているとされているソッグやアテほどではないにしても，学力は低位であった。
　5年生の時，4人は国際教室で算数の補充学習を行っていたが，その時の様子には，男の子との違いがはっきりとあらわれている。

　　　9：50　　小菅先生，画用紙を配る。
　　小菅先生：それでは，半径4cmの円を書きます。
　　　サミ，ワンは書く。アテは机に座っているが書かない。ソッグは机の下に潜っ
　　　ている。小菅先生はアテとソッグのやらない状態を黙認している。
　　　（中略）
　　筆者：（ソッグに）やるよ。

ソッグ：やだ。
筆者：やるよ。
ソッグ：やだ，やだ，やだ……（繰り返している）
　（中略）
小菅先生：円は一周何度？
　ワンとサミが，小菅先生の顔の様子をうかがいながら，「100」「90」「120」「180」と次々に言う。
アテ：360。
　小菅先生が驚いた顔をする。
ワン：そうかも……。
小菅先生：測ってごらん。
ワン，サミ：そうそう。
小菅先生：当てずっぽうはだめだね。
アテ：「当てずっぽう」って？
小菅先生：……ちゃんと計算して，ということ。
　ワンとサミは測ろうとするが，測り方がわからない。そこで，小菅先生は測り方の説明を黒板で始める。
小菅先生：半径をこうやってのばしていくよ。こういうのって何て言うんだっけ？
ワン：全径？
小菅先生：違うな………直径。
ワン，サミ：あーあー。
　アテがようやく円を書き始める。小菅先生は，黒板で360度を確認した後，360度を6等分して，正六角形を書くことを説明する。ワンとサミは書き始める。
小菅先生：（まだ机の下にいるソッグに）そこじゃだめだよ。
ソッグ：いいよ。
小菅先生：じゃ，帰ってください。
ソッグ：帰っていいの？　帰るよ。
　ソッグは机の下から出てくる。
小菅先生：いいよ。
10：05　ソッグは教室へ帰っていく。
アテ：ソッグ，いっちゃった。
小菅先生：いいの。ああいうのはだめ。6年生になるとああいう態度はだめ。

「先生，できない」というのはいいよ。でも，ああいう態度はだめ。何とかし
　　なきゃ。ああいうのは通用しないよ。
　サミ：こういうの（円を書いたりする作業のことを指して），おもしろいのにね。
　アテ：つまんないよ。
　　（中略）
　サミ：6年生つまんない。先生，変わらなきゃ，いや。
　小菅先生：どうして？　竹下先生，いいじゃない。
　　ワンとサミは，「いやだよ」「独り言ばっか」「うち，勉強進んでないよ」「大学
　　時代の話ばっか」と口々に不平を言っている。［フィールドノーツ，1998年2月
　　9日］

　このように，ワンやサミの状態は，ソッグのように「はちゃめちゃ」と形容されるような状態でもなければ，アテのように「反学校的」でもない。どちらかと言えば「こういうの，おもしろいのにね」や「うち，勉強進んでないよ」といった言葉に表れるように「向学校的」である。にもかかわらず，リットやアンの家族ほど，日本の学校でやっていくための資源は豊かではない。例えば，それは3学期の始業式の日の，次のような教室の様子にもあらわれている。

　竹下先生：よし，じゃあ，あゆみ（通知表）だせ。
　ソッグ：（叫ぶように）あゆみ，なくしちゃったー。
　　他の子どもたちが，竹下先生のもとにあゆみを出しにいくが，アテ，ワン，サ
　　ミ，今田（日本人，男）だけは動かない。ソッグは，後ろのロッカーに向かう。
　ソッグ：（独り言で）確かここにあった。
　　ソッグは，ロッカーにあった袋を開けて，あゆみを取り出す。家には持って帰
　　らなかった様子である。
　ソッグ：くしゃくしゃになっちゃった。
　　ソッグは，そのまま竹下先生のところに持っていき手渡す。竹下先生は何も言
　　わずに受け取る。
　竹下先生：忘れたやつ，明日持ってこい。サミ，いいか。（アテに向かって）前
　　のようなことやだぞー。
　アテ：家にある。はんこ押せなかった。
　　後から話を聞くと，アテは1学期の時に，通知表をなくしたのだそうだ。
　　［フィールドノーツ，1998年1月8日］

通知表を忘れるというこの場面に，リットやアンは登場しない。しかしながら，ソッグ，アテ，そして，ワンやサミは登場するのである。このような場面に象徴されるように，彼女たちは日本の学校で「やれている」。けれども，努力・姿勢・態度などは"不足"していると位置づけられることになっているのである。

　■日本人とのグループ：5年生の時，ワンとサミは同じ教室にいて，2人は一緒にいることが多かった。一方，その教室には，日本人ではあるが，筆者にとって様子の気になる木田という女の子がいた。彼女は，教室では一人でいることが多かったし，筆者に対して何か話しかけたそうにはするが，近づいて来ると言葉を飲み込んでしまう感じもあった。時には筆者から話しかけてみたりもしたが，首を横か縦に振るかの反応しかなかった。

　そうした様子が変化したのは12月頃で，ワンとサミと木田は3人でいることが多くなっていったのである。それ以前も，グループを作って何かをしなければならない場面では，一緒にいることもあったが，休み時間に常に3人一緒でいることが多くなったのはこの頃であり，3学期に入ると登下校も一緒にするようになっていった。こうして3人グループになることにより，ワンとサミは2人でいる時より，そして木田は1人でいる時より，活発になっていった。このことは，ワンとサミが外国人だけでグループを作るよりは，日本人の子どもを含めてグループを作ることで，教室理解がしやすくなっているのではないかと思われた。というのは，ワンとサミが木田を「モデル」とすることで，努力・姿勢・態度などの不足の部分を補うような行動をとったりするからである。それは例えば次のような場面に表れている。

　　　1時間目が算数のテストだということで，子どもたちはテスト勉強をしている。
　　　サミが，教科書を持って，筆者に近づいてくる。
　　サミ：どっちをどっちで割るの？
　　　教え始めると，ワンと木田も近づいてくる。サミは理解した様子である。
　　筆者：ワンも木田もわかった？
　　　2人も頷いている。
　　木田：問題出して。

筆者：いいよ。
　いくつか問題を出すが，3人の中では，最も学力の高い木田がみんな答えてしまう。そうしているうちに，ワンが木田を制した。
ワン：ちょっと待って。私が答える。
　こうしてワンやサミが先に答え，それが間違っていたり，ワンやサミが答えられない時に木田が答えるという関係で，20分程度の時間が過ぎた。［フィールドノーツ，1998年2月9日］

　ところが進級に際しての学級編成替えで，ワンとサミはクラスが分かれ，木田はサミと同じクラスになった。その結果，3人のグループは完全に解消されることになった。木田はサミといることはなく，ワンもサミもそれぞれのクラスにいる時は一人で，休み時間になると廊下に出て2人で遊んでいることが多くなった。木田にとってみれば，教室の新しい基準を理解し内面化していくためには，サミと一緒にいることは決して良い選択ではなかったということなのであろうか。一方，ワンとサミはこれまで2人で一緒にいることによって，不安的な教室理解を乗り切ってきたわけであるから，休み時間になると廊下で2人が一緒に遊ぶようになったのも必然であろう。2人は6年生へ進級当初，2人が離ればなれにならないことを強調するような言葉を繰り返していた。

サミ：（ワンと腕を組んで）将来，一緒に住むんだ。
筆者：結婚しても？
　サミとワンは，恥ずかしそうに笑う。
サミ：でも，大きな家で，1階はみんな集まって，2階，3階で家族と住むの。いっぱいお金貯めるの。それで，お田さんにもあげて，残りは自分で使うの。
［フィールドノーツ，1998年4月10日］

　この学級編成替えは，ワンよりもサミにとって非常に大きな意味を持っているよう見える。というのは，サミはワンに比べて学力も低位で，教師の提示する内容もはっきりとはとらえられていないことも多い。例えば，それは，算数の時間に「ある長さを2等分する」ことと「ある長さを同じ長さに分ける」ことが，同じ事柄を指していることとして理解することができないというような

場面に表れている（フィールドノーツ，1998年6月15日）。このような中で，サミは，いままで「モデル」としてきたワンを失い，大きな不安と闘いながら教室での時を過ごしているように思われるのである。そのことは，次のような場面にも表れている。

> 家庭科の授業の最後の方で，黒板に書いている内容を，ノートに写すように指示が出る。サミは不安そうに，キョロキョロした後，傍に近づいた筆者に話しかける。
> サミ：ノート，忘れちゃったの。
> 筆者：他のに書けばいいじゃない。
> サミ：もってないもん，理科しか……
> 筆者：理科に書いて，それを切って後で貼ればいいじゃない。
> サミ：そうだね。
> 　　［フィールドノーツ，1998年9月17日］

こうした不安は，国際教室でのサミの言動にも影響を及ぼしているようである。国際教室担当の築地先生は，彼女の変化について，「今年は元気で，いいたいことをいいますよ。本来，ああいう子だったのでしょうけど……」（フィールドノーツ，1998年5月21日）と語る。新しい基準を伴う6年生の教室での日常は，国際教室の日常にも影響を及ぼしているようで，5年生の時とは異なり，国際教室はストレス発散の場となっているようであった。

一方，ワンはサミと離れても，サミほどの変化は示さなかった。進級当初サミは，教室でも一人でいることの多い柳沢と行動することが多かったが，次第に，田畑との行動が増えていった。田畑は学力も高く，この教室の中でも私立中学を受験をする唯一の子どもでもあるという状況もあって，1人で行動することが多かった。また，友だちに対する対応も公平であるためか一目置かれた存在でもあった。ワンは，6年生の2学期以降は，その田畑を「モデル」としている様子であった。それ以前は，筆者が教室を訪問することを楽しみにしている様子であったワンが，田畑との行動が増えるにつれて，教室で筆者といる時間も減り，教室での居場所探りをおえている様子であった。

このようなワンとサミの様子からうかがわれるのは，彼女たちの教室理解や

それに伴う行為は，日本人の子どもたちとの関係に依存して変化しているということであり，そこには極めて不安定な教室理解があると言えよう。

第2節 「手厚い支援」とは

　前節で明らかにした，インドシナ系の6人のニューカマーの子どもたちの学校と家族の間(はざま)の日常世界は，かれらが日本生まれや幼児期来日であるために，日本の学校の教師の「やれている」という判断が伴いやすい場合のものであった。本節では，日本の学校の教師によって「手厚い支援」が行われる場合のニューカマーの子どもたちの日常世界を描きだすことにする。

（1）失われたもの──母国での経験の記憶

　日本の学校の運営やカリキュラム編成は，ニューカマーの子どもであっても「特別扱いしない」ことを前提としている。しかしながら，ニューカマーの子どもが，日本語をほとんど解さない状態では，「特別扱いしないで扱おうとしても，言葉がわからないのでそのようには扱えない」こととなり，その結果「手厚い支援」がなされることになっている。ところが，この「手厚い支援」のもとで一定期間が過ぎ，ニューカマーの子どもの様子が，日本の学校の教師によって「やれている」と判断されるようになると，学校の教師のかれらへの対応は一気に「特別扱いしない」方向へ向かうこととなる。これを第1章では，「支援の方向性の転換」として提示した。そこで本節でまず明らかにしたいのは，このようなコンテキストの移行のもとで，ニューカマーの子どもたちから「失われたもの」があるということである。

　まず，この点を明らかにする前に，いくつかの前提を提示しなければならない。ここで描き出すことを試みるものは，筆者のフィールドワークを通して，ニューカマーの子どもたちの行動や言動に希に表面化される「断片」を，つなぎ合わせることによってのみ，見出されるものであるという点である。ひょっとすると，本当はもっと多くのことが，表面化されているものかもしれない。しかし，日本人というマジョリティに属する筆者には，それを解釈するためのコードがない。したがって，それらを「断片」としてしか捉えることができていないのかもしれない。

であるならば，当該のコードを使用している「当事者」に聞いてみればいいだろう，という反論も聞こえてきそうである。しかしながら，第1章で明らかにしたように，日本の学校には，ニューカマーの子どもといえども「日本人と変わらない」という意識が強くあり，そうした意識をニューカマーの子どもたちも内面化している。だからこそ，第1章で示したような，ニューカマーの子どもたちの学業達成が低位にとどまる傾向を，「外国人はバカだから」という理由によって説明しようとする言説が，ニューカマーの子どもたちの内部で正当性をもってしまっているのである。したがって，当時者が使用しているコードを仮に想定したとしても，日本の学校の教師や子どもたちとの関係の積み重ねの中で，それらは分断され離散した状態でしか存在していないといえよう。だから「断片」としてしか表面化してこないとも言える。

さらに，そうした「断片」は，時を経て失われていく。そして，その「断片」が復活することは，"たぶん"ない。ここで，付け加えておかなければならないのは，本書において，そうした「断片」をつなぎ合わせて描き出すことができるのは，僅かなものであるということである。ただし，僅かであることに自覚的であるからといって，描き出そうとする何かには総体があって，現段階は研究途上であるから，その一部しか見出すことができていないということを意味しているのではない。

本書の，今ここで描き出そうとする「失われたもの」は，時を経て失われてきたがゆえにそれを見出すことはできない。われわれが，もし「失われたもの」を意識することができるとすれば，それは，その「失われたもの」が過去には存在していたことを記憶しているからである。また，過去に実在することはなくとも「あったはずだ」という言説によって，あたかも実在したかのように想定することによって「失われたもの」を意識することもできる。例えば，酒井（1996）は，「日本語」や「日本人」の産出にそうした過程があったことを鋭く指摘している。その意味からすれば，記憶や意識にのぼる「失われたもの」は，消滅してはいないのであり，完全に失われてはいない。しかしながら，ここで描き出そうとするものは，記憶や意識にのぼることのない，完全に「失われたもの」である。

では，いったい，その営みはどのようにして可能となるのか。それは，「断片」が失われていく過程に他者がつきあうことである。当事者の中で消滅した

ものがあっても，それが消滅したことを証言する他者によって「失われたもの」を部分的ではあるにしても明らかにすることはできる。その他者が，ここでは「研究者」としての筆者である。

　さらに，ここでもふまえておかなければならない点がある。それは，他者（この場合，「研究者」としての筆者）が，何の目的で，当事者の中で消滅していったものを明らかにするのかという点である。筆者がここで描き出そうとするニューカマーの子どもたちから「失われたもの」は，日本の学校での教師や日本人との関係において，それが無価値であったり，意味がなかったり，邪魔であったりするものである。そうでなければ，失われてはいかないはずである。にもかかわらず，日本の学校で生き抜いていくために失われていったものを，なぜここで明らかにする必要があるのか。この点に，筆者はここでは次のように答えておきたい。

　日本の学校でニューカマーの子どもたちから「失われたもの」は，確かに日本の学校での教師や日本人との関係では無価値なものであるかもしれない。しかしながら，それらのものは，ニューカマーの子どもたちが「生きていく」ために無価値であるかどうかという点では，「わからない」と言わざるを得ないのである。それは，無価値かもしれないし，無価値でないかもしれない。失われていくその時には，まだ「わからない」のであるから，そのままニューカマーの子どもたちに留められてもいいのではないかと思うのである。というのは，ニューカマーの子どもたちが，日本の学校で教師や日本人との関係を築くことが，何かを失うことで築くことができるものではなく，何も失わなくても築くことができるものに向かって拓いていくことにつながると考えるからである。その可能性のために，ここでは「失われたもの」を描き出してみたいと思うのである。

　筆者が，ニューカマーの子どもから「失われたもの」として「母国での経験の記憶」があることを目の当たりにしたのは，第1章でも取り上げたティー（ベトナム，中3，女，来日2年）の学習場面が報告された時のことであった。当時S中学校で行われていた「選択国際」の授業（詳細は第5章）では，3学期に入ると1年間のまとめとして，それぞれの生徒が個々に課題を決めて，「まとめ」のペーパーを作成する時間が設定されていた。

　当時ティーは来日2年が経過していたが，第1章でも明らかにしたように，

「ふり」に向かう態度が形成されていて，「不安な毎日」に触れようとする他者に対して，「大丈夫」「平気」といった言葉を繰り返すようになっていた。「選択国際」にかかわる教師は，そうしたティーの状態に苦慮していたが，そうした想いはあっても為す術はなく，ティーの学校での生活は積み重ねられていた。そのような中で，まとめの時期を迎えることになったわけであるが，そのような状態にあったティーに対して，その状況を変えられないとしても，彼女の「不安な毎日」に最も近い感覚をもっているであろうと予想され，かつ，地域で顔見知りでもあるビン（ベトナム，19歳，男，大学受験勉強中，来日14年）とのペアで，まとめを行うことが試みられたのである。こうして行われた授業においてのティーの様子は，ビンの授業記録によって次のように記されている。

> ティーは初めはやるぞ！という姿勢はあったが，内容に入るとかなり戸惑いを持っていた。自分のベトナムでの思い出は書きたくないまたは忘れたなどとなかなか鉛筆が進まなかった。ベトナム語でもいいから自分の書きたいことを書けばいいと言うと最後のほうで書き出し始めた。〔2003年1月27日，S中学校の選択国際授業記録〕

　授業後に行われた反省会でのビンの発言をもとにティーの様子を補足すれば，ティーは「まとめ」で，自分の歴史をまとめることを決めるまでは，かなり前向きであったという。しかし，いざ自分がベトナムで生まれたところから，書く内容を整理する段階になると「書きたくない」「忘れた」という反応を始めたという。その結果，その場の作業は，ビンがティーとベトナム語で会話をして，書く内容を決め，それを日本語でノートに書くというものになっていったという。その際に見られたのは，生年月日や出生地などの事実の混乱であり，それを「時間」にそって整理しようとすると「書きたくない」「忘れた」と反応したというのである。こうした様子にビンは「ベトナム語ならば書けるかもしれない」と思い，ベトナム語で書くことを促すと，一気に書き始めたという。その様子にはビンも驚き，反省会で，「ベトナムでのことが，日本語になっていないんだなあと感じた」と語っていた。ところが，翌週の授業において，事態は，その続きを進めていくようには展開していかなかったのである。

ティーは前回書いてあった文章をけして「自分の歴史」はないからヤダといってベトナムの歴史を書くといいだし今までの勉強してきた内容をノートで探っていった。しかし，歴史のいつの時代に絞ってやっていっていいのか分からずに少し悩み最後の方ではやる気をなくし始める様子だった。[2003年2月3日，S中学校の選択国際授業記録]

　この日の反省会でも，ビンはティーが一気にベトナム語を消した様子に非常に驚いたと語り，「日本の学校でベトナム語を使うことに抵抗があるのではないか」と語っていた。その後，まとめは，ビンがティーに授業以外でもかかわって仕上げるという経過を辿ることになったが，仕上がったものは，日本語で，来日後の自分史を書いたものとなったのである。この年，ティーはS中学校を卒業したが，その後，ティーのベトナムでの経験が，日本語となって誰かに語られるということはあったのだろうか。その後，数回しか顔を会わせていない彼女に，そのことを確かめることはできていない。
　ここに一つの問いが立つ。それは，ティーがこの時ベトナム語で書き記したというベトナムでの経験は，その後，ティーの記憶にどのように綴られていくのか，という問いである。この出来事をきっかけに，筆者はフィールドワークで蓄積されたデータを洗い直してみた。すると，小学校低学年で来日したニューカマーの子どもたちの中に，母国での経験の記憶が全くないという事例があることがわかった。例えば，S中学校の「選択国際」の授業で，筆者が直接かかわったことがあるヒガ（ペルー，中2，男，来日10年）も，このような状況が見られた。ヒガは，2002年度の「選択国際」の授業の後半まとめで，先の事例のティーと同様に自分史を書くことを試みていた。ヒガ自身の話によれば，「日本に来たのは，たぶん4・5歳」というのだが，日本で小学校に入学した時のことやそれより小さい頃の記憶がヒガにはない。ヒガの記憶を「時間」にそって遡ることができるのは，小学校2年生までである。筆者は，「選択国際」の授業の中で，ヒガに対して，小学校2年生以前の記憶の「断片」を探ってみようと試みたが，探り出せたのは「ここ（日本の今住んでいるところ）とは違う感じのところにいた」という感覚のみであった。ヒガは，言語に関しては，親の話すスペイン語の聞き取りができる程度で，スペイン語での読み書きはもちろん，話すこともままならず，親とのコミュニケーションも不全と称される状

態であった。

　その前の年（2001年度）の「選択国際」で筆者が担当した江本（ブラジル：日本国籍取得，中2，男，来日8年）も，ブラジルでのことについて「覚えていない」（フィールドノーツ，2001年7月9日）と語っていた。2002年度江本を担当していた神代先生も，江本の記憶の「断片」を探り出すことを試みていたが，探り出せたのは，先に日本へ来ていた母親に「2年ぶりに会える」という感覚のみであり，住んでいた場所や雰囲気の記憶は甦ることはなかったという。このように母国での経験の記憶が失われているニューカマーの子どもたちは少なからず存在している。

　なぜ，かれらの母国での経験の記憶は失われていくのか。ここで，筆者は想像力を働かせて仮説をたててみようと思う。日本の学校で，ニューカマーの子どもたちに向けられた教師のまなざしは，第1章でも明らかにしたように，「特別扱いしない」で日本人と同じように扱う，であった。そのことは，日本という国での経験以外の経験を表面化させることを促さない。筆者のフィールドワークを通してみても，日本の教師が，かれらの覚えたての日本語をツールとして，かれらの母国のことについて会話をするような場面にあうことは希であった。このように母国での経験は日本語で語られないままとなっているのである。そして，他方で，ニューカマーの子どもたちは母国語を失っていく。先のヒガや江本は，親が話すスペイン語やポルトガル語を聞き取ることはできても，話すことはできない。当然，読み書きはできない。おそらく，かれらは来日した時に読み書きはできなくても，親と母国語で会話をしていたであろう。しかしながら，日本での生活が積み重ねられる中で，母国語では話さなくなる。話さなくなれば，話せなくなる。こうして話せなくなったことによって，母国語で語られていた母国の経験は失われていくことになるのではないか，と考えるのである。つまり，「日本語で語られない母国での経験」と「経験を語るための母国語の喪失」という二重の搾取のもとで，かれらの母国での経験の記憶は失われていくと考えられるのである。

　そして，こうした過程は，場合によっては，かれらの経験を混乱させるような状況をも生み出す。2004年度のS中学校の「選択国際」に参加していたヒメナ（パラグアイ，中2，女，来日5年）は，中学校の生徒指導の資料によれば，8歳の来日である。しかしながら，彼女自身は「2歳に日本に来た」と話すと

いうのである（フィールドノーツ，2004年11月29日）。そこで，この点を父親に確認したところ，やはり8歳で来日しているとのことであった。この点をヒメナに指摘すると，ヒメナは「へーそうなんだ」と反応したといい，経験の混乱に動じる様子もなかったという。このように母国の記憶だけでなく，来日後の経験についても，記憶が混乱しているニューカマーの子どもたちは存在しているのである。

ここで明らかになるのは，日本の学校の教師によって「やれている」と判断される状況のもとで，ニューカマーの子どもたちの日常世界には「失われたもの」があり，それが記憶の混乱などを生み出しているということである。

（2）語られないもの——いじめられた経験

「手厚い支援」のもとで，ニューカマーの子どもたちから母国での経験の記憶が失われていくのと同時に，日本人の子どもたちの関係で起きている出来事は，「語られないもの」となっている。それがいじめられた経験である。

第1章で明らかにしたように，ニューカマーの子どもたちの多くは，大なり小なりいじめられた経験をもつが，かれらの多くはそれを積極的には語ろうとしない。特に，その経験が，その子にとって過酷なものであればあるほど，「語らない」というスタンスをとらせている場合が多い。第1章2節の事例に登場するドミングス（ボリビア，中2，女，来日7年）は，最初「わかんない」と話していたが，その後，思い切ったように大阪でいじめられた経験を話し始めるやいなや，泣き出してしまっている。こうした状況は，母国での経験や記憶がある年齢で来日したニューカマーの子どもたちに限らず，日本生まれのトゥーン（カンボジア，中2，男，日本生まれ）や，母国の記憶のないヒガにも見られることである。

> 筆者：（いじめられたこと）初めて話した？
> ヒガ：はじめて。
> トゥーン：はじめて。思い出したくなくて，そのまま。
> 　　　　［2002年11月18日，S中学校の選択国際の授業記録］

あるいは，次のようにも語られる。

授業者：(いじめられた時) 家族，お父さんとかお母さんとか，兄弟姉妹に相談し
　　　たり言えなかった？
　　テット (ベトナム，中3，女，日本生まれ)：しなかった。心配かけたくなかった。
　　　［2002年11月18日，S中学校の選択国際の授業記録］

　フィールドワークにおいて，「いやなことないの？」「いじめられてない？」といった筆者の質問に，ニューカマーの子どもたちの多くは「ない」「平気」といった言葉を返したり，無関心な態度を装ったりする。そうした態度の裏側には，「思い出したくない」というかれらの切実な想いや，「心配をかけたくない」といった想いがあり，それによってそうした経験は，学校でも，また家族にも語られることなく，胸の奥深くに封じ込められて，ニューカマーの子どもたちの日常は構成されているのである。それは，時にかれらの表情を「険しく」「強ばった」「堅い」「暗い」ようなものに変えていくこともある。先のドミングスの語りの場の授業者は，この日の授業の感想を次のように語っている。

　　ドミングスの表情の暗さって気になっていたけど，そういう過去の経験から来
　　ているんだなあって，ようやくわかった気がします。［フィールドノーツ，2002年
　　11月18日］

　このように，ニューカマーの子どもの多くは，こうした「語られないもの」を抱えているのである。ところで，本章1節のアテのところで登場した兄のセナ (ラオス，17歳，男，来日12年) にも，いじめられた経験が，「語られないもの」としてあった。それが初めて語られたのは，2000年9月に飲酒によるバイク事故で意識不明の重体になり，その後の長期入院生活の中で書かれた手紙によってである。

　　（前略）小学校へ入学した時のこと，俺はまだそんなに日本人がどういうもの
　　かを知りませんでした。もちろん，自分の国の人のこともあまり知らなかったが。
　　あれはたしか二年生の時学校の帰りだったかな？　後ろの方で三人組の男の子が
　　「あいつ外人だぞう〜。」と言っていた，俺はたまたまそれを聞いてしまいその頃

の俺は「外人。」と言う言葉がすごく嫌だった，自分はみんなと一緒だって思っていたから自分だけ仲間はずれみたいで，何故かその時は差別と言う言葉も知っていて余計に腹がたった。／けど相手は三人，俺はまだ友達がいなくて一人だった，だからなにもしてやることが出来なかった。その後もそいつらに会うと変な目で見られていた。初めて受けたいじめだったせいかまだはっきりと覚えています。相手は何のつもり知らないが，その時の俺にはあれはいじめと同じだった。それからなぜか外人と言われるのが怖くなって，学校ではあまり話さなくなっていった。周りが外人と言っていても知らないふりをしていた。多分怒ったりしたら自分で嫌がっていた仲間はずれに自分からなってしまうと思ったからだと思う。
［フィールドノーツ，2001年1月26日］

　この語りに示されるのは，「語られないもの」が，「外国人である」ことと密接に関係していることとして，彼の中では意味づけられていることである。そうであるにもかかわらず，かれがそれを語らないとすれば，かれの異質性に対する負のレッテルを，かれ自身が内面化すると同時に，それを内面化することによって「外国人である」ことに付与される日本社会での負のレッテルを隠蔽することにもなっているのである。
　ここで本節で描き出した事柄を，本章の冒頭で提示した図表に組み込むと，【図表2-3】のようになる。本章の冒頭で示したように，ニューカマーの子どもたちを意味づける学校の支配的なコンテキストにおいて，「手厚い支援」を必要とするニューカマーの子どもは，Ⅲのコンテキストに位置づけられる。しかし，Ⅲのコンテキストは，日本の学校へニューカマーの子どもが参入する初期段階に限定されたものなのである。なぜならば，それはⅢのコンテキストに働く二つの力によって，Ⅱのコンテキストへの移行を促されるからである。その一つの力が【矢印①】である。これは，本節で明らかにしてきたように，ニューカマーの子どもたちにとって日本の学校の日常は，母国での経験の記憶を失わせ，かつ，いじめられた経験も語られないものとすることによって，「エスニシティなるもの」の顕在化の程度を弱める方向に機能しているからである。太田（2000a，2000b）によって，「奪文化化」とされるものの内実は，扱われず無視されることによって「失われたもの」が存在すること，そして，経験されたことが「語られないもの」として存在することによって生じていることが明らかになったと言えよう。

【図表 2-3】「奪文化化」によるⅢのコンテキストからⅡのコンテキストへの移行

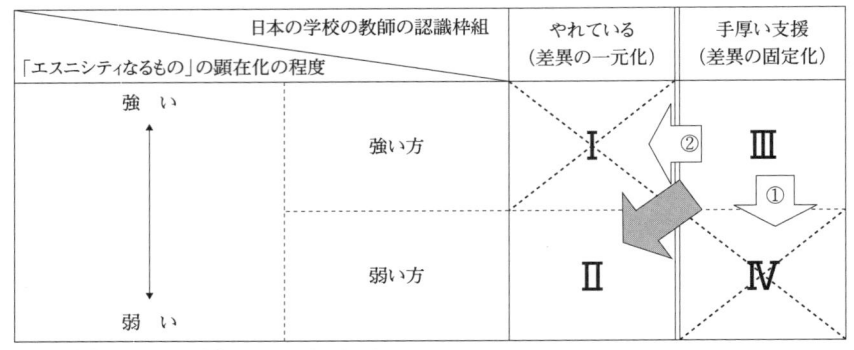

	日本の学校の教師の認識枠組	やれている (差異の一元化)	手厚い支援 (差異の固定化)
「エスニシティなるもの」の顕在化の程度 強い ↑ ↓ 弱い	強い方	Ⅰ ②	Ⅲ
	弱い方	Ⅱ	① Ⅳ

① 「失われたもの」「語られないもの」によって
　「エスニシティなるもの」の顕在化の程度が弱められる傾向性
② 「やれている」という判断をしたいという教師の指向性

　そして，もう一つの力が【矢印②】であり，これは日本の学校の教師が，ニューカマーの子どもたちに対して「やれている」という判断をしたいという指向性によるものである。それは，ニューカマーの子どもたちを「特別扱いしない」という前提を覆さないためのものであり，できるだけ早い段階で「やれている」状態になることが望ましいとされていることによって生じるものである。しかし，このことは，日本の学校の教師が「手厚い支援」を"面倒"と感じているための結果ではない。そうではなくて，日本の学校の教師は，極めて良心的に「特別扱いしないことは，いいことだ」と思っているのである。そうした指向性が，「やれている」という判断をより早い段階で行わせていっているのである。こうした二つの力がⅢのコンテキストに加えられた結果，その後に準備されるコンテキストは，Ⅱということになるのである。

第3節　ニューカマーの子どもたち自身によるコンテキストの生成

（1）学校と家族からの離脱
①「群れ」の形成

　本節では，筆者のフィールドワークにおいて見いだされたニューカマーの子どもたち自身によるコンテキストの生成について描き出していくこととする。

第1章で明らかにしたように,「やれている」状態に覆い隠された「不安な毎日」にやりきれなくなれば，ニューカマーの子どもたちは不登校傾向を示すようになり，場合によっては同じ傾向を示す子どもたちと「群れ」を形成するようになる。筆者のフィールドワークにおいて，こうした事例はいくつか確認することができたが，ここでは，1999年の夏休みに，G団地に急速に形成されたベトナム人の子どもたちの「群れ」について，そこに周辺的にかかわっていたビン（ベトナム，高1，男，来日11年）への聞き取りから，その実態を描き出すこととする。

　ビンの関わった「群れ」は，中学1年生から高校2年生にまたがるベトナム人8，9人で，それに日本人の男女3，4人，帰化した中国人の女の子1人が，ついたり離れたりしながら群れていたという。かれらの多くは，夏休みの間は数日しか家には戻らず，親が不在がちな家や団地の空き部屋に入り込んで泊まり歩いていた。この群れの原理は「強いベトナム人」であり，ここでの"強い"は「違法行為ができること」を意味していた。鶏を盗み絞めて食べる。万引きをしたものを売り買いして小遣いにする。アルコールやタバコは常用され，続いてシンナーの吸引となる。さらに，それらの行為はエスカレートし，街で出会う日本人を殴る・蹴るといった傷害へと向かっていった。こうして，この中の3人は傷害で後に警察に補導され鑑別所に入所することとなる。

　ビンは，この群れと行動を共にすることが多かったものの，違法行為については，極力拒否する態度をとっていたという。そうした場合，この群れの中での彼の地位は低いものとなり，「日本人化した奴」という皮肉が込められたベトナム語で呼ばれていたという。しかしながら，だからといって，ビンがこの群れから追放されるようなことはなく，つかず離れずの状態が維持され，このような状態にある者はビン以外に2，3人いたという。

　また，かれらはこのように群れていても，互いの家族関係や来日経緯をほとんど知らない。かれらが互いの家族の情報としてもっているのは，泊まる場所や遊び場所を確保するために，親が厳しいかどうか，誰と暮らしているかというぐらいである。「群れ」の中での会話は，常に互いを茶化すことで進行していて，そうした会話について，ビンは「本当なのか，冗談なのか，よくわからない。でも，たぶん，誰にもわからないし，誰もわかってないと思うよ」（フィールドノーツ，1999年11月7日）と話す。

ところで，この群れによって行われた違法行為の数々は，「群れ」の中心であったワット（ベトナム，中2，男，来日5年），ホン（ベトナム，中2，男，来日5年）が在籍していたS中学校の教師たちにとって驚くべき出来事であった。というのは，1999年の1学期まで，ワットもホンも，学業達成が低位で，欠席日数が多少多いという傾向があるものの，生徒指導上，問題があるとされる生徒として認識されていなかったからである。ワットやホンの学年の生徒指導を担当していた津山先生は，ワットやホンの変化を理解できない様子で，次のように語っている。

　　　わかんないのは，どうして，急に，こんな風になったのかっていうこと。1学期，見ている限り，そんな様子はなかったし……。「おとなしい」感じの生徒だよ。それに，とても暴力を振るうような感じは見えなかった。他に問題のある子どもたちがいたから，そっちに気をとられていて気がつかなかったということなのかな……。[フィールドノーツ，1999年10月22日]

　この語りからは，当時のS中学校の教師たちが，第1章で明らかにしたようなニューカマーの子どもたちの日常世界，つまり，「やれている」状態に覆い隠された「不安な毎日」を抱えながら，「やれている」状態を表面的に維持するために，「ふり」に向かう態度を形成したり，自分に対する他者と自身のイメージのギャップが伴っていることを理解してないことがわかる。
　しかしだからといって，S中学校の教師たちが，ワットやホンを放り出すわけではない。第Ⅱ部で詳細を明らかにするが，この出来事をきっかけにS中学校は学校文化の変革に向かって大きく踏み出すことになる。ただし，「何が問題であるか」を捉えることさえ難しい状況にあったこの時点では，日本の中学校で一般的であろう「心配する教師」と「それに応えて更生していく生徒」という構図を目指した生徒指導が行われていたと言っていいだろう。こうした生徒指導の構図の一般性については，志水（1991）によっても明らかにされている。もちろん，日本の学校の経験しか持ち合わせず，そうした構図によって立ち直った日本人の子どもたちを見てきた筆者も，この時点では，その構図に乗る以外の方法を持ち合わせてはいなかったことを，ここでは付け加えておかなければならないだろう。

ところが，こうした対応を，ワット自身は嫌っていたのである。ワットは，鑑別所からの出所後しばらくは，学校に登校していた。しかしながら，それも長続きせず，遅刻や欠席が増え，家出もするようになり，教師との関わりはどんどん減っていった。そんな中，ビンがワットに，教師の「話したい」という意向をワットに伝えた時に，ワットは次のように語ったというのである。

　　みんな俺のこと，心配してくれる。でも，なんか後ろから押してくれるだけで，前からじゃないんだよな。［フィールドノーツ，1999年12月19日］

　また，鑑別所出所後，しばらくの間，筆者も，ワットの家庭訪問をフィールドワークも兼ねて行っていたが，そこでも，ワットのそうした感情と向き合うことがあった。

　　学校の手続きでわからないことがあり，こういう風にすればどうかとアドバイスした時のことである。
　ワット：それでも，だめって言ったら…。
　筆者：大丈夫。みんなワットのこと心配しているんだから，そういう風には絶対ならない。
　ワット：おれ，そういう風にあんまり心配してほしくない。
　筆者：なんで？
　ワット：自分のことは自分でやりたい。なんか，そういう風にされるとむかつく。
　　［フィールドノーツ，2000年月1月11日］

　ここに示されるのは，ワットに有用であると，当時，その周囲の大人に想定されていたすべての試みが，彼にとっては有用なものではなく，逆にそうした試みは，上下関係を固定化するものとしてうつっていたということである。だからこそ，かれは「むかつく」わけである。その意味で，この時，彼は，日本の学校に関わる誰のどのような試みにも「のらない」，あるいは「のりたくない」と感じていたといえよう。

②**家族からの離脱**

　では，群れたニューカマーの子どもたちと家族との関係は，どのようなものになっているのだろうか。先の事例の「群れ」の中心にいたワットは，両親の離婚にあたって，いずれの親もワットを引き取らなかったために叔父と暮らしていた。当時，ワットは群れるのと平行して，その叔父宅にも戻らなくなっていた。ワットが叔父宅に居にくくなっている状況は，鑑別所出所後の筆者による家庭訪問でも見うけられることであった。

　　　　夜7時にワット宅を訪問する。叔父さんも家にいて「こんにちは」とにこにこして出迎えてくれる。9時にビンが現れ，その後しばらく雑談をした後，帰ることを告げる。
　ビン：送っていくよ。
　ワット：俺，叔父さんに言ってく。
　　　　ワットと叔父さんがベトナム語で話をしている。その後，叔父さんに挨拶をして，3人で雑談をしながら駅に向かう。その中で，ワットと一緒に鑑別所に入所したホンの話がでる。
　筆者：ホンは意志の弱いところがあるからなあ。
　ワット：今が楽しければいいよ。（筆者とビンは，ワットの反応の変化に，ワットの言葉の意味が解せず沈黙していると）別に高校行かなくても，生きていけるし……
　ビン：え？　ワット，本気？
　ワット：（少し沈黙してから）冗談だけど……。
　ビン：遅いよ……。
　　　　［フィールドノーツ，1999年月12月21日］

　その後，筆者はビンとワットと駅で別れたが，その後のビンからの電話で分かったのは，2人は11時30分まで近くのスーパーの前で話し込んでいたということである。というのは，ワットの家（叔父宅）を出る際に，叔父さんがワットに話した内容は，「いちいちうるさいんだ。おまえがどうなろうが，俺の知ったことじゃない」というものだったというのである。叔父さんのベトナム語は訛りが強くて，ベトナム語を解するビンでも完全には聞き取れないそうであるが，「いい感じではない」ことがわかったので，ワットにその内容を聞いた

らしいのである。ワットは「帰りたくない」と話し，結局，その時間まで話をすることになったというのである。ビンは，帰り道で急にワットが，「今が楽しければいい」と言ったのは，その叔父さんの言葉があったからではないかと話していた。このように，ワットの場合，家族からの離脱は，両親の離婚による叔父宅での生活という特殊な状況によって起きているように見える。しかし，実際には，群れているニューカマーの子どもたちは，学校からの離脱と平行して家族からも離脱する傾向にあり，ワットの事例は他の事例と比較してそれが加速しているに過ぎない。この点を，先の事例の「群れ」の中心ではないものの，ビンほど周辺でもないところに位置づいている様子に見えたカン（ベトナム，中3，男，来日4年）の事例で検討してみたい。

　カンは，K市側のG団地に住み，K中学校に通っている。カンは来日後，小学校6年生に編入し中学校に進級する。そして，中学校3年生の1学期までは学校に通っていたが，その夏休みに「群れ」の仲間となったわけである。夏休みが終わり2学期に入っても，カンは，この群れの他の子どもたちと同様に，学校には戻らず，そして家に戻ることも少なくなり，違法行為をエスカレートさせていった子どもたちと行動を共にし続けていた。

　カンの家族へのインタビュー（家族インタビューV16）は，この出来事の翌年の夏に，母親に対して行い，カンの妹のホアン（当時中3）が通訳をしてくれた。カンの家族は，工員として働く父親，そして母親，カン，ホアンの4人である。この家族も，他のベトナム家族との同様に，まず父親が来日し，後に他の家族を呼び寄せている。1987年，漁師をしていた父親は経済的困難から逃れるために，家族や親族と出国を決意するが，母親と子どもは出国するための船に向かう途中で警察に逮捕されてしまい，結果として父親だけが彼の弟とともにボートでベトナムを脱出した。その後，父親はフィリピンの難民キャンプで3年間滞在し，来日した。母親は，残されたベトナムで日本に到着した父親からの連絡を受けた時のことを次のように語っている。

　　本当に嬉しかった。（中略）どんな国というのは関係ありませんでした。（中略）やっぱり，誰でも子どもにはお父さんがいるから，家族一緒になることが幸せだと思ったんです。

ここにはベトナム家族に共通する「家族再結合」を核とする「安住の物語」を読み取ることができる。

父親は，家族で生活ができるよう就職先を見つけて経済的な足場を築いた後，1995年，妻と2人の子どもを呼び寄せた。こうして「家族再結合」が達成されたわけであるが，その後の日本での生活は，両親が子どもの教育に対して関わろうとしても困難であったことが，母親のインタビューからは伺えた。

> （日本に）来たばかりの時は（参観日とか保護者会とか）分からなくて，それで言葉も分からないし，子どもは自分でやってるから，もう言わないし。少しずつ勉強して分かるようになりました。面談のこととか参観日のこととか，少しわかるから，私が行った方がいいと思ったんですよ。子どもの気持ちになると，ちょっと気になるんです。忙しくても。

それでもこの母親は，日本の生活に慣れはじめてから，子どもの参観日には忙しくても出かけ，「面談の時は通訳がいるから。それで，面談の時は是非行きます」とも語っている。さらに，両親はともに子どもの勉強を積極的に見ようとしていたようで，母親の通訳をしながらインタビューを受けてくれたホアンはその時の様子を以下のように話す。

> 最初，お父さんとお母さんから，「お前，学校の勉強が分からなかったら聞け」と言われたから，学校の勉強が分からなかったので聞いたの。そしたら，家で大騒ぎになっちゃった。お父さんもお母さんも分からないから，「えっ，こうやるんじゃないの？」「違う，こうやるんだよ」とか言っていて，「ええ，どうしよう，困っちゃった，今度から聞かないわ」と思ったの。やっぱり聞いても分からないから，「意味ないよ」と思っちゃった。最初の1回だけきいて，終わった。

このように，慣れない日本での生活の中ではありながら，他のベトナム家族と同様に，両親は子どもの教育に関して積極的な関与の努力を行っていたのである。しかし，先のホアンの語りから読み取れるように，そのように努力はしていても，実際には日本の学校に通う子どもの教育に関わることは難しいのである。それでもこの母親は，「やっぱり私は分からないし，教えてあげること

もできないので，勉強しなさいとか言う」と話し，勉強することの重要性を指摘し，関わろうとする努力をしてきているのである。

　このように子どもの教育に積極的な関与の努力をしながらも，実際には関わり難いという状況の中で，カンの行動の変化は起きることとなる。このようなカンの変化に対し，母親はそれを心配をしながらも，具体的な手だては取れなかったようで，カンのことで「学校の先生に聞くということはなかったか」という質問に対しては，「できなかった」と答えている。それでも母親は家庭訪問や面談の際に学校の先生と話したことはあり，その時の様子から，母親はカンが不登校になっていった原因を，学校の勉強についていけなかったからではないかと感じているようであった。確かに母親が考えるように，カンの変化は，学校の勉強についていけなくなっていく中であっても，「勉強しなさい」と言うだけで直接勉強を教えられない両親のもと，学業達成が低位にとどまるだけでなく，学習意欲も低下させていったことに原因の一つはあるだろう。しかし，カンが学校からだけでなく，家族からも離脱していったことには，親子間の葛藤も関係していると思われる。

　先にも示したように，ホアンが両親に学校の勉強を教えてもらおうとした際に，両親が教え方をめぐって口論をはじめた時，ホアンはショックを受け，自分のことで親がもめてしまったと感じて「今度から聞かないわ」と思ったと話している。このエピソードは，子どもの気持ちとは関係のないところで，親が親自身の論理で物事を進めていこうとした結果，それに違和感を感じた子どもが，親との関わりを自ら断つということがおきる可能性があることを示唆している。インタビューを行った他のベトナム家族において，親が子どもの家庭内での使用言語，勉強内容，時間などを管理する例がいくつかあったが，それはすべて親の論理である。それに対し，子どもは少なからずストレスを抱くこともあり，それが親子間の葛藤に結びつくだろうということは予想されることである。

　特に，カンの場合には，父親との間の葛藤関係が認められる。父親の子どもに対する態度は，男女間で大きな差があるようで，母親が「お父さんは女の子を甘やかします」と言うように，ホアンには優しく接する一方で，カンには厳格な態度で接している。こうした父親に対して，カンは次のような態度を示しているという。

母親：（カンは）お父さんに会いたくないと言っています。朝早く帰って，私とかホアンちゃんに会ったりしています。お父さんはちょっと恐いから。手を上げることもあります。高校に落ちた時とか，友達と遊ぶ時とか，学校の先生から電話があった時とかに怒ります。

　このような父親のカンに対する厳しい態度は，カンの不登校に伴って急に始められたものではないだろう。おそらく，他のベトナム家族の親たちが，体罰を伴う厳しいしつけや監視を子どもたちに対して行っているように，カンが不登校に陥る以前から，父親とカンの間では葛藤関係があったのだろう。だからこそ，夏休みという短期間の間に，家族からの離脱が起こり，続いて，学校からの離脱も促されたのだと言えよう。
　しかしながら，この父親の厳格さは，裏を返せば，父親がカンに対し，ベトナム的な親子関係維持と教育達成を求めていたということでもあろう。父親は，それらの期待に反した行動をとっていくカンに対し，それを修正させるために一層厳格さを強めていっているのである。この家族においても，家族呼び寄せによって物理的な「家族再結合」が達成された後，両親がベトナムで諦めざるを得なかった教育機会を子どもに獲得してもらいたいという期待があった。母親は，産婦人科医になりたかった夢を持ちながら，戦争と経済的困難のために高校を中退せざるを得なかったという。この点は父親も同じで，ホアンは次のように語っている。

　　父さんは若い時に大学にいきたかったらしいんですよ。その話は一回聞いたことがあるんですけど，きょうだいが多かったのでできなかったんですよ。（中略）私たちには頑張ってほしいと思っているみたいです。

　これを語ったホアンは，カンとは異なり親との関係が維持されている中で，ある程度は親の期待とその理由を感じているようである。しかしながら，「家族再結合」を達成した後，親がはたせなかった教育達成を子どもに期待するという親の「家族の物語」を，子どもが共有しているとは言い難い。というのは，父親は自分が難民キャンプで苦労したであろう経験を，家族にはほとんど話し

ていないというのであるから。

　このように親は，親自身が持つ「家族の物語」の中で教育への積極的な関与の努力を行おうとしている。しかしながら，子どもが教育を受ける場は，ベトナムではなく日本なのである。したがって，そうした親の努力は，ベトナムと異なる日本の教育システムとの関係においては制限されてしまうのである。にもかかわらず，子どもの成功を期待する親は，ベトナム的な地位関係に基づいて，子どもを厳しくしつけて管理しようとする。カンの事例が示すのは，そのような営みの中で，親の意識とは無関係に子どもは家族から離脱し，それと平行して学校からも離脱していく，そうした過程である。

(2) ニューカマーの子どもたち自身によるコンテキストの生成

　本節で検討したのは，本章の冒頭で提示した【図表2-1】のⅢからⅡへのコンテキストの移行後の展開である。ワットやカンの事例を通して明らかになったのは，Ⅱのコンテキストに移行後，そこに位置づけられ，それを内面化しつつ学校で一定の期間を過ごしたニューカマーの子どもたちが，その後，学校を離脱する傾向があるということである。そして，それと平行して，かれらは「群れ」を形成するわけであるが，その際の「群れ」の原理は「強いベトナム人」であり，まるで日本の学校で「失われたもの」を取り戻すかのようにして群れていくとも言えよう。当然のことながら，かれらが取り戻そうとするものは「失われたもの」そのものではない。なぜならば，既に言及したように，日本の学校でかれらから「失われたもの」は，かれらの記憶や意識にのぼることのないものであり，そうであるがゆえに，それが何であるかさえ，かれら自身は捉えることが困難だからである。だからこそ，事例に示されるような「強いベトナム人は，違法行為ができる」という極端とも思える意味づけが容易に構築されうるのである。

　こうした事例を検証することにより，ニューカマーの子どもたちを意味づける学校の支配的なコンテキストに，新たなコンテキストを付け加える必要があることが明らかとなってくる。ここまで図表の横列は，「日本の学校の教師の認識枠組」として設定してきた。しかし，ワットやカンの事例に示されるように，学校から離脱したニューカマーの子どもたちは，もはや教師の認識枠組にはおさまらないのであり，ニューカマーの子どもたち自身の学校から離脱は，

【図表2-4】 学校の支配的コンテキストから離脱のために生成される新たなコンテキスト

コンテキスト生成の基点となる主体		ニューカマーの子どもたち	日本の学校の教師	
日本の学校への適応にかかわる判断 「エスニシティなるもの」の顕在化の程度		のらない （学校からの離脱）	やれている （差異の一元化）	手厚い支援 （差異の固定化）
強い ↕ 弱い	強い方	Ⅰ"	Ⅰ	Ⅲ
	弱い方	Ⅱ"	Ⅱ	Ⅳ

　学校の支配的なコンテキストに「のらない」ことを提示する行為の束なのである。したがって，ニューカマーの子どもたちの学校と家族の「間(はざま)」の日常世界を描くためには，横列の枠組を「日本の学校への適応にかかわる判断」として広げ，さらに，コンテキストの生成の基点の主体の違いを図表に組み込む必要が出てくる。ここでの基点とは，そうしたコンテキストの生成をより積極的に試みている側を明らかにするための用語であり，「やれている」「手厚い支援」は，日本の学校の教師が基点となるコンテキスト生成であるのに対し，「のらない」はニューカマーの子どもたちを基点とするコンテキスト生成である。これを冒頭の図表に加えたのが【図表2-4】である。そして，いずれの場合も，そうして生成されたコンテキストは，基点の主体だけでなく，その日常世界を構成する人々に内面化され意味づけられていく。さらにそれは，その日常世界を構成する人々によって異化され，また新たなコンテキスト生成が行われていく。こうした過程には終わりはなく，ここではその過程の一部を切り取っているに過ぎないことを強調しておきたい。

　さて，このようなコンテキストを付け加えることにより，前節の事例について，新たな解釈が可能になる。先の事例で，Ⅱのコンテキストに位置づけられていたワットが「群れ」を形成し違法行為を繰り返すようになった後の段階では，ワットの周囲の日本人の大人の彼に対する試みがすべて徒労となっていたことを明らかにした。それは何を意味しているのだろうか。ここでの図表に倣

【図表2-5】 ニューカマーの子どもたちの学校と家族の「間(はざま)」を意味づけるコンテキストの移行

コンテキスト生成の基点となる主体	ニューカマーの子どもたち	日本の学校の教師			
日本の学校への適応にかかわる判断 / 「エスニシティなるもの」の顕在化の程度	のらない（学校からの離脱）	やれている（差異の一元化）			手厚い支援（差異の固定化）
		努力・姿勢・態度など			
		不足（差異の固定化）	十分（差異の一元化）		
強い ↑ ↓ 弱い　強い方	Ⅰ″	Ⅰ′	Ⅰ		Ⅲ
弱い方	Ⅱ″	Ⅱ′	Ⅱ		Ⅳ

えば，ワットが「群れ」に加わった時点で，彼は自らの日常世界を意味づける新たなⅠ″というコンテキスト生成を行っていたことになる。そのワットから見れば，彼の周囲の日本人の大人の試みはすべて，彼をⅢのコンテキストに位置づけることにほかならなかったのである。しかし，ワットは，これまでの経験の蓄積として，Ⅲのコンテキストの後に準備されているのはⅡのコンテキストであることを知ってもいるのである。先にワットの事例で引用した「みんな俺のこと，心配してくれる。でも，なんか後ろから押してくれるだけで，前からじゃないんだよな」という言葉は，学校の支配的なコンテキストに彼が位置づけられ，そこからコンテキストの移行は，日本の学校の支配的なコンテキストを生成する人々によって導かれていることを表現しようとしたものなのだろう。もしそれにのったら，また彼にはやってくるのである，「不安な毎日」が。だからこそ，彼は自らを自らで意味づけることを可能にするⅠ″のコンテキストを自ら生成したのである。ニューカマーの子どもを，もう一度，Ⅲのコンテキストに位置づけ直して何とか更生させようと試みる日本の学校の教師と，自らをⅠ″のコンテキストに位置づけるニューカマーの子どもたちの間には，

「エスニシティなるもの」をめぐって会話の中にある瞬間、一定程度の親密性が宿ったとしても、その親密性が継続するはずもなく、日本の学校の教師の試みはすべて徒労になっていくことになるのである。なぜなら、両者はよって立つコンテキストを、もはや共有していないからである。

続いて、本節で描き出した【図表2-4】と、第1節で描き出した【図表2-2】を合体させて【図表2-5】を作成することにより、ニューカマーの子どもたちの学校と家族の「間(はざま)」の日常世界を意味づけるコンテキストが出揃い、コンテキストの移行も明らかになる。本節の事例では、その移行は、Ⅲ→Ⅱへと移行し、その先で、Ⅰ"のコンテキストへと移行している。一方、第1節で明らかにしたように、日本生まれや幼少期来日のニューカマーの子どもたちはⅡ→Ⅰ'と移行するわけであるが、Ⅰ'のコンテキストで意味づけられ、それを自らも内面化しつつ、その後、学校から離脱せずにⅠ'に位置づけ続ける者と、やはり「群れ」を形成してⅠ"に移行する者がいる。この典型的な事例が、第1節のアテの兄のセナの場合である。

セナは、先にも明らかにしたように、「外国人である」ことをめぐって、「語られない」いじめられた経験をもっている。彼は、小学6年生頃から不登校となり、その期間に「LAOS」という入れ墨も入れている。そこには「エスニシティなるもの」の顕在化の程度を強める姿を伺うことができる。セナを中心とする「群れ」には、ダラ（カンボジア、小6～中3、男、来日1歳ぐらい）、モン（ラオス、中2～中3、男、来日6歳）、ブン（ラオス、小6～中3、男、来日3歳）などがいて、かれらには、Ⅱ→Ⅰ'へのコンテキストの移行が見られ、その先で、Ⅰ"のコンテキストを自ら生成するように移行していくのである。そして、ニューカマーの子どもたちが、Ⅰ"のコンテキストを自ら生成することによって、ワットの事例で指摘したように、日本の学校の教師の試みはすべて徒労に終わっていくこととなる。そのことは、学校の教師のみならず、日本社会のニューカマーの子どもに対する試みの全てといえるほど多くのものについて言えることかもしれない。というのは、セナは、中学校卒業後、少年院送致を2回経験している。2回の少年院送致の間には、高校受験を目指して励んだ時期もあった。しかしながら、それが実を結ぶには、それまでに「失われたもの」や「語らないもの」が多すぎたのかもしれない。高校受験で全日制を受けて不合格となった日、セナから筆者にあてられた手紙には、次のように記されている。

この前高校の試験の時に清水先生と少し話したことなんだけど，俺って凄く周りに流されやすい性格で，いいと思ったら自分もそうしたいって思いすぐにまねをしてしまうのです。友達だけでなく，目に入った物が良く感じたらまねしてしまいます。周りに「セナは……だ。」とか言われると先生の言うように本当にそんな自分を作って，周りに合わせます。俺，人に求めてばかりで自分からは何もしない事が多いから，一人だと実際何もできないような気がするんです。／ここまでなったからには，やらなくてはって思うけど，一人が一番怖かったんです。だから周りに必要とされる自分を作って，みんなに付いてきて欲しかったのです。『俺ずっとセナ君に憧れてて，セナ君みたいになりたいと思ってたんだ。』いつか勇太や，ブンと，ダラ達に言われたことがありました，俺は凄く嬉しかったしその言葉をずっと信じていた。『俺はずっとセナ君に付いていくよ。』とかも言われて，凄く友達が大切な物だと俺は思いこんでいた。／確かに俺が何度かシンナーをやめると言ったとき，みんな協力してくれて一緒にやめようとしてくれた，結局は同じ事の繰り返しで手を出したけど。少年院から戻ってくるとき，あいつらもやめてくれるだろうと思っていたけど，俺の期待とは違ってみんな好き放題やっていました，俺の前ではやろうとしないだけで，陰でやっていました。俺はその時改めて気づきました，友達なんてこんなもんなのかって，本当に大切なのは友達ではないなと感じました。／あの時の俺じゃなきゃついてくるやつなんて誰もいないんだよな，あの時の俺がみんなの考えていた俺だったんだから，けど俺はもうその世界には戻ろうとはしなかった。本当に自分が大切な物が何かって事に気が付いたからです。んで，何が言いたいか忘れたけど，その時俺一人になった気がして，何をしたらいいのか分かりませんでいた，でも我慢したよ，あのころの自分に戻らないように……。そこで戻ったら今度は家族からも見捨てられて，本当に一人になってしまうような気がしたからです。／だから今は，「将来何になりたいの？？。」なんて聞かれても答えられません，まだ俺の将来にたどり着くまでの道が一つでなく，たくさんの別れ道になっているから，どの道を行けば良いのか自分でも分かりません。／ちょっと考えすぎて，何をどう書けば良いのか分からなくなってしまったので，思い出したらまた書きます……，［フィールドノーツ，2001年3月17日］

　セナはこの手紙の中で，「我慢したよ」と語り，「将来にたどり着くまでの道が1つでなく，たくさんの別れ道になっているから，どの道を行けば良いのか

自分でも分かりません」とも語っている。そして，その後，1年ほどして彼は2度目の少年院に入院することとなる。現在は，2回目の少年院入院前に交際していた日本人の女性との間に子どもができたことによって，少年院退院後は，その女性と結婚して，G団地から離れて暮らしている。セナの日常が今どのようなコンテキストのもとにあるかは，現段階で追うことができていない。

　最後に，現段階では検証ができないものの，Ⅱ"のコンテキストを生成するニューカマーの子どもたちについて言及しておきたい。学校から離脱する以前，Ⅱ'のコンテキストに位置づけられるようなニューカマーの子どもたちは，第1節でも明らかにしたように，状況依存的な教室理解をしている。そうした傾向をもつかれらが不登校傾向を示し始める時，その様子は，日本人に対する生徒指導で用いられる「怠学」という状況に極めて近い印象を受ける。かれらは，Ⅰ"のコンテキストに位置づけられ，それを内面化したニューカマーの子どもたちとは異なり，「群れ」を形成することもなく怠学傾向を示すので，「エスニシティなるもの」の顕在化の程度が強まることはない。それゆえに孤立していく傾向が強いのである。筆者のフィールドワークにおいても，Ⅱ'のコンテキストのもとにあるニューカマーの子どもたちが，後にⅡ"のコンテキストに移行する可能性をみとめつつも，その孤立性ゆえに，かれらの日常世界を描き出すほどに接近できていない，というのが段階である。

第3章　地　域

　本章に至るまでに，ニューカマーの子どもたちを意味づける学校と家族の間の日常世界のコンテキストを明らかにし，それを【図表2-5】(p.131)のように総括した。その中において，理念的には想定できるⅠやⅣのコンテキストは，実際の事例を持って検証することはできなかった。ここに，本章を始めるための問いが立つ。それは，「ⅠやⅣのコンテキストの生成は，日本の学校において不可能なことなのだろうか」である。また，それに対する回答が極めて困難であったとしても，「可能性を示唆する"何か"は，存在しないのだろうか」という問いが，そのすぐ後に続く。

　ここで，そうした観点に示唆的な概念として検討したいのが，レビンソン(Levinson 1996)らによる「文化的生産」である。レビンソンらによって検討された「文化的生産」の概念は，再生産論に「抵抗」の視点を加えることを意図するもので，「階級の社会的・文化的再生産と複雑な関係を結びつつも，それとは独立して生じる社会過程」(p.9)とされている。こうした概念を学校研究に持ち込んだのが，例えば，ウェクスラー(Wexler 1992)，ウェイズ(Weis 1990)らである。それらの研究によって「学校での生徒のアイデンティティ形成は，学校を超えた運動・構造・言説に応ずると同時に，それらを構成するある種の社会的実践と文化的生産である」(Levinson 1996 p.12)ことが指摘されてきている。

　この観点から本書のフィールドを検討してみたい。ニューカマーの子どもたちは，これまでに明らかにしてきたように，日本の学校生活で生き抜くために，「エスニシティなるもの」の顕在化の程度を弱め，奪文化化される傾向にあった。そして，そこで生き抜くことが困難になれば，日本の学校生活において捨て去ることを求められてきた「エスニシティなるもの」の力を借りて，学校からの離脱を図ったりもしていた。しかしながら，それは，日本の生活においては「エスニシティなるもの」のベースとなる家族からの離脱も促すことになり，

極端な場合,「群れ」を形成して違法行為を繰り返すという日常をニューカマーの子どもたちは構成することになっていた。

　そうであるならば,ニューカマーの子どもたちが日本の学校生活を送りつつも,そこで「エスニシティなるもの」の顕在化の程度を弱める力に「抵抗」することを可能にする「資源」が調達できれば,少なくともⅠのコンテキストの可能性は生まれることになる。つまり,かれらは「エスニシティなるもの」を失わないまま,日本の学校生活を生き抜いていくことができるという可能性である。これが第3章の仮説である。

　さて,ここで「資源」という概念を投入するのは,ウォルマン（1996［1984］）の研究成果に基づいて,本章の分析枠組を検討しようと考えるからである。彼女は,家族を一つの資源システムとみなし,ある家族が,ある場所でうまくやっていけるかどうかは,家族のもちうる「資源」をどのように活用するかによって決まるのだと述べる。ここでの「資源」という概念には,構造的資源（土地・労働力・資本）に,時間・情報・アイデンティティが,「編成的資源」として新たに加えられている。彼女はこの概念の拡張の必要性について,次のように説明している。

　　土地,労働力,そして資本は物質的であるばかりでなく構造的な資源（ストラクチュアル・リソース）である。それらのいかんでその時期やその場所に役に立つ行為の枠がきまり,生活のハード面にあたる客観的構造が作られる。それに反して,時間,情報,そしてアイデンティティの資源は,生活のソフト面にあたる編成とずっとかかわっている。客観的な構造の枠内でことを決定し,「可能な状態」の限界にのぞむのがこれらの資源である。したがって,環境の制約とうまく折りあうこと,つまり,人がチャンスに出遭ったり,問題解決にあたったり,役に立ちうる機会をうまく利用するといったことは,これらの編成的資源（オーガナイジング・リソース）で説明できるのである。（訳書 pp.48-49）

　ここで,「客観的な構造の枠内でことを決定し,『可能な状態』の限界にのぞむ」と説明されている「編成的資源」を,本書の分析枠組にのせるならば,次のように言えるだろう。学校と家族の間のコンテキストのもとで,ニューカマーの子どもが「可能な状態」の限界に臨むとしたら,学校や家族以外の場で

【図表 3 - 1】 フィールドワークの役割のタイプ

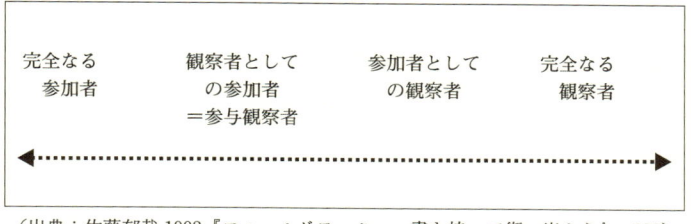

```
完全なる      観察者として    参加者として    完全なる
参加者        の参加者        の観察者        観察者
              ＝参与観察者
◀─────────────────────────────────────────────▶
```

（出典：佐藤郁哉 1992『フィールドワーク――書を持って街へ出よう』p.133)

「資源」を調達し編成することではないか。そして，本書で，学校や家族以外の場として検討したのが「地域」である。

さて，筆者がフィールドワークを行ってきた地域では，インドシナ難民の受け入れに伴い，かれらを支援するための日本語教室や子どもたちのための学習教室が活動を行われている[1]。筆者は，そうした団体の中でＳ小学校に最も近い学習教室を選び，1998年冬からフィールドワークを始めた。本章では，当該の学習室（以下，KS学習室－仮名）でのフィールドワークに基づいて，地域でのニューカマー支援の実態を明らかにすることとする。

ただし，ここで付け加えておかなければならないことは，KS学習教室は，フィールドワーク開始当初から閉室の危機にあり，フィールド参入後の非常に早い段階から，筆者はその運営の中心を担わざるを得ない状況に陥ったということである。もちろん，「閉室を閉室として見守る」という「研究者」としてのスタンスもあろうが，当時は「ボランティア」としての活動を選択し，「ボランティア」兼「研究者」という立場でフィールドに参入していた。したがって，KS学習室での活動を担いながら，ニューカマーの子どもたちの「エスニシティなるもの」の顕在化の程度を弱めない可能性となる「資源」を探っていたと言える。こうしたスタンスでのフィールドへの参入は，「研究者」の立場から見て，「エスノグラフィー」か，それとも「臨床」かという点で，意見の分かれるところであろう。筆者は，本書において第 3 章を「研究者」による「エスノグラフィー」と位置づけている。それは，次のような理由による。

フィールドワーカーのスタンスの変化やそのバリエーションを検討した佐藤(1992)は，ジュンカーとゴールドが提唱した調査者役割の類型を参考に，【図表 3 - 1】を提示しつつ，次のように述べている。

第 3 章 地域

図には両方向に矢印のある線を添えましたが，これは，『参与観察』というのはあくまでも理念型なのであり，調査者は実際にはフィールドワークのさまざまな局面とさまざまな時期において，完全なる参加（者）の極と完全なる観察（者）の極との間をゆれ動くことを示すためです。すなわち，フィールドワーカーと対象社会のメンバーの双方にとって，常に『参与観察者』という役割が固定して存在しているというわけではないのです。（pp.133-134）

　このように示されるフィールドワーカーの役割変化は，本章での筆者の役割変化と重なるもので，地域への参入当初，「完全なる観察者」であろうとしたにも関わらず，KS学習室の閉室の危機という状況に直面し，「参加者としての観察者」から「観察者としての参加者」に役割が移行していき，最終的には，状況に応じて「完全なる参加者」と「観察者としての参加者＝参与観察者」との役割を行ったり来たりすることになったと言える。したがって，本章では特に「完全なる参加者」として，KS学習室の運営の方向付けに筆者が深く関与した場合には，「アプローチ」として提示することで，その関与の程度を明らかにしている。

　さらに付け加えておかなければならないこととして，このような筆者の役割変化に筆者自身が自覚的であったとしても，KS学習室という場を構成している人々にとって，筆者は「研究者」として位置づけられているのではなく，「ボランティア」兼「研究者」であり，「ボランティアをしている人の仕事が，たまたま研究者であった」という程度のものであったということである。その意味で，本書の第II部で提示する「臨床的アプローチ」での筆者の立場は，その場を構成する人々にも「研究者」として役割設定されているので，本章での役割とは大きく異なっているのである。それが，本章を「エスノグラフィー」として位置づけたことの根拠である。

第1節　地域におけるボランティア教室

（1）フィールドワーク初期の状況

　KS学習室は，インドシナ定住難民を対象とした民間ボランティア団体の傘下の一グループとして1992年に発足している[2]。設立のきっかけは，発足前

の3年間，インドシナ難民の子どもたちを対象として，夏休みの間だけ開かれていた学習室が，そこに通う子どもたちとその保護者らの要請によって，毎週土曜日午後の定期開催という形をとったことによる。それ以後，KS学習室は学校の教科学習の補習を目的とした学習教室として活動し，そこにはG団地在住のインドシナ難民の子どもたちで，特に小学生が多く通っていたという。

　筆者の最初の訪問日である1998年2月14日は，教室の代表者であるTRさんに連絡をとり，了解を得ての訪問であった。場所は，G団地内にあるK市側の集会所の一室であり，名称はその団地に最も近い駅名「KS」をとって名付けられていた。開室時間は土曜日の14：30～16：00であった。代表のTRさんは，G団地在住ではなく，電車で1時間ほどかけて教室の開室日にG団地に来るそうである。この日の教室は，ボランティアがTRさんを含めて3人，生徒はソッカム（カンボジア，中3，男，来日9年）のみであった。彼は先日県立の工業高校を受験したとのことであった。その日は，彼が受験後間もないことや，筆者という訪問者がいたこともあってか，彼に対して学習支援が行われるという雰囲気は全くなかった。そこでの時間の全てが，ボランティア3人とソッカム，筆者との雑談の時間であった。そして，その中で，筆者はKS教室が直面している状況について，次に述べるいくつかを知ることとなった。

　①最近，KS学習室を訪れて勉強をしているのは，ソッカムとその兄のソーン（カンボジア，高1，男，来日9年）の2人だけである。②KS学習室がスタート当時は，G団地のM市側の集会所で行われていて，インドシナ難民の子どもたちも大勢来ていた。しかし，小さな子どもたちが多く，襖を破いたり駆け回ったりしたために，自治会から「集会所の使い方が悪い」という理由で使用を断られることになった。自治会長に何回か交渉したが納得してもらえず，その後，別の場所を探したが，新規の団体を新しく受け入れてくれるところがなく，教室運営がかなり難しくなった。その間，場所を点々としながら細々続けていて，ようやく1年前にこの場所に落ち着いた。③子どもたちの数が減った理由は，学習室の場所が点々としたことも一つの原因であるが，インドシナ難民を受け入れて20年近くになり，日本生まれの子どもも増えて，学習面での支援を必要とする子どもが減っていることにも原因があると，ボランティアは考えている。④現在のボランティアについては，代表はTRさんであるが，教室の開室閉室の基本的な業務を行っているのはG団地の近くの戸建て住むYT

さんである。最近は子どもの人数が減ったこともあり，YT さん以外に参加するボランティアは1人か2人程度になっている。この状況のもとでは，従来の方法での教室運営は難しいので，運営方針の見直しをしなければならないと，代表の TR さんや YT さんは考えている。

　ここで，筆者の当時の状況を明らかにする必要があるだろう。KS 学習室を筆者が訪問した1998年2月という時期は，これまでに明らかにしたように，G 団地内にある S 小学校でのフィールドワークを初めて5ヶ月が経過していた。この間の研究成果としては，ニューカマーの子どもたちの多くは，日本の学校の教師によって「やれている」と判断される状況にはありつつも，その教室理解は，状況依存的であったり，極めて不安定であったりする者がいるという知見であった。こうした成果を得ていた「研究者」である筆者にとって，学習室の閉室という方向も視野に入れた KS 学習室の運営方針の見直しの動きは，学習支援の必要が，地域のボランティア現場で認知されないために，ニューカマーの子どもたちの学習支援の機会が失われていく事態が進行しているように捉えられた。ただし，「研究者」のように地域の「ボランティア」が学校に参入するという状況は一般的ではないわけであるから，ニューカマーへの学習支援の必要性が，地域のボランティア現場で認知されないという状況は当然起きうることである。しかしながら，たとえそうであっても，それだけで，学習室の閉室という事態は進行するのか。この問いによって，KS 学習室での筆者のフィールドワークはその後も継続されることとなる。

　最初の訪問から1週間後の2月21日が，筆者の2回目の訪問となる。子どもの参加者は，ソッカム，ソーン，サウ（ベトナム，高2，女，来日年数不明）の3人であり，サウは「久しぶりに顔を出してみた」と言って入ってきた。筆者は，ソーンとサウとは初対面である。そして，この日のボランティアも，TR さんと YT さんの2人である。この日も先週と同様に学習支援は行われず，筆者も含め6人での雑談が続いた。ソッカムは雑談には加わらず，何をするでもなくその場にいる感じであった。ソーンとサウは，将来にアメリカに行きたいから，今は英会話を勉強したいと，TR さんや YT さんに話している。

　この日，TR さんは，3人に対して，4月からは今の形で教室を開催するのではなく，教えてもらいたい時に TR さんに連絡をすれば，ボランティアを確保するようなシステムに変えたいと思っていると伝えている。3人は，この

提案に特に何かの反論をすることもなく,「それでもいい」というような様子で同意しているように見受けられた。かれらのそのような反応は,雑談で得られた情報を整理すると,かれらを取り巻く次のような2つの状況によっているようであった。

①高校生になった3人は,高校卒業後の進路についてあまり具体的なイメージをもっておらず,高校を卒業するだけのことを考えれば,特にこの教室で教えてもらう必要はないと考えている。また,どうしても困ればG団地の近くに住むYTさん宅を訪問すればいいと考えている。②現在,ソーンとサウの2人が勉強したいと考えている英会話については,この教室で確保しているボランティアの中に適任者がいない。

ここに示されるのは,子どもたち側の「学習する必要性の欠如」とボランティア側の「必要とされる人材の欠如」という二つの要因の絡まりである。第1の要因がある限り,ニューカマーの子どもたちは,たとえKS学習室の存在を知ったとしても,学習室を訪れないことが想定される。また,第2の要因がある限り,たとえ学習室を訪れたとしても,自分たちが学習したい内容を教えてくれるボランティアはいないことになる。この二つの要因が絡まり合うことで,ニューカマーの子どもの学習室を訪れる動機は次第に弱められていく。その結果として,学習室閉室という状況が準備されていっているように筆者には見えた。

3回目の訪問は,さらにその一週間後の2月28日である。この日は,代表のTRさんは参加せず,ボランティアはYTさん1人であった。子どもたちの参加は,前回と同じソーン,ソッカム,サウの3人であった。この日,ソッカムは高校へ合格したため,その入学手続きの書類を持ってきていた。その理由は,「記入の仕方がわからない」というのである。ソーンの話だと,ソーン自身も入学手続きはYTさんに手伝ってもらったという。

> だって,親はやり方わからないし,日本語だって難しいし。わかるわけないよ。だから,自分でやるしかない。じゃなきゃ,学校で誰かに聞く。[フィールドノーツ,1998年2月28日]

日本人の子どもであれば,親がこうした類の書類の書き方を子どもに教える

こども可能であろう。それは，手続きの書類の読み方に慣れていたり，自らの日本の学校での経験や周辺での情報によって可能になっているのである。ニューカマーの子どもたちの親は，そのいずれの「資源」も持ち得ていないのである。

　この日の新しい発見は，YT さんとソッカム，ソーンの関係である。YT さんは，KS 教室以外にも自宅を開放していて，ソッカムやソーンとその妹サラ（カンボジア，中1，女，来日9年）やカンボジアの何人かの子どもに対して，不定期にパソコンを使わせることで日本語に慣れさせたり，数学の勉強を教えているということであった。これは，YT さんが，元はパソコンのシステムエンジニアであったということと大きな関係があるようであった。このような試みは，KS 教室がスタートした頃から始まっていたという。また，YT さんの奥さんも，KS 教室の近くにある日本語教室でボランティアをしているそうである。したがって，YT さんは，自宅をよく訪問するカンボジア人の子どもに特に大きな影響を及ぼしているようであった。それは，YT さんの次のような話しからもわかる。

　　YT：ソーンは，中学の頃，高校進学の意志はなく，「高校へ行く意味がない」
　　　　と話していたんだけど，私が，手に職をつけるためには職業高校へ進学す
　　　　るのがいいってことを繰り返し話して，S工業高校へ進学をすることにな
　　　　ったんです。
　　筆者：成績はどうだったんですか。
　　YT：それでおもしろいのはね。ソーンは中学でも中程度の成績だったから，S
　　　　工業高校へは推薦で合格できたんですよ。だけどね，ソーンは，自分で推
　　　　薦受験をしたにも関わらず，そのことがよくわかっていなかったんでしょ
　　　　う。県立高校の入学試験の前日まで，受験するものと思い込んで猛勉強し
　　　　てたんですよね。私も，ソーンが誤解していることはわかっていたんだけ
　　　　ど，合格したとわかってソーンが勉強しなくなるといけないので，結局前
　　　　日までそのことを言わなかったんです。
　　ソーン：俺，YT さんに騙されたんだ（笑い）
　　筆者：お父さんやお母さんは何ていったの？
　　ソーン：親はわからないから。YT さんに任せているから。
　　　　　　［フィールドノーツ，1998年2月28日］

第2章でも明らかにしたように，インドシナ系ニューカマーであるカンボジア家族の教育戦略は，「子どもの資質に期待する」という次元にとどまり，具体的な手だてを講じない傾向が見出されていた。ソーンの語りには，まさにそれが表れている。しかしながら，ソーン自身は，そこにとどまらず，「地域」にあるKS学習室でYTさんという「日本人」を「資源」として調達している。ただし，ここで注意しなければならないのは，確かに，ソーンが「資源」を調達しているわけではあるが，ソーンやソーンの家族が，当該の「日本人」そのものを「資源」としているために，YTさん固有の進路選択の考え方が，ソーンの進路選択にダイレクトに影響しているという点である。その意味からすると，ソーンにとってYTさんは，「親代わり」として位置づけられているといえよう。

　さらに，この日は，YTさんがソッカムの入学手続きの面倒を見ていて手が放せないこともあり，筆者がソーンとサオが持ってきていた期末テストの準備のための数学のわからないところを教えることとなった。2人はともに，1時間近く集中して学習していた。これまでの2回の学習室の訪問では，かれらに対して学習支援が行われる雰囲気はなかったために，これまで筆者はかれらの学習へ向かう姿勢を観察することはできなかった。しかしながら，この日の2人の様子は，「ニューカマーの子どもたちには，ボランティアが想定しているものとは異なるニーズが存在するのではないのだろうか」という問いが立つほどに真剣であった。

　そのような中で，3月半ば，今後の学習室の運営方針が話し合うために，KS学習室のボランティアがTRさんによって集められた。参加したボランティアは10人で，その多くは，他地域からボランティア活動をするためにG団地を訪れていて，その多くはKS学習室に多くの小・中学生が通っていた時に，その中心的な活動を担っていた人々であった。最初に行われた自己紹介では，「ボランティアとして名前を連ねてはいるけれど，最近はほとんど参加していない。そのことを心苦しく思ってはいる。だけど，今KS学習室に来てボランティア活動をすることは，物理的にも精神的にも無理である」という理由や，「今，来ている子どもたちが高校生だとすると，私が行っても教えられない」という理由によって，活動に参加していないボランティアがほとんどであることが理解できた。

第3章　地　域

この日のTRさんからの提案は，①今後は教室形式をとらず，電話相談形式にし，窓口はTRさんとYTさんが担当すること，②相談に対して2人で対応できない場合は，この教室に関わりのあった人に相談しながら進めていくこと，③運営が変更されることについては，この学習室に通ったことのある子どもたち全員に手紙で連絡することの3点であった。これらの提案は，この日その場に参加した人からは，これといった反応もなく了承され，定期的な教室活動を行う学習室としては閉鎖することになっていったのである。

　ここまでに明らかにした一連の経緯には，「ボランティア」による学習室運営の限界が確認できる。まず，ボランティア側から見れば，ニューカマーの子どもたちに対して「できる手助けがあればしたい」という，いわゆる「ボランティア精神」はある。しかしながら，実際のKS学習室には，その「ボランティア精神」の対象となる子どもは通って来てはいないのである。仮に現在来ている3人の高校生に対応しようとするならば，ボランティアは，事前の準備が相当必要になってくるだろう。しかし，ボランティアは，それまでして手助けしようという意識はないのである。つまり，「ボランティア精神」の対象は，「今できる手助け」を必要とする子どもたちであり，そこにはニューカマーの子どもたちとの出会いによるボランティア側の変化は想定されていないのである。

　一方，ボランティア側に変化が期待できないとすれば，ボランティア側の「今できる手助け」を有効に活用するという方法も考えることはできる。そのためには，「今できる手助け」とマッチするニューカマーの子どもたちを，KS学習室に通うように仕向けなければならない。しかしながら，第1章で明らかにしたように，この地域に住む小学生ぐらいのニューカマーの子どもたちは，日本生まれか幼少期の来日であるために，学校の教師によって，すでに「やれている」と判断されている場合がほとんどである。そうしたコンテキストに位置づくニューカマーの子どもたちが，「資源」の調達を求めて自らKS学習室に通うということを想定することは極めて困難である。

　さらに，そうではあったとしても，実際には第1章で提示したように，「社会生活言語」と「学習思考言語」とは異なるものであり，「学習思考言語」が未獲得であれば，徐々に日本人との間に学力達成度の差が生じることは，ニューカマーの子どもにとって避けられないであろう。したがって，ニューカマー

の子どもたちにこの点を知らせるための活動をボランティア側が行なわなければならないのだろうが，この点に関して，ボランティア側のニューカマーの子どもに対するまなざしは，日本の学校の教師と似通っている場合が多い。また，KS学習室の場合，他地域からボランティア活動に参加している人が多いことによって，ニューカマーの子どもたちと日常的な接触が少ない。このことも，このような活動の展開を一層難しくしているように見えた。

（2）教室の再出発
①アプローチ

　KS学習室の閉室に向かう原因は，先に明らかにしたように，ボランティア側の「今できる手助け」に固執した対応にあると「研究者」である筆者には解釈できた。したがって，そうした対応を変化させることができれば，KS学習室の存続は可能になる。当時，筆者は，筆者と同様に「東京大学ニューカマー研究会」に参加し，この地域でフィールドワークを行っていた他の研究者3名[3]とともに，これまでKS学習室では行われてこなかった二つの活動を始めた。第一に，当時KS学習室に通っていたサウとソーンに焦点をあてて，中学生や高校生への対応が可能なボランティアを集めることである。第二に，ニューカマーの人々が集うイベントなどに出かけていき，KS学習室の存在を知らせることである。

　ただし，これらの活動は，「ボランティア」として，KS学習室の存続という目的のためだけの試みではなく，一方には，「研究者」として，ニューカマーの子どもたちの日常を，学校ではなく，また家族との関係でもない，別の場で捉えようとする試みでもあった。例えば，筆者たちは，中学生や高校生の勉強を教えながら，かれらの学習のつまずきがどこにあるかを，学校でのフィールドワークでは得られない体験として実感することとなった。また，かれらの学校での位置づけられ方に対する葛藤，家族との生活の上での葛藤などは，学習に向かう姿勢や学習を通しての会話などのいたる所から湧き上がってくる。そして，それらの葛藤との向き合い方も子どもによって大きく違う。大声をだす者，しゃべり続ける者，他者を威嚇する者，近づけば逃げるが遠ざかれば近づく者など，ニューカマーの子どもたちのKS学習室での態度はさまざまであり，そうした態度は，筆者のかれらに対する洞察を一層深めるデータとなって

【図表3-2】 学校段階別参加割合

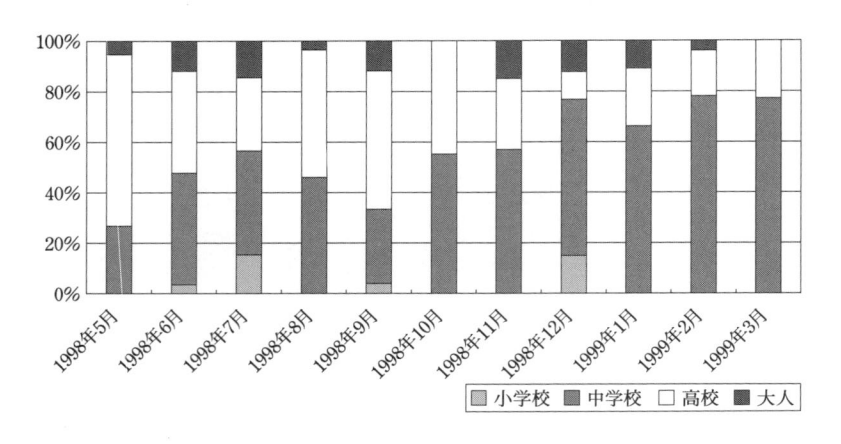

（小学校／中学校／高校／大人）

もいった。また，イベントなどでは，その意味づけやそこに集まる人々，そして，その場で筆者を含む日本人に向けられるまなざしが，ニューカマーの人々の日本社会での位置づけられた方への反応として捉えることができた。それらも筆者の研究をいっそう深めるデータとなったことを，ここでは付記しておきたい。

②学習室の再開の経緯

　筆者たち「研究者」の活動が組み込まれたKS学習室の出発は，これまでのKS学習室に通っていたサウとソーンへの対応から始まった。かれらは，高校の勉強のわからないところを毎回持ってきていたので，それらを教えることを基本とした[4]。続いて集まったメンバーは，あるイベントで出会ったカンボジア人の10代後半の男性で，日本に住む家族に呼び寄せられたばかりのプラット，福沢力（親が帰化したために来日当初から日本名），エンリットである。かれらは，既に17歳～19歳という年齢であったために，日本の中学校への編入は認められず，この地域にあるボランティア団体主催の日本語教室で勉強しているとのことであった。そして，3月末には県立高校の定時制を受験しようとしていたところでもあり，高校への合格後は学習支援を必要としていた。

　こうして生徒が集まってくる一方で，KS学習室のボランティアであったYTさんの力を借りて場所を確保し，毎週土曜日の1：30～4：00という時間

帯で，KS学習室の再開が試みられた。第1回目は，4月11日で，生徒は4人，ボランティアは筆者を含め3人である。第2回目の4月18日は，力の弟の泰正（日本国籍取得〈両親：中国系カンボジア人〉，男，日本生まれ）が加わる。また，研究仲間の一人が，当時S中学校でフィールドワークをおこなっていて，そこで知り合ったダッタ（ベトナム，中2，男，来日3年）が加わり，生徒は6人となった。続く，第3回目である4月25日もその6人が集まった。こうした過程を経て，5月2日からは，「KS学習室」として再びもとの場所で，教室活動が行われることになっていったのである。

【図表3-3】 参加回数別人数

参加回数	人数
1回のみ	16
2～5回	10
6～10回	7
11～15回	2
16～20回	3
21～25回	2
26～30回	3
31回以上	2
合計	45

　では，その後，KS学習室は誰にどのように利用されたのであろうか。5月2日から1999年3月末までの期間（1998年度）のデータを処理すると，登録者45名で，46回の学習室を開催し，のべ377人の子どもの参加があった。1回平均約8.2人である。この中には，小学生の頃にKS学習室に参加した経験のある子どもも多く含まれている。【図表3-2】は参加人数を学校段階別に分けたものである。KS教室の再開は，高校生のニューカマーの子どもたちに対応することから始まったので，それ以後の1年間の参加者の割合でも高校生が多い。ところが，高校生の参加は1学期が終わると変化し始める。それは，一方に，高校生活に慣れることと平行して，多くの子どもはアルバイトを始めて忙しくなり，学習室への参加が減るのである。中には高校生活になじむことができずに，夏休みを契機に退学してしまい，参加しなくなった場合もある。高校生の参加人数の減少は，これら二つの傾向が重ね合わさった結果として起きている。これとは逆に増加傾向を見せたのが，中学生である。2学期末から3学期前半にかけて中学生は高校進学を決定する時期となり，進学への不安は，口コミで広がるKS学習室にニューカマーの子どもたちの足を向けさせることになっていったのである。ただし，【図表3-3】に示したように参加する子どもたちの参加回数には，かなりのばらつきがあった。

（3）1年間の成果の背後で——活動の場の主体をめぐるせめぎ合い——

　前項で明らかにしたように，KS学習室の再出発の試みは，その後の1年間の経過が物語るように，ひとまず成功したと言っていいだろう。こうした成果を生み出すことになった主たる要因は，先に提示したデータが示すように，筆者たちがKS学習室の運営を担う初期の段階で，対象を中学生・高校生として前面に押し出したことの影響が大きい。それによって，その後「ボランティア」として参加する日本人は，高校レベルの学習内容を教えなければならないことを前提として参入してきているし，一方にそうした対応を見込んで参加するニューカマーの子どもたちが増えたのである。しかしながら，そうした対応が，ボランティア側の「今できる手助け」に固執した対応にとどまっていないかと言えば，「今できる手助け」の範囲を変えただけであって，そうした対応そのものが相対化された結果の変化とは言い難いことも事実である。

　またこの時期，潜在的にではあるが，KS学習室という場の主体をめぐるせめぎ合いが，起き始めていたということも特記しなければならない。先の「学習室再開の経緯」で述べた過程で，筆者はG団地在住の家上さんという女性に出逢うことになる。彼女は，当時，別のボランティア団体の「ボランティア」として活動していたのであるが，筆者からのKS学習室での「ボランティア」としての参加依頼に応じて，KS学習室に継続的に参加するようになっていた。その後，彼女は，KS学習室の中心的な担い手となっていくと同時に，一方では，筆者らの家族インタビュー調査に参加し分析を試みるなど「研究者」に近い側面をもった活動を展開するようにもなっていた。彼女は，KS学習室の再出発の頃のことを，後に次のように考察している。

　　当初はほとんど外国籍児童生徒の問題について知らないまま活動を始めたが，その中でいくつか課題が見えてきた。第一の課題は，外国籍の子どもは日本生まれであっても語彙が少ないなどいわば日本語の問題で学習に遅れが出るが，自身で必要性を感じなければ学習室には通ってこない，つまり用意されている支援される場に出てこない，ということであり，それは同時にそういう子どもたちに対しては地域の学習室は支援の手を伸ばしていない，ということである。
　　しかしながら私は一介の「ボランティア」であり，それを超えてニーズを自覚できない子どもたちに対しての支援は，週一回二時間程度子どもたちに関わるボ

ランティアの教室のカバーする範疇ではないと思っていた。教育問題については もっと家庭が取り組むべきだし，なによりまず国策として難民や帰国者を受け入 れた国や公的機関，学校が対応すべきだと思っていた。公的機関を動かす為には， 根拠となるデータと理論的裏づけを持った政策提言が必要だが，これは「ボラン ティア」にできることではなく，研究者の役割であるとも思っていた。

　だから清水さんに調査研究へのお誘いを受けた時は，政策提言に繋げる為に， ある意味「研究者になる」べく参加を決めたとも言える。他の研究者の調査研究 に同席したことで，学校や家庭を巡るさまざまな見解を得る事ができた訳である が，しかしながらそれは情報を得ただけで実践に直接結び付けることはなかった。 この時の私は学習室ではあくまで「ボランティア」で，研究する自分はその外に 設定していた。いわば双方の立場は分断されたものだったのである。これは，清 水さんに対する視点そのものでもあった。教室の中では清水さんは「ボランティ ア」であり，「研究者」としてはその外のもので，現場には外の調査研究から得 た情報を提供してくれる人，と見ていたのだ。

　この分断は「活動はできる範囲，責任をもてる範囲」で，という「ボランティ ア文化」ともいえるものを背景にしている。この事は，研究者の見解を実践に反 映させることの難しさにもつながっており，事実ボランティア現場には「研究者 の研究のために現場を利用されてはならない」という了解のようなものもあった。 極端に言えば「ボランティア現場」は「ボランティア」のためにあったとも言え るだろう[5]）。

　この考察において家上さんは，「活動はできる範囲」「責任をもてる範囲」と いう「ボランティア文化」を指摘しているが，ここでは「活動はできる範囲」 という側面について詳述してみたい。これは，KS学習室が閉室に向かう経緯 においても指摘した「今できる手助け」と共通するものであり，ボランティア 活動には，「活動の限定」原則が伴いやすいことが理解できる。したがって， そうした原則を通す限りにおいて，ボランティアがボランティア活動を継続す るために，新たに何かを獲得することの必要性は基本的に想定されない。さら に，このことは見方を変えれば，家上さんによって「『ボランティア現場』は 『ボランティア』のためにあったとも言える」と指摘されるような事態を引き 起こしてもいるのである。つまり，ボランティア活動の場において，「活動の 限定」原則が支配的である限りにおいて，活動の場の主体は，あくまでもボラ

ンティアであり、ニューカマーの子どもたちが、その場の主体として立ち上がることはないのである。

　一方、KS学習室には、家上さんのような「ボランティア」とは立場を異にする、筆者のような「ボランティア」兼「研究者」もいる。先の「教室の再出発」のアプローチのところで述べたように、筆者の立場からのKS学習室での活動は、「ボランティア」として、KS学習室を存続させていくという目的のためだけに行われたわけではなく、一方には、「研究者」として、ニューカマーの子どもたちの日常を、学校ではなく、また家族との関係でもない、別の場で捉えようとしていたのであった。したがって、そこには、ニューカマーの子どもたちを"知ろう"とする動機づけがある。そして、時に「ボランティア」によって提示される「活動の限定」原則は、「研究者」の"知ろう"として展開されるする活動に大きな支障となることもあるのである。そして、その"知ろう"とする動機づけだけが先行すれば、家上さんによって「研究者の研究のために現場を利用されてはならない」と指摘されるような事態を引き起こすことにもなるのである。しかしながら、そうした場合でも、その場の主体は「研究者」であり、ボランティアの場合と同様、ニューカマーの子どもたちが、その場の主体として立ち上がることはないということになる。

　ところが、こうした立場の違いは、常に現場に一定程度の緊張を持ち込む。それは、簡単に言えば、「ニューカマーの子どもたちを"より"理解しているのはどちらの立場か」という問いへの回答をめぐってのせめぎ合いでもある。そして、そうしたせめぎ合いが、結果として、ニューカマーの子どもたちのニーズを発見する方向へ、KS学習室の運営の舵を切らせていくことになるのである。

第2節　地域におけるニーズ発見の試み

　KS学習室は、前節で明らかにしたような過程を経て、ニューカマーの子どもたちを支援する団体としてG団地に定着していった。しかしながら、初期の段階で設定した中学生・高校生対象という側面が、それ以後も活動の場を規定していて、小学生の参加はほとんど見られない状態が続いていた。また、KS学習室に足を運ぶ子どもたちの中には、1度顔を出すだけの子どもが全体の3

分の1の人数に達していたり，KS学習室に顔だけは見せるものの，その後は周辺で遊んでいて，学習には向かわない子どもがいるなどの問題点が指摘されるようにもなっていた。

一方には，「ボランティア」と「研究者」という異なる立場のせめぎ合いという状況も，依然として存在していた。しかし，いずれの立場からみても，ニューカマーの子どもたちのニーズは，かれらの周りに多様かつ際限なく広がっていると理解されてはいた。したがって，両者は，立場の違いによるせめぎあいを行いつつも，それと同時に，ニューカマーの子どもたちのニーズを捉える試みをともに進めていくこととなったのである。

（1）ボランティアのミーティングへの子どもたちの参加の試み
①アプローチ

試みの最初は，ボランティアのミーティングへのニューカマーの子どもたちの参加という形で始められた。KS教室の代表である「ボランティア」のTRさんによれば，閉室以前のKS学習室（以下，旧KS学習室と表記）では，ボランティアによるミーティングが常時行われていたとのことであったが，教室再出発以後は，教室に参加する子どもたちの対応におわれ，ボランティアのミーティングは行われないまま，KS学習室の運営は行われていた。

当時，TRさんは，数回にわたって「ボランティアのミーティングを行って，ボランティア同士のつながりを深めて教室の方向性を決めた方がいいのではないか」と，筆者に対して問いかけていた。しかしながら，筆者は，そうしたボランティアの親密さが，前節で触れたような「活動の限定」原則を伴う「ボランティア文化」を生みだすことを懸念していた。したがって，TRさんの問いかけにも「必要ないのではないかと思います」と応答していた。ここには，明らかに，「ボランティア」と「研究者」という立場の違いによる見解の相違が存在していた。

このような度重なるやりとりの中での妥協案として浮上したのが，ボランティアのミーティングへの子どもたちの参加という形態である。そして，それは，教室が再出発して半年ほどたった1998年10月17日に行われた。この日のために，「KS学習室ミーティングのお知らせ」が配布され，当日は教室開催時間を半分にわけて，前半を学習時間，後半をミーティング時間とした。当日の前半の

学習者は6名であったが，このうち後半のミーティングまで参加したのは，6月上旬から参加し始めたハイ（ベトナム，中3，女，来日2年）と，7月中旬より参加し始めたビン（ベトナム，中3，男，5歳で来日）の2人である。KS学習室の再出発当時からの参加者であるサウやソーンは，前半の学習時間には参加していたが，ミーティングの誘いに対しては，「意味ないじゃないですか（ソーン）」「別にいいたいことないから。このままでいいから（サウ）」という言葉を残して帰っていった。そして，もう1人は定時制の高校へ通うため，もう1人は，用事があるという理由で帰っていった。

　結果としてこの日の参加は，筆者のような「ボランティア」兼「研究者」3名，新規参入の「ボランティア」3名に，旧KS学習室からかかわる「ボランティア」3名で，子どもたち以外は9名であった。自己紹介の後，現在の教室についての意見交換が行われることとなり，参加した2人の子どもたちは，ハイが来日年数が少ないこともあり，日本語で何かを話すことに躊躇したのだろう，取り立てて何かを発言することはなかったが，ビンは「学習室では勉強せずに，話をしたい」と発言したのである。この発言を，「ボランティア」の家上さんは，後に次のように考察している。

　　1998年の秋，彼は突然学習室参加を再開し，再びほぼ毎週の出席者となった。再び学習室に通うことにした理由は，受験勉強のためだと彼自身が説明していた。ところが，子供たちとボランティア合同で学習室のミーティングを行った際，彼は，誰か家で個人的に勉強を見てくれる家庭教師になってほしいと発言した。学習室に通いたくなくなったというわけではない。聞けば，勉強は学校と家でやり，「学習室では勉強せずに，話をしたい」というのである。彼は，学習室に来る際には自分で教材を持ってきて，その中でもこの問題が分からないから，とはっきりと学習支援を求めてくることが多い。しかし，その一方で，確かに，問題を考えたり，解いたりする時間と同じくらい，あるいはそれ以上にボランティアとの会話に時間が費やされていた。会話の内容は，学校や学習のことが中心だが，通っている学校や友達のこと，受験に対する不安や高校進学をしてから，あるいは将来について漠然とした希望などであった。会話は，ボランティア側が聞き出すという形ではなく，彼の方から積極的に発言や質問が投げかけられるという形で行われた。

　　このベトナムの子どもが，学校と家庭学習以外に勉強の必要を感じた時に，彼

を受け入れる学習室という場があったこと，そして学校と家庭以外に，直接的な学習指導を含め会話の相手になるという彼の要求に答えられる場とボランティアがいたことは，受験を控えて不安を抱えていたと思われる彼にとって重要な意味をもつだろう。もちろん，学習室が彼の受験問題や不安を解決したとどこまで言えるか分からない。しかし，少なくとも，学校と家庭以外に勉強したという事実，学校の先生とも家族とも友人とも違う立場の人間が自分を受け入れてくれたという事実は，受験期に彼の中では肯定的なものとしてとらえていたことは確かである。彼の例からは，いつでも利用したいと思った時にある時間そこに行けば自分が身をおいて受け入れてくれる人がいる，そのような場としての学習室の役割に気づかされる[6]。

この場でのビンの発言と，家上さんの彼の発言に対する解釈からは，ボランティアのミーティングにニューカマーの子どもたちを参加させる試みが引き起こした，いくつかの事柄があることがわかる。まず，このような場が設定されれば，時に子どもたちは自らの意見を述べる可能性もあるということである。次に，しかし，その発言を額面通りに受け取っていいのかという点については一考を要する。なぜならば，ビンの発言は，「KS学習室では，勉強しなくていい」とも解釈できるからである。そして，この解釈がこの場で正当性を持てば，筆者が旧KS学習室を最初に訪問した際の様子として明らかにした「雑談」の空間を教室に再来させることにもなるのである。

②ニューカマーの子どもたちの反応の解釈

では，ビンの発言には，解釈の変更の余地はあるのだろうか。それは，彼の会話に見られる積極性は，彼の学習に向かう積極性とパラレルであるという事実を捉えることによって可能となる。確かに，ビンはKS学習室において，家上さんによって記述された様子ではあったが，彼はKS学習室に「何かを話すためだけ」に来てはいなかったのである。したがって，家上さんが解釈するように，彼の会話は，「学習をともにする」というきっかけによって，初めて成立していることを見落としてはならないのである。それは，何者かもわからない誰かが「何でも相談に乗ります」という看板を掲げたところで，そこに相談に出向く人はいない，ということを想像すれば容易にわかることであろう。

第3章 地域 | 153

筆者も，彼の数学の学習支援をしたことが何回かあるが，入試前の1999年1月30日の彼の質問は「図形の面積比」にかかわる問題であった。そこで，面積の比の問題は，底辺どうし，高さどうしの比率に注目することがポイントであると教えた後に，それまでできなかった問題をやるように言うと，時間はかかるものの計算は正確に出来ていて正解を導き出すことができていた。ここで，計算が正確にできることをほめた筆者の言葉をきっかけとして，彼が語り始めたのは，次のような内容である。

　　ビン：小学校の高学年の時に，算数ができなくて，公文に少し行った。その時に小学校低学年からの勉強をやり直した。けっこう大変だったんだけど，あのとき少しやっておいたから，今も何とかやることができるんだ。
　　筆者：ビンは小学校の時，どんな感じだったの？
　　ビン：何にもわからなくて，がちゃがちゃしていた。
　　筆者：がちゃがちゃってどんな感じ？
　　ビン：……（言葉を探している様子だったが，諦めた様子で）とにかく，わからなかったんだよね。
　　　ここで，筆者は，第2章で紹介した状況依存的な教室理解をしているＳ小学校でのソッグの様子を話した。
　　ビン：わかる，わかる，僕もそんなそんな感じ。
　　　［フィールドノーツ，1999年1月30日］

　この事例からわかることは，ニューカマーの子どもたちの自発的な語りは，語ることを許されるフォーマルな場が設定されたから生み出されるということではなく，ある場を他者と共有し，その他者の場への関わり方に反応する形で生み出されているということである。加えて，そうした場が保障されないまま，フォーマルな場が準備された場合に，かれらの語りは，時にかれらを取り巻く周囲の人々の解釈を，かれらの想いとは異なる方向に導くことに十分注意する必要がある。
　このような注意を払うことによって，この出来事を巡るビン以外のハイの反応，そして，サオやソーンの反応に対しても解釈の変更が可能になる。第一には，ハイのように，フォーマルな場での語りを持たないニューカマーの子ども

たちを,どのように捉えるのかという問題である。ハイのように,来日後,日が浅い場合,かれらの想いをとらえるのは難しい。この場にいたにもかかわらず,ハイの想いは自己紹介のみに留まってしまっていたが,本当に捉えるつもりであれば,通訳を用意するなど,母語で語れる選択肢をボランティア側は準備する必要があっただろう。それがないような場合,日本人側が問いかけ,それに対して首を縦にふったり横に振ったりすることによってかれらの気持ちを捉えようとするような試みが行われたりする。しかしながら,そうした場では,かれらの想いとは別の,日本人のボランティアの捉えたい方向で,かれらの想いが捉えられていく可能性は十分に存在している。

　第二には,サオやソーンのように,「意味ないじゃないですか」や「別にいいたいことないから。このままでいいから」といった反応をしてボランティアのミーティングに参加しなかった子どもたちを,どう捉えるのかという問題である。「意味ない」という語りには,「何か意見を言っても変わらない」ことを指しているのかもしれない。また,「別にいいたいことないから」というサオであっても,先のビンと同様に,通常の教室では,日常感じているさまざまな想いを語っている。彼女の反応も,彼女にたといろいろな想いがあっても,そうした想いをフォーマルな場でどのように表現するべきか,そうしたノウハウを彼女が持たないために起きているのかもしれないと解釈の変更が可能になる。

　以上のように考えると,ボランティアのミーティングへの子どもたちの参加は,その試みそのものは成功したとは言い難いが,ニューカマーの子どもたちのニーズの発見の試みとしては一定程度の成果はあったと言えよう。それは,子どもたちにとって,ニーズは「ニーズ」として自覚されているわけではないから,それを語る場を設定したとしても,語られることはない,ということをボランティアが了解したことである。これによってKS学習室では,それ以後しばらくの間は,旧KS学習室で行われていた形式のボランティアのミーティングが行われることも,また今回のようなニューカマーの子どもたちを参加させるような試みも行われず,学習補充の活動をたんたんと続けることになっていった。

（2）アプローチ—インフォーマルな活動

　にもかかわらず,ボランティアの多くは学習の中で語られるニューカマーの

子どもたちの語りから，ニューカマーの子どもたちが，日本人が日本社会で生活する上ではほとんど感じることのない違和感のようなものを，学校で，また家族との関係で日常的に感じていることに，気付くようになっていった。そうした想いを拾い上げつつ学習活動を行うこと，それが当時，KS学習室で出来うる最大限の支援であったと言えるであろう。しかしながら，そうした想いを拾い上げつつ，高校進学に向かう中学生を支援することや，進学先の高校での学習を支援するための学習時間を確保することは，毎週土曜日の1：30－5：30という限られた時間では限界があるということも，ボランティアの多くが感じるところとなっていった。したがって，活動時間を延長すること，活動回数の増加などの可能性を，インフォーマルに個々のボランティアが探るような動きもあったが，結局，KS学習室としてそれを組織化するには至らなかった。

　そうした状況のもとで試みられ始めたのは，KS学習室の活動のなかで，そこには収まりきらない活動を，個々人で対応するという動きである。筆者の場合，例えば1999年7月～11月の期間，【図表3-4】で示したようなボランティア活動とフィールドワークを行った。●印がこの時期増やした活動である。筆者は，1999年4月からS中学校でフィールドワークを始めていて，それによって，第2章で明らかにしたように，ニューカマーの子どもたちの多くが，夏休み明けなどの長期休業明けに，不登校傾向に陥る可能性が高いことを研究成果として得ていた。一方，KS学習室では，夏休みは家にいてもつまらないし，KS学習室もないし，やることがないと話すニューカマーの子どもたちの語りも耳に入っていた。その結果，1999年の夏は，土曜日以外に，水曜日4回，さらに，サラの「家を1日でもいいから離れたい」という想い[7]をかなえるために，筆者の家での宿泊勉強会を行った。さらに，そうした試みは，夏休み以後も続き，KS学習室の定期的な活動以外に，不定期で臨時の勉強会を続けることになっていった。筆者がこのような活動へと踏み出したのは，ニューカマーの子どもたちの学習支援という地域での取り組みを，ニューカマーの子どもたちの日常において，異質でなく当たり前のものとして意味づけできるか，という方向を見据えていたからにほかならない。

　こうした活動の展開には，明らかに，「ボランティア」兼「研究者」という立場が影響している。というのは，本章の冒頭でも明らかにしたように，筆者の地域へのアプローチは，ニューカマーの子どもたちが，日本の学校生活を送

【図表3-4】 筆者の活動内容一覧表（1999年7月～11月）

（　）内は回数

	月	火	水	木	金	土	日
7月	○S中(1)		○S中(2) ●勉強会(2)			○KS学習室(3)	
8月	●宿泊勉強会(2)		●勉強会(2)				
9月			●勉強会(1)	●勉強会(1)	○S中(3)	○KS学習室(1) ○S中(1)	
10月			●勉強会(2)		○S中(4)	○KS学習室(2) ○S中(1)	●勉強会(4) ●高校ガイダンス引率(1)
11月		●映画鑑賞引率(1)	●勉強会(1)		●勉強会(1) ○S中(4)	○S中(4) ●高校見学引率(1)	●勉強会(1)

りつつも、「エスニシティなるもの」の顕在化の程度を弱める力に「抵抗」することを可能にする「資源」の調達を探ることにねらいがあり、これらの活動の展開もそれを視野に入れてのことだったからである。しかしながら、筆者のこうした「研究者」という立場からの活動の展開は、「ボランティア」の立場には受け入れられ難く、距離をもってみられていたと言ってもいいかもしれない。こうした両者の活動の差は、前節の家上さんの語りとして提示した「『活動はできる範囲、責任をもてる範囲』で、という『ボランティア文化』」によって説明可能である。前節では「活動の限定」原則を説明したが、ここでの違いは、「責任はもてる範囲」で行うという「責任の限定」原則によって説明可能となる。それは、「活動は当該の人ができるならば、ボランティアだからやることは一向に構わないが、そうした活動に責任をもてるのか」という反応である。したがって、こうした原則によって、「ボランティア」兼「研究者」である筆者の活動は、「ボランティア」の立場から敬遠されることになったと言えるであろう。

ところが、筆者の「ボランティア」兼「研究者」という二つの側面をもった活動に対して、「ボランティア」とは明らかに異なる反応を示すものがいた。それは、ビンというベトナム人のニューカマーの子ども、つまり「当事者」であった。

（3）KS 学習室の運営への子どもたちの参加
①ビンと KS 学習室

　新しく始まった活動を概観するために，この動きの中核となったビンをまずは紹介しておきたい。ビンはベトナム人で，当時高校1年生であり，両親と妹（当時小3・日本生まれ）ともに，G団地で生活していた。彼は多くのベトナム家族と同様に，父親が単身でボートに乗って母国を脱出して日本へ移住し，その4年後母親とともに5歳の時に呼び寄せられている。父親は，母国の脱出後，アメリカの貿易船に救助されている。そこで，父親が知ったことは，独身であればアメリカへ移住できるということであった。「本当は最初は僕日本にいたくない，アメリカに行きたい。……嘘言うなら子どもと家内は呼び寄せできないから，日本でいいかなとそう思っている」（2000年7月9日，インタビュー）と語っていて，父親個人としては，アメリカへの移住を願いつつも，第1章で明らかにしたような「家族再結合」を核とする「安住の物語」によって，日本へ移住してきているのである。また，そうした物語のもとで導かれる教育戦略も，多くのベトナム家族同様に「積極的関与の努力」がなされていたようである。

　ビンの話によれば，高校1年生の1学期までは父親はかなり厳しく彼に勉強をするように言い，それがなされない時は体罰が行われることもあったという。ビンは「お父さんは，僕が何を勉強したのかということは聞かないで，3時間机で勉強していたかっていうことだけだから，ただ座って別のことをしていることもあった」（フィールドノーツ，1999年11月5日）とも話し，彼と父親の間に葛藤が生じていても，幼い時は，親子の地位関係が保たれ，そのストレスはビンの内面に多く蓄積されていることがうかがわれた。

　一方，ビンとKS学習室の関係は，高校受験を意識し始めた中学3年生の夏（1998年7月中旬）頃から始まる。当初，彼は「ここに来るだけで特別な目で見られる。だから，ここじゃない方がいい」（フィールドノーツ，1998年9月23日）と話し，彼の家へ出向いて勉強を教えてくれるボランティアを探していた。また，先に示したようにボランティアのミーティングに参加した際には，「学習室では勉強せずに，話をしたい」といった発言もしている。そうした彼の希望は，KS学習室の当時の状況のもとではかなえられなかったが，彼の高校進学への意欲が，そうした状況を乗り越え，高校受験までKS学習室に継続的に参

加していた。さらに，高校での学習や生活への不安などの一定程度の解消と，大学進学の意向もあって，高校入学後も継続的にKS学習室に参加していた。そうした中で，彼自身にはある変化があったようで，それについて後に次のように語っている。

  あの頃，自分の勉強に対する考え方が少し変わったなあって思う。自分はそれまで「予習」と「復習」という言葉は，どちらも同じ意味で，だから，どうして「予習・復習」って同じ言葉を繰り返すんだろうって思ってた。でも，受験の後も通って勉強見てもらって「予習」っていう意味を初めて知って，そしたら，学校での勉強がすごくよく分かって，「黒」から「白」っていうくらいに変わった。
［フィールドノーツ，1999年10月3日］

 こうした中で，彼の高校での1学期の成績は5段階評価で4.5以上の好成績を修めることになる。ところが，学校でのこのような彼の成果は，父親と彼との関係を大きく変えることになったのである。それは，彼に対し「積極的関与の努力」を続けていた父親の彼からの撤退であった。この撤退が，父親自身の行為の変化によるものであることは，家族インタビュー（2000年7月9日）の際の父親のコメントにも表れている。

  インタビュア：お父さんお母さんは，小さい時かなり怒ったりとか時にビンしたりとかあったと思うんですけど，あるときからビンに対してそういうことをしなくなる時期があったんじゃないかと思うんですけど……，そういう風に厳しく言わないで見守るように変わったのは，どういう理由ですか？
  父親：ほとんど勉強の問題。例えば，「宿題やって下さい。あまり外で遊ばないで家で勉強して。」その時ビン君の態度，学校のレベルによって。例えば，一学期ビン君よく勉強して，あゆみ？　あゆみ（ビン君の通っていた小学校での通知票の名前）見て，ほとんど僕分かる。それはよく分かるから，自分の子どもの大切なこと。今日本語難しいけど，それは分からないといけない。

 このような父親の変化により，彼の生活は父親の監視から逃れてある程度の自由を獲得することとなる。

彼と父親との関係が変化しつつあった1999年の夏休みという時期は，この地域に住む中１から高２にまたがるベトナム人８，９人に，日本人３，４人，中国人の１人が，ついたり離れたりしながら，「群れ」を形成した時期でもあった。この中心にいたのがワットであり，第２章でその詳細を明らかにした。
　ビンは，父親から自由を獲得した結果，この夏の多くをかれらと過ごす。それは，まるで，これまで彼が父親との関係の中で蓄積されていたストレスを解消する方向に生活の場を変化させていくようにも見えた。彼は，1999年の夏休みにKS学習室に顔を見せることもあったが，ボランティアの「勉強は継続が大事だから，夏休みに少しでもしておかないと夏休み明けに困るよ」や「勉強するっていう習慣をなくすと取り戻すのが大変だよ」という声がけに，「勉強，勉強って言い過ぎるよ。だから，ベトナムの子どもたちは悪くなってしまうんだ」（フィールドノーツ，1999年７月24日）と語り，「群れ」の子どもたちが，これまでどんなに厳しい親の監視にもとにあったかを語った。この頃，彼は「群れ」の子どもたちの親子関係に心情的に共感していたのである。
　しかし，夏休み明けには新たな事態が展開された。彼は１学期にはクラスで２番ぐらいの成績であったが，夏休み明けのテストではクラスで下から２番目まで落ちたのである。彼にとっては青天の霹靂であった。「平気，平気，挽回できるから」（フィールドノーツ，1999年９月８日）と彼は話していたが，その挽回は予想以上に大変な様子であった。しばらくして彼は，「先生たちの言ってた通りだった」（フィールドノーツ，1999年10月13日）と語る。
　筆者はこの時期，前項で明らかにしたように，「インフォーマルな活動」というアプローチを試みていた時期でもあり，その活動の何回かをビンとの勉強会にあてていた。その結果，第２章で明らかにした「群れ」に関する情報を得ることになったのである。
　一方で，夏休みに行動をともにしていた「群れ」の子どもの多くは，夏休み明けから次第に学校へも行かなくなり，シンナーの常用，日本人をターゲットとして殴る蹴るといった暴力行為など，その行為をエスカレートさせていった。そうした状況のもとで，ビンにも頻繁に誘いがかかっていた。彼は，かれらと行動をともにするか，学校生活に戻るかという選択に迫られていた。この時期の筆者と彼の語りを拾い上げてみると，その選択に関わる葛藤を読みとることができる。

誘いを断れないのか。
　　──（誘いを）断れば，みんなにバカにされる。
　　──あいつらだって，悪いところばかりじゃない。
断らなければ，勉強をする時間は確保できないよ。
　　──少しだけつきあって，その後，家に戻って勉強する。
　［フィールドノーツ，1999年9月18日］

みんなでいるとき，どうやったら抜けられるの？
　　──親から連絡が来てがみがみ言われている感じがあったら。
　　──みんな，やっぱ，親は怖いから。
お父さんに誘いを断ってもらったら……。
　　──お父さんにこんなこと知られたら殺される。
お父さんは困った時に助けてくれるような感じはないの？
　　──お父さんに何かを頼むっていうことしたことないし……たぶん，できない。
　［フィールドノーツ，1999年10月3日］

連休中は誘いから抜け出せたの？
　　──結局，断れなくて，オールにつきあっちゃったから，全然勉強できなかった。
　　──あいつら，もういっちゃってるよ。ついていけない。
　　──もう，あいつらになんか，どう思われてもいいかなあっていう気もする。
みんなの中で，ビンはどう思われてるの？
　　──「日本人化した奴」っていう汚いベトナム語で呼ばれる。自分は，みんながやるような悪いことしないから。やっぱ，大学に行けなくなるかなあと思うから，やらないようにしている。悪いことできないやつは，弱い奴って思って，だからバカにする。
　　──やっぱり，みんなよりベトナム語できないし……，だからバカにされるのかも。みんなの言うような冗談は言えない……。
　［フィールドノーツ，1999年10月13日］

　　ビンから夜10時過ぎに携帯に電話が入る。
ビン：先生，1時間たったら電話して。今，みんなといるけど，このままだとオールになっちゃう。だから，親のようなふりして電話して。そしたら帰れる。

早口で，言葉少なに，電話が切れた。1時間後，ビンの携帯電話に電話を入れると，ビンは電話の向こうで，筆者には全くわからないベトナム語を大きな声でいって，電話が切れた。それから，さらに1時間後，ビンから家に戻って来たという電話が入った。
［フィールドノーツ，1999年10月16日］

　こうして，ビンは，11月初めには，「群れ」からの誘いを自分で断ることもできるようになり，また，誘われることもほとんどなくなっていく。
　ビンが「群れ」から，一定程度の距離をもつようになる過程は，先に述べたようなものだったが，そこにはそれを可能にするいくつかの条件があったと考えられる。まず，第一に，ビンは，高校の1学期にある程度の学業達成を果たしており，学業不振による学校からの離脱という状況が準備されてはいなかった。さらに，その学業達成は，ビンにとって高校卒業後の大学進学を可能にするものとして捉えられてもいる。第二に，筆者が先にも述べたような「インフォーマルな活動」を積み重ねていたことにより，彼の求めに即応することが可能であった。第三に，このようにして得られたかれのニーズは，「ニーズ」として捉えられるがゆえに，KS学習室で組織化することが可能となったのである。
　これらの条件において，第一の条件は極めて重要である。彼は，第2章で提示した「安定した教室理解」を伴った「やれている」という状況にあったからこそ，「群れ」においては周辺に位置づいていたのである。続く第二の条件で注目されるのは，従来のボランティアとニューカマーの子どもたちの関係が，ここでは逆転していることである。それまでは，KS学習室に収まりきらない活動を，「インフォーマルな活動」と意味づけて展開してきたわけであるが，そうした展開の主体はボランティア側にある。しかしながら，そうした場があったからこそ，この状況を乗り切るために，彼は筆者という「ボランティア」を使ったのである。彼の意識はどうであれ，彼は自らのニーズを自覚し，そのニーズを満たす「資源」を，彼の日常の中から探し出したのである。
　そして，第三の条件となる。それは彼が父親から自由を獲得した時，どこに自らの拠り所を求めるかという点である。ニューカマーの子どもたちは，序章や第2章で明らかにしたように，「学校」が安心できる場所として提供される

ことはないので，かれらの拠り所は，学校以外の別の場所が求められることとなる。彼の場合，その可能性は 2 ヵ所にあった。一つは「群れ」であり，一つは KS 学習室である。しかし，いずれもビンにとっては自らの拠り所とはなり得なかった。なぜなら，その場の活動の主体がビン自身にはならなかったからである。

②アプローチ──KS 学習室の運営への子どもたちの参加
　ビンの経験に接近することを通して，筆者に実感されたことは「ボランティア文化」の変革である。これまでにも述べてきたように，KS 学習室には，活動の範囲を責任という名のもとにボランティアが決定するという「ボランティア文化」が存在している。そのことは，KS 学習室の運営の主体が，「ボランティア」であることを意味している。したがって，KS 学習室の運営に，ニューカマーの子どもたちが参画していく仕組みを作ることで，活動の主体を，「ボランティア」から「ニューカマーの子どもたち」へと移行したいと考えた。
　この試みは，KS 学習室を運営するにあたり，これまでボランティアが行なってきた運営のための様々な役割を，ニューカマーの子どもたちにも分担し，ボランティアと子どもたちによる共同の運営を模索するという動きとして具体化していった。筆者は，こうした動きを始めるために，夏休み以後のビンの様子や変化に関する情報を，インフォーマルに他のボランティアと共有すると同時に，1999年度より TR さんから引き継いで代表をしていた NT さんにも，可能性を検討してもらっていた。
　こうした動きの結果，1999年10月23日の KS 学習室は，「今後の学習室の運営について」という内容でのミーティングが行われることとなり，ボランティア 7 人，生徒 5 人が参加して行われた。NT さんからの「KS 学習室の運営に必要な仕事は，ボランティアだけでなく生徒さんも関わった形にする」ことが提案され承認された後に，役割は次のように分担された。

　　　　　　　　　　2000年3月までの役割分担
　◇会場予約（月1回予約会議に出席し，来月分の会場を予約・確保する）
　　　：家上さん，サラさん
　◇会場の開閉（当日の学習室の鍵開閉）：清水さん

◇生徒連絡（生徒名簿改訂。新しい生徒への対応。参加予定人数の確認。生徒への連絡発信）：清水さん，ビン君，泰正君，エンリット君，千春さん［当時高1，中国帰国者家族，女］
◇ボランティア連絡（ボランティア名簿改訂，新しい見学者への対応，参加予定人数の確認，ボランティアへの連絡発信）：TKさん，TJさん
◇地域との関わり（自治会関連の掃除，行事への対応）：YTさん，ビン君，泰正君，エンリット君，千春さん
◇会計：HKさん
◇まとめ：NTさん

（KS学習室 会議議事録より抜粋，［ ］内引用者補足）

 さらに，1ヵ月後の11月27日にもミーティングが行われ，子どもたちが運営に関わっていることを，より実体的にするための工夫として，KS学習室が行われている間のちょうど中間の時間である3時30分で，子どもを司会としてミーティングをすることが決められた。司会の役割は，ミーティング開始のお知らせ，出欠確認，学習進度記入用紙の配布などである。さらに，これまでボランティアのお膳立てで行われていた12月末のクリスマス会を，ニューカマーの子どもたちによる企画運営とすることが決められた。
 以上のような運営上の変化は，すぐに子どもたちの参加人数の変化となってあらわれた。【図表3-5】は，1999年度の参加人数の推移を示したものであるが，夏休みを挟んで，前期と後期では参加人数に大きな違いがあることがわかる。また，ニューカマーの子どもたちの変化は，クリスマス会の準備に向かう姿にも現れている。

　　ビン：クリスマス会，みんな盛り上がっている。こんなに盛り上がったことないかもしれない。忘年会とか，勉強みてもらってる先生達へのお礼みたいなことも，一緒にやろうっていうことになったりしている。それから，ソッケー（カンボジア，女，中3・来日年数不明・1999年5月よりKS学習室参加）のお母さんが，カンボジア料理を作ってくれるっていってるし，ベトナムは，自分達で作ろうっていう話になっている。
　　［フィールドノーツ，1999年11月30日］

【図表3-5】 1999年度の参加人数の推移

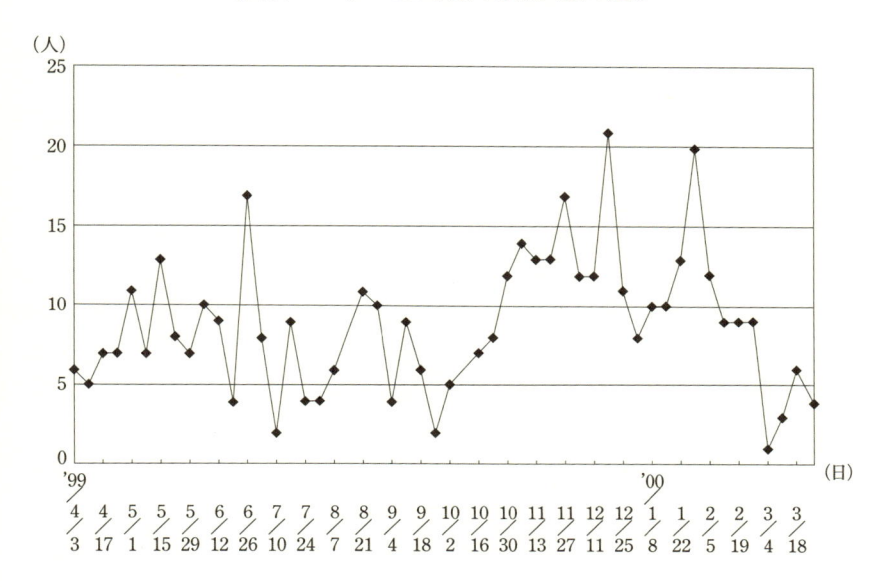

この試みは，当初試みられたボランティアのミーティングへの子どもたちの参加とは異なり，ボランティアとニューカマーの子どもたちの「対等性」が，活動の基盤となっているのである。したがって，ニューカマーの子どもたちが提案する活動も，ボランティアが提案する活動と同様に扱われることとなり，それによって，ボランティアが子どもたちの提案する活動を支援しなければならなくなる状況が設定されることとなった。その結果，「ボランティア文化」の「活動の限定」原則は，KS学習室において逓減されていったのである。

③新しいニーズへの対応と広がり

ビンは，先にも述べたように，1999年の夏休みに「群れ」をなし，その後，そこから距離をとるという経験を経たわけであるが，その経験は，「日本に住む外国人として，いかに生きるのか」というアイデンティティに関わる問題に，かれを直面させることにもなっていった。彼の場合，特に「群れ」の原理が「強いベトナム人」で，その"強い"ことは「違法行為ができること」と読み替えられていたことに違和感を感じていたようである。違法行為を拒否する彼に対し，「日本人化した奴」という意味の汚いベトナム語が浴びせられ，それ

第3章 地域　165

は「いい気分はしない」（フィールドノーツ，1999年10月13日）と話している。こうした経験に重なるようにして，ビンは妹トラン（当時小2・日本生まれ）のことを心配する。トランはKS学習室の運営を子どもたちが担うようになった後の1999年11月13日から参加するようになり，以後継続的に参加するようになる。

　　　今まで，妹のことなんか考えてみたこともなかったけど，学習室で一緒にいるようになって，このままだと心配だなあって。妹の方が，自分より日本人化しているし，これから，困らないかって思う。家でも，ベトナム語があまり話せないから，お父さんとの話で困ると，「ビン君，ビン君」って言ってきて，お父さん達も妹には優しいから，なんか，それですまされている。やっぱ，「ベトナム人」であるためには，ベトナム語がちゃんとできなければ馬鹿にされる。［フィールドノーツ，1999年11月23日］

　この話に対して，「親からベトナム語を学べないのか」という筆者の質問に，「無理，絶対。教わるなんてことできない」と語る。もちろん，彼が父親からある程度の自由を獲得した後の時期であるだけに，そうした場の設定が困難であることは，ある意味当然のことでもあった。そうであるならば，筆者は「母国語教室」を立ち上げるという方法があることを話す。その結果，11月27日のミーティングには，ビンより「学校が休みの第2・4土曜日の午前中に，母国語教室を開催したい」という提案が行われ，それは活動として了承されることになった。その直後から，ビンは，ベトナム語を学ぶ仲間探しと，ベトナム語の先生探しの二つの活動を行うことになっていったのである。これによって，「ボランティア文化」の「活動の限定」原則は，KS学習室からいっそう逓減していったのである。

　こうしてKS学習室の活動を枠づける「活動の限定」原則が後景に退くようになると，ビンの活動は，一層広がりを持つように展開していった。ビンは，1999年の夏休みに群れていた友だちと，距離を置きつつも，その後もかれらと完全に切れることはなかった。それは，次のような要因のもとで生み出されていった。第一に，彼は，ベトナム家族の親子関係において，子どもがいかに大きなストレスを抱えるかを個人的にも経験していて，それは「群れ」の子ども

たちにも共通する感覚として存在し，それに対して心情的に共感していた。先に引用した「勉強，勉強って言い過ぎるよ。だから，ベトナムの子どもたちは悪くなってしまうんだ」(フィールドノーツ，1999年7月24日)といった反応は，そうした心情を端的に表現している。

　第二に，「群れ」の行動がエスカレートし，違法行為が加速されているという状況は，ビンに，かれらを今よりももっと苦しい状況に追い込んでいくことになるのではないかという危惧を持たせるようになっていった。つまり，ストレスの発散としての行為が，結果として事態を悪い方向に導くことを感じていたのである。そして，彼の心配は的中し，ワットら3人は，日本人に対する暴行行為によって補導され鑑別所に入所し，群れていた子どもたちがバラバラになったのである。ビン自身が意識的であったかどうかは別にして，かれらとは異なるストレス発散の方法を，ビン自身が探し出さなければならなかったことは事実であろう。

　第三に，かれらが鑑別所に入所している間に，ビンはこの夏の出来事に関する情報を集めていたS中学校の柿本先生と津山先生と数回にわたって会うことになる。その中で，鑑別所に入所したワットの家族関係に関する詳細な情報を得て，大きなショックを受けている。ビンは「あんなに一緒にいたのに，知らなかった」(フィールドノーツ，1999年11月5日)と語り，その後，筆者との間で交わされるさまざまな話題と絡み合いながら，そのショックに続く行為がビンの中で模索されているようであった。

　　――（横浜の中華街に出かけたことについて）ワットたちのこと，少しは話できるかと思ったけど，結局，タイホンの万引きにつきあった感じになっちゃった。チョー後悔してる。［フィールドノーツ，1999年11月17日］
　　――ワットとかが出てきたら（鑑別所からの出所のこと），どうつきあったらいいかわからなくなった。不安。［フィールドノーツ，1999年11月23日］

　ここに出そろった三つの要因は，ビンの中で次に示すような関係で結びついていったと解釈できる。まず，第一の要因である「心情的共感」の背後にある「ベトナム人のことはベトナム人が一番わかる」という暗黙の前提は，第三の要因によって覆(くつがえ)される。次にそのことは，心情的共感を背景とする「群れ」

ではなく，別の何かを背景とする「仲間」として，彼の周囲のニューカマーの子どもたちを再編成することにより，第二の要因への答えを見いだそうしたということである。結果として，ビンは，鑑別所を出所したワットの家を訪問して話をしたり勉強を手伝ったり，絵を描くことが好きであるという自身とワットの共通点から在日カンボジア人に絵を習いに行ったりということを始めたのである。さらに，ビンは，ワットを励ましたり，違法行為を繰り返しそうになる彼を数回にわたりたしなめたりするという行動を起こしたりもしていた。そして，この支援に加わり，そうした活動を展開するビンを支援していたのが，KS学習室の「ボランティア」の家上さんであった。

にもかかわらず，結果的に，ワットの行動は大きく変化することはなかったため，親族によってベトナムの祖父母のもとに帰すことが決められ，2000年3月末にワットはベトナムに一旦帰国したのであった。この間のことを，ビンは，後に振り返って次のように発表したことがある。

　　去年の夏はいろいろなことがあって，そのことでS中学校の先生とも知り合いました。自分は学校の先生は情報はほしがるけど，ある程度までしかやらない人達だと思っていました。しかし，それは全く違っていて，悪くなっていく友達を一生懸命，面倒を見ていました。自分はその姿に感動したので，自分も一緒にやりたいと思い，今の家庭訪問活動ができていると思います。さらに，その中で，A君というベトナム人の男の子に会いました。同じベトナム人でも自分とは全く違った環境にいることを知って少しでも力になりたいと思いました。それに，自分はああいうやつだと人を決めつけて見る所がありますが，人は見た目と違うことや本当は淋しくても強がったりする事や人はかわることができるという事を学びました。［フィールドノーツ，2000年8月26日］

ビンによって展開されたこれらの活動は，ワットの日常によりそったもので「日常性」を帯びた活動といえよう。

第3節　ニューカマーの子どもたちによる日常的支援の組織化

（1）ビンの活動の影響

　前節で明らかにしたビンの変化や，その「日常性」を帯びた活動は，ビンのみならず，当時KS学習室に参加していたニューカマーの子どもたちに，そして，「ボランティア」に，大なり小なり影響をもたらすこととなった。そして，そのような影響は，ニューカマーの子どもたち自身によるニーズの組織化へと方向付けられていくこととなる。ここでは，その過程を明らかにしていきたい。

①サラ（カンボジア，中3―高1，女，来日11年―12年）の変化

　最初に，ビンの影響を最も強く受けたサラについて紹介することにする。サラは，当時中学3年生で，G団地で両親と，兄2人（KS学習室が閉室に向かっていた際にも参加し続けていたソーンとソッカム），さらに呼び寄せによって来日した父親の兄弟2人とともに生活していた。サラの家族は，他の多くのカンボジア家族と同様に，1979年に両親が母国を脱出してタイの難民キャンプに収容されていて，一番目の兄のソーンはカンボジア生まれであるが，二番目の兄のソッカムとサラはタイの難民キャンプ生まれである。「日本での生活に不安はないか」という質問に対し，父親は「みんな同じだから同じようにすればいい」（1999年1月10日，インタビュー）と語り，第1章で明らかにした「皆と同じ」を核とする「安住の物語」によって，日本での生活を意味づけていることがわかる。したがって「私は学校のことはわからない。だから，心配，心配，心配するだけね。先生，どうかよろしくお願いします」（フィールドノーツ，1999年11月13日）という母親の言葉に端的に示されるように，親の教育戦略も，日本の学校とのかかわりにおいては，「日本の教育システムに依存」し，子どもの将来については「期待するが関与せず」という傾向を示している。

　こうした状況の下で，サラは高校進学の時期を迎えることとなる。サラの兄2人はともに同じ工業高校へ進学していたために，サラは工業高校ではない，別の高校への進学を希望していた。兄達の進学は，「安全」をねらって決められたため，親たちが特に心配をすることがなかったということもあり，サラの進路にかかわる三者面談において，学校の先生から「もう少し点数がとれるようにならないと安心とは言えない」という回答がなされると，両親は「あなた

はお兄ちゃんと比べると，どうしてそんなにバカなのか」と問いただされたという。サラの成績は兄達より良かったにもかかわらず，そのような対応をする親に対して，「親はわかってないから，心配するんだよね」（フィールドノーツ，1999年12月18日）と話していた。彼女は，こうした進学をめぐる親とのやりとりの中で，親がよくわからない中で心配や期待だけを子どもにぶつけることに対し，少しずつ違和感を感じるようになっていた。

さらに，そうした親の対応が，自分が「女の子」であることによって，兄たちよりも強くなされていることを感じるようにもなっていく。実際，父親も「男の子は家の手伝いはさせない。お手伝いは女の子だけ。……それも教育だから。そうでないと結婚して困るから。女の子にとってはそれが一番大事」（1999年1月10日，インタビュー）と語っていて，第2章で明らかにしたように，ニューカマーの女の子の多くは，学校よりも家族に枠付けられていることが，サラにも当てはまることがわかる。こうした状況のもとで，サラにとっての受験期は，ジェンダー葛藤をも伴うものにもなっていたのである。

サラがKS学習室に初めて顔を出したのは中学2年の3学期であるが，それ以後は時々顔を出して勉強する程度の参加であった。また中学3年生になった段階でも，高校受験を目指して勉強しているというよりは，漠然と「勉強しなきゃ」と思っているという感じであり，「勉強しなきゃ」と思えば数回継続して参加するが，そう思わなくなれば，顔見せ程度にしか顔を出さなくなるというばらつきのある参加であった。それは，第2章で明らかにしたニューカマーの女の子に特徴的な「不安定な教室理解」に似ている傾向を示していたのである。

しかしながら，KS学習室の運営に子どもたちが参加することになり，彼女はその中の役割分担として，「ボランティア」の家上さんと会場予約の役割を担うようになってからは，継続的かつ積極的に参加するように変化している。家上さんの話によると，「あの場で，サラが積極的に自治会の役員の方の手伝いをしているので，好感を持たれているみたい」（フィールドノーツ，1999年12月3日）と話し，その役割を積極的に担うことによって，その場に位置づけられていく過程を経験している様子がうかがえた。さらに，そうした変化と平行して，ビンの母国語教室開催への想いを耳にしたサラは，自らもカンボジア語教室を立ち上げたいとの意志を表明するようにも変化していく。

こうした変化は，進路選択とも密接に関係している。日本の学校とのかかわりにおいては，「日本の教育システムに依存」し，子どもの将来については「期待するが関与せず」という親の教育戦略と，兄たちとは異なる進路選択をせざるを得ない状況のもとで，彼女の進路決定は揺れに揺れたといっていいだろう。後に，彼女は，そのことを次のよう振り返っている。

　　私は今中学三年生の受験生です。受験の方は無事終わり，今は29日の発表を待つだけとなりました。でも，私が無事入試を受けられるまでには，いろいろなことがありました。／高校受験で，まず，私は学校選びに迷いました。最初は普通科に行くか，商業科に行くかで，それをボランティアの先生に相談したところ，その二つを決めるとしたら，まず，「将来自分がどうしたいのか，決めた方がいい」と言われました。そこで，私が考えたことは，将来私は大学進学し，もっといろいろなことを勉強したいと思いました。それで私は海外のことを勉強できる普通科の学校を探しました。そして，やっと見つけ，その学校に推薦を申し込み，面接の受験をしました。が，残念な結果になってしまいました。その後私は勉強にも手がつかないほどに落ち込んでいました。でも，終わったことをいつまでも引きずっていたら先へは進まないとボランティアの先生方に言われ，自分もそう思ったので，次へ頑張ることにしました。／その後の私は，受験勉強に没頭し，一生懸命勉強しました。そこで，私が悩んだのは，普通科か海外の事情について勉強できる商業科かです。商業科が大学進学に不利だということは分かっていたので，とても悩みましたが，そこで進学している人もいるので，商業科を選びました。／私は受験勉強を通して，初めて，真剣に将来を考えました。それによって私が今何をしなければならないのか，よく分かりました。受験を通して，私はいろんな事を考えられてよかったと思いました。［イベントでの作文発表から，2000年2月27日］

　こうした過程で，サラのジェンダー葛藤も徐々に和らいでいく。それは，前節に明らかにしたようなビンの活動を彼女が身近で見ることによって，カンボジア家族の中には見られないスタイルの生き方を示す「男の子」のモデルを得たことと大きな関係があるように見られた。
　というのは，サラの一番上の兄であるソーンは，教室の再出発当時は毎回参加していたが，夏休みにアルバイトを始めたことを契機に参加が不定期となっ

ていった。さらに，ボランティアのミーティングへの子どもたちの参加が試みられた際には，「意味ないじゃないですか」という言葉を残して帰った後は，ほとんど顔を見せることがなくなった。彼は，そうした行動の変化について，「自分は同年代の人と一緒にいるよりは，大人と一緒にいる方がいい」（フィールドノーツ，1999年12月20日）と話しており，KS学習室におけるニーズの発見の試みは，ソーンのニーズに対応することにはならなかったことがうかがえた。サラはそうした兄の行動について，「どうして家のお兄ちゃんは，あんななの？ 自分のことだけしか，考えていないっていうか……ビンは違うでしょ。自分のことだけじゃないっていうか，みんなのこと考えて。男の人でもそういう人いるんだなって……」（フィールドノーツ，2000年1月5日）と話すこともあり，兄のような「個人」としての「成功」ではなく，ビンのような「仲間」としての「成功」に共感し，兄とは異なるスタイルで生きる「男の子」との活動をともにすることで，彼女は，ジェンダー葛藤を乗り越えていくようにも見うけられた。当然のことながら，そうした行為がすぐに日常化するわけではなく，行きつ戻りつしながらも，少しずつ乗り越えていったというのが実態にあった表現であろう。

②ボランティアの変化
　こうした子どもたちの変化は，「ボランティア」にどのような影響を及ぼしたのだろうか。KS学習室の「ボランティア」である家上さんは，G団地の在住であることもあり，ワットに対するビンの支援活動を援助するような活動を始めるようになる。そのような新しい試みを行うことは，これまでのKS学習室でのボランティア活動を見直すことになっていったようで，その経過について後に次のようにまとめている。

　　（前略）とは言え，学習室という「箱」の外では，まさにその分断の狭間（学校と家族の間のこと）に落ち込んだ子どもたちにより深刻な問題が進行している事を，フィールドをS中学校に変えた清水さんから耳にするようになった。状況は抜き差しならないもので，違法行為の末に送られた鑑別所から出てくる子どもの支援を，彼らが住む地域で開催していた学習室でどう扱うか考えざるを得なくなっていた。しかし，学習室という「箱」にはニーズを持ってこなければいけない，

一度学校を離脱した彼らにニーズが自覚できるのか？　当該の子どもの仲間であったビン君と，学校，学習室，当事者間を横断した情報・見解を持つ清水さんとの相談の中から，定期的に家庭訪問によって勉強を教えて行くということが始まった。その時に，清水さんのコーディネートによってその子どもたちが通うＳ中学校の柿本先生らと会う事が実現した。これは，分断された関係の中で，私自身批判の対象にしかしてこなかった「学校」がその時点で持つ枠の中で最大限の努力を払っているという実態を知るという機会になると共に，幾度に渡ってそれぞれの立場が持っている情報を交換し合う中で，当該の子どもを支えていこうとする動きの始まりだった。
　この当初私は，「ボランティア」として関わろうと思っていたのは確かである。従って，学習室という「ボランティア現場」との連動も考えなくてはいけないとは思っていた。しかし，「当事者」「学校」「研究者」との対話の中で，私は「ボランティア」であることの問いなおしを迫られた。というのは，私に求められたのは，鑑別所から出てくる子どもの家庭訪問をするという直接的な支援だけでなく，仲間として彼を支えようとしたビン君を支援するということでもあった。さらにこのビン君の動きは学習室の仲間にも伝わり，他の子どもたちも他の少し年下の子どもの勉強を見たりし始め，学習室は子ども中心の運営に向けて大きく動き出していた。この流れの中で，田国語教室も立ちあがり，学習室のスタッフにとっては，そのような子どもたちの活動，つまり当事者集団の支え，支えられる活動をいかに支援するかが課題となったのである。子どもたちの活動は，仲間同士という関係を基盤にしているので，必然的に教室という箱の外で行われる「日常性」を持ったものになる。従って支援者にも日常的関わりが必要になり，時と場所を選ばない課題，つまり家族関係やアイデンティティの問題，将来についてなど，その背景をひっくるめてそれらを引き受けた上でやって行かなければならなくなったと私は感じていた[8]。

　彼女のこの語りには，「ボランティア」としてのいくつかの変化が示されている。第一に，ワットに代表されるような，ニーズを自覚できないがゆえにKS学習室では対象とすることのなかったニューカマーの子どもに対して，ビンがニーズを代弁するというこれまでにない形を伴うことで，初めてKS学習室の対象とすることが可能になったということである。このような形態は，「ボランティア文化」のもとでの，活動や責任の限定性を逓減させることによって可能となっている。第二に，そうした形態は，ニューカマーの子どもたち

がある種の「仲間」を形成する動きへと導かれる傾向もあり，それによってそれまでにはないニーズが発見され，KS学習室の「ボランティア」は，それらのニーズに対応することも求められるようになっていったのである。そして，それらのニーズに対応するためには，これまでの活動や責任を限定した「ボランティア文化」のもとにある「箱」としてのKS学習室ではなく，また，「ボランティア」という存在は「日常性」を伴うものとして位置づけ直されなければならないという意識変革をもたらすことになったわけである。

　しかしながら，家上さんに生じたような変化が，KS学習室のボランティア全員に起きたわけではなかった。というのは，当時のKS学習室に常時参加していた6人のうち，この地域に在住しているのは家上さんとYTさんの2人のみであり，「日常性」を伴う活動への意識変革が物理的に難しい状態にあり，そうした条件によって，意識変革の可能性は閉ざされることになっていたのかもしれない。このことが部分的にも明らかになった一つの出来事がある。

　この年（1999年）の末，従来，ボランティアのお膳立てで行われていたクリスマス会は，ニューカマーの子どもたちの運営への参加により，子ども主体に変更され，かれらはその活動に非常に積極的に取り組んでいた。それだけでなく，これまでにお世話になったボランティアの人にもお礼をしたいからと「少しでも学習室に来た先生たちには，声をかけたい。先生たちの電話を教えてほしい」（フィールドノーツ，1999年11月30日）という依頼があったりもしていた。こうして迎えた12月18日は，通常10人強の参加であるKS学習室に，23人もの子どもたちが参加したのである。これに対し，ボランティアは約15名の登録のうち9名の参加であった。その日の夕方，筆者と家上さんは，中心になった子どもたちとの反省会をかねたインフォーマルな会をもったのだが，子どもたちからは「先生たちがもっときてくれると思った」「少しがっかりした」という話が出ていた。また，通常の教室には欠かさず来るこの地域に住むYTさんが来なかったことについて，「この前聞いたら，勉強じゃないから行かないって言ってた」と語ってもいた。

　このエピソードから見いだされることは，ボランティアにとって，KS学習室の主体は，依然としてボランティアの側にあり，その主体が子どもに変更されることによって，ボランティアのKS学習室への参加は促されないことになっているということである。したがって，クリスマス会の企画において表面化

第3節　ニューカマーの子どもたちによる日常的支援の組織化

したニューカマーの子どもたちのニーズへの支援は，非常に限定されたボランティアにしか広がらなかったと言えよう。

（2）アプローチ——KS学習室運営委員会の立ち上げ

　以上のような過程からうかがわれるのは，ニューカマーの子どもたちのニーズが発見されたとしても，KS学習室のボランティアは，物理的かつ意識的に，従来の「ボランティア文化」のもとにあり続けようとするということである。にもかかわらず，KS学習室に参加するニューカマーの子どもたちのニーズは，子どもたちからボランティアに向けられる語りにおいて，また，子どもたちのどうしの語りの中に，より一層見いだされるようになってもいたのである。こうした状況のもとで，筆者は「ボランティア」という存在を「日常性」を伴うものとして位置づけ始めた家上さんと，今後の可能性について繰り返し話しあう中で，ニューカマーの子どもたちが，かれら自身の活動を互いに支援する方向へ，KS学習室の活動を転換させることを模索していくことになっていったのである。

　その出発点となったのは，これまでKS学習室の運営に参加することに留まっていた子どもたちの活動範囲を一層広げ，KS学習室の運営を子ども中心とすることによって，子どもたちのニーズを組織化することをベースとする運営に切り替えていくことであった。家上さんと筆者は，度重なる話し合いの中で，現在進行している子どもたちの活動を，【図表3-6】のようにKS学習室の運営組織としてまとめあげた。

　ここでは，従来の教室活動を「学習支援教室」として位置づけると同時に，現在進行している子どもたちの動きを，別の二つの柱として位置づけている。一つの柱は，ビンが立ち上げようとしていたベトナム語教室，それに呼応するようにサラが立ち上げようとしたカンボジア語教室，そうした動きに刺激を受けつつ，「やるなら中国語。でも……，できるかわからない」（フィールドノーツ，2000年1月5日）と話す中国系カンボジア人の泰正などの動きも位置づけた「マザーランゲージ」という母国語教室の開催である。もう一方には，ビンがワットに対して行った活動を「家庭訪問活動」として位置づけることとした。それは，ビンの活動をビンの個人的な動きに閉じ込めないことにより，家上さんの言うところの「当事者集団の支え，支えられる活動をいかに支援するか」

【図表3-6】 KS学習室運営組織

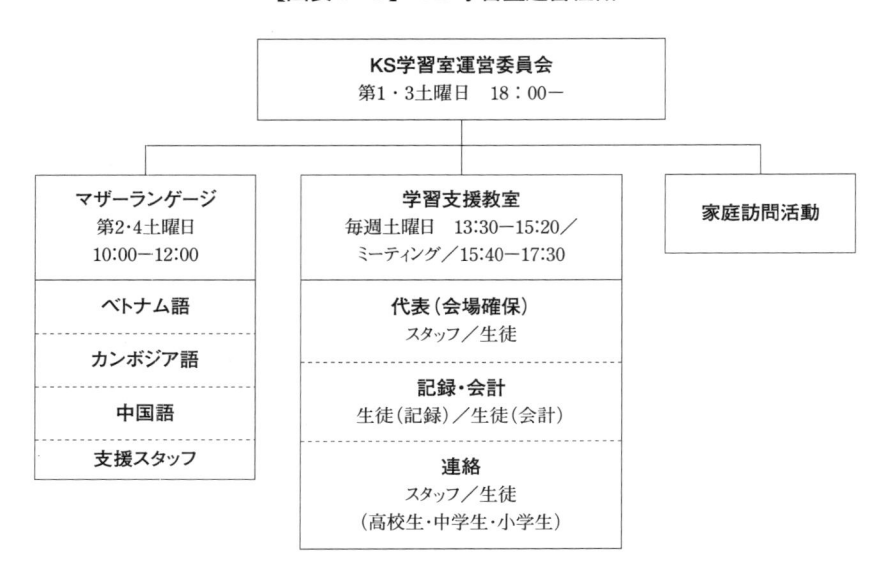

```
┌─────────────────────────┐
│   KS学習室運営委員会      │
│   第1・3土曜日 18:00－   │
└─────────────────────────┘
```

マザーランゲージ 第2・4土曜日 10:00－12:00	学習支援教室 毎週土曜日 13:30－15:20／ ミーティング／15:40－17:30	家庭訪問活動
ベトナム語	代表（会場確保） スタッフ／生徒	
カンボジア語	記録・会計 生徒（記録）／生徒（会計）	
中国語	連絡 スタッフ／生徒 （高校生・中学生・小学生）	
支援スタッフ		

という役割をKS学習室に位置づけようとした結果でもある。さらに，そうした活動全体を俯瞰するための「運営委員会」を隔週で行うことで，子どもたちが互いの活動を知る場を確保し，KS学習室の実質的な活動の中心に子どもたちをすえることを意図したのであった。

　子どもたちにこの組織図が提案されたのは，2000年2月12日であるが，その場には，高校1年生1人，中学3年生5人，中学2年生1人の合計7人の出席があった。子どもたちは非常に元気な様子で，これから起こる様々な出来事にわくわくしている様子であった。また，家上さんの「みんな少し忙しくなるけど，大丈夫？」という問いかけに，在日年数が3年と短いためにKS学習室では言葉数の少ないハイ（1998年10月のボランティアのミーティングの時は黙ったままであったベトナム人，高1，女，来日3年）が「暇だとつまらない。忙しいのうれしい」と語ったりもした。

　このような変化のもとで，ニューカマーの子どもたちの活動は拡大していった。活動として最初に定着したのは，ベトナム語教室であった。運営委員会に参加していたビン，ハイ，ホアン（ベトナム，中2，女，来日5年）は，既に別のところでベトナム語教室を開催している在日ベトナム人のタンさんを訪問し，

ベトナム語の先生を引き受けてくれる人を紹介してくれるように依頼している。最終的には，タンさん自身が引き受けてくれることとなり，2000年4月8日に第1回を開催することとなる。続いて，4月22日には，カンボジア語教室がスタートする。中国語教室は，動きがありつつも諸処の要因によりこの時期の開催には至らず，この支援組織が拡大したずっと後で開催されることとなる。なお，この時期には，第2章の事例のアテ・セナ・タオのきょうだいが，ラオス語教室を立ち上げてもいる。

（3）KS学習室運営委員会立ち上げからの1年間

　こうして「日常性」を帯びたかれらの活動は，筆者からは，とらえきれないものへとどんどん広がっていった。立ち上げから第Ⅱ部で明らかにする新しい段階への転換を決める2001年5月26日までに，KS学習室の運営委員会は合計25回行われている。活動の広がりとしては，まず，土曜日のみに計画されていた学習支援教室は，月曜日夜，金曜日夜に行われるようになった。家庭訪問活動は，この動きの中核であったビンと1999年夏に「群れ」ていたホンとの関係から生まれたグループ，その動きに積極的な反応を示したサラと第2章の事例のワンとサミというニューカマーの女の子という関係から生まれたグループを中心に，他にも新しい動きがいくつか加わっていった。

　こうした動きの中で，KS学習室の閉室の時から姿を全く見せなくなっていたソッカム（サラの2番目の兄）が，7月頃から再びKS学習室へ定期的に参加するようになった。その契機は高校卒業後の進学先の決定にあったようで，彼は「受験について相談がある」と話し，4月末に久しぶりにKS学習室に顔を見せた。彼は，兄と同じ進学先を勧める周囲に対し「兄貴と同じにしとけばいいやって感じでやってた。でも，違うって感じがして……」（フィールドノーツ，2000年4月22日）とその時は話していた。しかし，それ以後，進学についての相談の中心は高校の担任となっていて，KS学習室ではそれを報告したり，時折，「ボランティア」の家上さんなどに小論文の書き方のアドバイスをしてもらったりする程度にとどまっていた。そして，7月から定期的に教室に通うようになった際には，年下のニューカマーの子どもたちに勉強を教えることを自らの活動の中心とし，さらに，第2章の事例のアテに対し，ビンと組んで家庭訪問活動を展開するようにもなっていった。さらに，年度末には，「バスケ

【図表3-7】 KS学習室家庭訪問活動実施回数

期　　間	のべ回数	1日平均回数
9月1日～9月16日	16回	1.0回
10月1日～10月21日	22回	1.0回
10月22日～11月5日	9回	0.6回
11月6日～12月1日	26回	1.0回
12月2日～12月15日	14回	1.0回

(運営委員会で報告されたものを集約)

ットボールをしたい」という要請に応えて、「地域」で体育館を借りる活動を展開することを試み始めてもいた。筆者からの「ソッカム、変わったねえ」という声がけに、「ここが、前になくなろうとした時は、来ても意味ないなあって思ってたけど、今、こういう風に変わって、いい感じじゃないですか」(フィールドノーツ、2000年8月11日)と答えていて、当事者による当事者支援の活動を積極的に評価している様子がうかがわれた[9]。

こうした単独でグループを作って行われる家庭訪問活動は、それが単独で展開することが困難な場合には、「ボランティア」の家上さんなどが、その「手伝い」をするという形で行われる場合もあった。こうして試みられた家庭訪問活動は、夏休み以後、運営委員会で報告されたものを集約すると【図表3-7】となる。これらは、月・金・土曜日に行われている学習補充教室とは別に行われていたものであり、それが1日平均約1回の割合で行われていたことを考えると、この時期、「地域」で、ニューカマーの子どもたちの学習支援をめぐる何らかの活動は、ほぼ毎日行われていたこととなり、「日常性」を強く帯びていることがわかる。また、学習支援教室以外にも、日常の様々な問題を取り上げて話をしたいという子どもたちの要請で筆者が引き受けた学習会(ドリアンブルー)や、絵画を習いたいという子どもたちの要請で、家上さんが引き受けた絵画教室も始まるようになっていった。そうして1年後、集約されて再組織化されたニューカマーの子どもたちの運営組織は、【図表3-8】ようなものとなっていた。ここには、ニューカマーの子どもたちによる「日常的支援の組織化」という一つの姿が示されていると言えよう。

【図表3-8】 2001年度 KS学習室運営組織

代表：サラ（高2）
副代表：サミ（中3）
＊記録はスタッフが行なう　＊イベントについては随時係を決める　＊運営委員会は毎月第1土曜日

◆月曜教室
場所：コミュニティ
時間：17：00－21：00
代表：○○（高1）
副代表：○○（中2）

◆金曜教室
場所：集会所
時間：17：30－21：00
代表：サラ（高2）
勉強会企画代表：
　アテ（中3）
バスケット企画：
対外交渉：
　ソッカム（大1）
　○○（中3）
学校連絡代表：
　リット・アン
　（ともに中3）

◆土曜教室
場所：集会所
時間：13：30－17：30
代表：サラ（高2）
副代表：サミ（中3）

◆マザーランゲージ
場所：集会所
時間：2,4土曜日
　10：00－12：00
ベトナム語代表：○○（中3）
カンボジア語代表：○○（高2）
ラオス語代表：
　アテ（中3）サック（中2）
会計：ビン（高3）

◆その他の活動◆

□ドリアンブルー
場所：集会所
時間：運営委員会のない土曜日
内容：いろんなことを語ろう
企画：清水

□絵画教室
場所：家上さん自宅
時間：第1,3土日を中心に臨機応変
内容／企画：キムさんの指導による絵画教室

3月17日運営委員会の記録より抜粋
（本書で既に登場している子どもについては仮名，他は○○に変更）

第4節　蓄えられた資源

　本節では，日常的支援の組織化のもとで蓄えられた資源について，本章の冒頭で提示したウォルマン（1996）のアイデンティティ，情報，時間という編成的資源の枠組を用いて，考察してみたい。

（1）アイデンティティ：エスニシティへの肯定感

　KS学習室でのニューカマーの子どもたちによる「日常的支援の組織化」過

程を検討してみると，その過程に積極的に関わる子どもたちに共通する資源として「エスニシティへの肯定感」が確認できる。ただし，この資源の獲得の方法には，ニューカマーの子どもの間で違いが存在する。まず，否定から肯定への転換がある場合としては，この活動のきっかけを作ったビンを事例として検討することができる。彼は，小学校の頃はベトナム人であることに劣等感を持っていたとして，2000年5月に書かれた彼の作文には，次のように述べられている。

　　　（前略）そうしているうちに，頭の中はベトナム人でいっぱいになっていった。そして，自分の4，5年生の頃の記憶がよみがえって来た。その頃の自分はベトナム人であることに劣等感を持っていた。ときどき，親とケンカをすると「ベトナム人なんか死んじまえ」と言ったこともあった。（後略）

したがって，彼がKS学習室に参加するようになった当初，「ここに来るだけで特別な目で見られる。だから，ここじゃない方がいい」（フィールドノーツ，1998年9月23日）と語ってもいたのである。

こうした彼に変化が生じるのは，彼が「群れ」に代わってKS学習室で「仲間」を形成していく時期にあるわけだが，そこで選択されたKS学習室という場は，ニューカマーの子どもたちを対象とする外国人に開かれた場なのであり，KS学習室に参加するということは，「エスニシティなるもの」を真正面から受けとめるということとも連動しているのである。そして，「『ベトナム人』であるためには，ベトナム語がちゃんとできなければ馬鹿にされる」（フィールドノーツ，1999年11月23日）という志向のもとで発足させた母国語教室や，群れていたことにより学校や家から離脱したベトナム人の友人に対して行った家庭訪問活動は，ビンが「ベトナム人」であることに積極的にアイデンティファイするための活動でもあった。そして，そうしたビンの活動を支援する「ボランティア」によって，その活動は，一層強化されてもいるのである。

こうした変化は，一方で，両親が生成する「安住の物語」に対する理解を深めることにもなる。ビンは，先に紹介した作文の後を，次のように続けている。

　　　（ベトナム戦争の）写真を見ているうちに，その時（「ベトナム人なんか死じま

え」と言った時）のことを，なんて自分は最低なんだろうとせめる気持ちが出てきた。ベトナム戦争の状況を知らなかった自分が親にあんなことを言ってしまって，とても悪いことをしてしまったととても後悔した。

　次に，否定から肯定への転換の見られない場合として，サラとその兄ソッカムを例としてあげることができる。サラは，次のように語る。

　　お父さんからキャンプとかでの苦しい話とか聞いたら，本当につらくなる。親には絶対に迷惑をかけられないって思うよ。［フィールドノーツ，1999年8月9日］

　サラやソッカムのようなカンボジア家族の場合，かれらはタイの難民キャンプで10年に及ぶ生活を余儀なくされていて，この経験が，親によって生成される「安住の物語」を子世代も一定程度共有することを可能にしている。この点については，第1章での家族インタビューの結果とあわせてみると，難民キャンプ滞在の経験の長い方が，「安住の物語」の子世代との共有の程度が強まる傾向にあることが確認できる。したがって，子世代は当初から「安住の物語」を崩さないように，日本での自らの生活を意味づける傾向があり，そうした傾向は，KS学習室などを利用することによって，「エスニシティへの肯定感」を一層強化させることにもなっている。
　さて，「エスニシティへの肯定感」を概念化するにあたり注意を要するのは，それが「エスニシティの強調」とは異なるという点である。例えば，第2章の事例で示したように，ニューカマーの子どもたちが学校から離脱するような場合，「群れ」の原理を「強いベトナム人」とするようなことが起こりうるわけだが，それは「エスニシティなるもの」が無視されたり，無効化されたりする日本の学校の教師によって生成されるコンテキストに対して，そこからの決別のために「エスニシティなるもの」を持ち出すのである。したがって，この場合のアイデンティティとしての資源は，「エスニシティの強調」ということになるだろう。
　しかしながら，KS学習室でのニューカマーの子どもたちによる「日常的支援の組織化」過程において見出された「エスニシティへの肯定感」というアイデンティティは，日本の学校の教師のコンテキストとの決別を想定せずに，

「エスニシティなるもの」を獲得しているところが重要であろう。したがって，かれらは「学習補充教室」の活動を拡大することと平行して，「母国語教室」も開催し続けていたのである。

　ところで，この否定から肯定への転換は，ある瞬間に突然起こるわけではない。この転換には，その移行過程で表出される「エスニシティの表明」を受けとめる他者の存在が必要となる。その対象として大きな存在となるのが，かれらの日常と深いかかわりをもつ学校の教師である。例えば，ビンの場合には，2000年2月高校の合唱祭で指揮者を担当したことをきっかけに，高校で始めて自分のことをみんなの前で話す機会を得たという。彼は，その経験を次のようにうれしそうに筆者に語ったことがある。

　　保健の授業が合唱祭の思い出みたいな話でつぶれて，僕の話になったの。それで，先生が「ビン君は何人なんだ？」って聞いたから，「僕は，日本人ではないし，でも，ベトナムのこともよく知らないし，ベトナム語もちゃんとはできないから，ベトナム人でもないと思う。だから，中間の人で生きていきます」って言ったの。そしたら，みんなも「へー」って言って，先生も「ほー，ビン君は17歳なのに偉いなー」って言ったから，「僕は16歳です」って言ったの。そしたら，みんな爆笑して，うんといい感じだった。［フィールドノーツ，2000年2月9日］

　このエピソードは，かれの「エスニシティの表明」を受けとめる存在が学校という場にあったことを示していて，そうした存在と場の多寡によって，否定から肯定への転換の有無が決定していくことになっているのである。
　では，「エスニシティの表明」が受けとめられない場合とは，どのような場合であろうか。筆者が観察した事例としては，第2章で「安定した教室理解」をしているとして取り上げたリット（カンボジア，小6，男，日本生まれ）の小学校6年生の時の出来事がある。

　　放課後，外国人の子どもたちに向かって，担任の田宮先生が声をかけている。
　　田宮先生：今日は，ラオスのふれあいタイムがあるから行きなさい。アテ，サミ，リットいいかー。
　　　リットは「へっ？」という顔をして前を見てから，筆者の方を見る。

182　　第4節　蓄えられた資源

筆者：僕はカンボジアですって言ってきたら……。
リット：いいよ。
筆者：でも，また間違えられるかもよ。
リット：前に出て行って田宮先生に何かを話し，戻って来る。
筆者：何だって？
リット：何にも。
　　　［フィールドノーツ，1998年5月25日］

　こうしたエピソードには，日本の学校の教師にとって，ニューカマーの子どもたちの母国がどこであるかはさほど重要でないこととされていることが表われている。そして，「エスニシティの表明」に対する他者の反応が，このような状態にとどまる限りにおいて，否定から肯定への転換は起きにくいのである。実際に，第Ⅱ部の5章でも紹介するように，この事例のリットはカンボジアに対する強い否定感情を中学2年生まで持ち続けていたのである。

（2）情報：在日外国人モデル

　前項で検討した「エスニシティへの肯定感」というアイデンティティに関わる資源は，日本人とは異なる自らの存在を強みや手段として利用しようとするエネルギーを伴っている。例えば，ビンの「ベトナム語を学びたい」という想いから出発したベトナム語教室の発足という動きは，彼の想いに共感するサラやアテのモデルとなる兄セナによる，カンボジア語教室やラオス語教室の発足につながっていった。この過程では，「母国語教室発足」という情報そのものが，地域のニューカマーの子どもたちに広がったというよりは，ニューカマーの子どもで母国語を学ぼうとする人がいるという情報，すなわち，情報としての「在日外国人モデル」という資源が，この地域に蓄えられたと言った方がいいであろう。

　なぜなら，例えば，サラは，自分自身の兄とは異なる「仲間」を意識したビンの指向性に強く共感している。また，それはサラの兄のソッカムにも通じるものであり，それは先述の「ここが，前になくなろうとした時は，来ても意味ないなあって思ってたけど，今，こういう風に変わって，いい感じじゃないですか」（フィールドノーツ，2000年8月11日）という反応に表れている。また，

弟のアテをラオス語教室の代表に据えつつも，実質的動きを決めているセナは，この時期「ベトナム人とかがんばっているのに，ラオス人だらしないって言われるのやだ」（フィールドノーツ，2000年7月15日）と話していて，そうしたモデルを自身で体現しようとする志向性を持っていた。そして，その中心であったビンも，一緒に活動をすることになったセナの兄のタオについて，「タオ君ってすごいよね。だって，20歳でしょ。僕なら，もう，どうでもいいって思ってもいいのに，始めようって，やろうってするっていうのが」（フィールドノーツ，2000年5月6日）と語る。こうした関係からは，「在日外国人モデル」という情報が，ビンから一方的に伝達されているのではなく，他者を介してビン自身にフィードバックされていることも確認できる。「在日外国人モデル」は，このように縦横無尽に行き交うことによって，単一なものではなく，多様性をもつ情報となっているのである。

　ここで「在日外国人モデル」として示そうとしているものは，在日韓国・朝鮮人に関する研究において「在日」の若者世代が模索しているモデルと共通するところが大きい。例えば，福岡（1993）は，それを「"本国の韓国人・朝鮮人"に自己同一視するのでも，"日本人"に自己同一視するのでもなく，彼ら／彼女ら自身が，『在日韓国・朝鮮人』としての新しい生き方を作り出そうとしている」（p.92）と表現している。

　こうした「在日外国人モデル」という情報に関わる資源は，KS学習室の「日常性」を帯びた活動を通じて，ニューカマーの子どもたちに変化を及ぼしている。例えば，KS学習室に通う子どもで，母国語が堪能でない子どもたちのほとんどが母国語教室に参加している。それは，「エスニシティの表明」の活動であり，それを受けとめる他者の有り様によっては，「エスニシティへの肯定感」への転換をもたらしうる可能性をもつ動きとしてある。

　また，サラを中心とするワンやサミとの家庭訪問学習には，次のような状況が見て取れる。第2章で明らかにしたように，サミは，KS学習室へ行きたいとは思うものの両親が共働きのため妹の面倒を見なければならないこと，また家庭の外での活動が増えることに対する両親の不安によってKS学習室へ行くことが難しいという事情を抱えている。それは，親の「安住の物語」への囲い込みのもとでの放任という状況にサミがおかれていることでもあった。そして，その傍には，親の心配による囲い込みのもとにおかれたワンもいる。こうした

事情を知ったサラの活動は，家庭訪問によって，彼女らのおかれた囲い込みという状況を変化させようと意図したものだったわけである。これによってサミは「お姉さん（サラ）に言われた宿題はちゃんとやる」と友だちに話している（フィールドノーツ，2000年7月29日）とのことで，「不安的な教室理解」から多少なりとものがれていく様子がうかがえるようになったのである。

（3）時間：エスニック的背景を伴う過去と具体的な将来像を伴う未来

　KS学習室でのニューカマーの子どもたちによる「日常的支援の組織化」の過程で，その中核を担う子どもたちに共通している事柄として，①両親が生成する「安住の物語」に対する理解を深めることを通して，エスニック的背景を伴う過去を確認していること，②漠然としていた未来に具体的な将来像が見いだされていること，③そうした時系列認識の中で現在がより目的志向的になっていることが確認できる。かれらは，親世代が持ち得なかった「時間」のとらえ方を資源として獲得していると言える。

　例えば，ビンの場合は，ベトナム家族の多くの場合がそうであるように，子どもの将来に対して「期待と可能な範囲での関与」という教育戦略がとられている。これは，ベトナムでの近代学校制度の整備状況が，インドシナの他の二国（カンボジア，ラオス）に比べて良かったことにより，親世代の母国での教育経験も他二国に比べれば充実しているからである。こうした親の経験は，ベトナム家族の子世代に「具体的な将来像を伴う未来」という資源を獲得し易くしている。したがって，彼にとってのこの資源は，親世代から相続されたものでもある。だから，彼は群れていた時でも，「大学に行きたいから」という理由で違法行為を極力拒否することができたのである。こうした未来という資源が，KS学習室という場を選択させ，それによって「エスニシティへの肯定感」「在日外国人モデル」という資源を獲得している。さらに，それらの資源によって，両親が生成する「安住の物語」に対する理解を深め「エスニック的背景を伴う過去」という資源を獲得している。

　サラやソッカムの場合には，長期にわたる難民キャンプ滞在経験によって「エスニック的背景を伴う過去」という資源が獲得されていた。すなわち，かれらにとってのこの資源は，親世代から相続されたものでもある。そして，この資源によって「エスニシティへの肯定感」という資源が獲得され，KS学習

室という場が選択されてきているのである。さらにかれらはこうして選択された場で、「具体的な将来像を伴う未来」と「在日外国人モデル」という資源を獲得している。

　セナの場合には、ビンやサラ・ソッカムが持ち得たような親世代から相続した資源が見あたらない。かれは「放任」という教育戦略のもと、ある時期までさまよい続けたのであろう。しかしながら、そうした過程での少年院での生活とそこでの担当教官の「エスニシティなるもの」の意味づけによって、セナは「エスニシティへの肯定感」という資源を獲得していく。この資源によってKS学習室という場が選択され、それによって「在日外国人モデル」という資源は獲得されつつあったのである。にもかかわらず、彼が「時間」に関する資源を獲得することは難しかったようである。そのことは、第2章のセナの手紙における、「将来までにたどり着く道が一つではなく、たくさんの別れ道になっているから、どの道を行けば良いのか自分でも分かりません」（フィールドノーツ、2001年3月17日）という語りに表れているように思われる。

（4）「資源」をめぐる若干の考察

　ニューカマーの子どもたちが、日本の学校生活を送りつつも、「エスニシティなるもの」の顕在化の程度を弱める力に「抵抗」することを可能にする「資源」を調達できれば、かれらは「エスニシティなるもの」を失わないまま、日本の学校生活を生き抜いていくことができる可能性は拓かれる。そして、この仮説に基づいて明らかにした「資源」は、アイデンティティとしての「エスニシティへの肯定感」、情報としての「在日外国人モデル」、時間としての「エスニック的背景を伴う過去」と「具体的な将来像を伴う未来」であった。そして、そうした資源を獲得することにより、「文化的生産」の可能性は示唆されたのである。

　ここでこの章をまとめるあたり、いくつかの点について考察を加えたい。まずは「文化的生産」を可能にする「資源」に関する知見である。本章では、ウォルマンの図式にならい、「文化的生産」を可能にしたアイデンティティ（エスニシティへの肯定感）、情報（在日外国人モデル）、時間（エスニック的背景を伴う過去・具体的な将来像を伴う未来）という三つの編成的資源を明らかにしたが、本章の分析過程を再考することで、これらの資源にかかわって、若干の考察を

【図表 3-9】

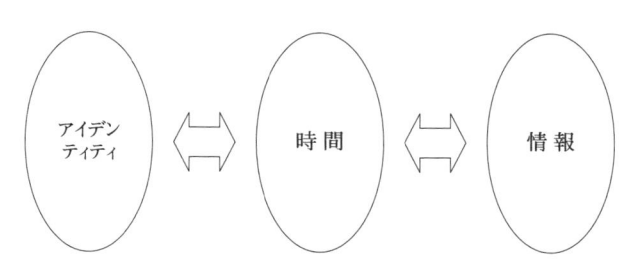

アイデンティティ ⇔ 時間 ⇔ 情報

加えることができる。第一に，ここで捉えた三つの資源のレベルは，ウォルマンが捉えようとした「資源」そのものというよりは，「資源化」までを視野に入れた分析であるという点である。ここで投入された「資源化」という概念は，「エスニシティへの肯定感」を例にとれば，次のように説明できる。

　本章で明らかにしたように，「エスニシティへの肯定感」というアイデンティティに関わる資源は，「否定」から「エスニシティの表明」を経て「肯定」へという経過を経て獲得されている。したがって，最初から「エスニシティへの肯定感」は，「資源」としてニューカマーの子どもたちの日常に存在していたわけではないのである。しかしながら，だからといって，それが全く無から生みだされたものかと言えば，決してそうではない。それは，ニューカマーの子どもたちの学校を中心とする日常世界において，負のレッテルを貼られている「異質性」の象徴としての「エスニシティなるもの」が，異なるコンテキストのもとで読みかえられることによって「資源」となるのであり，そうした解釈の変更をとらえるためには，「資源化」という概念が有効であると考えられるのである。

　こうした「資源」の獲得において，同一の事柄が異なる「資源」として解釈される可能性については，文化的再生産論における「文化資本」という概念においても同様の指摘がなされてきている。例えば，宮島（1994）は，「文化資本の動態的把握」を試みるために「所与の文化的条件がそのままの同一性において機能するのではなく，行為者の行動その他を通じてさまざまに『変換』されうるということも重要な点である」として，「文化資本」の再定義として「相続的文化資本」と「獲得的文化資本」という区別を行っている（pp.157-160）。そうした観点から本章の知見を考察するならば，「資源化」という用語

が指し示すのは、「変換」を、時間を伴った解釈の変更という過程として捉えたと言えよう。

　第二に、三つの編成的資源の獲得は、相互に関連しつつも、「時間」の獲得を軸として他の二つの資源の獲得が行われている（【図表3-9】）。この点を事例に基づいて改めて確認してみよう。ベトナム家族のもとにあるビンにとって、未来という「時間」の資源は「相続的文化資本」であり、それによってKS学習室という場が選択されている。そして、そこでの活動を通して、エスニシティへの肯定感という「アイデンティティ」や在日外国人モデルという「情報」の資源を獲得し、それによって「時間」における過去という資源の獲得が可能となっている。難民キャンプ経験の長いカンボジア家族のもとにあるサラとソッカムは、過去という「時間」の資源は「相続的文化資本」であり、それによって家族内で、エスニシティへの肯定感という「アイデンティティ」を獲得していて、それによってKS学習室という場が選択されている。そして、そこでの活動を通して、在日外国人モデルという「情報」とともに、未来という「時間」のもう一つの資源を獲得しているのである。一方、ラオス家族のもとになるセナによるKS学習室という場の選択は、エスニシティへの肯定感という「アイデンティティ」の獲得によるものである。そして、そこでの活動を通して、在日外国人モデルという「情報」を獲得しつつあったにも関わらず、「時間」という資源を獲得するまでには至らなかった。その結果、筆者が追跡しうる時期（2001年4月）の段階では「文化的生産」を見いだすには至っていないのである。

　では、ここに示される「時間」を軸とする編成的資源の獲得状況は、何を意味するのだろうか。資本主義経済への適応の過程の遅れや困難さを説明するために、「時間の意識の構造」に注目する必要があると指摘するのは、ブルデュー（1993）である。アルジェリアにおける下層プロレタリアとプロレタリアの階級的分別を分析したブルデューは、資本主義経済への適応の過程の遅れや困難を説明するには、前資本主義的な経済と結びついた時間の意識の構造を分析する必要があるとして、その理由を、「予測可能性や計算可能性を確実にしているような経済的、社会的組織に適応するには、時間に関して、つまり、より正確にいえば、未来に関して、ある特定の性向を必要とする。すなわち、経済行動の『合理化』は、未来における、まだ実在していない想像上の目標点との

関連において，あらゆる存在が組織化されることを前提とするのである」（p. 19）としている。この点を本書の対象としているニューカマーに引きつけるならば，インドシナ系のニューカマーの場合，その母国から日本への移動過程には，前資本主義経済から資本主義経済への移行も含みこまれているわけであるから，かれらの日本社会への適応が，最終的に「時間」という資源の獲得に集約されて説明されることは，その必然的帰結と言えよう。

第5節　第Ⅰ部を締めくくるにあたって

　本章をもって第Ⅰ部を締めくくるわけだが，それにあたり方法論にかかわって留意するべきことを付言しておきたい。第Ⅰ部の冒頭の課題設定と調査方法においても明らかにしているように，第Ⅰ部で，ニューカマーの子どもたちの日常を描き出すために用いたデータは，最も古いものは1997年10月のデータであり，最も新しいものは2005年1月のもので，その間約7年ということになる。そして，本書全体を読み終えていただければわかるように，その間途切れることなくフィールドワークを継続してきた。こうした経緯を辿ったことについて，ここで説明を加えておきたい。

　第Ⅰ部は，教育社会学者としてフィールドに参入し，参与観察やインタビューを行ってデータを集めて，ニューカマーの子どもたちの日本での日常を描き出しているという点で，極めてオーソドックスなエスノグラフィーといっていいだろう。また，第3章は，第1・2章までとは若干手法の異なりが確認できるものの，「参与観察」の称される手法の「参加者」としての役割が強調されたエスノグラフィーである（佐藤，1992）。しかしながら，第Ⅱ部では，第Ⅰ部の手法によって得られた知見を現場に提示することによって，「研究者」が，地域での当事者による組織の立ち上げや，学校文化の変革という過程に積極的にコミットし，その実際の過程とそれに伴う変化を描き出すことになっている。

　本書では，そうした異なる手法によって得られたデータをもとにしているわけであるが，ここで確認しておきたいのは，第Ⅰ部と第Ⅱ部のデータの関係である。論文の構成上は，第Ⅰ部の後に第Ⅱ部を提示する形をとっている。それは，第Ⅱ部の過程は，第Ⅰ部で得られた知見なくしては始まらないからであり，当然の順序である。しかしながら，第Ⅱ部の過程の出発にあたって，本書で描

き出している程度に，第Ⅰ部の知見が総括されていたかというと，そうではないのである。そのことは，第Ⅰ部で用いたデータが，先に述べたように7年余にまたがっていることに象徴されている。第1章に示した家族との関係や，第2章に示したニューカマーの子どもたちが日本の学校で「見えない」存在であるという状況は，フィールドに参入した初期に描き出すことができたものである。そして，なぜ，そのような状況が起きるのかという点についても，研究者コミュニティに蓄積された移民研究，異文化理解，多文化主義等々の知見を駆使することによって，一定程度は解釈可能であった[10]。にもかかわらず，ニューカマーの子どもたちが，「どのような過程を経て見えなくなるのか」「どのような過程を経て不登校傾向に陥るのか」については，依然として明らかにはならなかったのである。

　ところが，第Ⅱ部の過程が始まり，地域での新たなコンテキストが生成されたり，学校の支配的なコンテキストが変化し始めると，ニューカマーの子どもたちは，かれらの日常において，それまでとは違った側面を，意識的か無意識的かにかかわらず，周囲に提示するようになったのである。それは，例えば，それまで「語られないもの」であったものが語られることであったり，「失われていくもの」があることを知らせるような行為であったり，等々である。そして，それが第Ⅰ部のデータとして付け加えられることによって，フィールドに参入した当初に研究者が描き出した状況が，どのような過程の結果としてあるのかが明らかになったのである。第Ⅰ部と第Ⅱ部の手法の関係は，今まさにここに書き上げた第Ⅰ部によって，また新たな第Ⅱ部の過程が始まる……という関係を繰り返していて，研究活動そのものが脱構築を繰り返している。

　その上で，さらに，ここで言及しておかなければならないのは，データに内在する立場性の問題である。本論文は，ニューカマーの子どもたちの日常について，長期にわたって，かれら自身の意味づけをできるだけ尊重して描き出している。そうであるがゆえに，周囲の日本人の大人（教師，ボランティア，研究者）の言説は，本書において周辺的である。その上，第Ⅰ部と第Ⅱ部には上記に述べたような関係があるため，第Ⅱ部の基点である2000年12月以前に引用される周囲の大人の語りと，それ以後に引用される語りでは，明らかに異なる様相を示している。しかしながら，そのことは，ニューカマーの子どもたちに対して，第Ⅱ部の基点以前の周囲の日本人の大人がニューカマーの子どもたちに

無理解で，それ以後の日本人の大人が理解がある，ということを意味するものではない。

ここではっきり述べるならば，今でも第Ⅱ部の基点以前の状況は，本書のフィールドにおいても主流であると筆者は感じている。そして，第Ⅱ部で描き出すものは，そのフィールドで局所的に起きていることであろう。したがって，第Ⅰ部に引用したデータに登場する大人の無理解に見える言動も，特定個人の問題ではないのである。

そして，さらに付け加えるならば，日本の学校は，今日の時代状況のもとで説明責任を問われる傾向のもとにおかれつつも，そうした傾向に対して「受けて立つ」というよりは，「説明を問われない関係」を地域や研究者と取り結ぶ方向に動いているように思えてならない。しかし，第Ⅰ部に引用したデータに登場する教師の無理解に見える言動も，説明を求める研究者に対して，極めて率直にありのままの想いや考えを提示してくれた結果得られたものである。このことはここに記してあらためて感謝したいと思う。そうした提示があったからこそ，第Ⅱ部の過程は始まることとなったし，ニューカマーの子どもたちが日本の学校でおかれるコンテキストを明らかにすることができたからである。

1） こうした地域ボランティア団体の活動の目的などについては，坪谷（2001）で詳細が報告されている。
2） KS学習室とインドシナ難民を対象とした民間ボランティア団体との関係については，家上（1999）に詳細が報告されている。
3） 池田京（当時東京大学大学院），小澤浩明（当時中京大学），鈴木美奈子（当時立教大学大学院）の3名である。ここに記して感謝申し上げる。
4） ソッカムは高校合格を契機に姿を現さなくなっている。その彼が再び参加を始めるのは，第4節で明らかにするKS学習室での「日常的支援の組織化」が試みられる頃からである。
5）「日本教育社会学会第54回大会　課題研究3　学校を創る——教育社会学はどうかかわれるか？——」の発表資料より抜粋。
6） 家上幸子（1999）より抜粋。
7） サラにこうした思いの背景には，第2章のワンやサミのところで指摘したような女の子であることによる家族の囲い込みがある。
8） 前掲，発表資料より抜粋。
9） なお，ここで付言しておかなければならないのは，当時から，家族内でソッカム

とサラが会話することはないと2人は証言していて，家族内でのジェンダーによる地位関係は依然として保たれていたのであり，2人の動きの連動を家族内での影響としてみることは，ここでは留保しなければならないと考える。

10) 詳しくは，志水宏吉・清水睦美2001『ニューカマーと教育――学校文化とエスニシティの葛藤をめぐって』の第1章「見えない外国人」を参照されたい。

第II部　臨床的アプローチ

第4章　教育社会学による「臨床」の可能性

　第II部を始めるにあたり，まず，第I部の知見を総括しておきたい。ニューカマーの子どもたちの学校と家族の間(はざま)の日常世界について，日本の学校の支配的なコンテキストを基点として，かれらが，そのように意味づけられた場をどのように生き抜いているのかを明らかにした。そしてそれと同時に，その場を生き抜くことが困難な場合に，かれらがそれらのコンテキストをどのように意味づけなおして生きようとするのかを描き出した。そこで明らかになったのは，「エスニシティなるもの」の顕在化の程度を弱めるような力が日本の学校にはあり，そのことを教師が意識するしないにかかわらず，ニューカマーの子どもたちのうまくやれないことの根拠は「エスニシティなるもの」に求められていくという認識枠組みである。その結果，「エスニシティなるもの」には，負のレッテルが付与されることになるのである。さらに，そうしたコンテキストに位置づくことに，ニューカマーの子どもたちが意味を見いだせなくなれば，それまでの過程で，負のレッテルが付与されてきた「エスニシティなるもの」にかれら自身が新たな意味を見いだすことによって，学校から離脱するための新しいコンテキストを生成するのである。以上が，第I部第1・2章までで明らかにしたことである。

　それらを受けて，第I部第3章では，ニューカマーの子どもたちを意味づける日本の学校の支配的なコンテキストにおいては，実際の事例をもって検証することのできなかったコンテキストの可能性を探ることを目的として，地域で行った研究活動の詳細を明らかにした。その結果，ニューカマーの子どもたちが，日本の学校から離脱するための新たなコンテキストを生成する以前の段階で，「エスニシティへの肯定感」といったアイデンティティに関わる資源や，「在日外国人モデル」といった情報に関わる資源，そして，「エスニック的背景を伴う過去」と「具体的な将来像を伴う未来」といった時間に関わる資源が調達されることによって，かれらの日常世界は，大きく変化する可能性が示唆さ

れたのである。

　では，その示唆された可能性は，どのように実現していくのか。第II部では，その実現を目的として，研究者が，現場（学校や地域）とどのような関係をもち，その関係の中で，何が行われ，そして何が変化していったのかを明らかにすることとする。ここで具体的な事象を描き出す前に，研究の方法に言及しておきたい。第II部で試みるのは，エスノグラフィックな研究をベースとした臨床的アプローチである。教育の分野での「臨床」をめぐる議論は，ここ数年の教育関係学会の機関誌での特集に象徴されるように，その言葉の意味のレベルでも，そして方法のレベルでも多様化していると言えよう[1]。そして，筆者自身も，そうした中の一人として，「教育社会学者の臨床的役割」の可能性を探る方法論を模索中である。

　さて，ここで，筆者はあえて「教育社会学者」であることを前面に出しているわけであるが，それは「立場性」を明確にするという意図がある。つまり，「現場」に対して，誰が，何のために，何を言っているのか，ということを明確にすることによって，初めてある部分で「臨床的役割」を担うことが可能となると考えているからである。というのは，「現場」には，「現場」を日常世界の中心として生きている人々がいて，筆者を含め「研究者」はそれに対して周辺的な存在である。しかしながら，その周辺的な存在である「研究者」が，「現場」にかかわるというのは，社会において「知識」に付与されている権力の力をかりて大きな発言力を行使することである。そうであるとすれば，「研究者」はその「知識」にある種の責任を持たなければならないのであり，その責任の持ち方が，「教育社会学者」という立場の提示であると，筆者は考えるからである。「教育社会学者」という立場の提示は，「研究者」が，何を問題として，何を研究しているかを明らかにすることであり，さらにそれは，権力性を帯びた「知識」を相対化する可能性を「現場」に開くことにもなるのである。「臨床的役割」とは，そうした関係のもとでしか可能にならないと筆者は考えている。権力性を帯びた「知識」を相対化することなしに，「研究者」が「現場」に参入することは，「現場」を日常世界の中心として生きる人々から，主体性を奪い去ることにしかならない。そうなれば，「臨床」を掲げて現場に参入した「研究者」が，「臨床」という発想そのものを崩壊させるという事態を引き起こすこともあると考えるのである。

第1節　エスノグラフィーにおける「研究者」と「現場」の関係

以上述べたような危険性を可能な限り避けつつ展開した成果が，第II部である。「エスノグラフィー」をベースとすることで，「教育社会学者」としての立場を明確にし，その研究過程で明らかになった事柄を「現場」に提示し，「現場」からの反応と対話し，また「エスノグラフィー」を行い……という展開をある時期から継続してきている。本章ではまず，その方法の流れを概観することとしたい。

第1節　エスノグラフィーにおける「研究者」と「現場」の関係

　「臨床」を志向しつつも，誤解を恐れずに言うならば，「研究者」にとって「現場」は，第一義的には「研究対象」である。筆者が，現在のフィールドに初めて出向いたのは，1997年の秋である。志水宏吉氏を研究代表者とする「東京大学ニューカマー研究会」の一調査員として，「ニューカマーの子どもたちは，どのような学校体験をしているのか」という調査目的で，「研究対象」を求めてフィールドへ参入した。それから現在に至るまでに，「研究対象」は，その地域のニューカマーの子どもたちに関わる人びとへと大きく広がり，学校・家族・ボランティア団体などを「現場」としてフィールドワークを行い，共同研究者とともに，時には個人で，学会発表，報告書，論文，著作という媒体で研究成果を発表してきている。この営みにおいて，研究成果は，研究者コミュニティに向けて発信されている。

　ところが，エスノグラフィーにおいては，「現場」は「研究対象」という意味づけだけではなく，「オーディエンス」という意味づけがなされる場合がある。それが典型的に表れるのは，記述についてインフォーマントによるチェックを受けるという過程であり，研究者の書く段階の倫理の問題として，その重要性が指摘されている（佐藤1992, pp. 225-234）。こうした過程での経験を通して，志水が提起するのは「筆が鈍る」問題である。それは，「エスノグラフィックな報告書なり論文なりをまとめる時に，当事者（教師や生徒）が怒ったり，気を悪くしたりするような文章を書きづらくなる」という問題として提示されている（志水1998, p.20）。さらにこのあたりの事情について，志水（2002a）は「現場」で出会う「研究者」と「当事者」には「研究者と当事者の有意性構造のズレ」と指摘できるような状況があるとする。ここでの「有意性」とは「特

定の状況や行動や計画から選び出された側面等に個人が付与する重要性」（p.367）であり「研究者コミュニティーを主たる準拠点とする研究者の有意性構造と，いかに生徒たちを首尾よく指導するかという関心に導かれる教師の有意性構造は，一般的に言って，部分的に重なることはあれ，ぴったり一致することはありえない」（p.367）として，「研究者と当事者の有意性構造のズレ」を説明している。そして，そうであるにも関わらず，研究者は，研究者コミュニティを準拠点としてテキスト作成を行うのであるから，そこには「要約の暴力」がつきまとうというのである。

　研究者は，必然である「要約の暴力」に対していかに対処するべきか。「研究とはそういうもの」として，テキストを「現場」に投げ捨ててフィールドを後にするような対処もあるだろうが，ここで，志水（1998,2002a）が実践的な対応として提案するのは，「筆を鈍らせる」という戦略である。「研究者が彼ら（当事者－引用者補足）と良好な関係を保ち，彼らからの適切なフィードバックを受けつつまとめられたテキストであれば，彼らは少なくともそれを真摯に受け取るであろう。そして，もしそのテキストが，当事者たちがその中で生きている『全体』を描くことにある程度成功しているとしたなら，たとえ内容的に厳しいものを含んでいようと，彼らは，それを容認しうるテキストだと評価してくれるだろう」（1998，p.21）とし，「鋭すぎる筆よりも，時間をかけて鈍らせた筆の方が，教育の『真実』を捉える可能性が大きい」（1998，p.21）との立場で，研究の「妥当性」と「信頼性」への答えを出している。

　筆者は，ニューカマー研究会での共同研究者であった志水氏の戦略が，必然である「要約の暴力」に対しての一つの対処の方法であるとは感じつつも，一方で「筆を鈍らせる」戦略を採用したテキストに対して，時として「現場」からあがる「当たり前のことを当たり前に書いているだけ」といった反応への懸念をもっていた。というのは，「当たり前のことを当たり前に書いているだけ」という反応は，「現場」の人々が自らのことを描いても達成しうる研究でもあり，それは「研究者」が「現場」に足を運ぶことの意味を無効化させる反応のように感じられたからである。

　では，筆者はいかにこの問題に対処したのか。それは，テキスト作成以前の「見る段階」の相互行為の中に，「研究者と当事者の有意性構造のズレ」による「要約の暴力」について，「現場」の人々が認知するような営みを絶えず組み込

んでいくという,「研究者」と「当事者」の異質性を顕在化させる「異質化」戦略である。この戦略は,「現場」への参入の早い段階から用いられる。学校や授業の見学後,筆者が必ずといっていいほど経験するのは,「どうでしたか?」という決まり文句に近い感想を求められることである。それに対して,「何を知りたいのか」「何回訪問することが可能か」といった「研究者」としての事情と,「キーインフォーマントは誰か」「学校内の人々の力関係はどのようになっているか」といった調査対象である「現場」の状況との兼ね合いを考慮しながら,様々な可能性の中の一つを選択して筆者は応答する。その応答に対して,「現場」から応答がある。多くの場合,この瞬間が「研究者と当事者の有意性構造のズレ」を顕在化させる最初の場となる。

　現場の応答は,時に,研究活動を高く価値づけて「教えてください」というニュアンス(社交辞令か本心か,いずれの場合もあるが,そのことは特に問題にはならない)のものがある。これに対して,筆者はその応答に「教えることはできません。学校のことは先生たちの方がよくわかっています」という内容を必ず返すことにしている。それ以後も,時折,感想や意見を求められる機会に遭遇するが,その際にも必ず「研究者から見た場合」という前提が明らかになるような応答を心がけることになる。こうした相互行為が繰り返されると,「現場」には「研究者と当事者の有意性構造のズレ」が徐々に認識されるようになる。他方,研究活動を低く価値づけて「研究者に何がわかるんだ」というような応答もある。インフォーマントとしてはやっかいな存在ではあるが,「研究者と当事者の有意性構造のズレ」が自明視されているので,先のような配慮の必要はない。しかし,不思議なもので,ラポールが成立するようになると,当初,研究活動を低く価値づけていたインフォーマントも,その多くが研究活動を高く価値づけるように変わっていく[2]。こうした変化がみられる場合にも,先に述べたような「研究者と当事者の有意性構造のズレ」を顕在化させ,それ以前の「研究者に何がわかるんだ」のスタンスに押し戻すような相互行為が必要になる。

　筆者の経験によれば,「現場」には「研究者と当事者の有意性構造のズレ」という認識が希薄な場合が多い。したがって,この点を曖昧にしたまま,「研究者」が「現場」の妥当性に深くコミットして「要約の暴力」が生じれば,現場は「当たり前のことを当たり前に書いただけ」という反応を起こす。一方,

「研究者」の妥当性に深くコミットして「要約の暴力」が生じれば，現場は「こんなはずはなかった」という反応が起こす。いずれの反応であっても，「研究者」が「現場」に足を運ぶことの意味は無効化されるわけであるから，そのいずれでもない反応を生み出すための戦略，それが，「研究者」と「当事者」の異質性を顕在化させる「異質化」戦略である。ただし，付け加えるならば，筆者がこの戦略をフィールドワークの日常に埋め込み始めた頃，そこに確かな手応えがあったかと言えば，そうではない。それは，暗中模索の中，フィールドワークの日常に組み込まれた，小さな小さな仕掛けでしかなかったということは，告白しておかなければならないだろう。ところが，この小さな小さな仕掛けこそが，次の新しい大きな可能性を準備することになったということを，筆者は後に気がつくことになる。次節では，その軌跡をたどってみたい。

第 2 節 「研究成果のオーディエンス」としての現場

　「研究者」として筆者は，学会発表，報告書，論文，著作という媒体で研究成果を発表してきているわけであるが，この営みにおいて，研究成果のオーディエンスは，研究者コミュニティである。したがって，この媒体に直接「現場」の人びとが接触することは希である。これまでにフィールドワークをもとにまとめた論文や著書といった媒体は，すべて「現場」に提示してはいるものの，それについて反応があることはほとんどない。しかしながら，先にも述べたように，エスノグラフィーには，倫理の問題に関わって，記述についてインフォーマントによるチェックを受けるという過程があり，この場だけは，「聞きたいか聞きたくないか」という意向にかかわらず，「現場」は「研究者」の「オーディエンス」という役割を担ってもらわざるを得ない。こうした場で多くのインフォーマントは，記述をチェックする役割を担うことにとどまるのではあるが，そうした中から極少数ではあるが，その役割を超えて，「研究成果のオーディエンス」として反応し始めるインフォーマントが現れるのである。

　このことに関わる筆者の経験で印象深いのは，2000年2月14日，当時フィールドワークを行っていたS中学校で研究成果を報告するという場が設けられた時のことである。詳しい内容については第5章で明らかにするが，「研究者」である筆者は，その場を，当時「現場が，研究者の記述をいかにチェックする

のか」という点に意識を集中させる場として捉えていた。報告会では，報告そのものにいくつかのコメントはあったものの違和感をもたれるようなムードもなく，「研究者」としては，ほっとしていた。そんな会の終了後の雑談の場で，ある教師から投げかけられたのは，「外国人は外国人として扱っていいということを言っているんですよね」という言葉であった。正直に言って，この瞬間，筆者はこの問いかけにどう答えていいか戸惑った。

　研究者の記述は，研究者コミュニティに準拠したものであり，研究成果も研究者側のものである。ところが，その記述が「研究者は教師が外国人を外国人として扱うべきだと言っている」と聞き取られ，それによって，教師が自らの行為を見直そうとしていると，とっさに感じられたのであった。「研究者の言葉が，現場の人々の行為をかえるかもしれない」という恐れが，筆者自身を襲ってもいた。そして，一方では，「研究が力をもつということは，こういうことなのか」とも思った。その教師の質問に，その場で，筆者はどう答えたのか，それを思い出すことはできないし，ノートに記録もされていない。たぶん，そのぐらい，筆者は動揺していたのだと思う。今から振り返ると，この時に「研究者」としてのある決断があったように思う。それは，「現場」を見直す契機を提供した「研究成果」については，「研究者」が責任をもたなければならないものなのだろう，だから，しばらくは，「研究成果」と一緒にこの場に留まってみようと……。

　これをきっかけとして，「なぜ，研究者は，教師（学校）が，外国人を外国人として扱うべきだというのか？」「その根拠は何か？」など，研究者と教師との間に研究成果をおいて対話することが多くなっていった。不思議なもので，「現場」でこうした対話がある部分で成立すると，その周辺にも，それぞれの想いや課題に応じて似たような対話が始まるようになる。一時，筆者のフィールドワークの多くの時間は，このような対話に消えていったことがある。この様子を見ていたある教師は，「清水さん，これじゃ，本売れないね。だって，本を読むよりこうやって聞いた方がわかるし，効率的だしね」（フィールドノーツ，2001年5月10日）と語っていたことがある。

　このような経過を振り返る時，「現場」が「研究成果のオーディエンス」として立ち上がるには，「研究者」と「当事者」の異質性を顕在化させる「異質化」戦略が有効であったことがわかる。なぜならば，「研究者」の記述が，「現

場」における教師の行為を見直す契機になったのは、「当事者」が日常当たり前としている行為を、日常から切り離し、異化させたからにほかならない。それは、「現場」の「当たり前のことを当たり前に書いているだけ」という反応からは導きだされない。また、一方の「こんなはずではなかった」という反応では、たとえ「研究者」が「当事者」の日常を異化したとしても、「当事者」が日常の行為を見直す契機にはならない。「研究者と当事者の有意性構造のズレ」の認知こそが、「現場」で「研究成果のオーディエンス」を立ち上げる必要条件なのである。

第3節　研究成果の「再埋め込み」

　「現場」に「研究成果のオーディエンス」が立ち上がり、その広がりを実感するようになると、「研究者」としては、研究活動のサイクルが終期となりつつあることを感じるようになる。しかしながら、「研究者」としては終期であるこの時期が、「現場」にとっては始期であるということを気づかせる、ある教師の言葉に出会うことになる。

> 　現場は、聞いてしまったら、動かなくてはいけないと思ってしまう。わかってしまったら、変えなくてはいけないと思ってしまう。そう思ってしまうから、ほんとは聞きたくない、わかりたくないですよ。それは、みすみす忙しくなることだったり、もっと大変になることだったりするんだから。余裕がある時なら違うのかもしれない……。確かな何かがあれば違うのかもしれない……。でも、今はそのどちらも感じられない。だから、良心的であればあるほど、聞かないことにするんです。聞いて動かなかったら、良心が痛みますから。［フィールドノーツ、2001年9月9日］

　ここには「聞くことと動くことが同時に求められる場」としての「現場」が語られている。この言葉に出会うことで、筆者は「研究者と当事者の有意性構造のズレ」の一側面に、「現場」に関わる活動のサイクルの違いがあることを「研究者」として初めて理解することとなった。研究活動のサイクルの「終期」が、現場では「始期」なのである。この決定的な違いは、「現場」へのかかわ

り方のモラールの違いとなっても現れる。この言葉に出会った筆者は，しばらく「研究者」として研究活動のサイクルの「終期」を感じているにもかかわらず，「現場」に足を運び続けなければならないようなプレッシャーを感じ，そのことにどう決着をつけたらいいかということに思いを巡らす日々を過ごしていた。ところが，「研究者」としてのこのような悩みを「現場」は知ってか知らずか，この時期，「現場」は「研究者」を新たに意味づけようとしているかのような変化を「研究者」に対して見せるようになっていった。それは，「研究者」にとってみれば，研究成果の「再埋め込み」とでもいうような営みである。

「エスノグラフィー」と称する手法の多くは，「現場」でおこる様々な出来事を「データ」とし，そこから引き出される「イメージ」と，「アイデア／社会理論」から引き出される「分析枠組」を絶えずつきあわせることによって，「社会生活の表現」をする社会研究であると見なすことができる（Ragin 1994）。ここで示そうとする研究成果の「再埋め込み」とは，こうした営みの逆，つまり，「アイデア／社会理論」を「社会生活の表現」を通して「現場」に埋め込んでいく営みだと言える。その意味で，科学的営為の中でアイデアや社会理論を生み出すことが帰納的営みであるとするならば，研究成果の「再埋め込み」は演繹的営みとも言える。

では，「再埋め込み」とは，実際にはどのような営みであるのか。当時，Ｓ中学校にはインドシナ系ニューカマーの子どもが多く在籍していたが，その多くは中学2年生ぐらいから欠席が増え始め不登校傾向を示し始めるようになっていた。日本の学校では，子どもに不登校傾向が確認された場合には，親と連携してその問題に対処していくというのがオーソドックスな生徒指導であると捉えられている。したがって，Ｓ中学校でも不登校傾向が確認された場合には，学校は家庭に連絡をとり，学校と家庭の間でその原因が探られ，それに対処するために，学校と親，時にそこに子どもを交えての話し合いがなされたりしていた。こうしておこなわれている生徒指導の背後には，「家庭は学校での子どものパフォーマンスに前向きにかかわる」という暗黙の前提がある。

ところが，第Ⅰ部で明らかにしたように，インドシナ系のニューカマーの親たちは日本の学校制度に不慣れであり，かつ，親子の間には第一言語の違いによるコミュニケーション不全が大なり小なりあるために，親は学校での子ど

のパフォーマンスには周辺的にしかかかわれない。したがって，ニューカマーの子どもたちの問題に対して行われる，日本の学校でのオーソドックスな生徒指導による対処は，ニューカマーの子どもたちの不登校傾向を解決に導かないばかりか，学校から家庭になされる連絡によって親子間の障壁は一層高くなるのである。その結果，子どもは学校に行かないだけでなく，家庭にも戻らなくなり，浮遊して逸脱行為を繰り返したりするような場合もある。

　この時期，Ｓ中学校では，「研究成果のオーディエンス」となった人々を中心に，ニューカマーの子どもたち向けの生徒指導が少しずつ試みられるようになっていた。「現場」では常に「研究成果」が意識され，「研究者」には，「研究成果」に基づいて，今ここで起こっているその事柄について解釈することが求められていた。それは，「研究者」にとって，研究成果が日常に再び埋め込まれていくような感じでもあった。その結果，「現場」でのニューカマーの子どもたちに向けての生徒指導は，少しずつそれまでとは異なる様相を見せ始めた。例えば，インドシナ系のニューカマーの子どもに不登校傾向が確認された場合には，親への連絡は，親子間のコミュニケーション不全の程度によって異なる対処がなされるようになり，通訳を伴った親への連絡が原則とされた。また，親子間のコミュニケーション不全が前提とされ，進路などにかかわる重要な連絡については，学校全体での説明に加えて，ニューカマーの子どもたちには再度説明がなされるようにもなった。

　さらに，「研究者」による研究成果の「再埋め込み」の営みがある程度繰り返されると，この営みは「研究者」の手を離れ，「現場」の人々の間で似たような営みが試みられるようになる。この段階になると，研究成果は，研究者のものではなくなり，日常に埋め込まれ，日常を構成している一要因でしかなくなる。つまり，それが「現場」で「当たり前」となったのである。この段階の「現場」を相対化するならば，そこに「学校文化の変化」と称されるような実態を捉えることができるのかもしれない。2002年度に転勤してきた養護教諭は，Ｓ中学校の日常に対する戸惑いを次のように表現したことがある。

　　最初，私は，ここで行われていることは何か，全くわからなかった。何？　何が起こっているの？　どうしてこうなの？　そういう疑問ばかりの毎日だった。前の学校で問題とされていたようなことも起きていないし，でも，特別に何か対処

しているわけでもない。でも，問題は起きていない。どうしてそうならないのかわからなかった。前の学校ではやって良かったことが，やってはいけないことになっていることにも戸惑った。ようやく，ようやくだよ，ようやく半年して，何となく，わかるようになってきた感じ。でもまだ，何となくだよ。［フィールドノーツ，2002年11月18日］

　「現場」への「新規参入者」の語りからは，変化した学校文化が，「現場」の人々の意識にのぼらないまでに日常の奥深くに入り込んでいること，そして，それが他の学校の日常といかに異なっているかを知ることができるであろう。
　「研究者」から見ると，こうした「学校文化の変化」には枚挙の遑（いとま）がないほどで，日常の人間関係上の配慮にかかわるミクロなものから，構造的な要因にかかわるマクロなものへと広がっていた。そして，これらの変化によって，筆者は「研究者」として，これまでのフィールドワークでは決して得ることのできなかった新たな情報を集めることが可能にもなっていた。例えば，第2章で明らかにしたニューカマーの子どもの「いじめ」経験の考察は，このような変化の中で獲得されたデータによっている。それまで，ニューカマーの子どもに，「いじめられた経験」が多くあることが予想されつつも，それを分析することができるほどまでにデータ収集することはできずにいた。「いじめ」という子どもたちにとって辛く重たい出来事を，「研究者」として聞き取って分析しても，それによって，日本の学校でのかれらの日常が変化するとは思えなかった。そして，変化する可能性が閉ざされたところで，辛く重たい経験を聞くことに意味があるとも思えなかった。しかしながら，学校の中でのニューカマーの子どもたちへの対処が変化することで，子どもたちは，学校の中の限定された場所ではあったが，ポツポツと辛い経験を語るようになったのである。「話してもいいかもしれない」「聞いてもらえるのかもしれない」といったようなほのかな思いの通じる空間とそこに集まる人々が，学校の中に確保されたようにかれらには捉えられたのかもしれない。こうして，筆者は「研究者」として，そこでの語りをデータとして，ニューカマーの子どもたちの「いじめ」経験の諸相を描き出すと同時に，「いじめ」経験のない子どもたちは，自らを学校の「周辺」に位置づけることで，いじめを回避している点にまで及んで考察することになったのである。そして，この研究成果は，また「再埋め込み」という

第4章　教育社会学による「臨床」の可能性

過程を経て,「現場」に新たな変化をもたらしていった。

第4節　研究者コミュニティで蓄積された研究成果を背景として

　「再埋め込み」の営みによって延期されていた研究活動のサイクルの「終期」は,「再埋め込み」の営みが「研究者」の手を離れるようになることで, 再び実感されるようになっていた。一方で,「現場」は研究成果によって変化したものの,「当事者」にとってその変化は感じられないほどにまで, 日常の奥深くに埋め込まれてもいた。それは,「研究者」としての研究活動のサイクルは「始期－研究成果のオーディエンスの立ち上げ／再埋め込み－終期」であるが,「現場」は「日常－非日常の始期／非日常－新たなる日常」と呼応しているように感じられてもいた。

　「研究者」としての「終期」,「現場」の「新たなる日常」という時期にあって, 筆者は「研究者」として, 今後「現場」とどのような関係を持つべきかという問題に直面することになった。選択の可能性は様々に開かれていたのだろうが, 筆者の場合には,「再埋め込み」の過程を経た「現場」での「新たなる日常」において,「研究対象」とすべき次なる課題に既に強く動機づけられていた。その課題とは, ニューカマーも含む視点での「学力と階層」の問題である。欧米では基礎的データが積み上げられ論じられる「エスニシティと学業達成」の問題が, 日本では論じられてこなかった。それどころか, データさえない。そのことは, このフィールドワークの出発点でもある「東京大学ニューカマー研究会」においても問題点として指摘され続けていたし, 個人レベルでも, 研究成果の「再埋め込み」の過程で, そのデータがないがゆえに説得力に欠けると感じることもあった。また, ニューカマーの集住傾向が見られる地域を抱えた「現場」では,「ニューカマーと階層」も避けがたい問題として存在してもいた。こうした強い動機づけによって, 筆者は「東京大学学力問題プロジェクト」（研究代表者　苅谷剛彦）に参加するようになり, それによって, それまで定期的におこなっていたフィールドワークを不定期に変更するに至った。この時期から今日に至るまでの間に, 筆者は, 研究会の成果とは別に, 個人的に本書のフィールドであるＳ中学校で5回の学力調査を行い「現場」で結果を報告してきている。この報告をもとにＳ中学校で起きた学校文化の変革の営みは,

第6章で明らかにすることとする。

　既に述べたように，エスノグラフィーには，その過程に「現場」が「オーディエンス」となる必然が組み込まれていて，その一部は「研究成果のオーディエンス」として立ち上がる可能性がある。筆者の場合，「学力・階層・エスニシティ」に関しても，この手続きに倣って，データ採取を行い，後に報告会を行なった。その結果，やはり，この場でも，「研究成果のオーディエンス」は立ち上がってきた。ところが，それがこれまでの反応と異なっていると感じられたのは，「現場」の反応は，筆者が「研究者」として課題を立ち上げる前提としている「研究者コミュニティに蓄積された研究成果」，この場合で言えば，「階層」問題にかかわる「研究成果のオーディエンス」として，「現場」が立ち上がったという点である。つまり「現場」の反応は，研究者が研究成果をまとめる際には，「課題設定」「はじめに」といった項目のもとで，いかに紙幅を減らして端的に課題を述べるのかという部分に，集中したのである。このような反応も，改めて考え直せば至極当然のことであり，「研究成果のオーディエンス」が立ち上がるということは，「研究者が，なぜ，それを問題として取り上げるのか」についてのある程度の理解とリンクすることなのである。

　それ以後，「日本におけるエスニシティの多様性」「家族・階層・エスニシティ」「いじめ・エスニシティ」などを課題として研究活動を行うことと平行して，その課題に関わる「研究者コミュニティで蓄積された研究成果」を紹介するという試みを，時にフォーマルに，時にインフォーマルに「現場」で行うようになった。それが一つの契機となってできあがった勉強会もあり，現在も月1回継続され，そこに集まる人々は学校や教師という枠を超えて徐々に増え始めている。その中で，最も象徴的な事例として挙げることができるのは，「家族・階層・エスニシティ」という課題であろう。

　ニューカマーの子どもたちの家族をめぐる問題については，一定程度の研究成果があるものの，その多様性ゆえに，研究成果の「再埋め込み」は「研究者」としても非常に難しく未だ「現場」では「新たなる日常」を獲得するまでには至っていないと言える。そして，その多様性に対する「現場」の困惑は，実は，日本人の子どもたちの家族であっても，どのようにつきあっていいかわからないような状態があるということとも関連しているようであった。そのような状況のもとで，広田照幸氏を編者とする『〈理想の家族〉はどこにあるの

か？』で「ニューカマー家族の困難さ」（清水2002）を執筆したことにより，「現場」で「家族・階層・エスニシティ」という課題をめぐって対話することになったのである。複数の勉強会で，広田氏のいくつかの著作が取り上げられ，そこに提示されている「学校と家族の関係の歴史的変遷」という枠組で，「現場」でのそれぞれの経験が語られたりもした。ある教師は，このような勉強会について次のように語る。

　　ここで，勉強していくと，次の日，学校の中が違って見えるんですよ。あー，そういうことだったのかって。まあ，だからといって，まだ，何かができるというところまではいかなんですけど。[フィールドノーツ，2003年4月10日]

　この言葉からは，研究者の研究成果が，「現場」をそれまでとは異なる日常をもったものとして捉えることを可能にしていることを読みとることができる。そして，この場でそれを可能にしているのは，フィールドワークによる「研究成果」ではなく，「研究者コミュニティに蓄積されている研究成果」なのである。さらに，それらは「現場」で「再埋め込み」の過程を経て，また少し「学校文化の変化」をもたらしてもいる。S中学校の生徒指導の要となっている教師は，ある勉強会で次のように語っている。

　　今，うちの学校の生徒指導のベースには，広田さんの家族論があります。それを手がかりに，今の子どもたちの親が，学校に何をつきつけてきているのかを読み解こうとしています。攻撃的に思えるような親の態度が，学校とどう関わっていいかわからないがゆえの態度なのだということを，広田さんの分析を知るまではわからなかったし，わからなかったから，間違って対処してきたとも思っています。[フィールドノーツ，2003年6月19日]

　筆者はここに至るまで，自らを「教育社会学者」ではなく「研究者」として提示してきている。ここには，明らかに，本章の冒頭で提示した「教育社会学者」であることを前面に出すことの重要性の指摘とは齟齬がある。というのは，実のところ「立場性」を明確にすることの重要性に対する筆者の認識は，こうした「現場」との関わりの中で徐々に明らかになったものだからである。

研究活動を始めてから，筆者のような研究活動やそのスタイルには，「エスノグラフィー」という手法のもとで「現場」に近いところで研究し……，「臨床」を志向し……，それはこれまでとは大きく異なる何かであり……，というように但し書きがつきまとっていて，「教育社会学者」としての確固たる何かを筆者は持てずに研究活動を続けてきた。しかしながら，「現場」と「研究者」の間に「研究者コミュニティに蓄積された研究成果」をおいて対話するようになると，筆者は「教育社会学の分野」で蓄積されてきた研究成果を背景に「現場」と向き合っていることをより強く実感するようになっていく。その意味で，筆者は「現場」で「教育社会学者」となったと言えるかもしれない。

第5節　「研究者」と「現場」のストラグル

　「現場」と長くかかわっていると，多くの問題が，まるで絡まり合う糸のようで，解きほぐすことを諦めてしまいたくなるような，そういう場面に何回も出会うようになる。そんな時に，筆者の中を駆けめぐるのは，「あの文献で示そうとしていたのは，このこと？」「あの枠組みで，これは読み解けるのか？」などの問いであり，それは「研究者コミュニティで蓄積された研究成果」へと自らを導くことになる。そうでありながらも，筆者は，研究者としても，教育社会学者としても，駆け出しだと思う出来事に度々遭遇する。他の研究者によって使われる概念が，ある時に，先達の研究者によって生み出されていると知り，あたふたして文献にあたることもある。そうして新しく得た「研究者コミュニティで蓄積された研究成果」によって，「この観点からの説明を加えることは，現場で可能か」「この観点から，データを集めることは可能か？」などといった問いが立ち上がり，それが筆者自身を「現場」へと導いてもいく。

　本章の目的は，「臨床的アプローチ」という方法を概観することにあった。志水（1996）によれば，「臨床的」ということばには，狭義には「教育問題の解決に資する」という意味合いがあり，広義には「教育現場に根ざした」という二つの意味合いが含まれているとされる。「臨床的学校社会学の可能性」を探った氏は，「現場に根ざした」研究活動を行うことで，最終的には「教育問題の解決に資する」というシナリオを描き，その出発点である「現場に根ざす」とは，「研究者が『学校・教師との間に，研究のプロセスのどこかの段階

で，何らかの協力・協働関係を築く」ということに帰着するものと考えられる」(p.64)としている。

　しかしながら，筆者の「研究者」として経験によれば，研究活動の「始期－研究成果のオーディエンスの立ち上げ／再埋め込み－終期」というサイクルと，「現場」の「日常－非日常の始期／非日常－日常」というサイクルは，わかちがたく結びついたストラグルのようにあり，志水の示すような部分的な協力・協働関係ではなかった。氏の示すような形態もあるだろうが，一方にわかちがたく結びついたストラグルのような形態の可能性もあるのではないかと思う。さらに，筆者自身の研究成果だけでなく，「研究者コミュニティに蓄積された研究成果」もが「現場」でオーディエンスを獲得するようになると，そのストラグルは単一ではなく，複数の課題それぞれについて，異なった段階にあるストラグルが「現場」と「研究者」の間に存在するようにもなる。

　筆者が現在のフィールドに参入してから，7年余りの月日が流れようとしている。この期間，最低でも週1回，多い時には週数回とフィールドを訪れるという日常を過ごし，それは今後もしばらくは変わらないであろう筆者の日常でもある。この期間を振り返ってみて，筆者自身の意識が最も大きく変わったと感じることは，「研究者コミュニティで蓄積される研究成果」へのこだわりが一層強くなっているという点であろう。それは，このストラグルにおいて，「研究者」の「研究成果」をもって，「現場」では「非日常」が始まるのであるから，その「非日常」に対する責任の一端を「研究者」は背負わなければならないと考えるに至ったからである。「どのような課題意識に基づいて，どのように研究調査し，どのように考察するのか」という「研究者」としての営みを，個人的にも，研究者コミュニティとしても繰り返すなかでしか，「現場」と出会ってはいけないと思うのである。

　本章では議論の複雑さを防ぐために「現場」を「学校」に限定して，「臨床的アプローチ」の方法を概観している。しかしながら，ニューカマーの子どもをめぐる筆者の「研究者」としての研究活動は，第Ⅰ部第3章で部分的に明らかにしたように，ニューカマーの子どもたちを支える「地域」における活動を，一方の「現場」として展開している。その「現場」と「研究者」の間にも，ここで示したものと同じようなストラグルが存在していることをここに付け加えておきたい。次章以降では，こうした手法によって，第5・6章では「学校」

第5節　まとめ

を現場とし，第7章では「地域」を現場としたそれぞれの研究活動の過程を明らかにしていく。

1） 『教育学研究第69巻第3号——特集：教育における臨床の知』2002年9月．『教育学研究第69巻第4号——特集：教育における臨床の知』2002年12月．『教育社会学研究第74集　特集：教育臨床の社会学』2004年．越智康詞2003「教育社会学の現在におけるひとつの可能な『風景』——現実問題・現場・自己（一般通念）と格闘するゲリラ性の視点から」『教育学研究第70巻第2号』．
2） 調査者と被調査者との関係については，中根が「被調査者との共同行為」「被調査者との調査目的の共有」「被調査者への共感能力・想像力・知悉の洗練」という問題構成について，「ラポール」という概念を中心に興味深い分析を行っている（中根1997）。

第5章　外国人生徒のための授業
　　　——学校文化の変革の試み

第1節　学校の支配的なコンテキストからの転換

（1）フィールドワーク初期

　筆者がS中学校でのフィールドワークを始めたのは，1999年4月のことである。それは，それまでメインのフィールドであったS小学校の6年生のニューカマーの子どもたち（第2章参照）の進学先がS中学校だったという理由によるものである。当時の筆者の研究活動は，S小学校でのフィールドワークを継続する傍ら，第3章で明らかにした地域のボランティア教室で「ボランティア」兼「研究者」という二つの側面をあわせもった活動と，第1章の成果を得るための家族へのインタビュー調査を行っていた。そして，この二つの研究活動を通して，第2章で明らかにしたように，G団地のニューカマーの子どもたちが「群れ」を形成し，学校と家族から離脱し違法行為を繰り返すようになる状況を知るようになってもいた。そのような中で，「たまにお兄ちゃんを起こしに中学校の先生が来る」（フィールドノーツ，1998年11月26日）といった話を，S小学校のフィールドワークの中でニューカマーの子どもから聞いたり，家族インタビューでは「入学金はあとから返金されると聞いたが，お金がなかったので，柿本先生が立て替えてくれた（C7）」といった話も耳にするようになっていた。そうしたなかで，S中学校のコンテキストは，第Ⅰ部で明らかにしたような学校の支配的なコンテキストとは異なっているのではないかという印象を，筆者はもつようになっていた。
　しかしながら，一方，当時，筆者と同様に「東京大学ニューカマー研究会」に参加し，筆者に先行してS中学校でのフィールドワークを行っていた小澤（1999）は，S中学校について次のように述べている。

この学校は全校生徒351名の内，41名が外国籍生徒で構成されている。つまり，1割を越える生徒が外国籍生徒であるが，意外にも彼（女）らは学校では，「見えない存在」であった。「見えない」とは誰に見えないのか。これは観察者にも，教師にも，生徒達自身にもである。学校が彼ら／彼女らを無視しているのでは決してない。教師達は彼（女）達をきちんと「平等」に扱っていた。しかし，学校は彼らが日本人と違う独自の文化や家族の背景をもつことをネグレクトし，問題がある場合はその子どもや家族の「個人責任」（＝「個人化戦略」）に結果的には帰すことになる。例えば，外国籍生徒は概して高校進学率が低いが，そのことに対して，学校は特別な目配りをすることはない。ここに日本の「学校文化」の独自性がみてとれる。(p.46)

　この考察からは，学校の支配的なコンテキストと異なるものを導き出すことはできない。したがって，筆者はS中学校でのフィールドワークを始める時点で，筆者はS中学校の生徒指導に関わる教師たちの動きと，S中学校全体の動きは，必ずしも連動していないという仮説をもつ状況におかれていたのである。そして，その後，半年ほどのフィールドワークを通して，その仮説は確証をえつつもあった。
　では，実際に，この当時の状況を，S中学校の教師はどのように感じていたのであろうか。当時S中学校の生徒指導部の核を担っていた柿本先生は，この時期を後に次のように振り返っている。

　　わたし自身が1994年に赴任した際，特に印象的であったのは不登校生徒の数の多さとそこに占める外国籍生徒の割合である。正確な数字で語ることはできないが，2／3程度の割合であったと思われる。全校に対する外国籍生徒の割合が15パーセントほどであったので，この数字は明らかに高く，外国籍生徒の学校への定着の難しさを感じた。
　　また，学年が進むに従って，登校しない外国籍生徒は増加し，クラスごとの欠席を記入する黒板には，外国籍の生徒名が並ぶのが日常であった。登校しない外国籍の子どもの多くは，地域で反社会的な行動に走り，地域の大きな課題になっていた。
　　こうした現状に対し，教室の中では担任を中心として「居場所づくり」に取り組む働きかけもあったが，それは個人的な「クラス運営」の枠を越えることはな

かった。逆に，クラス運営が一つの形を持って進めば進むほど，たまに登校する外国籍の生徒たちの居場所はなくなり，学校や学級から「優しく排除」されていった。

こうした現状を越えるために，数人の教員が中心となって「もう一度子どもたちを学校へ呼び戻そう」とする動きがうまれ，学校の枠を広げて外での展開が作られ始めた。地域に出て，学校に来ない生徒たちと関係を作るとともに，問題行動についても一つ一つ掘り起こし，「学校・教師」の価値観を軸に対応していった。異年齢間の縦の関係についても，再構築をはかっていった。ここで言う第一期（筆者がS中学校でのフィールドワークを初めて半年経過するまでの時期のこと）を学校側から見れば，こうした活動が一定程度の成果を得ると同時に，限界も見え始めていた時期といえる。

学校の論理を学校の外でも積極的に展開することによって得られたことは次のようなことであった。①教員との信頼関係が回復し，不登校生徒の数は激減した。②地域での問題行動が減り，落ち着いたムードがうまれた。③学校にも落ち着いた学習環境が作られた。／一方，限界として見えてきたものは，①学校に呼び戻しても，子どもたちのためにどのような教育内容が提示できるのか。②学校の論理だけでは，外国籍の子どもが抱える状況を変えることは難しく，結局は以前と同じ反社会的な行動に戻る者が多い。

こうした学校の論理の限界性は，感じはしても整理されることなく，中心的な役割を担ってきた教員たちは，学校の内側における教育活動の変化の必要性と，外での学校論理の継続との狭間におかれ始めた。／「優しく排除」するムードを払拭はしたものの，内と外に対して何を提示していったらよいのかが大きな課題になっていたといえる。その意味では，一般的に語られる「学校」が持つ論理の限界点にきていたようにも思われる。

第一期（筆者のフィールドワーク初期のこと——引用者補足）における学校の論理は学校という「枠」を条件とするため，「枠」を越えている存在や，別の「枠」の論理については拒否したり排除する傾向が強い。「自己完結型の指向性を持っている」と言ってもよいかもしれない。そのため，この頃は研究者として観察に入っていた清水さんから情報を得ようとすることもなかったし，極力一定の距離を持って接していた。学校独特の「自己完結性」をのりこえるためには，論理性ある自己否定と，次のビジョンを作り出すエネルギーが必要になっていたのだ[1]）。

S中学校における生徒指導に関わる教師たちの動きと，学校全体の動きは，必ずしも連動していないと，筆者が「研究者」として確証を持ち始めるこの時期に，S中学校の生徒指導に関わる教師たちも，教師としての自身の動きの限界を感じてもいたのである。しかしながら，柿本先生の先のまとめで「枠」として語られるように，「研究者」と「現場」という関係は，この時期は，まだ，それぞれの「枠」にはまったままでだったわけである。

（2）学校・研究者・地域・当事者による場の設定
①出会い
　「枠」にはまったままであった「研究者」と「現場」の関係が大きく変化することになったのは，1999年の夏休み後のことであった。この年の夏休みにあった出来事については，これまでにも繰り返し提示してきているもので，ベトナム人を中心としたニューカマーの子どもたち8，9人が，「強いベトナム人」を原理として，群れた時期であった。その中に，S中学校の2年生のベトナム人生徒のワット（来日5年，男）とホン（来日5年，男）の2人もいたのである。
　筆者は当時のS中学校でS小学校から進学したニューカマーの子どもたちを研究対象としていたため，中学1年生を中心に参与観察を行っていた。そうしたフィールドワークの中で，ワットやホンは直接の観察対象ではなかったわけではあるが，その中で得られる情報から察するに，2人は夏休み前，特に目立っていたわけではなかった。むしろ，2学年の職員間で問題とされていたのは，1学期半ばに発覚した，学年のリーダー的存在の日本人生徒によるタバコなどの逸脱行為であった。当時の生徒指導の状況を綴った記録には，次のような記載がある。

　　　学年のリーダー中のリーダーともいうべき子たちが，そこにはズラリ"勢ぞろい"していた。当初私たち2年職員は，ものすごいショックを受け，"信じられない……"といった思いだった。［フィールドノーツ，1999年9月20日］

　そうした中で，ベトナム人2人の子どもたちの行動は，ひょっとすると変化していたのかもしれないが，教師に注目されることはなかったのである。
　ところが，1999年の夏休み明けから，2人の行動は一変したようであった。

職員室の欠席黒板には，ワットとホンの名前が頻繁に書かれるようになっていた。当時のS中学校の生徒指導部の中核を担っていたのは，柿本先生ほか3名ほどの教師であり，それらの教師たちが時折，職員室の後ろに設けられている喫煙場所で，深刻な表情で対応を検討している様子が，フィールドワークを行う筆者の目にも映っていた。そして，その場から漏れる「ワット」や「ホン」という言葉から，筆者は明らかにベトナム人のニューカマーの子どもたちのことが問題になっていることも察知するようになっていた。

この時期，筆者は第2章で明らかにしたように，地域のボランティア教室で知り合ったビンを通して，ワットやホンだけでなく，K中学校のカンなど「群れ」にかかわるニューカマーの子どもたちの情報を一定程度所有していた。そして，S中学校の教師が知りたいと思っている情報を，筆者自身が持っていることがわかりつつも，この時点でも「研究者」という「枠」を越えることには躊躇があった。というのは，筆者の情報源であるビンは，夏休み明けは，この「群れ」から一定の距離を保つことを試みていた時期でもあり，彼から得た情報を他に漏らすことが憚られたからでもあった。

しかしながら，ワットやホンのこうした状況も，10月半ばになると一層深刻になっていった。ビンが「群れ」から一定程度の距離を保てるようになる一方で，群れたニューカマーの子どもたちの行動は，ビンから「あいつら，いっちゃってるよ」（フィールドノーツ，1999年10月13日）と評されるような行為に及ぶようになっていったのである。

この段階になって，筆者は「このままにしておくわけにはいかない」と思うようになる。しかしながら，筆者一人で何かができるわけではない。そして一方の「現場」である地域のボランティア教室は，第3章で明らかにしたように「ボランティア文化」のもとにあり，群れたニューカマーの子どもたちに対応することはない。可能性として残されているのは「学校」，もっと限定的に言えば，S中学校の生徒指導部の教師たちであった。1999年10月22日のS中学校でのフィールドワークは，「研究者」である筆者にとって転換の日となる。それは，研究活動の一環で得た情報を，研究目的ではなく，「現場（＝学校）」の実践のために提供した最初の日でもあり，そこには，これまでの「研究者」としての「枠」を越えた活動に足を踏み入れた日でもあった。

その日，生徒指導主任であった柿本先生と2年生の生徒指導担当であった津

山先生に対して，筆者は「少しお話したいことがありますが……」と声をかけ，夏休み頃からのワットやホンの行動に関わって，「群れ」の実態を語った。柿本先生，津山先生はともに，ワットやホンを中心に情報を収集していたために「群れ」の実態を把握しておらず，その点に驚くと同時に，「研究者」が，どうしてここまで詳しい情報をもっているかが合点がいかない様子でもあった。そうした様子に対して，筆者は，地域にあるボランティア教室の存在と，そこでの「研究者」兼「ボランティア」という2側面を担った筆者の活動と，ビンの存在を明らかにすることになる。

　このようにして始まった「研究者」と「教師」の対話ではあったが，それは「対等性」の上に成立しているとは言いがたかった。というのは，S中学校の生徒指導部は，そうした情報提供に対して，筆者から間接的に情報を得るより，ビンから直接情報を得るという方向へ向かっていったからである。そこには，「教師」の「外部の情報を学校に提供してもらう」「情報は外から，指導は教員が」というスタンスが，学校の教師の暗黙の了解事項としてあったと後に柿本先生は述べている[2]。その意味で，この時期，S中学校の教師は，筆者の「研究者」というよりは「ボランティア」としての側面に強くコミットしてきたのかもしれない。

　こうした状況のもとでビンに情報提供が求められたわけだが，彼はG団地に住んでいるもののK市側であるため，出身中学校はS中学校ではなくK中学校であった。したがって，S中学校の教師は，筆者を越えてビンと直接に連絡をとる術をもっていなかった。そのため，筆者が教師の意向をビンに伝えることになったのである。ところが，この意向に対して，ビンは，「学校の先生は，情報をほしがるけど，聞いても何もしてくれない」と話し，さらに，中学校時代の教師の対応について「相談においで……とかいうけど，本当に相談に行くと，"えっ"て顔して，適当に話を聞くだけって感じがする」（フィールドノーツ，1999年10月23日）などの具体的ないくつかのエピソードを語ったのであった。そこには学校の教師に対する不信感がはっきりと現れていて，S中学校の教師の意向は容易には実現しそうになかった。

　しかしながら，第2章で明らかにしたように，ビンは，ワットやホンを含む「群れ」との距離をある程度とりつつも，かれらの行為がエスカレートしていくことを危惧してもいた。さらに，かれらの行為が，10月末には日本人をター

ゲットとする暴力行為に及び，ワット，ホン，フン（ベトナム，男，当時来日7年・S中卒）が警察に追われるようになると，ワットは野宿するようになり，それを見かねたビンはこっそり自宅に泊めたりもしていた。こうして急速にエスカレートするかれらの行為をビンが見かねた結果として，11月5日，ビン，柿本・津山先生，筆者の4人で会う場が設定されたのである。

こうして始まった「当事者」，「教師」，「研究者」兼「ボランティア」との対話であったわけだが，やはり，この場も「対等性」をもったものとして成立しているとは言いがたかった。それは，先にも柿本先生の言葉を用いて示したように，「情報は外から，指導は教員が」という教師のスタンスがあったからであろう。しかしながら，こうしたスタンスに対して，「当事者」として向き合ったビンは，戸惑いをはっきりと表すようになる。この日の夜，ビンは筆者に電話で，第3章で明らかにしたようなワットの家族をめぐる状況を知らなかったことを悔やみつつも，一方では「話して良かったのかなあと思って。これで，ワットやホンはもっと困るんじゃないのか」といった心配を口にしていた。

②対等性に向けて

出会いを経て，S中学校の教師は，筆者を介さずともビンから情報を得られるようになり，津山先生を窓口として，ビンへの連絡が頻繁になされるようになっていった。特に，ワットが鑑別所から出所してから，KS学習室で第3章に示したような活動をビンが行うようになってからは，その頻度が増していったようである。しかしながら，そうした教師からの連絡に対して，ビンの戸惑いは一層深刻になり，津山先生からビンへの連絡がある度に，ビンは筆者に連絡を入れるようになり，その会話の一部始終を話した後に，「心配」「本当にやっていけるのかな」と戸惑いを口にしていた。しかし，そうしたビンの戸惑いは，津山先生との関係の中だけで生じているわけではなく，ワットが鑑別所を出所した後も，ワットが決して"よい"状況にはなく，家庭訪問活動を行いつつも，「どう関わったらいいのか」と悩むというワットとの関係も絡み合っているようであった。

12月半ば，ビンとワットが一緒にいる時に，"ガン"を付けた日本人とワットはケンカになりそうになり，2人は身を守るために，辺りの鉄棒を探すほどに一触即発の状況に追い込まれたそうである。その際に，ワットは「ビン，おまえ，いいのか？」と聞き，ビンはそれに対し「おまえを一人にしておくわけ

にはいかない」と答えたと話していた（フィールドノーツ，1999年12月15日）。この時期，ビンは，Ｓ中学校の「教師」と，ワットという「仲間」と，そしておそらく筆者への語りには顕在化しないものの，筆者という「研究者」兼「ボランティア」との三者の間で，自らの振るまい方を模索して揺れていたのであろう。

　こうした状況のもとにあるビンの傍らで，地域のボランティア教室の「ボランティア」であった家上さんの活動は，第３章で明らかにしたように，「私に求められたのは，鑑別所から出てくる子どもの家庭訪問をするという直接的な支援だけでなく，『仲間』として彼を支えようとしたビンを支援するということであった」[3)]とまとめられるような方向へ変化しつつあった。そして，彼女の活動は，ビンの活動とビンの揺れとともにあることによって，「日常性」を伴う「地域ボランティア」として，彼女が彼女自身を位置づける時期を迎えていた。

　他方，「研究者」としての筆者も，この時期，ある種の葛藤を感じていた。それは，Ｓ中学校の生徒指導にかかわる「教師」が，執拗にビンに情報を求めようとした背景には，公然とは語られないもう一つの理由があることを，薄々感じていたからである。それは薬物の中学生への広がりである。ワットやホンとともに補導されたフンの兄バンはＳ中学校の卒業生で，その広がりの核となっていると目されていた人物である。こうした事柄に関わる情報は，単にフィールドワークを行っているだけでは得難い情報であり，それを「教師」はもっていたのである。ニューカマーの子どもたちの学校や家族からの離脱の実態に迫る上で，薬物に関わる情報は重要であるとも感じるようになっていた。

　こうしたいくつかの要因の絡まりのもとで，筆者は「研究成果を聞いてほしい」という希望を，Ｓ中学校の生徒指導の核であった柿本先生と津山先生に伝える。そこに地域の「ボランティア」である家上さんに加わってもらい，「研究者」「教師」「ボランティア」という三者での会を，1999年12月17日に設営したのである。当時，筆者はＳ中学校でフィールドワークを始めて10ヶ月ほどが経過していたが，Ｓ中学校でのフィールドワークに基づいた研究成果を発表できる段階にはなかった。しかし，この地域での研究活動を始めて２年が経過し，第Ⅰ部で明らかにした研究成果のある部分についての知見はもつに至っていた。したがって，この場では，それらの研究成果を報告することで，「研究者」兼

「ボランティア」として「教師」からは捉えられがちな筆者の立場を,「研究者」として明確に位置づけようと考えていた。そしてそのことは,同時に,家上さんは「地域ボランティア」として,柿本先生と津山先生は「教師」として位置づけることでもあったのである。

後に,この会は,インド料理店で食事をしながらの会であったことから,三者の間で"インド料理屋の会"として表象されることになるほど,三者の関係を新たな方向に向かわせるきっかけとなった。柿本先生は,この時期の「教師」としての変化を,後に次のようにまとめている。

　　外での彼らの情報を得る手だてとして,学校はピンや清水さん,家上さんと連絡を取り合った。この段階では「連携」というイメージではなく,「外側の情報を学校に提供してもらう」というだけの姿勢であった。「情報は外から,指導は教員が」というスタンスは,情報を真ん中にして,対立を生むこともあった。／しかし,こうした関係をうち破るきっかけになったのは,地域での活動や研究の蓄積を教えてもらったことからだった。今までの教員としての経験からは想像できない環境や,問題にぶつかっている生徒の姿が構造的に整理されていた。多くの示唆がそこにはあり,そうした研究や活動の成果をどう学校が吸収するかが,今後の学校の方向性を決めるように思われた[4]。

こうして,「研究者」「教師」「地域ボランティア」そして「当事者」という個々の立場が明確になることで,互いの関係は「対等性」に向けて動き始めたのである。

(3) 学校における課題の共有
①課題の立ち上げ
"インド料理屋の会"を契機として,筆者のS中学校でのフィールドワークは徐々に変化していくこととなる。それまで,筆者はS中学校での1日を,S小学校から追い続けている子どもたちの参与観察にあて,放課後は,子どもたちと勉強したり話をしたりして過ごしていた。しかし,これ以後は,生徒指導部の「教師」を中心に「清水さん,ちょっと聞きたいことが,あるんですけど……」「今日は時間,空いてますか……」といった声がけによって,昼休みや

放課後などに，職員室で「教師」と話をする時間が増えていったのである。筆者は，こうした誘いを拒むことなく，時には参与観察を止めても教師と対話するように心がけていた。こうした関わりが，前章で提示した「現場」に「研究成果のオーディエンス」の立ち上げの布石となったのかもしれない。

　しかしながら，こうした布石は，筆者という「研究者」単独で敷かれたわけではない。そこには，当時のＳ中学校の生徒指導主任であった柿本先生の戦略もあったのである。例えば，柿本先生は，「研究者」との対話に，単独ではなく，必ず同僚の教師を伴っていて，その教師と同じように「研究者」の話に耳を傾けつつも，時に「研究者」と同僚の「教師」との間に入り，「研究者」の言葉を，学校の支配的なコンテキストとの比較で語り直すことを繰り返していた。それは，例えば，インドシナ系ニューカマーの間で家族関係に違いがあることを話した後の，次のような対話に見られる。

　　柿本：ということは，俺たちがやってきた生徒指導は，ベトナムとカンボジアの子どもとでは異なる影響がでるっていうことですよね。
　　筆者：たぶん……。ベトナムの親は，積極的に関与しようとしますし，ラオスの親は放任ですから，先生の存在が子どもの周辺に見え隠れした場合，ベトナムの親は子どもに対して権力をもって対応するでしょうから，それは時にかなり激しい暴力にも及びますから，その結果，子どもは家出することもあると思います。でも，ラオスの子が家出するということは，ほとんどないと思います。
　　柿本：そっか……。じゃあ，俺たちが，ベトナム人かラオス人かわからないで，外国人って枠で見ていたら，生徒指導はできないっていうことですよね。
　　筆者：たぶん……。
　　柿本：俺なんかやっぱりカタカナの名前が苦手で，いまだにはっきりしないけど，それじゃだめだってことだ。俺たち，間違ってやってきたことがあるってことだ……（そばにいた桐原先生と顔を見合わせる）。
　　桐原：ってことですよね。
　　　　［フィールドノーツ，2000年1月11日］

　こうした対話で，最も重要なことは，柿本先生の語りの二重の意味である。それは，一方で，「研究者」の側から見れば，当時，柿本先生は，「研究者」と

他の「教師」との間の「翻訳者」の役割を担っていたのであり，「研究者」の知見は，「翻訳者」の「教師」を経由して，他の「教師」に伝わっていく。その意味では，柿本先生の語りは，研究者的な側面をもっている。しかしながら，一方（こちらの方がより重要であるように思われるが），語り直されたその言葉は，これまで学校の支配的なコンテキストの修正を伴って「研究者」に向けて語られていて，その意味では，柿本先生の語りは，学校の「教師」そのものの語りなのである。したがって，上述した対話にも見られるように，「研究者」の示す知見が，学校の実態を伴って「教師」に語り直された時，その語りに対する「研究者」の反応は，「たぶん……」としか答えようのない距離のあるものとして立ちあらわれるのである。そして，その結果，その場に「研究者」と「教師」の両者を包摂するような語りが生まれるのである。

　こうした対話は，「研究者」と「教師」の間で繰り返し行なわれた。柿本先生は，別の同僚の教師を伴って「研究者」に声をかけ，同じ内容の話を求めることもしばしばであった。そうした場合，以前それについて対話をした教師がその場に加わり，それにかかわってその教師が考えたことを付け加えるという場も見られるようになっていった。

　さらに，「研究者」と「教師」の間に生まれたこうした関係は，ビンという「当事者」と「教師」，家上さんという「地域ボランティア」と「教師」という別の関係も加わることによって，S中学校のニューカマーの子どもたちをめぐる語りは，多様性を伴ってもいった。後に，この時期のことを，柿本先生は【図表5-1】のような図を書きながら，次のように語ったことがある。

　　　前まで（図表5-1の左図を書きながら）は，学校を取り巻く一つ一つのことに，それぞれ対応しなければならないと思っていた。だから，「学校ががんばらないといけない」と思っていたけど，学校は一つの部分であって，課題をめぐって「五分と五分」でやれるんではないかと考えた時期だったと思う（図表5-1の右図を書きながら）。もちろん，学校がやっていることの中心はあまり変わってないんだけど，でも，相手との関係のイメージが違うと，毎日のちょっとした対応が違っていて，それがものごとの経過を変えていっているという感じだと思う。
　　　［フィールドノーツ，2002年8月26日］

図表 5-1

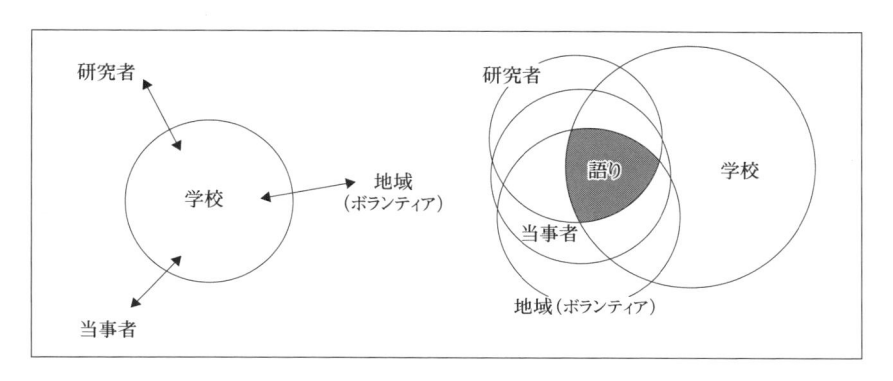

　こうして第Ⅰ部で明らかにした研究成果が,「教師」によって語り直されながら共有されていくようになる。そして,柿本先生は,生徒指導主任として,日本人と外国人への対応を明確に変えるという方向へ,生徒指導の方法を大きく転換することを試みるのである。2002年2月10日の柿本先生からの連絡は,「お願いしたいことがある」という前置きのもとで,次のような内容が筆者に対して語られた。

　　これまでの生徒指導は,教師と親との問題の共有によって一定の解決を見てきたが,それは日本人であったから有効だったのであり,そうした対処が外国籍生徒にとっては有効ではないだけでなく,逆に親に問題を提示することで家族からの離脱が加速する場合があるということを学んだ。

　それに加えて,「2月14日の職員会は,生徒指導のまとめが予定されていて,そこで,今後の方向性を出したいと思っている。急ぎで本当に申し訳ないけれど,これまで話してきたことをまとめて話してもらえないか」という依頼が「研究者」に対してなされたのである。この時期,一定程度の課題の共有を経て,学校における課題が立ち上げられたのである。

②教師の認識枠組への働きかけ
　2000年2月14日の職員会では,先の柿本先生の依頼を受けて「インドシナ系ニューカマーの学校適応に関する考察」というテーマで,本書の第Ⅰ部の研究成果の一部（当時の段階では,本書で明らかにしている程度に練られていたとは言

第5章　外国人生徒のための授業――学校文化の変革の試み　223

い難い研究成果）を報告することとなった。この報告会の後，これまで特に柿本先生と筆者との対話に同席することの多かった桐原先生から，筆者に対して直接「外国人は外国人として扱っていいということを言っているんですよね」という言葉が投げかけられるという事態が起こった。この投げかけられた言葉に対して，前章でも告白したとおり，当時の筆者は非常に戸惑っている。というのは，その言葉は，これまで柿本先生との対話の中で感じられていた語りとは，明らかに質の異なる語りが，「研究者」である筆者の前に立ちあらわれたからである。

　それまでの「教師」と「研究者」の対話は，柿本先生にとって「課題の立ち上げ」を目指すものとして位置づけられていた。したがって，柿本先生の語りは，「研究者」の「翻訳者」の役割を常に担っていたのである。しかしながら，桐原先生の語りは，桐原先生自身にとって，学校という場で，「課題の立ち上げ」を目指すために生み出されているわけではないから，研究成果の報告は「研究者は，教師が外国人を外国人として扱うべきだ，と言っている」と引き取られ，それは，桐原先生自身の解釈の変更や行為の見直しをせまるものとして機能することになっているのである。

　実は，この語りの質の違いについて，柿本先生は自覚的であり，このことを後に話題にした筆者に対して，次のように語っている。

> 　S中学校に転勤して来たとき，「学校」としておかしいと感じていたから，「学校」を変えたいと思っていた。そう思って桐原先生など数名の先生でやってきてある程度の成果は出せていたとは思う。ただ，そうした行為を，他の教員は迷惑だと思っていただろうし，勝手にやってもらっていいけど，仕事を増やさないでって思っていたと思う。その中で，清水さんに会うんだけど，自分にはそういう意識が強かったから，桐原先生のように直接的に自分の行動を見直して，それを変えていくということにはならなかったと思う。他の先生が変わって，それと一緒の程度にしか変わっていけなかった。そうでなければ，自分は学校の中で浮く存在になるし，そうなってしまったら何も変わらない。［フィールドノーツ，2001年9月28日］

　ここからは，学校の「教師」の語りの多層性に「研究者」が配慮する必要を

読みとることができる。学校における柿本先生の語りは，柿本先生自身の行為を見直す語りとしては存在していない。もちろん，その可能性が全く否定されるわけではないが，それ以上に，現在の学校の支配的なコンテキストを変えるため，そのコンテキストのもとにある他の教師の認識の枠組に働きかける語りとしての意味合いが強いのである。そして，こうした語りの影響を受けて，柿本先生以外の教師が，自身の行動を見直すような語りが始まることで，ようやくＳ中学校には，これまでとは異なる新たなコンテキストが生成される可能性が生まれるのである。そして，そうした新たなコンテキストの生成のもとでしか，柿本先生の行為の変化は起きない，というよりも"起こせない"という判断がなされているわけである。もしも，柿本先生の行為の変化が周りの他の教師に先行すれば，その行為は，現在の学校の支配的なコンテキストのもとで浮くこととなり，それは新たなコンテキストの生成へと結びついていかないのである。このような戦略のもとにあった柿本先生から，ぽろりと「最近，ようやく『教員』になれた気がするんだよね」（フィールドノーツ，2004年2月7日）という言葉が漏れたのは，それから4年後のことであり，Ｓ中学校において新たなコンテキストが生成し，それに行為がフィットするように柿本先生が感じるようになるまでにかなりの月日がかかっていることがわかる。

　このような過程を経て，「外国人生徒の親子関係は，基本的に日本人と異なる」ことと，「外国人生徒は，親との関係においてコミュニケーション不全に陥りやすい」という二つの前提が，教師間で共有されるようになり，学校の日常での個別具体的な外国人生徒の行為の背景が，職員室の会話の中に数多く見られるようになっていった。それは，例えば，次のような会話である。

　　関根先生：アテ，最近さぼるんですよ。変だなーって思うのは，集金がたまっていて，2カ月分滞納になっていて，持っていたらしいんだけど……，でも家に連絡するためのメモを渡したら，その日の帰りに持ってきたの。持ってたのって聞いたら，「はい」っていうし，どうして出さないのって聞いたら「忘れてました」っていうし…さぼっているとしか思えない。
　　柿本先生：でも，アテはさぼってるって思ってないよ。きっと。
　　桐原先生：思ってるわけないって。直接言われて始めて考えるって，そういう風にしか関係作ってきてないんだよ。親たちともそうだし，俺たちともそう。

第5章　外国人生徒のための授業――学校文化の変革の試み

　　　　外国籍の子はそうですよね。
　　筆者：たぶん……。
　　桐原：だって，サミにもそういう感じあるもの。
　　　　［フィールドノーツ，2000年2月22日］

　ここでの会話に見られるのは，第Ⅰ部で教師の認識枠組として提示した「やれている」けれども，努力・姿勢・態度などの点で"不足"しているという判断の下ったニューカマーの子どもであるアテの行為が，関根先生によって「さぼってる」と形容されるわけであるが，それが柿本先生や桐原先生によって一端はカッコに括られ，その行為の背景が再検討されているのである。
　こうした学校の支配的なコンテキストの転換は，教師の日常を大きく変化させることになる。これまで子どもを形容する際に共通とされていた言葉とそれに伴う認識が，外国人の子どもについては無効化されていく。そうした変化のもとで，教師は，外国人の子どもたちを形容する言葉を新たに獲得するか，それとも獲得を放棄するか，あるいは獲得したふりをするのか，いずれかとなっていく。この時期を出発点として，フィールドワークを行っている「研究者」にも，新たな言葉とそれに伴う認識を徐々に獲得していく教師と，そうでない教師が，フィールドワークの中に異なる存在として立ちあらわれるようになる。また，獲得しているように見えた教師が，他の教師の言葉をなぞっているだけであることが，ある出来事をきっかけに露呈したり，全く獲得していないように見えた教師が，新たな言葉を急速に生み出すようになったりと，ニューカマーの子どもに対する認識枠組をめぐって混沌とした日常が展開するようになっていた。もちろん，それは短期的なものではなく，その後2年あまりの時間をかけて徐々に，新しい言葉とそれに伴う認識の枠組が変化することによって，S中学校において新たなコンテキストは生成されていったのである。
　さらに，こうしたS中学校における新たなコンテキストの生成を，実は日本人の子どもたちも感じとっていたのである。当時，筆者は「外国人の子どもたちの様子を見に来ている研究者」として，子どもたちに認知されていて2年半ほどが経過していた。したがって，日本人の子どもたちが，外国人の子どもたちに対してどのようなまなざしを向けているかを，直接日本人の子どもたちから確認するような関係にはなかった。そうしたこともあり，子どもたちが教師

たちの変化をどのように感じていたのかは，後に，次のような話を，結城（日本人，コメント当時：高2，女）から聞いて知ることになったのである。

　　あのころ，どうして先生達が，急に外国人の子どもたちを大事にし始めたのかわからなかった。それに対して，いい気持ちをもっていない子もいて，「なんで，あの子たちだけひいきされるの」っと言っていた子もいた。［フィールドノーツ2003年10月20日］

　このように，教師の新たな言葉とそれに伴う認識枠組の獲得という過程は，ニューカマーの子どもと日本人の子どもとの関係にも影響を及ぼし，教師がそうした転換を子どもたちに直接説明をしなくても，子どもたちは変化を感じとっている。しかし，当時の学校の状況を見る限り，こうした転換に対して，日本人の子どもたちが一つの対抗勢力として結集することはなかった。もし，そうした事態が生まれれば，その後の展開はこれから提示するものとは異なる別の難局を迎えることになったのかもしれない。

第2節　外国人生徒のためのカリキュラム編成

　学校において新たなコンテキストが生成されるようになると，前節で明らかにしたように，教師の日常的な行為が変化していった。それは「研究者」から見ると枚挙の遑がないほどで，日常の人間関係上の配慮にかかわるミクロなものから，構造的な要因にかかわるマクロなものへと広がっていた。本節では，マクロ的な変化の中で最も大きな位置を占めていた外国人生徒のための授業（通称：「選択国際」）の試みを概観することとする。筆者は，この授業に「授業者」として参画してきている。また，より実態に迫った記述を可能にするために，本書で用いている「ニューカマーの子どもたち」という呼び名を，本節では，S中学校の教師が日常使用している言葉に近い「外国人生徒」として記述していくこととする。

　なお，本節で扱う実践の具体的な内容については，清水・児島編著（2006）にて，本実践に中心的に関わった19名のそれぞれの語りによって明らかにされている[5]。そこには，この試みがいかに困難なものであり，それを克服する

ためにどのような試みを展開したのかが明らかにされると同時に，克服した先で立ち現れる新しい困難にまた向き合い，それを克服していくという，終わることのない実践の過程が描き出されている。

（1）「特別扱いしない」という学校の支配的なコンテキストの転換
①教師の認識枠組
　S中学校において新たなコンテキストが生成されるようになると，外国人生徒の様子は教師の目から見ても変化するようになる。この変化を，新たなコンテキストの生成の核となった柿本先生は，次のように記述している[6]。

> 　筆者のいる学校には，夜になると実に多くの子どもたちが顔を見せる。多いときなどは7～8人の卒業生が顔を出し，さながら職員室が彼らのたまり場のように見えるときさえある。みんな「誰先生」に会いに来るわけではなく，何となく「学校」に遊びに来るのだ。いろんな先生を捕まえては「飯を食いに連れて行ってください」と甘えている。職員の方もそうしたムードがきらいではなく，ひとしきり談笑したあと，卒業生と一緒に出かけていくことも多い。
> 　そうした卒業生だけではなく，このごろはひょこっと3年生の子どもたちが顔を出す。3年の職員に勉強を教わりにくるのだ。どの子も非行や不登校で，学校になかなかつながれないままできた子どもたちだ。顔ぶれを見ると外国籍の子どもが多い。なかには他の学校や警察にも名前がとおっている（？）者も何人かいる。曜日によって子どもが決まっていて，その日は，先生はその子だけのものだ。別々の教室でマンツーマンで学習がおこなわれている日もある。
> 　こうした取り組みが始められたのは冬になってからで，まだ3ヶ月ほどしかたっていない。しかし，子どもたちの表情は明らかに変わってきた。何よりも，今まで学校に来なかった子どもたちが，朝から登校するようになった。昼間学校に来られなかった子どもたちが，夜自分のために時間をつくってもらうことで自信を回復し，学校生活に復帰し始めたのだ。進路指導で忙殺されるなか，青い顔をしながらも取り組みを作り出した3学年の職員たちは，その努力が報われたことを実感している。

　このように，柿本先生は記述した後に，「外国人生徒」に焦点をあてて，次のように続けている。

外国籍の生徒達が，二重の意味において疎外されている事実を私たちは重たく受け止めなければならない。一つは現在において，学校生活のなかでどうしても周辺的な立場におかれることが多いことである。学校の教育課程そのものが画一的で，なおかつ「日本人のための学校」である以上，いくら国際交流学習が叫ばれようとも，この構造を突き破ることは難しい。まして，国際理解のお題目の向かうところが，対「ヨーロッパ・アメリカ」であるならば，難民の子どもたちは，日本への同化を常に求められることになる。

　こうした状況を背景に，私はこのあと「外国籍生徒の国語教室における学習保障」を論ずるわけだが，ここではっきりと確認しておきたいことは，一般的な教育課程における国語学習のなかで，疎外された外国籍生徒たちの言葉の問題を解決することはあまりにも荷が重いということである。もちろん，その子どもの日本語力によることなのではあるが，日本語を操れない生徒達に，国語学習を教室の中で他の子供とともに進めていくこと自体に大きな矛盾がある。しかし，子どもたちは目の前にいる。

　我々がやらねばならない事柄はもう明確である。「疎外され，周辺の存在」となっている彼らを，中心にすえるよう，場面場面の構造を変化させていくことである。もちろん国語という授業場面だけでなく，学校総体として，こうしたことに取り組む必要がある。彼らが経験する学校生活の様々な学習場面において，少しの時間ではあっても，中心に据えられることを保障されることでしか，彼らは学習に向かうことはできないのだ。あくまでもそうした一場面として，国語の教室を位置づけるべきなのだ。

　この文章は，S中学校の取り組みに注目した県の研究所から，国語の教師である柿本先生への「国語教育のあり方を論じてほしい」という依頼によって書かれたものである。しかしながら，ここで語られるのは，外国人生徒の問題は，国語教育に限定されるべき問題ではなく，学校全体で取り組まれるべき問題で，それは「外国人生徒」を「少しの時間ではあっても，中心に据えられることを保障されること」にしか糸口のないような問題であるという認識である。

　このような認識のもとにあった柿本先生は，当時フィールドワークでS中学校を定期的に訪問していた「研究者」である筆者に対して，次のような依頼をすることから，外国人生徒のための授業は具体化していく。

前にセナ（当時少年院に入院）の面会にブンを連れていった時の帰りに，桐原先生がベトナム戦争の話をしたことがあったんだけど，その時のブンの真剣な顔は，「こいつ，これまでこんな顔したことあったか」という感じがあって，その時のことは今でも気になっている。あの顔に可能性があるとするなら「外国人としての自分や自分の国のことを知る時間を保障する」ということが必要ではないかと思う。そうは言っても，自分達にはそういう知識が乏しいので，研究者の方の力を借りて授業ができないかと考えている。「外国籍生徒のための授業」を，学校の中に位置づけたいと思っている。そこにできれば，卒業した外国籍の子どもや地域の外国籍の子どもにも参加してもらって，かれらがもう少し広い枠の中で支えられているという感じがもてるような感じができるといいなあと思う。
　　　［フィールドノーツ，2000年1月18日］

　こうしてなされた提案には，第Ⅰ部で明らかにした学校の支配的なコンテキストとは異なる，S中学校の新たなコンテキストのもとでの教師の認識枠組が確認できる。それは，第一に，外国人生徒が日本の学校でおかれている状況にかかわるものであり，この点を，柿本先生は「学校生活における周辺化」と「日本人のための学校への参入」という二重の疎外状況として捉えている。第二に，こうした状況は変化させる必要があると捉えられ，その方法として「外国人生徒のための授業」が構想されている。第三に，授業の参加者として卒業生や地域の外国人の子どもたちを射程に入れていることからみて，そうした授業は，学校内にとどまるものではなく，学校外に開かれることが望ましいと判断されている。第四に，「外国人生徒のための授業」として想定されるのが「外国人としての自分や自分の国のことを知る」ことと捉えられていることである。

　ここで特に注目されるべき点は，実際の授業の内容は「外国人としての自分や自分の国のことを知る」ことになるわけであるが，それが外国人生徒の個々人にとって重要であると意味づけられているわけではないということである。一般的に，外国人生徒を多く受け入れている学校では，子どもたちの個々の自尊感情を育てるために，母国のことを学ぶ活動が組み入れられたりしているが，そうした活動が必ずしも自尊感情を育てることにつながっていないことは指摘されてきている（太田，2000b）。しかし，S中学校では，そうした指摘を受けて，この授業を行う際に重要であるとするのは，「外国人としての自分や自分の国

のことを知る」場を,「学校」が設置するということであり,それによって,外国人生徒の「学校生活における周辺化」と「日本人のための学校への参入」という二重の疎外状況を少しでも変化させようとしていることである。つまり,授業の内容それ自体が問われるというよりも,「学校」において,そうした授業が行われるという,その事実にウェイトが置かれて提案されたと言えよう。

②新たなコンテキストのもとでの外国人生徒の反応

　この時期,学習指導要領の改訂に伴って選択教科の授業時数は拡大されることになり,2000年度はその移行期間の1年目であった。これにあわせて,S中学校でも,2・3年生を対象に選択教科の時間が新設されることになっていた。ちょうどこの時期に提案されたこの授業は,「選択教科」という授業枠における外国人生徒の「取り出し授業」という形をとって,2000年4月から実施されることになっていった。こうした制度的位置づけを経て,「外国人生徒のための授業」は,S中学校で「選択国際」と呼ばれるようになる。

　この段階になって持ち上がった問題は,新たなコンテキストの生成が,外国人生徒によって阻まれるという事態であった。「選択国際」は「選択教科」である限りにおいて,教育課程の理念上,外国人生徒にも他の授業を選択する可能性が残されている。しかしながら柿本先生は,制度的な位置づけが決まった段階で,新たなコンテキストのもと,授業の対象について次のように話していた。

> 　名目は選択だけど,インドシナの子どもにとっては選択にはしない。日本の子どもが日本の地理や歴史について学習することが義務づけられているわけだから,インドシナの子どもたちにもそれぞれの国について学ぶ義務がある。そして,そのことを教師が言い切れなければ,子どもたちのおかれた状況はかわらない。
> ［フィールドノーツ,2000年4月6日］

　ここには,学校における新たなコンテキストは,教師からの提示のみならず,その受け手となる外国人生徒によって意味づけられ内面化されることなくして生成されない,という認識が示されている。そして,そうした認識は,日常的に外国人生徒の支援にかかわっている国際教室担当の篠田先生を中心に,外国人生徒へ,徐々にではあったが,明確に伝達されていった。当初,篠田先生は,

外国人生徒から大きな反発があり，それを説得しなければならない状況を予想していたようであるが，実際にはその予想は外れたようで，「意外だったのよね。やっぱり学びたいって思うのかな。それとも，学ぶ必要があるって思っているのかなあ」（フィールドノーツ，2000年4月26日）と話していた。

　当然のことながら，外国人生徒の反応が一様だったわけではない。非常にあっさり納得したのは6名で，かれらは，従来の学校の支配的なコンテキストにおいて，「やれている」けれど，努力・姿勢・態度が"不足"しているというまなざしのもとにある外国人生徒であった。他の反応としては，2名は体育を選択したかったことを理由に，1名は社会の選択をしたかったことを理由に多少渋ったという。

　その中にあって，大きな拒否反応を示したのはリット（カンボジア，当時中2，男，日本生まれ）で，「僕は絶対にやらない」と答えたというのである。リットは，第2章で明らかにしたように，S小学校において親の教育資源をベースに「安定した教室理解」をしている子どもであった。そして，その点は，S中学校への進学によっても大きく変化しなかった。篠田先生からリットの話を聞いた筆者は，その後，彼に声をかけたところ，次のような反応であった。

　　筆者：選択いやだっていっているんだって？
　　リット：うん。絶対やらない。
　　筆者：だって，リットはカンボジア人じゃない。
　　リット：カンボジアなんて，つぶれたっていい。
　　　（筆者の前から去っていくが，その後，しばらくしてもう一度声をかける。）
　　筆者：どうしてカンボジアのこと勉強するのいやなの？
　　リット：別にカンボジアのことがいやなわけではない。
　　筆者：そうなんだ。他にやりたいことあったんだ。
　　リット：そう。
　　筆者：なんだったの？
　　リット：う———ん。
　　筆者：あれ，ないの？
　　リット：あるよ。カンボジアじゃなければ，何だっていいんだ。
　　筆者：なんだ。やっぱり，カンボジアのことを勉強することがいやなんだ。
　　リット：……。

［フィールドノーツ，2000年4月26日］

　この会話の後，筆者は「研究者」として把握してきたS中学校における新たなコンテキストの生成に基づいた「選択国際」の授業の意味を，中学生にわかるレベルに翻訳して説明をした。その後，似たような働きかけが篠田先生からもなされたそうである。そうした試みの結果，リットも「選択国際」に参加することになった。

　こうした外国人生徒の反応は，第Ⅰ部で明らかにした従来の学校の支配的なコンテキストに，かれらがどのように位置づけられ，そして，かれら自身がそれをどのように意味づけてきたかということとの関係で解釈することができる。「努力・姿勢・態度が不足している」というまなざしを，学校の教師から向けられている外国人生徒にとっては，「選択国際」の授業の対象者という「特別扱い」の枠組は，そのまなざしを多少なりとも緩和させるものとして受け取られるのであろう。一方，リットは，「日本人生徒」と同様に「やれている」とされて，自らもそれを内面化しているわけであるから，彼が「選択国際」の授業の対象者という「特別扱い」の枠組を受け入れることは，自ら進んで自らに負のレッテルを附与する行為として，彼には受け取られているのであろう。それは，先に示したカンボジアを否定する語りからも明らかであろう。このことは，リット自身が，自らを「日本人」として表象することはないとしても，「カンボジア」を否定することによって，「日本人」であろうとすることなのかもしれない。なお，そうでありつつも，彼が最終的に説得に応じたのは，彼が自分自身を積極的に「日本人」として表象することへのある種の「抵抗」があったからであろう。それは，その後の数年間の彼の行為の変遷を追うことによって解釈可能となる。この点は，第7章で事例として取り上げる。

（2）授業の実際

　こうした動きと平行して，「研究者」は，「外国人としての自分や自分の国のことを知る」ための授業の「授業者」としての役割を引き受けることとなった。それが可能であったのは，この授業を行う第一の意味は，学校において「外国人生徒のための授業が行われることにある」という制度的位置づけを重視する新たなコンテキストが生成されていたからである。そうした前提があることに

よって,「授業者」が「教師」である必然性は失われ,「研究者」や「地域ボランティア」の授業への参入が可能になると考えたからである。しかし, そのことは,「授業者は, 研究者や地域ボランティアの方がいい」という積極的選択を導き出すものではないことも, ここで改めて確認する必要がある。

この段階を経て,「研究者」は, 当時, この地域で研究活動を行っていた「研究者」やこの地域でボランティア活動を行っていた「ボランティア」などで, 多少なりとも, かれらやかれらの国のことについて, 何らかの知識をもつ人々を数名集め, 授業の内容についての検討を行うと同時に,「選択国際」での授業者としての参画を依頼することを試みた。結果として, 声をかけて集まった者がインドシナ系のニューカマーと関わってきた者であったこと, また当時のS中学校の選択教科の対象となる2・3年生は, 1人を除いてみなインドシナ系であったことから, インドシナ系の外国人生徒に対象を限定してカリキュラム編成を行うこととなった。

こうした場で検討されたのは,「研究者」としてのこれまでの研究成果や,「ボランティア」として子どもたちにかかわった経験をもとにした, この授業で取り扱われるべき内容である。いくつかの提案をもとに最終的な結果として得られたものは, かれらが「移動してきた人々」であるという事実をベースとして, かれらやかれらの家族の移動を, 地理的内容と歴史的内容の二側面から扱うことであった。地理的内容では,「私たちは"どのように"日本にきたのか」という問いのもとで, 母国の出国から入国までの経路を扱い, 歴史的内容では,「私たちは"なぜ"日本に来ることになったのか」という問いのもとで, 出国までの経緯を扱うことを計画した。2000年度は学習指導要領の移行期間ということで, 選択教科の授業は隔週であったため, 16回の授業のカリキュラム編成が行われた。

①初年度（2000年度）の授業の課題
■家庭での疎外

5月8日の第1回目の授業では, 2回目以降の授業を展開していくために, 自分や母国に関する既存の知識を確認する必要があり, 自分の生年月日・出生地, 両親が日本に来た年, 自分が日本に来た年, あなた（あなたの両親）は, なぜ, 日本に移住することになったのですか？という質問プリントを配布して

記入させている。この授業によって明らかになったのは，外国人生徒たちが，予想以上に，自分のこと，両親のこと，母国のことを知らないという事実であった。さらに，こうした内容を親に聞くことを宿題として求めた場合，ベトナム人の生徒からは，「親に説教されるから嫌だ」という反応があったという報告もなされた。また，それを宿題として受け入れたカンボジア人やラオス人の生徒であっても，第2回目の授業までに親に聞き取りをしてきた生徒は皆無であった。

　カリキュラムの編成段階で授業者は，「外国人の子どもたちであれば，自分自身や両親，母国のこと，その移動の経緯といったことについて，ある程度興味をもって聞いたりしている」という親子関係を前提として授業内容を選択していたわけであるが，その前提はこの初期の段階から捨て去らなければならなかった。子どもの質問や疑問に親が答えるという，日本人が一般的にイメージされがちな教育的な親子関係は，外国人生徒にあっては普遍化できないことが確認されたのである。これを通して，外国人生徒は，学校における二重の疎外に加えて，「家庭での疎外」という前提が授業者間で共有されることになる。

　こうした状況に対しては，次のような方法での対処が試みられた。授業者として参画している「研究者」は，これまでにこの地域で家族へのインタビュー調査などを行ってきていて，実際には外国人生徒自身よりも，その生徒の家族の移動経緯について詳しいという場合が多くあった。そこで，親から伝達されないこうした知識を，この授業の中で「研究者」から提示するという方法が試みられたのである。実際には，家族の名前を伏せた形でインタビュー調査の結果の概要を提示するという方法がとられたが，生徒の多くは自分の家族のものだとわかる場合がほとんどであった。このことは，家庭生活の中で，「断片」ではあるものの，獲得されてきている移動にかかわる知識と，調査結果として提示された内容を外国人生徒は比較することができることを示している。したがって，直接親に聞くことができない場合でも，全く新しい知識を獲得するということにはならず，移動にかかわる外国人生徒の「断片化された知識や経験」を「つなげる」ことが，「外国人としての自分や自分の国を知る」ことになると，授業者にイメージされるようになったのである。

■授業への参加状況が示すもの

　もう一つの問題は，授業への参加状況にかかわるものであった。第1回目

（5月8日）の授業以後，すぐに外国人生徒の学校生活には何らかの変化が起きたようである。国際教室担当の篠田先生は驚きをもって次のように話す。

> びっくりしたわよ。リットには。他の授業に向かう姿勢が一生懸命になったし，それに，「これはどうか」って話しかけても来るようになって。今まではそういうことなかったから。他の子にもそういう感じが見られるのよ。［フィールドノーツ，2000年5月17日］

リットは，先述のように，当初「選択国際」への参加を拒んでいた生徒である。その彼に変化が起きたのである。こうした変化は彼だけでなく，他の生徒たちにもみられ，日常の学校生活への積極的関与という傾向は，授業開始時期の短期的な特徴ではなく，それ以後も継続的に学校の教師から報告されていた。

その一方で，「選択国際」の授業での外国人生徒の様子は，必ずしも授業者が期待するものとはならなかった。それは第一に，個々の生徒の「断片化された知識や経験」は，なかなか接点を見いだすことができないという点に見られた。このことは，例えば5月22日のカンボジアグループの授業の様子に表れている。

> ソムナーに関しては，普段から両親などから国のことについて話を聞いているのと，難民キャンプでの記憶があるために，こちらが出す言葉一つ一つに反応して知っていることを「とめど無く」話していた。サン，ソッグはソムナーの話に聞き入る感じ。ワン，リットはどの話にも引っかかる点がなく，ただ聞いているという感じ。だが，自分の家族の話が出た時は地図で場所を探そうとする態度が見られた。これからの課題として，ソムナーから出る話題を他の生徒達にどう振っていくかになるだろう。［2000年度「選択国際授業のあしあと」5月22日授業記録より抜粋］

この事例の場合，ソムナーには難民キャンプ経験があるために，他のカンボジア人生徒に比べて移動にかかわるまとまった知識がある。この話に聞き入るのは，同じく難民キャンプ経験をもつサンと，ソムナーの甥という個人的な関係があるソッグである。一方，「どの話にも引っかかる点がなく，ただ聞いているという感じ」と評されるのは日本生まれのワンやリットである。こうした

236　第2節　外国人生徒のためのカリキュラム編成

反応の違いは，先の「外国人生徒のための授業」への参加に対する外国人生徒の反応の違いと同様に，既存の学校の支配的なコンテキストのもとで，かれらがどのように意味づけられ，自らもそれを内面化してきたのかということへの反応の結果でもある。こうした違いは，外国人生徒を日本の学校が「分断」したことの結果でもある。この「分断」を「つなげる」ために，「外国人として自分や自分の国のことを知る」という授業内容ははたして有効か，この点は授業の展開において常に問題として意識され続けた。
　第二には，授業への積極的関与の問題である。

　　　全員に言えることは，こちらからすることを指示すると作業をするが，自分から積極的に地図づくりにかかわろうとはしない。[2000年度「選択国際授業のあしあと」10月23日授業記録より抜粋]

　こうした傾向は毎回指摘され，問題として語られ続けた。先にも述べたように，「選択国際」の発足により，「選択国際」以外の学校生活においては，外国人生徒の積極的な関与が確認されているのに対し，当の「選択国際」においては，そうした傾向がなかなか見いだせない状態が続いた。この点は，積極的関与のモデルがいるかどうかということとの関連で解釈されていく。

　　　今週はビンとヒンが参加してくれ，積極的にかかわってくれたので，地図づくりを順調に進めることができたと思う。[2000年度「選択国際授業のあしあと」10月23日授業記録より抜粋]

　つまり，「選択国際」以外の学校生活においては，授業に積極的に関与する日本人が既に存在しており，外国人生徒はそれをモデルとすることができるのに対し，「選択国際」にはそうしたモデルがいない。したがって，高校生のビンやヒン（ベトナム，高2，女，来日年未確認）が参加している場合には，かれらをモデルとして授業への積極的関与が生まれるという解釈である。ビンが参加した12月18日においても，授業者からは次のようなコメントがよせられている。

こちらから出した質問に対し生徒たちが答えないとき，ビンが積極的に答えてくれたので，ビンの答えを通じて子どもたちも知識を得ていったと思う。授業中のビンの存在は，ホンにとって良い影響を与えているように思われる。［2000年度「選択国際授業のあしあと」12月18日授業記録より抜粋］

　この問題に対しては，先に示したように，卒業生や地域の同年代の外国人などの参加によって「在日外国人モデル」を提示していくと同時に，積極的関与を促す働きかけを絶えず試みることが提案されていく。例えば，写真や資料の提示などによる働きかけが生徒の変化を促したとして，次のように報告されたりもしている。

　中心になるソムナーが欠席したこともあり，あまり生徒からの積極的な発言で進んでいくという感じではなかった。しかし，皆カンボジアに行った経験があり，特に写真に対しては興味を示し，「これは知っている」など自らの経験を話す場面が見られた。写真を用いることは有効であった。［2000年度「選択国際授業のあしあと」6月5日授業記録より抜粋］
　ベトナムに関する文献を数冊用意していたが，アンガそれを熱心に見ていた。［2000年度「選択国際授業のあしあと」10月2日授業記録より抜粋］

■初年度の授業の成果
　2000年度の「選択国際」の授業の目的は，先に述べたように外国人生徒の「学校生活における周辺化」と「日本人のための学校への参入」という二重の疎外状況を少しでも改善するために，「外国人生徒のための授業」を学校に位置づけることであった。その目的は，外国人生徒に日常の学校生活への積極的関与が恒常的にみられるようになったという点で達成されたと言えるだろう。さらに，2000年度の授業では参加が制限された中国人生徒から，国際教室担当の篠田先生には次のような話がなされたという。

　篠田：来年，「選択国際」で中国を扱うということは無理かしら？
　筆者：どうしてですか？
　篠田：洋志がね，何回も聞くのよ，中国はやらないのかって。教えてくれる人が見つかればできるかもしれないとは言ったんだけど，何回も聞くもんだか

ら，できればそうしてあげたいと思ったりしてね。
［フィールドノーツ，2000年10月16日］

　こうした外国人生徒の動きからわかることは，「選択国際」の実施が，少なくとも学校におけるかれらの居心地を悪いものにはしていないという事実である。それは見方を変えれば，選択教科の時間に「取り出し」の形で特別に授業を行っているそのことを，他の生徒が否定的にみてはいないということを示してもいるのである。ここに，「学校文化の変化」を確認することができる。

　こうした「選択国際」発足の際の目的が達成されていく過程と平行して，その目的以上の成果として把握されたのが，この授業を通して，S中学校の教師が外国人生徒のおかれている状況を多層的に把握することになったという点である。この点は，翌年の「選択国際」2年目となる2001年度の基本方針において，「子どもたちの実情」と題され，学校の教師によって作成されたものに端的に示されている。

　1．子どもたちの実情
①日本で生まれた外国籍の子どもたちが，「外国人」を意識するのは，小学校3年生頃からのようだ。「今まで仲がよく，何も意識したことがなかったのに，急に友達たちが『あいつは外国人だ』という目で見ている気がしてきた。」と語る者もいた。そしてそのとき以後，彼らは『多数の中の少数』として，じぶんが外国人であることをマイナス要素として感じ続け，生きづらさの中におかれることになる。生活の中でうまくいかないことの原因の多くを『外国人であること』に見いだし，外国人としての自尊感情は，否定的に個人の中で拡大されている。
②一方，学校教育の中を考えてみると，教育課程は日本人のためのカリキュラムがそのまま当てはめられ，取り出しの授業も『多数の日本人の学習についていくため』に行われていると言ってよい。つまり，外国籍の子どもたちのための授業は本質的には存在してないといえる。言葉を換えれば，学校は日本への同化を常に要求されている場所と考えることもできる。
③また，こうした「多数と少数の力関係」の上に学校現場で行われる『国際理解教育』は，少数が多数に奉仕する形しか生み出してこなかった。それはまた，日常の裏にある力関係の再認識，再生産につながる場合も多くあり，外国籍の

子どもたちは，ますます「母国的なるもの」とつながりがたく，疎外されてきた。
④視点を変えて家庭の中を考えてみても，子どもたちは構造的に疎外されていることが多い。
・親たちの日本の学校システムへの無理解は，子どもたちの学校生活を支援するよりも，学校への子どもたちの振る舞い方を難しくしている。
・母語を理解できても扱えない子供が増える中で，家庭では母語を扱う親たちとの間に意思疎通がうまくいかない事態が生まれている。そうした中で，母国文化が子どもたちに伝達されない状況が進んでいる。
・家族の移動過程を話したがらない家庭も多くあり，移動の記憶が継承されていない。［2001年度「選択国際授業のあしあと」選択国際の基本方針より抜粋］

　この文章からは，「学校生活における周辺化」や「日本人のための学校への参入」といった言葉で表現されていた状況への理解が，次の点で深まっていると言えよう。第一に「学校生活における周辺化」は，「多数の中の少数」という状況と，生活の中のうまくいかないことの原因を「少数」の表象である「外国人である」ことに見いだすことによっておきているとされ，状況分析が細分化されている。第二に「日本人のための学校への参入」については，それが具体的に把握されるようになる。例えば，国際教室における取り出しの授業は，「外国人生徒のための授業」とされてはいても，内実は「多数の日本人の学習についていくため」のカリキュラムになっていて，結果的に「学校は日本への同化を常に要求されている場所」となる。したがって，当然のことながら，それによって「学校文化の変化」は起きえないと把握されるようになる。また，「国際理解教育」にあっても，その目的は，日本人が外国人を理解することによって現状を変化させていこうとするものであり，その意味で「外国人生徒のための授業」でもあるわけだが，そうした教育が展開される場での外国人は「少数が多数に奉仕する形」にはめられることになることが多い。「国際理解教育」の場が，時に外国人生徒から嫌われるのは，そうした形を子どもたちが無意識に見抜いているからであろうと把握されるようになる。そして，第三には，2000年度の授業において授業者がとらえた「家庭での疎外」状況が示されたことである。これらは「選択国際」の立ち上げの時点では言及されていなかった

事柄であり，それらが把握されたことにより，2001年度の「選択国際」は新たな展開へと踏み出していくことになったのである。

②授業の内容や方法の選択基準の確定期（2001年度）

　2年目のカリキュラム編成については，前年度その編成に一歩引いていた学校の「教師」たちが，「選択国際」に「求めるもの」として，次のように内容を明文化するようになる。

　　　上記の現状をふまえ，選択国際を次のように位置づける。
　①教育課程の中に，「外国籍の生徒たちのための学習」を明確に位置づける。
　②家族の移動過程を学習することにより，自分が日本にいる理由を理解する。
　③国ごとの学習を通じ，母国的なるものを少しでも理解し，アイデンティティの形成に役立てる。
　④自尊感情の回復をはかり，他の場面でも「自分の足で立つ」事を目指す。
　⑤孤立化することのないよう，同学年・異学年の中で仲間意識をもてるようにする。
　⑥様々な立場，様々な年齢，様々な人が関わる中で，一人一人へのサポート体制を創る。
　⑦地域外国籍の青少年が年齢を超えてつながることで，地域の中での相互支援体制を目指す。
　⑧日本人の子どもたちと外国籍の子どもたちが，多数と少数の力関係を超えた相互認知ができる素地を学校の中に創る。
　⑨「日本の中での外国人として生きる」生き方を考える契機とする。
　『なぜ自分はここにいるのか，自分は誰なのか』そして『自分はどう生きたらよいのか』
　［2001年度「選択国際授業のあしあと」選択国際の基本方針より抜粋］

　ここで提示される八つの事柄は，これまでの経緯との関連から次のように分類することができる。①は「外国人生徒のための授業」を教育課程内に位置づけるという，学校レベルのカリキュラム編成にかかわるものである。②③④は，そうして位置づけられた場における授業内容にかかわるものである。中でも④では「選択国際」で行われる授業の内容は，子どもたちの学校生活全体に影響

を与えるものが選択されるべきであることが示されている。⑤⑥⑦は，学校生活全般におけるかれらへの支援のあり方が提示され，その支援のあり方は当然のことながら「選択国際」でも目指されるべきものとなる。ただし，ここでの表現には，学校生活全体→選択国際という流れの前提が認められるわけではあるが，この段階で学校生活全般へのかれらへの支援が明確にされていたわけではないので，実際には，「選択国際」でその支援を具体化しつつ，それを学校生活全般に普遍化していくことが想定されていたと言えよう。さらに，⑧⑨では，「選択国際」の授業や学校における外国人生徒への支援にかかわる目的が明示化されたというよりは，そうした試みの先にねらわれるべき「何か」をつくりだすために，現段階では未確定であるものの，その素地や契機として「選択国際」を位置づけようとする意図が示されていると言えよう。

　2年目（2001年度）の「選択国際」は，このようにカリキュラム編成上の位置づけやその内容が明確になることと平行して，学校の新たなコンテキストの受け手となった中国人生徒からの「選択国際」参加への強い希望があり，また，2001年度に新たに加わる2年生には南米の生徒が多いという状況が考慮されて，「選択国際」の対象生徒は，インドシナ系から南米系，中国系へと拡大されることとなった。また，選択教科の授業時数も拡大されることとなり，隔週であった授業が毎週行われることとなった。こうした変化に伴って，授業者として加わる「研究者」と「地域ボランティア」は12名となり，学校の教師3名をあわせて授業者は15名体制となった[7]。そして，そうした変化に伴い乗り越えなければならない新たな問題が浮かび上がっていったのである。

■授業者と外国人生徒の関係

　第一の問題は，「選択国際」の授業対象生徒の出身地域が広がったことにより，新規参入する授業者が増えたことによるものである。昨年度は，この地域である程度の研究蓄積がある研究者か，この地域でボランティア経験のある人々が，授業者として集まったわけであるが，そうした広がりの中で，必ずしもそうした経験を持つ人だけが集まることにはならなかった。その結果として，「断片化された知識や経験」を「つなげる」ために必要な内容を，流れていく1時間の授業の中で，授業者がタイミングよく提示できないという問題が生じたのである。

　こうした問題に対処するために前年度のカリキュラムは若干修正されていく

こととなる。昨年度の「私たちは"どのように"日本にきたのか」という問いのもとで，母国の出国から入国までの移動にかかわる地理的内容を扱った授業は，インドシナや南米など新規参入の授業者の多い地域を中心に，「南アメリカ大陸の自然」，「インドシナの地理」，南米における「国別の地理」といった内容が取り扱われるように変化したのである。しかしながら，そうした変化は結果として，授業者が外国人生徒の状況を新たに発見するような場面をつくり出し，授業者と外国人生徒を「つなげる」ことを可能にしていったのである。そのことは，例えば次のような報告に示されている。

　　前回，州の名前を入れ間違えていたことに気がついていて，それを直さなければならないことを自ら語る。本日の学習用の資料は，おおよそは読むことができるが，意味内容まではつかめない様子。一文ずつを区切り，意味内容を確認し，地図にそこからの情報を書き込むという作業をしていく。そうした作業を通して，家族内での会話が，ポルトガル語で行われているが，親子で完全にはコミュニケーションが出来ていないことがわかっていく。また，一時帰国しているものの，その時にはサンパウロから離れていないために，それ以外の地域についての情報をほとんどもっていない。［2000年度「選択国際授業のあしあと」7月9日授業記録より抜粋］

　また次の記録からは，授業者と外国人生徒を「つなげる」ような授業の内容が子どもたちの「断片化された知識や経験」を「つなげる」ことになり，そうした営みの中で，授業者が外国人生徒の状況を新たに発見するという過程が確認できる。

　　次にテットさんだが，姉妹などの話を交えつつ話を進めたところ，ボランティアスタッフが「こうでしょう」と言ったことを訂正して，自身の意見を話していた。以前のどうでもよさそうな姿勢には変化が見られた。家族が住んでいた場所に関しては，印象による知識しか持ち合わせていないようである。この点に関してはボランティアスタッフが補足した。テットさんは，これまでダナン出身でホーチミン市に住んでいたと話していたが，新しく今回は両親はバンメトート出身であることを話した。ボランティアスタッフが場所を訪ねたところ，バンメトートの写真をみながら「ここ」と主張していた。ボランティアスタッフに説明をし

たいが，説明しきれないので「ここ／間違いない／これだから」というように断言しているだけの表現にならざるを得ないように見える。〔2001年度「選択国際授業のあしあと」7月9日授業記録より抜粋〕

　昨年度の段階では，「選択国際」の授業内容は，移動する家族とともにある子どもたちの「断片化された知識や経験」を「つなげる」こと，そうした「断片化された知識や経験」を母国や外国人としての自分を共有する友だちと「つなげる」ことの二重に意味の上で選択されていたわけであるが，2001年度の状況は，授業者と外国人生徒を「つなげる」という三重の意味の上に選択されることとなったわけである。

　しかしながら，このことは昨年度明示的に立ち上がらなかっただけであり，常にそこにあり続けたことなのかもしれない。というのは，昨年度，授業者であった「研究者」や「地域ボランティア」は，「選択国際」の授業の前段階ですでにかれらの多くと出会っていて，授業者と外国人生徒の「つなげる」営みは，授業以前に行われていたのかもしれないからである。

■外国人生徒同士の関係

　第二の問題は，日本の学校における外国人生徒に対するまなざしとの関連で検討する必要がある。日本の学校において，外国人生徒はその出身地域にかかわらず「外国人生徒」として一括りに扱われる場合がほとんどである。さらに付け加えるならば，「外国人生徒」として積極的に一括りにされるのではなく，多くの場合は，「日本人ではない生徒」であるところの「外国人生徒」として一括りにされているのである。「日本人ではない生徒」として一括りにされている外国人生徒同士を，「外国人としての自分」を核として，それを共有する友だちと「つなげる」ことが，前年度より一層強く課題として提示されることになった。それは，対象とする出身地域の広がりによって，「外国人としての自分」のイメージが多様化したことと関連している。

　この問題に対処するため，第一に「選択国際」対象者全員で授業をする「共習」と国別で授業をする「別習」という前年度行われた授業形態に，「グループ別」という新たな授業形態が加えられ，第二に前年度の「私たちは"なぜ"日本に来ることになったのか」という問いのもとで扱われた歴史的内容が補正されることとなった。まず第一の点については，南米系や中国系の生徒が新た

に対象者として加わったことに連動して，前年度から行われていた「別習」は，地域ごとに行う「地域別」，地域のなかをさらに国ごとに分けて行う「国別」に当初から変更された。しかし，そうした細分化だけでは，「つなげる」という状況はうみだされていかないことが徐々に授業者に意識されていくことになる。そのことは，１学期最後の「共習」で行われた「地域別の学習内容の発表」という授業の後の反省会で，次のように課題化されていく。

　　鈴山：他の国のことを知ろうとしているけれど，知ることにはなっていない。共
　　　　有する知識をもった方がいいと思う。
　　鳥嶋：他の国のことに興味をもっているけれど，自分達の発表は，自分の出身地
　　　　の主観的な印象にとどまってしまっていた。
　　［フィールドノーツ（選択国際反省会の記録），2001年7月16日］

　こうした課題化を経て提案されるのが，「グループ別」という授業形態で，インドシナ系・南米系・中国系それぞれの生徒を数人ずつまとめて５グループ編成にするものである。この授業形態は，「共習」とセットで行われ，「共習」での内容を「グループ別」に語る場として設定された。

　こうした授業形態の変化に伴い，続く第二の点についても補正されることとなる。それは，インドシナの人々が「難民」となった原因であるベトナム戦争を，前年度は歴史的内容として中心的に扱っていたが，2001年度はベトナム戦争の背後にある冷戦構造まで学習内容を広げていった。そこには，ある地域にかかわる出来事が世界レベルの出来事と関係することを知ることで，外国人生徒同士を「つなげる」ことが可能になるのではないかという仮説がある。先に述べた新しい授業形態は，生徒同士の〈いま－ここ〉の実存レベルにおいて「つなげる」ことがねらわれているのに対し，後者の授業内容の補正は，かれらの実存レベルを規定する歴史において，かれらを「つなげる」ことがねらわれていったといえよう。

■生徒個々人の「断片化された知識や経験」を「つなげる」試み
　第三の問題は，この授業を通して外国人生徒が学んだことは何であったかを明らかする必要があるという授業者の意識によって課題化されていったものである。これについては，個々人の生徒が，授業で扱った内容についてまとめる

という方法が提案されていく。そのためにサンプルとして，世界レベルのテーマを扱ったまとめ，母国の歴史を扱ったまとめ，そして，自分のルーツを扱ったまとめの三つが提示されることになる。このサンプルの提示において，世界レベルのテーマと母国の歴史を扱ったものは，授業者が提示することとなったが，自分のルーツを扱ったまとめについては，地域に住む外国人の高校生で，時折「選択国際」に参加していたサラ（カンボジア，高2，女）に依頼することとなった。こうした方法がとられた背景には，個人のルーツにかかわるものは，例えサンプルであったとしても，日本人には提示できないという意識が授業者に共有されていたからである。

しかし，この試みは予期せぬ事態に導かれていくことになる。それは，このまとめをつくることを快く引き受けたサラが，このまとめをめぐって父親ともめることになったのである。この時の状況をサラは，次のようにまとめている。

> 1年間で選択国際に数回でた中で，私は今まで親からは学んだことのないことを学んだと思う。そして，選択国際にでている生徒たちも，この授業を通して，何らかの変化をしてきたと思います。そして，かれらが学んできたことを，自分たちの親と重ねながら，親の今までのルーツを共に学んでいけたのだと思う。そういいながら，〈それは〉私にとってのこれからの私の課題でもあると思う。私がこのように思ったのはつい最近であった。それは，私が選択国際で親のルーツを聞いて選択国際のみんなの前で発表することだった。私は親の体験を今までも聞いてきたし，今回も聞けると思って，この件を引き受けた。そして，私はいつもの調子で，お父さんに聞いてみたが，なぜか私が聞くこととは違うことを話してくる。お父さんも何か警戒しているようでした。お父さんのこのような態度に，私もどうしていいかわからなくなってしまいました。何か今までにない壁だと思っていた壁が，急に目の前にあらわれた感じでした。この時の気持ちは，いいようもない悲しいような……気持ちになりました。〔2001年度「選択国際授業のあしあと」授業者の感想より抜粋〕

結果として，サラのルーツのまとめは提示されず，「地域ボランティア」の家上さんによって，サラの承諾のもとに，彼女のまとめの構想と，どの部分が親ともめることになったのか，という点が明らかにされる授業へと急遽変更されることになった。「選択国際」の対象生徒に対して，「在日外国人モデル」で

あるサラのこのような状況が提示されることで，ルーツを扱ったまとめを選択する生徒がいなくなるのではないかとの懸念もあったが，結果として9名がルーツについて扱うことなった。この日の授業記録には生徒たちの変化について次のように記述されている。

　　例示され説明を受けているときはみんな真剣によく聞いていた。中国班だけでなく，全体の集中力がこの授業については確実に上がっていることを感じる。そんな中で，家神先生の方から，このまとめの例示に絡んで，サラさんの家庭の様子が報告されると，一人一人が自分のことのように感じながら聞けていたように思う。実際，個人作業になったとき，西田洋志（中国系）は迷わずに「母親のふるさと」をテーマとして選んでいた。内容も，母親の故郷を自分が母の代わりに紹介するような内容になりそうである。「母の側の視点」を持とうとする取り組みであり，選択国際の授業の中での成長を感じる。［2001年度「選択国際授業のあしあと」1月21日授業記録より抜粋］

　以上述べてきたように，2001年度の問題へ対処は，そのすべてが，母国や「外国人として自分」にかかわる事柄を「何か」に「つなげる」ことに帰着していることがわかる。2000年度から2003年度の4年間の「選択国際」を概観すると，2001年度は授業内容の選択原理が「つなげる」こととして確定した時期として捉えることがきでる。

③「学校生活における周辺化」という問題への取り組み（2002年度）
　2年間の実践を経て，「選択国際」の授業内容の選択原理として「つなげる」ことが確定し，迎えた2002年度のカリキュラム編成には大きな修正や補正は確認されない。その意味で，2002年度の「選択国際」の実践は，「つなげる」という選択原理を，授業者のさまざまな言葉を介して具体化されていった時期としてみることができる。それは，例えば「個人の事情が世界の事情に位置づけられる」「移動に伴う痛みを共有する」「言葉の間を埋める」といった言葉で表現されていった。
　このような中であえて変化をとりあげるなら，授業者の広がりということになろう。まず，「選択国際」担当の教師の数が3人から4人に枠が広げられた。

このことは「選択国際」の学校における位置づけが決して周辺化したものではないことを物語っている。次に，昨年度まで来日して間もない生徒の通訳として，学校が市へ派遣要請をすることで参加していた教育相談員（以下，通称の「通訳さん」と表記）が，授業者として明確に位置づけられるようになった。このことは，派遣されている「通訳さん」のすべてが，外国人生徒の親たちと共通する移動経験を持っているために，「通訳さん」が「教師」や「研究者」や「地域ボランティア」とは異なる次元で，授業に参画していることが授業者間ではっきりと意識されるようになったからである。そのことは，通訳さん自身の言葉で次のように表現されてもいる。

　　「選択授業」，この聞き馴れない言葉はどういう意味でしょうか？　初めは全然分かりませんでしたが，実際の授業を受けてから，少しずつ分かってきました。この授業を通して，改めて勉強したので，帝国主義ってなに？　日本はどうして中国を侵略したのか？　どうして700万人もの日本人が中国に渡ったのか？中国の植民地はどうしてできたのか？　などがわかるようになりました。『満州での逃避行』を読ませていただいた事で，戦争がどんなに残酷なのか，あらためて勉強になりました。二度と戦争が起こらないで欲しいと思いました。
　　私の両親も開拓団で中国に渡り，むこうで兄，姉と私を産みました。戦争が終わった後，私を中国に残し，両親は兄，姉を連れて日本に帰って来ました。一歩間違えば私も『満州での逃避行』の中のように，手榴弾にやられた可能性もおおいにあると思います。戦争には絶対反対です。（後略）［2001年度「選択国際授業のあしあと」授業者の感想より抜粋］

　このように，母国や外国人として自分にかかわる事柄を「何か」に「つなげる」という「選択国際」の授業の原理は，様々な人々との関わりという観点でもイメージされていくことになっていったのである。そうした広がりのもとで，この年の「選択国際」も，授業を通して新たな問題に直面することとなる。

■外国人生徒内部の上下関係

　端的にこの年の問題を言い表すならば，「つなげる」という原理のもとで「外国人生徒」として括られることを積極的に引き受け始めた生徒たちの間に，上下関係なるものが見いだされ始めたということである。こうした傾向は，2002年度の早い時期から「何となく気になる感じ」として授業後の反省会にお

いて，授業者から指摘されていた。

> 　国によっては役割分担がはっきり分かれていたり，主導権が固定していて作業にうまく参加できない生徒もいた。[2002年度「選択国際授業のあしあと」5月20日授業記録より抜粋]
> 　ロッシス（ペルー，中2，男，来日1年）が「ブラジル」と発音したのを聞いて，杉田（中国，中3，男，来日4年）が「ガイジンっぽーい」と少しバカにするような態度が気になった。[2002年度「選択国際授業のあしあと」6月3日授業記録より抜粋]

　こうした指摘に対して，これらの問題は，必ずしも「選択国際」の授業に内在するものではなく，「選択国際」の授業以外の学校における状況を反映しているという指摘が教師側から提示されるようにもなる。

> 　今日の選択「国際」の授業で生徒たちが落ち着いていた。他の授業，特に3年生の選択の授業は生徒が落ち着かないという先生方の報告がある。3年生は選択授業が多く，また学期ごとに選択が変わったりして，生徒がクラスの中で人間関係をしっかり築けなくなってきているのが原因か。外国籍の生徒たちがこの制度，環境に振り回されているのではないか。他の授業で落ち着けなかった生徒が，この授業では自分の役割や課題がわかっているので落ちつけるのだろう。前時限の授業から来て生徒がほっとした様子だった。[2002年度「選択国際授業のあしあと」9月9日反省会での話題より抜粋]

　そうした認識のもとで，「学校における授業のあり方」の再検討が，学校の教師によって課題化され取り組まれるようにはなっていく。
　しかしながら，そうした営みも早急に事態を変化させることにはならず，2002年10月21日には，外国人生徒間である事件が起きる。10月26日に文化祭をひかえたS中学校では，21日の放課後も国際教室の準備に外国人生徒が何人かかかわっていたという。そこで，中国籍生徒である杉田（中3，男，来日4年）が，ペルー国籍のオハラ（中2，男，来日4年）に対して，暴力をふるって大きなケガをさせたというのである。オハラは，これまでにもいじめられやすい生徒として，学校の様々な場面で配慮が必要とされてきた生徒である。そのオ

ハラと杉田はふざけて遊んでいたのであるが，その中でオハラにぞうきんを投げられたことをきっかけに，杉田が限度を超えてオハラを殴り続けたというのが事件の経緯である。

　その事件をめぐる学校の生徒指導の主流は，杉田を加害者，オハラを被害者として杉田に謝罪させるというもので，従来の日本人生徒への生徒指導として一般的な方法での対応が試みられようとしていた。しかしながら，「選択国際」の授業にかかわる教師を中心に，「杉田が限度を超えてアキラを殴り続けたのはなぜか」という問いが立てられたのである。そこには，杉田という外国人生徒に対する生徒理解の違いが存在している。

　文化祭の準備期間となるこの時期，S中学校では，クラス合唱のための練習がかなり活発に行われるようになり，始業前，休み時間，放課後とクラスごとの歌声が聞かれるようになる。そのなかで，杉田は学校への遅刻が目立つようになっていた。一般的な生徒指導を行う教師たちは，杉田の遅刻は生活のみだれであり，そのみだれた生活がこの事件を起こす背景にはあったという因果関係で，杉田を理解していた。

　一方，「選択国際」の授業にかかわる教師を中心とした教師たちは，杉田の日常について，彼の行動に関わる詳細な情報を集めて分析を始めたのである。その結果，次のような状況が把握されたのであった。杉田は，朝のクラス合唱の練習の時間に遅刻したために，クラスの友だちから非難されていた。それをきっかけに，杉田は朝の歌練習に遅刻した場合，授業にも遅刻するような時間で学校に登校するようになり，その繰り返しのなかで，彼の遅刻の回数も増えていったというのである。この分析を導き出した教師たちは，「杉田が限度を超えてアキラを殴り続けたのはなぜか」という問いに対しては，「学校生活において周辺化されたものは，一層周辺化したものをつくる」いう答えを導き出したのである。

　こうした分析に，「選択国際」にかかわる教師たちを導いたのは，この教師たちの前提には，外国人生徒の「学校生活における周辺化」という枠組があったからにほかならない。こうした状況のもとにある外国人生徒に対しては，日本の学校で従来行われてきた学校行事を核とするような生徒指導が有効でないことや，それだけでなく，そうした指導が，一層外国人生徒を周辺化するような事態を引き起こすという点についても，一定の理解がなされるようになって

いったのである。「選択国際」の立ち上げの中心人物であった柿本先生は，当時次のように語っている。

> 自分も選択国際の授業を行ったりしていなければ，杉田のことを，日本人生徒と同じように扱って指導していたかもしれない。たぶん，間違って指導し，その指導は，きっと杉田をもっと追いつめることになっただろうと思う。でも，このことを理解するのは今の日本の教師に難しい。自分の見方を変えなければいけないと思わない限り，外国籍生徒への認識をもてないかもしれない。［フィールドノーツ，2002年11月11日］

この事件をめぐる対応で，「選択国際」の授業の成果を評価する教師たちは，杉田に対して特別な対応が必要であることを，従来の生徒指導を行おうとする教師たちに説明することを繰り返し試みたという。しかしながら，両者の溝は予想以上に深かったという。

■「外国人生徒の上下関係」から「学校生活における周辺化」への問題の位相の転換

こうした状況のもとで，「選択国際」の授業の成果を評価する教師たちは，この事件を「学校生活における周辺化」の問題として位置づけて，学校のいくつかの場面で扱うことを試み始めた。その際，「学校生活における周辺化」という枠組は，外国人生徒だけでなく，いじめ，不登校，障害をもつ生徒などを含み込むものとして，より広く設定されていった。具体的には，授業のなかでこの事件が全面的に取り上げられたり，生徒会役員によって寸劇にアレンジされる等である。そうしたなかで，「選択国際」でも，この問題を取り上げる必要が指摘され，2002年11月18日にその授業が行われた。

授業者は柿本先生で，「杉田とオハラの事件」の経緯が説明された後に，「オハラが被害者で，常に杉田が加害者なのか」という問いの上に，「杉田がこの事件では加害者だけれど，杉田が日本に来てから日本の学校で経験した嫌な出来事については，これまでに被害者として問題にされてきたのだろうか」「そのことは，外国人のみんなに共通する問題ではないのか」という問いが提出された。さらに，生徒会役員の寸劇鑑賞の後に書かれた中国籍生徒の原島（中1，女，来日1年）と，この事件の当事者である杉田の作文が読み上げられた。原島の作文は，本書の第Ⅰ部の冒頭でも提示した「外来の人になにもてきません。

学校きたからみんなてわるいのはなしいわれました．この人ともたちいない．自分てさふしかたです。……（後略）……」の作文である。そして，杉田の作文は次のようなものである。

> 今日，黒木（生徒会役員――引用者補足）の話を聞いて，自分がどうしてこんなに孤独感があるのか，この孤独感があったからオハラのことがおきたんじゃないかなってすごく思った。自分の中では，まだ整理できていないけど，多少はあると思います。だから今自分は何でこうなったのか，何が原因なのか，やっぱりちゃんと整理しなきゃいけないなって思います。今，自分もがんばって，友達に接するようにがんばってるけど，こんなことは一気にできることじゃないし，だんだんうまくいけたらいいなと思っています。これからもがんばりたいと思います。

柿本先生はこの作文を読んだ後，杉田にいくつかの質問をする。

> 柿本：杉田，ここに書かれている孤独感を一番最初に感じたのはいつごろ？
> 杉田：日本に来て，小学校のとき，日本語が話せなくて……
> 柿本：今もそういうことを感じるの？
> 杉田：時々……
> 柿本：そうか，そういう感じをずっともっているんだ。他のみんなはどうなんだろう。このことも，みんな自分で考えてほしいって思う。
> ［フィールドノーツ，2002年11月18日］

この後，柿本先生はS中学校の卒業生であるグェンの話を，次のように付け加えた。

> 自分には先生として悲しい経験があるんだ。前にグェン君というベトナム人の生徒がいて，もしかしたらみんなが知っている人かもしれないけれど……。グェン君は日本にきて学校に来るようになってから，家ではベトナム語を話すことがどんどん減っていった。でも，学校で日本語を話すようになったのかっていうとそうではなくて，学校では友達とあまり話さなかった。うまく話せないからイヤだったり，うまく話せないとバカにされたりということがあったんだと思う。そうしているうちに，ベトナム語も日本語も話すことがなくなって，2つとも言葉

を失ってしまったんだ。だから，自分はグェンと話そうと思っても話せなかった。日本語でも話せないし，もし，ベトナム語が話せていたら通訳さんを通してでも話すことができただろうけど，それもできなかった。だから，わかってあげることもできなかったし，力になることもできなかった。それは，自分の中でとても悲しい経験で，みんなたちとはそうなりたくないって思っている。［フィールドノーツ，2002年11月18日］

　そして，この後のグループ別の授業では，これまで語られることのなかったいじめや，孤独感，嫌な経験が語られることになったのである。この授業で話された「いじめ」経験の分析は，第1章で明らかにした通りである。
　さらに，これをきっかけとして，「選択国際」において歴史的な内容を扱う際には，上下関係などの「権力関係」を意識した授業が展開されるようになる。例えば，12月2日の南米と中国の共習の授業では，日本からの移動先である満州国や南米での社会的地位の問題が取り上げられたり，12月9日のインドシナ地域の授業では，植民地化のもとでインドシナの人々がおかれた母国での社会的地位と，日本定住後の社会的地位の問題が取り上げられたりすることとなった。

■2002年度の授業の成果と2003年度での転換
　先にも述べたように2002年度の「選択国際」は，過去2年間の実践の積み重ねとして編み出された「つなげる」イメージを基底に授業が展開されてきた。そこでは，母国や「外国人として自分」にかかわる事柄を「何か」に「つなげる」ことがイメージされていて，授業者の知識や存在はそのために利用できる資源として提供されていた。その意味で，授業者と外国人生徒との関係は，常に授業者が優位であったと言っていいだろう。
　しかしながら，「杉田とオハラの事件」をきっかけとして試みられた授業では，授業者は，外国人生徒の日本の学校での経験の「聞き手」として存在することとなった。その場では，資源の提供者としての授業者の優位性は失われ，逆に，日本の学校で外国人生徒がそのような経験をしているという事実に，授業者が罪悪感すら感じざるを得ない場へと変化していったのである。そして，そのことは同時に，その場での「聞き手」としての授業者に対して，学校における「外国人生徒ではない者」に対する何らかの働きかけが要請されること

なったのである。

この「外国人生徒ではない者」として，その筆頭に位置づけられたのは「教師」である。2001年度に授業者として加わった神代先生は，次のように綴っている。

> 子どもたちへの日頃の指導は，そのまま子どもたちの行動に表われるが，学年を見ると，2学期以降学習面・人間関係で，その不十分だった点が表面化しています。1番の原因は，教師集団の外国籍生徒の抱える問題に対する理解の仕方が浅く，細かな配慮が必要であることの認識の薄さだと思います。杉田の件はまさにその象徴といえます。その後の，国際研修会，生徒指導，授業等を通じても，あまり変わっていない現状を，変えていかなくてはならないと強く感じます。授業・クラス・学年における様々な場面で，外国籍生徒に限らず，果たして弱い立場の生徒に視点を当てて見ることができたのか。視野に入っていない，見落としてきたことがたくさんあったのではないか。そのために彼らの心の奥の悲痛な叫びに気づかず，彼らの「生きる場」の設定が，タイミングを外すことなく適切に為されてこなかったように思います。（後略）［2002年度「選択国際授業のあしあと」授業スタッフの感想より抜粋］

こうした認識枠組によって，2003年度の「選択国際」は，授業の中心を教師が担っていくことが明示化され，それまで中心にあった「研究者」や「地域ボランティア」は，教師の後方支援へと回ることになる。そこには，外国人生徒の日本の学校での経験の「聞き手」を学校の中に生み出されなければ，「学校生活における周辺化」という状況は変化することはないという想定がある。

次に「外国人生徒ではない者」として位置づけられたのが，「日本人生徒」である。これまで「選択国際」への日本人生徒の参入は原則として認められていなかったが，他の選択教科との兼ね合いの問題から，2001年度1名，2002年度2名の日本人生徒が参加していた。ここでの3人の変化から，外国人生徒の日本の学校での経験の「聞き手」として「日本人生徒」を対置させる必要があることが，授業者間に認められるようになりつつあった。「日本人生徒」の「選択国際」への参加については，2003年度の「選択国際」の展望として，次のように述べられている。

外国籍の生徒たちが生きる「場の母体」としての日本人生徒たち，そして日本人の大人たち。マジョリティな存在として，彼らに同化を要求し，周辺化させていく日本人の我々は，今彼らの言葉を受け止めるべきどのような力を自己の内側に見いだすことができるのだろうか。それはもちろん，追体験のように彼らの言葉を感じることではなく，今後どのようにお互いの『生き方』を保障しあえるのかという命題に答えていくことである。／「場の母体」である日本人を，こうした『問い』の中で育てていく必要性が痛切に感じられる。〔2003年度「選択国際授業のあしあと」平成15年度「選択国際」を展望してより抜粋〕

　こうして2003年度の「選択国際」は，これまでとは異なる次元での授業を展開することとなる。

（3）「外国人生徒のための授業」による新たなコンテキストの生成

　2000年度から2002年度の「選択国際」は，Ｓ中学校に在籍する外国人生徒のみを対象とする「外国人生徒のための授業」として試みられた。その試みは，これまでに明らかにしてきたように極めて模索的ではあったが，授業実践と反省会の議論の積み重ねを通して，「つなげる」を内容や方法の選択原理として導き出すことになった。ニューカマーの子どもたちを「つなげる」先には，家族，同じ地域出身の外国人，あるいは他地域から来日している外国人がイメージされて，授業の内容や方法の選択が行われた。内容の選択の観点としては，歴史・地理・政治・経済・国際関係などが吟味され，その中から一つの観点で内容の選択が行われることもあれば，複数の観点が折衷されることもあった。また，方法の選択にあたっては，全体で学習する「共習」，数人単位で学習する「地域別」「グループ別」，個人単位で学習する「個人別」などのさまざまな形態が検討され用いられた。

　ここで，まず，授業の内容や方法の選択原理である「つなげる」についての考察を深めてみたい。第Ⅱ部の臨床的アプローチの目的は，ニューカマーの子どもたちを意味づける学校の支配的なコンテキストのもとでは確認できていないコンテキストについて，その生成の実践的可能性を探ることである。それは，第３章において，「エスニシティなるもの」へのコミットメントの程度を弱める力に「抵抗」することを可能にする「編成的資源」――アイデンティティと

【図表5-2】 S中学校におけるニューカマーの子どもたちを意味づける新たなコンテキストの生成

コンテキスト生成の基点となる主体	ニューカマーの子どもたち	S中学校の教師			①生成
日本の学校への適応にかかわる判断	のらない（学校からの離脱）	外国人生徒支援		手厚い支援（差異の固定化）	日本人生徒支援
		①消滅へ			
		やれている（差異の一元化）	②消滅へ		
		努力・姿勢・態度など			
		不足（差異の固定化）	十分（差異の一元化）		
「エスニシティなるもの」の顕在化の程度　強い　弱い	強い方	Ⅰ"	Ⅰ'　　　Ⅰ	Ⅲ（消滅へ）	
	弱い方	Ⅱ"	Ⅱ'（消滅へ）　Ⅱ（消滅へ）	Ⅳ（消滅へ）	

しての「エスニシティへの肯定感」，情報としての「在日外国人モデル」，時間としての「エスニック的背景を伴う過去」と「具体的な将来像を伴う未来」——を，かれらの日常世界に埋め込む営みでもある。その結果，S中学校では従来とは異なるコンテキストが生成されることになったのである。従来のコンテキストから新たなコンテキストへの移行を図示したのが【図表5-2】である。

　まず，第一に（矢印①），「選択国際」の授業は，それを実施するというそのこと自体において，「特別扱いしない」という従来の日本の学校の教師の認識枠組を転換させている。それは，従来の「差異の一元化」と「差異の固定化」という教師の認識枠組を消滅させ，外国人生徒に対して，「手厚い支援」でもなければ「やれている」でもない「外国人生徒支援」という認識枠組を浮上させることになったのである。

　その上で，第二に（矢印②），「選択国際」の授業の内容と方法の選択原理の「つなげる」は，努力・姿勢・態度などの不足の原因を「エスニシティなるもの」に求めてきた教師の認識枠組によって，「外国人生徒は，日本の学校で周辺化し，さらに適応の差によって序列化させられてきた」という現状を変更さ

せてきたと言えよう。それは，例えば，第2章で明らかにしたように，ニューカマーの子どもたちの「エスニシティなるもの」に関わる知識が，断片化され失われていく状況が確認され，「選択国際」の授業では，それを「つなげる」ことが目指された。そのことは，努力・姿勢・態度などによって，学力の低位傾向などを説明してきた「差異の一元化」か「差異の固定化」かという教師の認識枠組を取り払う方向に機能していた。また，第3章で明らかにしたように，地域での活動によって「文化的生産」を行いつつあるニューカマーの子どもたちと，S中学校の外国人生徒を「選択国際」の授業を通じて「つなげる」ことにより，「エスニシティなるもの」へのコミットメントの程度を弱める力に「抵抗」することを可能にする資源を提供する場として機能してもいた。さらに，2002年度の外国人生徒同士の上下関係の問題に取り組んだ授業は，日本の学校の教師が外国人生徒を図表のⅡ・Ⅱ'・Ⅰ'というコンテキストに位置づけて序列化してきた結果を真正面に受けとめて，外国人生徒同士を「つなげる」コンテキスト生成を試みているのである。

　当然のことながら，S中学校におけるニューカマーの子どもたちを意味づける新たなコンテキストが，教師の認識枠組の変更によって生じたとしても，そこに意味づけられるニューカマーの子どもたちがそれを内面化しなければ，コンテキストは「コンテキスト」として成り立ち得ない。しかしながら，少なくともこの時期，S中学校の外国人生徒は，自らを「外国人生徒」として積極的に引き受け，同様の指向性をもつ生徒との関係に「仲間」を意識していったのであり，それによって，「語られないもの」としてのいじめられた経験が語られるという変化を促していったのである。

　さらに付け加えるならば，そうしたニューカマーの子どもたちの語りが，日本の学校に対する「クレイム申し立て」としてS中学校において意味づけられることがなければ，コンテキストの生成の主体である教師の認識枠組が変更したとは言い難いであろう。しかしながら，2003年度の「選択国際」は，「外国人生徒ではない者」としての位置づけられた「教師」「日本人生徒」をも対象として展望されたことから鑑みれば，新たなコンテキストが確かに生成されたと言えるであろう。

1）「日本教育社会学会第54回大会　課題研究3　学校を創る－教育社会学はどうかかわれるか？－」の発表資料より抜粋。
2）　前掲，発表資料より抜粋。
3）　前掲，発表資料より抜粋。
4）　前掲，発表資料より抜粋。
5）　清水睦美・児島明編著（2006）『外国人生徒のためのカリキュラム――学校文化の変革の可能性を探る――』嵯峨野書院を参照されたい。
6）　柿本隆夫（2001）「外国籍生徒をめぐる『言葉の状況』と国語教育」神奈川県教育文化研究所2001『外国人の子どもたちとともにⅡ――学習と進路の保障をもとめて』pp.23-30。
7）　この時期の参入者を中心として，S中学校の選択国際の実践は，坪谷美欧子・小林宏美・五十嵐素子（2004）でも総括されている。

第6章　学力調査による課題設定
——再帰的学校文化の醸成

　前章で明らかにしたように，S中学校では，外国人生徒のための授業の立ち上げとその実践の積み重ねによって，外国人生徒支援が具体化していった。ところが，S中学校の学校文化の変革の試みはそこに留まらず，それに追随する形で，新たな課題が設定されていくこととなった。その過程は，ニューカマーの子どもたちとの直接的関係はないものの，外国人生徒支援のあり方をめぐる学校の新たなコンテキストの生成の際に確認された，教師の認識枠組の変化をベースとしている。それは，外国人生徒支援のもとで学校文化の変革がなされた結果，新しい学校文化が醸成されたことによって生み出されたと言えよう。

　では，なぜ，この過程に注目する必要があるのか。それは，S中学校での外国人生徒支援が，外国人生徒のおかれた状況を分析し，そこから課題を立ち上げることによって行なわれたわけであるが，それと同様に，当時の世論を賑わせていた「学力」に関わる問題も，状況分析から課題設定へという過程を経たからである。本章は，従来の学校文化の固定的な枠組に留まらず，状況分析から課題を設定するという過程を伴う学校運営のあり方の可能性を探ることを目的とするものである。それは，「文化の相対化」という視点を，学校運営の中に埋め込む作業でもある。

　ところで，「学力」に関わる世論は，いわゆる「学力低下論争」という形では今や下火である。この論争は，一般的には学力低下論者と学力低下否定論者の二つの立場の論争として捉えられがちであるが，市川（2002）が分析するように，実はその立場は多様である。このような中で，「学力低下論争」の先陣を切ってきた苅谷（2003）は，その問題提起の中で一貫して批判してきたこととして，「教育の実態把握を欠いた改革」（p.267）にあるとしている。この批判についての氏の意図は，その著書『なぜ教育論争は不毛なのか』に詳しいのでここでは割愛するが，その批判が，氏の意図どおりに世論を形成したかどうかは別として，各教育機関が独自に実態把握を行うプッシュ要因となったことは

否めないであろう。さらに，こうした実態把握の動きの中には，藤田（2004）によって，「新テスト主義の台頭」と評されるような学校別に平均点や教科別設問ごとの正答率を公表して，学校間の競争を煽るような施策と連動するものもあり，それは「特色ある学校づくり」という施策とも矛盾していると指摘されている。

　こうした状況が心配されるなか，本章での問題意識は，教育関係機関の独自の実態把握が，新テスト主義の台頭と連動しない可能性はないのだろうか，という点にある。苅谷は，実態把握や実証にこだわった第一番目の理由に，「実態がわからなければ，改革の具体的な手だてを考えることはできないという常識的な判断」（p.267）をあげている。この常識的な判断が，まさに「常識的な判断」としてなされる可能性として，ここではS中学校の実践を描き出してみたいと考えるのである。

第1節　新たな課題の立ち上げ過程

　第5章で明らかにしたように，S中学校における外国人生徒のための授業は，日本の学校における外国人生徒の二重の疎外状況（「学校生活における周辺化」と「日本人のための学校への参入」）というS中学校の教師の生徒理解が，S中学校の外国人生徒のおかれた状況を変化させることを目指して，制度レベルの変更を行ったことに始まるものである。そして，その試みによって，S中学校の教師はいくつかの新しい知見を獲得することとなった。中でも次に述べる二つの知見は，その後の新たな課題の立ち上げに大きく関わるものとなった。一つは，外国人生徒は，学校だけでなく家庭においても疎外されているという状況である。この知見によって，「学校にも家庭にも居場所がない外国人生徒」という生徒理解が，S中学校の教師の認識枠組に組み入れられることとなった。二つめには，「学校生活における周辺化」の問題が，学校生活の人間関係レベルのみで生じているのではなく，学習の場面においても周辺化されているという生徒理解も認識枠組に組み入れられた。

　では，こうした認識枠組によって，新しい課題はどのように立ち上げられていったのであろうか。この点を明らかにするために，まず最初に，S中学校がおかれている固有の文脈と，研究者（筆者）との関係を明らかにすることとす

る。

（1）S中学校のおかれた固有の文脈

　先に述べた「学校にも家庭にも居場所がない」という状況は，現在の日本の学校が想定している子どもの置かれた状況とは合致していない。広田（2001）によれば，1970年代初頭に登場した「学校内部で実際に行われていることを『問題』視し，さらに当の学校や教師をこえて，学校のあり方自体を問う」（p.281）視点が広く深く浸透した結果として，学校は「以前よりもはるかに強力になった親の要求に右往左往するようになってきた」（p.289）という。当然のことながら，日本の学校は，そうした状況のもとでの親の要求に対する対応（その善し悪しの判断はここでは留保する）の結果として変化してきているのである。S中学校もこうした流れの中にある日本の一中学校である。

　ところが，S中学校に通う外国人生徒の親は，第1章で明らかにしたように，日本の学校に対する要求を持たない。それどころか，外国人生徒は家庭においても周辺化されている。外国人生徒の親への要求は，第一言語の違いや内面化された文化の違いを原因とするコミュニケーション不全や，生活のための労働量の違いを原因とする力関係により，無視されたり，無化されたりしているのである。こうした外国人生徒の家庭の状況は，それまで親の要求によって，意識するしないにかかわらず，学校の課題を摑んできた学校を全く異なる現実の中に置くことになっている。加えて，前章で明らかにしたように，外国人生徒に対する生徒指導の方法の転換や，外国人生徒のための授業などの成果により，かれらの不登校傾向や違法行為なども，ある程度解決してきている。したがって，S中学校には目の前にニューカマーの子どもたちによって厳然と提示されるような問題もない。広田の歴史的文脈で捉えれば，子どもの学校への不適応によって学校の課題を摑んできた1970年代以前の状況でもないわけである。

　当然のことながら，「摑むべき親の要求がない」「問題とされる生徒の実態もない」というS中学校の現実は，学校がうまく機能していることの証しとして解釈される余地もある。しかしながら，学校文化の変革の結果としての外国人生徒の問題の激減というS中学校の状況は，学校が学校文化を問い直す新たな枠組を模索する方向へと学校を展開させていくことになっていったのである。

（2）臨床的アプローチ：「再埋め込み」

　ここで，当時S中学校でのフィールドワークを行っていた「研究者」としてに筆者のスタンスについて触れる必要がある。当時，筆者は，S中学校でのフィールドワークと平行して，「東京大学学力問題プロジェクト」（研究代表者苅谷剛彦）において，階層問題に精通している苅谷剛彦氏やニューカマーへの教育支援について共同研究を積み重ねてきた志水宏吉氏を始めとする10数名の研究者と共同研究を行っていた。この共同研究の場は，筆者にとって「階層と学力」を今日的視座において検討する場であったと同時に，そうした視座の欠落を現在進行しつつある教育改革の中に浮き彫りにする研究活動であったり，そうした視座の欠落過程を分析するために，教育改革の実施過程を詳細に検討するという研究活動の場であった。そして，このような場で研究活動の成果は，S中学校でのフィールドワークにおける教師との対話に埋め込まれていくこととなる。このようなフィールドワークにおいて展開される「研究者」と「現場」関係の過程は，「再埋め込み」と表現しうるもので，第4章で明らかにした通りである。

　S中学校で新たな「再埋め込み」過程が始まるきっかけとなったのは，「東京大学学力問題プロジェクト」において行われた学力調査を，S中学校においても実施し，その結果をS中学校にフィードバックするという報告会が行われた2002年2月22日のことであった。プロジェクト全体としての研究成果は，苅谷他（2002）や苅谷・志水（2004）において明らかにされている通りであるが，筆者は同じ調査票の用いて行ったS中学校の調査結果についても，共同研究における研究成果と比較・考察して報告したのであった。当時のS中学校での報告内容を簡単にまとめるならば，次の3点となる。第一に，10年前の調査と比較した共同研究では，全体的に低下していることが明らかになっていたわけであるが，S中学校の場合には，低下したとされる共同研究の対象地域よりも，国語では47問中41問（87％），数学では39問中35問（90％）で，通過率が低い。第二に，S中学校内部のA・B・C学区の家庭環境や学校生活を比較した結果，A・C学区とB学区では顕著な違いが確認できる。第三に，外国人生徒の学力達成について，来日年数と学力達成が必ずしも相関しない。

　これらの内容は，研究者コミュニティに対するインプリケーションとして提示されるものではあるが，それとは別に，「現場」で「階層」や「エスニシテ

ィ」という概念の「再埋め込み」を通して，現在の学校の教師の認識枠組に一定の修正を迫るものとして機能することになっていったのである。次節からはその詳細を明らかにしていくこととする。

第2節　教師の認識枠組の変化

　ここでは，教師の認識枠組の変化を記述していくわけであるが，それにあたって改めて確認するべき点がある。それは，こうした変化はS中学校の教師全体に生じたわけではないという点である。研究者による「再埋め込み」に対して，個々の教師は，それぞれの既存の認識枠組をベースに様々な反応を示す。「再埋め込み」過程の早い時期にその認識枠組に変化が感じられる教師もいれば，全く変化がみられない教師もいる。そうした個々の反応は，教師間で，時には共鳴し，時には不協和音を生じさせ，そうした営みの繰り返しの中で，たまたま，一群の教師の間にコンセンサスが見出されることがある。これから記述される教師の認識枠組の変化は，そうした偶然の結果という側面があることは否定できない。

　しかしながら，たとえそうであったとしても，S中学校の教師である以上，すべての教師がそのコンセンサスに対して，ある態度を余儀なくされる。協働する，共感する，協働するふりをする，共感するふりをする，無視する，無関心を装う，関心をもたないなど，ここに表現した言葉では捉えきれないような微妙に異なる態度が，そこにうごめいている。個々の教師が教師集団の中で，さまざまに位置取りをしながらも，全体として外側から見える変化はあった。それは例えばp.204でも取り上げたように，2002年度にS中学校に転勤してきた養護教諭が「最初，私は，ここで行われていることは何か，全くわからなかった。何？　何が起こっているいるの？　どうしてこうなの？　そういう疑問ばかりの毎日だった。(後略)」(フィールドノーツ，2002年11月18日)と語っていることからも明らかである。ここでは多様性を孕んだ変化であることを前提とした上で，教師の認識枠組の変化を追ってみたいのである。

　まず，この変化を導き出すベースとなった要因は，報告内容の1点目のS中学校の低位にとどまる学力達成度の実態を教師が確信したことにある。S中学校のあるM市は南北に細長いが，北部と南部とではさまざまな点で階層差が顕

在化している。当然のことながら，その違いは，学力達成や学校の荒れなどにも表れていて，その結果，「M市の学校の教師は，北部へ転勤したがる傾向があると思いますよ」（フィールドノーツ，1998年9月1日）と指摘されるように，教師間にそうしたムードがあることを教師たちもある程度自覚している。したがって，学力達成度が低いことはM市の教師にとって当たり前で，今回の報告についても，この点について次のような感想が聞かれた。

　　　そうだとは思っていたけど，やっぱりそうだったんだ。これだけ低いわけだから，やっぱり授業をするのは大変だと思った。［フィールドノーツ，2002年2月22日］

　この語りには，これまで漠然と感じられていたことが，研究者の報告によって明白なこととなり，それによって従来の教師の認識枠組が強化されていることがうかがわれる。こうした反応は，「実態調査は，教師の意識を固定化させるから避けた方がいい」という学校の支配的な文化に組み込まれている「実態調査回避」という認識枠組を想起させる。これは，学校現場に流布しているものであり，筆者が数年前にS小学校に学力達成度の調査を依頼した際にも，当時の管理職から次のような説明を受けている。

　　　調査みたいなことをすると，そういう風に子どもを見るようになるから，そういうことはやらない方がいいというのが学校の判断です。自分としてはやってもいいと思うが，教師の中にそういうものに反発する者もいますから，学校としては，やはり引き受けられないということです。［フィールドノーツ，1998年3月12日］

　しかしながら，筆者がここで問題としたいのは，実態を把握することは，子どもたちをステレオタイプ的に捉える方向だけに教師の認識枠組を導いていくのかという点である。その後のS中学校での展開は，それが必然でないことを示している。
　続いて，変化を導き出した直接的要因は，小学校区ごとに家庭環境や学校生活が大きく異なるという内容を報告したことにある。学区ごとの顕著な違いと

して筆者が指摘したのは，①通塾率がA学区48.4％，C学区45.8％に対して，B学区は9.4％にとどまること。②家庭における親との会話について，「成績や授業の話についてよく話す」と回答したものが，A学区40.6％，C学区39.3％に対して，B学区は17.6％にとどまる。一方，「親は私に『勉強しなさい』という」という質問に，「とてもあてはまる」と回答したものは，A学区37.5％，C学区32.1％に対して，B学区は51.5％に上ること。③「家の人に勉強をみてもらうことがある」という質問には，「あまりあてはまらない＋あてはまらない」と回答したものは，A学区50.0％，C学区42.9％，B学区は60.6％となっている。④これらからは，B学区の生徒たちの学校外での学習に関わる環境が，勉強をするように親に口うるさく言われつつも，親が勉強をみることも難しく，また，成績や授業に関わることで会話することもあまりなく，だからといって通塾することもないという状況がうかがわれるということである。こうしたB学区の生徒の学習に関わる環境の報告に際して，ある教師は，次のように語った。

　　子どもたちが学校で過ごす時間のほとんどは学習なんだけど，子どもたちはそこでもなかなかいい結果が出せない。それだけじゃなくて，家でも，親は「勉強しろ」とは言うけど，自分の子どもたちが多くの時間を過ごしているそのこと自体には興味をもっていないということになりますよね。そういう意味では，B学区の子どもは，学校でも，家庭でも，疎外されているっても言えますよね。［フィールドノーツ，2002年2月22日］

　この語りの「学校でも，家庭でも，疎外されている」という表現は，S中学校での外国人生徒を捉える際の学校の新たなコンテキストに組み入れられた教師の認識枠組であり，ここではそれが汎用されることになっているのである。もちろん，この認識枠組が汎用されたからといって，「学校にも家庭にも居場所がない」という状況が，外国人にも日本人にも同じように起きていると理解されたわけではない。そうではなくて，そうした状況の把握が，外国人生徒支援を具体化させてきた経験をもつS中学校の教師に，その経験とここに示される知見を重ねあわさせ，その結果，「学力達成が低位の生徒」を新たなる対象として支援を具体化させるという方向性を導き出させたのである。

さらに，ここで付け加えるべきことに，新たに見出された「学力達成が低位の生徒」という対象の実態として，学校における学習に関わる状況認識が，教師が想定しているものとは異なっていることに教師が注目したという点がある。例えば，「テストの前になっても，ほとんど勉強しない」という設問に「とてもあてはまる＋まああてはまる」と回答した生徒は，A学区21.9%，C学区17.9%に対して，B学区は41.2%であると示された内容に対して，ある教師は次のように言う。

　　これじゃあ，テストだからちゃんと勉強しろって言ったところで，何の効果もないってことですよね。[フィールドノーツ，2002年2月22日]

　また，この調査には，「学校でいい成績をとるために，どちらの方が大切だと思いますか」という質問のもとに，学校や家での日常での学習状況とテストの結果を比較するものが2項目ある。それへの回答は，「毎日コツコツ勉強する／テスト前にみっちり勉強する」という項目でテスト前の勉強が大事と回答した生徒は，A学区18.8%，C学区10.7%であるのに対し，B学区33.3%という結果であった。また，「授業中の態度をよくしたり，提出物をしっかり出す／テストでがんばる」という項目でテストが大事と回答した生徒は，C学区21.4%に対し，A学区で46.9%，B学区で40.6%であった。この結果をある教師は，地域の特性を絡めて，次のように発言している。

　　A学区は，昔からいる「地の人」だから学校に対して一定程度批判できる力もあって，だから，学校に頼らず，塾に通わせて，毎日コツコツ勉強させていく，そういう感じを親が持っているのだろう。C学区は，一戸建てをようやく手にした人達で，そういう意味では，真面目で勤勉であることが重要で，毎日の生活を重視するような感じがある。ところが，B学区の場合には，家庭の影響力が子どもたちに反映されないで，テストが大事だとは思いつつも，テスト勉強はしないという状況に置かれてしまっている。もしかしたら，テスト勉強をしないというよりは，したくてもできないとか，したくても仕方がわからなから結局やらない，とかそういうことを考えた方がいいのかもしれない。[フィールドノーツ，2002年2月22日]

報告会の後，インフォーマルな雑談が行われたが，その中には次のような語りもあった。

　　今日の報告を聞いて，このままじゃいけないって思いましたよ。自分たちは，意識していないとしても，子どもたちに「こう言えば，こう感じるだろう」って思ってしゃべっているわけだけど，その言葉をこちらの思っているとおりに受けとめるのは勉強できる子で，そうでない子は，そう受けとめていない。だとすれば，自分たちの言動が一層，清水さんが時々言う「階層格差？」っていうんですか，そういう差を広げることになっている。もっと，具体的に，子どもたちの行動が変わるところまで，ちゃんと面倒見てあげなければならない子どもたちがいるっていうことですよね。[フィールドノーツ，2002年2月22日]

　この語りをきっかけに「階層」という言葉についてイメージを共有する会話が，しばらくの間行われた。それぞれの個々の言葉でそのイメージを表現し，それが他者に引き受けられたり，修正されたりして，「階層」という言葉のイメージが共有されていく，そうした営みがその場にはあった。当然のことながら，研究者もその場を構成する参加者の1人であり，「階層」という言葉の意味構成に一定程度の役割を果たすことになっていた。
　ここで，この先の展開に進む前に，ここまでの「研究者」の立場について，「再埋め込み」に引きつけて，再度確認をしておきたい。ここでの「研究者」としての筆者は，階層問題に精通しているわけではない。したがって，そこで語られる筆者の言葉は，「研究者コミュニティに蓄積された研究成果」を背景としている。その意味で，こうした場を研究者側から捉えるならば，「研究者コミュニティに蓄積された研究成果の再埋め込み」として捉えることができる。さらに，こうした過程をくぐり抜けると，教師自身が階層問題に精通している研究者に直接接近するということが生じてくる。当時筆者は，「今日の学校の教師が，『階層』という概念を持ち得ない状況がなぜ生み出されたのかを知るため」として，苅谷剛彦『大衆教育社会のゆくえ――学歴主義と平等神話の戦後史』(1995) を，「今後の学校における学力の問題を考えるときに，『階層』という概念がどの点で重要であるかを論じたもの」として，苅谷剛彦『階層化日本と教育危機――不平等再生産から意欲格差社会へ』(2001) を紹介してい

る。こうした過程を経て変化した教師の認識枠組は,「学力達成が低位の生徒」に対して,単なる「学力補充を行えばいい」という,いわゆる「学力低下論争」の帰結としてのドリル学習の強化にみられるシナリオとは,異なるシナリオをS中学校に準備していくこととなったのである。

第3節　新たな課題・学力補充学習の意味構成

　2002年4月新年度がスタートしたS中学校では,前年度新たな認識枠組を獲得した一群の教師を中心として,従来からの外国人生徒を対象とする課題と平行して,「学力達成が低位の生徒」を対象とする課題を,学校の中心に据えるような取り組みへと大きく踏み出していく。

(1) 制度的位置づけと内容・方法

　まず第一に問題となったのは,「学力達成が低位の生徒」を中心に据えるための制度的な枠組づくりである。2002年度といえば,新学習指導要領の完全実施の年である。それに向けて,S中学校でも移行期間でのいくつかの試みを吟味して,完全実施に向けて教育課程を確定する動きが,2001年度末の企画会[1]を中心に行われたという。そうした中で,「学力達成が低位の生徒」を中心に据えるための制度的な枠組が議論となり,その結果,水曜日を午前授業とし,そこから午後3時までの時間を「学年補充学習」とするという週時間割が決定したのである。当時のS中学校の教頭は,この点を次のように語る。

　　　　教育は確かに中身であるけれど,それだけではダメだと思うよ。やはり,日課表の中にきちんと位置づけられることで,教員の意識も変わる。そこから中身の議論に進めないと,難しいと思う。[フィールドノーツ,2002年4月1日]

　こうした結論が企画会で得られたのには,企画会における次のような教師間の力学の結果でもあるという。

　　　　管理職は,今,やっぱり新しいことをやろうっていうのがあります。その動きには,単なる「新しさ」を求めているところが多分にあるんだけど,そこにプレ

ーキをかけつつ，学習で疎外されている子どもたちにを中心におくような議論に組み替えてきているという面はあると思います。［フィールドノーツ，2002年4月11日］

　この年，人事異動によりS中学校の校長職は変わることとなったが，新任の校長は，これまでの経過を考慮して，年度当初に次のように語っている。

　　　ここに来ていろいろ見せてもらって思うのは，水曜日の学年補充の時間については，M市では例のない新しい試みだなあと思うんです。それが，どうしてS中でできるかと考えると，それまでに「外国籍生徒」をメインにするような授業をやってきている。その成果があるからこそ，できると思うんですね。［フィールドノーツ，2002年4月22日］

　この語りに示されるのは，外国人生徒という集団に対して，「固有の教育環境を整える」というS中学校の新たなコンテキストの生成によって，全生徒に対して「一律に同じ教育環境を整える」という日本の学校の支配的な文化が相対化されたことが，S中学校全体の教育実践を俯瞰する立場の新規参入者の視点からは意識されていることである。
　第二には，そうして制度化された時間を，どのような内容と方法で行うのかという問題がある。これにあたって，新1年生の学年主任となることがほぼ確定していた柿本先生は，前年度の末に，次のような依頼を「研究者」としての筆者に行なっていた。

　　　今度入学する1年生の多くは，小学校でかなり問題を抱えていると言われています。学級が崩壊しているように見受けられるクラスも複数あるし。だから，実態を知りたいと思うんです。自分たちには調査の方法のノウハウもないので，協力していただけたらと思うのです。［フィールドノーツ，2002年3月22日］

　その後，調査をめぐって柿本先生とは何回か対話をすることになったが，その後の展開から翻って推察される最初のこの語りに提示される「実態を知りたい」という言葉には，次の二つの意味があったことがわかる。一つめは，前年

【図表6-1】

> １学年での学習課題は以下の二つにしぼっている。
> ①小学校算数の復習
>   入学時に学力調査を行ったところ，小学４年生頃から学力の差が大きく生まれていること，また，そのころからの定着率が，単元によっては50パーセントに届かないものがあることから，算数を柱に据えた。
> ②現在授業で勉強していることの復習，確認
>   定期テスト前には特にこの課題だけで補充学習を行っている。
> （中略）
>   方法としては，全員が教室で一斉に算数のプリントをやり，わからなかった人や，間違えた者，先生から声がかかっている者などが補充教室に移動して別のプリントで学習する。もちろん，それ以外に教えて欲しいことがある生徒なども集まってくる。補充学習スタートでは，30人ぐらいの生徒になる。また，英語のコースもつくって，教室を分けて始めることもある。

（平成14年度地域教育実践交流会レポート「教育課程の全体像を考える」より抜粋）

度「研究者」が研究者のニーズによって行った学力調査の結果が，新１年生にもあてはまるのかという調査の信憑性に関わるものである。この点は，後に「本当にこの方向で課題を検討していいという確証がほしかった」（フィールドノーツ，2002年４月22日）と語られている。二つめには，新学年職員構成においては，新しくＳ中学校に赴任してくる教師もいて，「課題意識を共有するためには具体的な作業を進めることが重要であると思う」（フィールドノーツ，2002年６月24日）という語りに示されるような，教師間での課題の共有に関わるものである。

　こうした目的を内包しつつ，2002年４月11・12日の２日間，小学校での学習内容の達成度調査と生活実態調査は行われた[2]。採点・入力は教師，分析は研究者という分担で行われ，2002年４月22日の学年会は分析の報告会となった。調査結果の詳細はここでは省略するが，その結果は前年度と同じ傾向を示しており，小学校区による瞭然とした学力達成度の差があった。また，生活実態調査からは，通塾率は，Ａ学区28.6％，Ｃ学区37.8％に対し，Ｂ学区は０％であった。また，家庭での学習時間について，「ほとんどしない」と回答した生徒は，Ａ学区24.3％，Ｃ学区20.0％に対し，Ｂ学区は64.0％であった。こうした調査結果を受けて，１学年会では，制度的に位置づけられた「水曜日午後の学年補充」の時間の内容と方法が決め出され，【図表6-1】のような結果になったと報告されている。こうして「学力補充学習」という新しい課題は，制度的

に位置づけられ，その内容や方法が決定し，実践されていったのである。

（2）「学力補充学習」という実践の意味

ところが，S中学校の「学力補充学習」という取り組みは，制度的位置づけや内容・方法の域にとどまらなかった。というよりは，そうした枠組の中で，実際に，教師と生徒が，また生徒と生徒が，どのような関係を結ぶべきかという点に，課題の焦点は移っていき，それが中心的な課題となっていったのである。そこで，ここでは，教師たちの「学力補充学習」という実践の意味を問う語りを中心に，その過程を明らかにすることとする。

① 「学力補充学習」という実践の意味を問う語り

「学力補充学習」については，先に示した研修会の資料に，次のように述べられている。

> 本校の週時間割で特徴的なのは，水曜日を午前授業としていることだ。午後は3時まで学年補充学習に取り組む。補充学習の対象者は基本的には生徒全員であり，全職員があたる。
>
> 学力が生活の中で決定的な要素になるのは大人になってからではなく，学校という学習機関の中にいる時である。つまり，生徒たちは，学力によって集団の中での位置が決まり，どのように学校での生活に参加してゆくのかというスタイルまでもが決まる。その意味では，子どもたちは，「将来を生きる」ためではなく，「今をよりよく生きるために」も学力が必要であると言える。このことを教員は意外と忘れがちであるし，常に確認していく必要がある事柄である。そう考えると，ここで述べる補充学習は，入試のためのものでもないし，将来九九ができないと困るからといったものでもない。一言でいえば，「教室における学習主体としての子どもを，再生・発展させる外枠での取り組み」と言える。［平成14年度地域教育実践交流会レポート「教育課程の全体像を考える」より抜粋］

ここで注目するべき点は，学校生活のほとんどの時間を占める授業に焦点をあて，そこを「今」として位置づけ，その「今をよりよく生きるため」に，「学力補充学習」が必要であると位置づけられていることにある。さらに，そのためには，その場での教師の具体的な動きが重要であるとされている。この点は，例えば，S中学校で観察できた次のように対話の中にも示されている。

柿本先生：全職員であたるってことが「補充学習」には絶対必要です。教員はみんな授業をしているんです。その授業でのその子の様子を頭に置きながら，「補充学習」に取り組むことが必要です。

森先生：柿本先生は，ずっとそう言ってるんです。何となく分かるんだけど，何となくは。でも，自分はまだ完全に摑めてないんです。

柿本先生：もっと言えばね。「補充学習」の教室に教員が入った時にね，まず，誰に声をかけるのか，そこから始まっているんです。そこに「先生は誰に注目している」というメッセージがある。そこに普段の授業との関連があって，教員は「補充学習」に参加する生徒を同じに見てはいけないんですよ。もっと言えばね。生徒がね，何人か「わからない」って声をかけて来たときに，どの順番でどのように見るのかってことにも，考えなければいけないんです。「わからない」って声を出す子の中にはね，「わからない」ってことより，先生が側にいることだけを周りとの関係で考えている子もいるから，そういう子に対して，その時には無視して，後，誰もいない時に勉強をみるっていうことが必要かもしれないんです。

森先生：教師の戦略が必要ってことですよね。でも，今までそんなこと考えて来なかったから，難しい。教えながら，教えていること？　教えていることの意味？？？　……みたいなことも考えなけきゃいけないってことですよね。ふー。僕なんか，混乱しちゃいますよ。

［フィールドノーツ，2002年6月28日］

この場に参加していた2学年の松田先生は，さらに次のように付け加えている。

柿本先生は，ずっとこの補充学習が始まってから，ずっとこういう言い方をしてきていますが，なかなか教員全体には伝わっていかないんですよ。俺なんかは，感覚的にわかるところがあるので，何気ない普段でもそういうことしてしまっているんですけど，そのことを伝えるとなると難しい。2年でも補充やってますけど，そういう意味で，勉強できない子を中心に据えることにはなってないと思います。［フィールドノーツ，2002年6月28日］

ここで松田先生が感じる違いは，先に示した「平成14年度地域教育実践交流会レポート」では，次のように示されている。

「勉強がわからないから，その子を取り出してわかるように教える」という発想では，常に生徒は「わからない自分」を確認するだけであり，たとえ「わかった」事柄が増えたとしても教室の中での存在の仕方は変わることなく「勉強の苦手な子」として固定され続ける。あくまでも，子どもが持つ「学習者としての力」を呼び起こすこと，そして，教室の中でのあり方が変わることが目的であると考えている。［平成14年度地域教育実践交流会レポート「教育課程の全体像を考える」より抜粋］

　これらの語りに示されるのは，「学力補充学習」という実践の意味が，「未来（将来）」のため何かでもなければ，「過去」の未習得内容の清算でもなく，学校生活がある「今」をよりよく生きるためとして位置づけられていることである[3]。「なぜ，こう意味づけることになったのか」という筆者の質問に対して，柿本先生は次のように語っている。

　　津川という子がいます。清水さんも知っているとおり，小学校の結果は，算数は30点くらいで，国語は40点くらいでした。B学区出身の典型的な生徒の一人だと思います。津川は，授業が始まるとどうするかっていうと，下を向いて耳をふさぐようにしてじっとしているんです。それはまるで，「時間が過ぎてくれればいい」という感じに見えるんです。学校はほとんどの時間が授業です。津川がずっとそういう風に感じて時間を過ごしているのだとしたら，教師の怠慢ではないかと思ったのです。そうやって津川のことを考えていると，B学区の子どもは，平均で20点も差があるわけですから，みんなそういう想いを少なからず持っているのではないかと思えてきたのです。（中略）清水さんや苅谷さんに教わった「階層」というものは，はっきり言えば，今でもきちんと説明することはできないと思います。まあ，研究者ではないのだから，できなくていいとも思っていますが（笑い）。でも，それがあったから，（B学区の）子どもたちに近づけたのであって，そうでなければ，きっと間違って学力補充をやっていたかもしれません。
　　［フィールドノーツ，2002年8月4日］

　ここで柿本先生は，「階層」という概念によって，教師が子どもたちに近づくことができたという経験を語っている。ここには，前節で明らかにしたような「学力補充学習」が立ち上がる過程に先行していた「階層」という概念が，

S中学校の教師の認識枠組に組み入れられたことの意義が明らかにされている。
さらに，この後に，次にようにも付け加えている。

> そういうことが可能だったのは，やっぱり「外国籍生徒」への取り組みがあったからだと思います。「外国籍生徒」として見ることで，初めて見えることがあるわけで，見えることで，かれらに近づけるんです。そういう経験があったから，こういうふうに進んでこれたのかもしれません。［フィールドノーツ，2002年8月4日］

日本の学校では，特に「個々を大切に」という理念はよく聞かれる。そのためか，子どもたちを「集団」として見ることを極端に拒否する傾向があるように感じられる。しかしながら，この語りには，それに対して一定の距離が示されている。それは，その理念への否定ではなく，「集団」としてみることで「子どもたちに近づける」という指向性による一定の距離である。

② 「学力補充学習」という実践に伴う生徒の変化を問う語り

前項で明らかにした「学力補充学習」という実践の意味を問う語りは，今行なおうとしている実践の意味を，過去や現在の教育実践の意味の異同に焦点をあてて構成されている。しかしながら，この分析は，そこに焦点をあてたという「研究者」の意図により，S中学校での日常から，そうした語りのみを拾い出したからにほかならない。したがって，残された語りの多くを再分析する必要がある。ここでは，そうした再分析を経て浮かび上がった，「学力補充学習」という実践に伴う生徒の変化を問う語りについて，やや補足的ではあるが触れておきたい。

「学力補充学習」の実践の意味を問う語りが多く聞かれた1学年の教師は，その開始間もない頃から，「学年補充をやって，子どもたちの授業での表情は変わってきた」と語るようになっていた。さらに，その変化がまず表れるのは「外国人生徒」だとして，次のように語られている。

> やっぱり，端によせられてきているから，ちょっと変わるだけで大きく変わるのかなあって思っちゃう。だから，もう少し手をかけてあげれば，またもう少し

変わるのではないかとも思う。[フィールドノーツ，2002年6月10日]

　こうして，「外国人生徒」については，必要があれば「学年補充学習」の後に「国際補充学習」が行われるようになっていった。そうした経過の後，「平成14年度地域教育実践交流会レポート」では，次のように生徒の変化が報告されている。

　　たとえば，学年補充学習ではないが，国際補充学習での最近の事例である。1年男子の中国籍の〇君は，入学後くらい表情で授業を受けており，学年の職員は気になっていた。日本語もまだうまく操れず，友達との意志の疎通も上手にはできない。ある日の国際の補充学習で，通訳の人と国際担当教員と勉強していたら，一人の友達がのぞきにきて，いっしょに勉強し始めた。しばらくしたら担任もやってきていっしょに教えてくれるし，やがてはもう一人の友達もやってきて勉強を始めた。こうしたことがあった次の日の授業での彼の様子は，今までとは明らかに違うものであった。教科書を一生懸命に目で追おうとするし，手を挙げて発言までもした。こうして，彼は学習者として回復し始めている。もちろん，国際補充学習だけでなく，学年の補充学習でも彼は徐々に前向きになってきていた折りであり，そうした複数の要素が作用したと考えられる。そこに教員がいて，そして友達がいたからこそ〇君は教室においても学習に向かうことができたのではなかろうか。[平成14年度地域教育実践交流会レポート「教育課程の全体像を考える」より抜粋]

　このような生徒の変化を問う語りは，その後も途絶えることなく，S中学校を訪問する際には教師の語りに必ず見出された。そうした変化は，年度の末の市教委への研究報告で，次のように述べられている。

　　最初に抱いた心配は，補充学習が定着するに従って消えていった。なぜなら，子どもたちは明らかに変わっていったからだ。／はじめに生まれたのは，自然発生的な教え合いの関係である。学級補充・学年補充のどちらの場面でも，たくさんの子どもたちに教えようとしている教員の姿を見て，課題をクリアーした生徒が自然と教えてくれるようになった。それは一般的な「できる生徒」だけではなく，先ほどまでは先生に教わっていた者が，次には教える側にまわっていたりす

る。学年補充の場面では，友達を待っている者が自然に2～3人の面倒をみていたりもした。補充の時間の後廊下を歩いていると，教室の隅で違ったクラスの子ども同士がまだ教え合っている場面を見かけたりする。「ああ，そういえば，あの子，久しぶりに一発クリアーで，うれしそうな顔をしていたな。小学校の時は金髪で，なかなか有名だったのに……。教えられている方も小学校ではあまり登校していなかったそうだけど……。あれ？　あの二人，出身小学校も，現在のクラスも違うのに，どこであんな関係ができたのかな？」そんな不思議なことに出くわしたりした。／こうした教え合いはすぐに広がりを見せ，学活での補充学習では，答え合わせが待ちきれずに，どんどん教え合いに入っていく。もちろん，教科学習の中でもこうした関係がいき，「知識欲」の高まりさえ感じるようになった。／低学力の生徒が補充学習で大きく変わった例はたくさんある。授業中いつもうつむいてやる気を見せなかった女の子が，学年補充で満点を取ったときの紅潮した，満面の笑顔は，今でも学年職員の話題に上る。授業中，鉛筆をほとんど持とうとしなかった男の子が，ある日の学活の補充で友達に教わっていたときにあげた，「わかった！」という大きな声は，その子の内側を大きく変えた。／ここで実物を紹介できないのが残念だが，読めないような字を書いていた子どもの何人かが，ある時から急にしっかりした字を書くようになったとき，職員は子どもの成長の不思議さに出会ったような気さえした。／そして，何よりも変わったのは，今まで「できない」側にいた生徒が，問題を解くために，自然に「できる生徒」を使うようになったことである。問題がわからないと，仲良しの子どもではなく，極力「わかるように教えてくれる者」を子どもたちは探すようになった。これは子どもたちの内側にあった「序列」が崩れ，新しい関係が生まれていると考えられるのではないだろうか。／　教師の「支援」が守るべき守備範囲は，徐々に狭くなっている。［平成14年度市教委への研究報告より抜粋］

　ここで「実物を紹介できないのが残念だが」として紹介されるのは，「学力補充学習」という実践の意味づけについて，柿本先生にインタビューを行った際（2002年8月4日，p.273）に語られていた津川君である。「下を向いて耳をふさぐようにしてじっとしている」と形容された彼から，そうした姿は行きつ戻りつしながらも徐々に見られなくなってきていることは，S中学校を訪問する際にしばしば話題に上ることではあった。そして，その彼が2学期末に書いた作文は，次のようなものであったという。

ぼくは中学生になってからは，小学生のときとはぜんぜんちがくなりました。／宿題もちょっとづつだしたり，べんきょうもすこしづつだしてきました。小学生のときはぜんぜんだしてなくて，小学生と中学生のときとかわりました。
［2002年12月上旬の「学活」の授業で書かれた津川君の作文より，資料提供：柿本先生］

　この生徒の語りに見出されるのは，「学力補充学習」が，Ｓ中学校での表現に習えば，「わからない自分を確認する」という場ではなく，「子どもが持つ学習者としての力を呼び起こす」場となっていることである。
　ここで重要なことは，前項で明らかにした学力補充学習という「実践の意味を問う語り」と，本項で明らかにした学力補充学習という実践に伴う「生徒の変化を問う語り」は，「学力補充学習」という実践を構成する重要な語りの2軸となっているという点である。意味を問う教師の語りによって，実践が行われ，行われることによって捉えられる生徒の変化が教師によって語られ，そうした語りは意味を再構成し，再構成された意味によって再実践がなされ……というように，「学力補充学習」という実践は，2軸を取り巻いて螺旋的に展開しているのである。そうしていく中で，「学力補充学習」という実践のコアが明らかになっていっているのである。こうして明らかになった実践のコアは，年度の末の市教委への研究報告で，【図表6-2】のようにまとめられている。

第4節　課題の連鎖

　では，「学力補充学習」という実践のコアが明らかになったＳ中学校は，その後，どのように展開していったのであろうか。ここでは，その後の展開を描き出しつつ，Ｓ中学校で新しい学校文化が醸成されていく過程を「課題の連鎖」という観点で整理してみたい。

（1）「焦点化」という課題の連鎖

　2003年3月，「学力補充学習」という実践の意味の構成の主力となってきた1学年の教師は，「学力補充学習の成果をきちんと把握したい」という指向性を持つようになり，再調査を行う。4月の調査と同様，分析については研究者（筆者）が担当し，2003年3月24日には分析の報告会が行われる。そして，そ

【図表6-2】

> 　補習や補充学習の基本的な考えを間違え，ただいたずらに「ドリル学習」や「反復練習」を繰り返すことは，学習意欲を疎外し，生徒間の序列を拡大することにしかならない。そこで，留意点として3点が確認されている。
>
> ---
>
> 学習の方法
> ・自己学習ができるようになることを最終的な目標として，その子なりの学習方法が確立されることを目指す。
> ・学年単位で補充学習のやり方・教材・時間をそろえ，よりよいものを模索する。
> ・教材に含みを持たせ，授業にフィードバックできるものにも取り組む。
>
> 人間関係
> ・学年職員全員であたり，教師の「個人的取り組み」でないことを姿勢として打ち出す。
> ・学習力回復の根本的なエネルギーは「人間関係の改善と深まり」であると考え，教師と生徒，生徒と生徒のつながりを発展させる学習の取り組みを意図する。その際，形ばかりを追って，子どもがより疎外感を味わったり，自己価値を見失ったりすることがないよう注意する。
>
> 習慣性
> ・学習援助が習慣的であることが，習慣的な学習を生み出すことに留意し，継続的，日常的な取り組みをおこなう。

（平成14年度地域教育実践交流会レポート「教育課程の全体像を考える」より抜粋）

れを受けて，新しい課題が次のように整理されることとなる。

　　表の1（平均点の比較の表──略）に戻ってみると，この1年，補充学習の成果は十分にあったといえる。1学期と比べると，3学期には，算数も国語も平均点が10点ほど上昇している。もちろん，補充学習の内容は「中学校の数学」だから，算数をやってきたわけでも，まして国語をやってきたわけでもない。しかし平均点が上昇したのは，基礎的な学力が付いてきた証といってよいだろう。
　　表2（出身小学校別比較──略）では，補充学習の目標である個人，地域の格差も縮まっているのがわかる。しかし，残念ながら，B学区の標準偏差に注目してみると，わずかながら広がっている。このことは『全体的な格差は縮まっているが，未だそこに取り残されてしまっている数名がいる』ことを示している。この「数名」を拾い上げることが，補充学習の今後の課題である。［平成14年度市教委への研究報告より抜粋，括弧内筆者補足］

ここで「全体的な格差は縮まっているが，未だそこに取り残されてしまっている数名がいる」として提示されるのが，1学年の新たな課題であり，その課題意識は，研究者に対して，次のような再分析を依頼する方向へと展開していく。

　　森先生：誰がどのくらい取りこぼされてしまっているのか，それを知る必要がありますよね。それから，外国籍生徒は，そのどこに位置することになっているのか。その上で，中学1年生の学習定着状況はどうなっているのか，それを知らないと2年生段階での補充の仕方はできないんじゃないかと思います。
　　柿本先生：その通りだと思います。実際の補充していても「取りこぼしている」っていう感じは，確かに宮本なんかには感じる。それに，外国籍の子どもたちも，日本人ほど補充は簡単じゃないから，周辺化してしまっているのかもしれない。自分たちの感覚を，ちゃんと実態として摑まないといけない。清水さん，大変だと思うんですけど，分析をもう一度出してもらえないでしょうか。
　　［フィールドノーツ，2003年3月24日］

　こうした教師の課題意識を受けて，研究者が再分析を行うこととなったわけであるが，再分析によって研究者が提示した枠組は，「学力が低位にとどまる生徒（UG）」である。2002年4月と2003年3月の同一問題での調査結果の度数分布状況を比較し，いささか恣意的ではあるが，算数の総得点が55点以下，国語の総得点が70点以下の生徒を「UG」として設定し，その変化をみるものであった。【図表6-3】のようなヒストグラムを用いることで「取りこぼしている生徒」が誰であるかは明白となった。また，【図表6-4】により1学期と3学期のUGの人数の変化が提示されると同時に，UGにおける外国人生徒の比率が上昇していることも確認された。さらに，生活実態調査とUGの生徒をクロスさせることで，UGの生徒の意識も，実態としてある程度把握することが可能になった。
　こうした展開を俯瞰した場合，ここに，「焦点化」という課題の連鎖を読みとることができる。S中学校での「学力補充学習」は，「学力達成の低位の生徒」を「集団」として捉えることで立ち上がったわけであるが，その課題を解

【図表 6 - 3】 学力調査の分析報告会で提示したヒストグラム

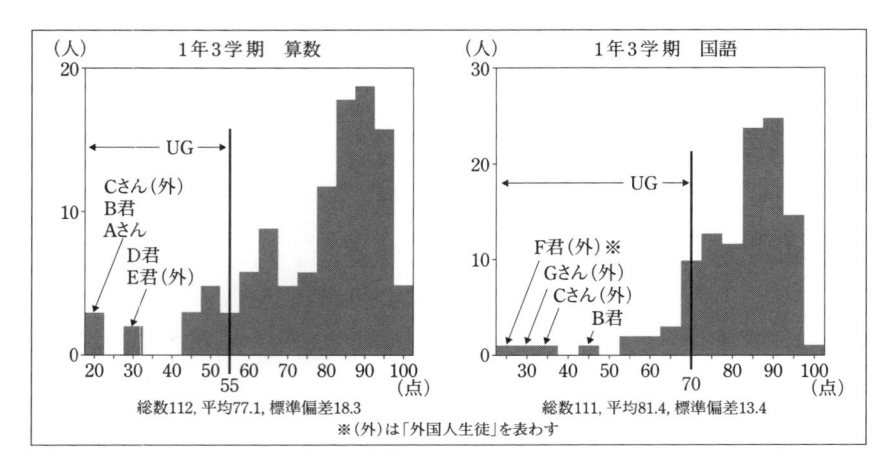

1年3学期 算数
UG
Cさん(外)
B君
Aさん
D君
E君(外)
総数112，平均77.1，標準偏差18.3

1年3学期 国語
UG
F君(外)※
Gさん(外)
Cさん(外)
B君
総数111，平均81.4，標準偏差13.4
※(外)は「外国人生徒」を表わす

決するためには，その実態を把握しつつ「学力補充学習」という実践の意味を構成し，その意味をもって実践しつつ，実態を把握するという，その過程はまさに螺旋的であった。そして，その課題が一定程度解決されれば，新たな課題がまた立ち上がる。先に示した「平成14年度市教委への研究報告」の末尾に記された「教師の『支援』が守るべき守備範囲は，徐々に狭くなっている」という表現には，「学力達成の低位の生徒」から，さらに一歩踏み出して「取りこぼしている生徒」へと課題が焦点化されていることが表れた文言だったわけである。そして，その焦点化された課題での実態を把握し，再び「学力補充学習」という実践の意味は構成され，その意味をもって実践しつつ……と展開していくのである。

(2)「全体化」という課題の連鎖

前項で明らかにした「焦点化」という課題の連鎖は，2002年度の1学年の教師をベースとして展開されたものである。したがって，そこに閉じられている限りにおいて，S中学校の学校文化は，部分的かつ局所的にしか変化していない。ここで重要なことは，1学年の教師をベースとして意味構成された「学力補充学習」という実践が，学校全体に広がっていく過程があり，それは「焦点化」という課題の連鎖とは別の次元で起きているという点である。ここではこの過程を「全体化」という次元での課題の連鎖として捉えて描き出すこととす

【図表6-4】「学力が低位にとどまる生徒(UG)」の割合

			1組	2組	3組	4組	合計
【算数UG】	クラス別	1学期	3	9	9	4	25
		3学期	4	2	4	3	13
			A学区	B学区	C学区	他学区	合計
	学区別	1学期	5	9	9	2	25
		3学期	3	6	3	1	13
	外国籍	1学期	6	全体に占める割合		6/25	24%
		3学期	4			4/13	31%
			1組	2組	3組	4組	合計
【国語UG】	クラス別	1学期	12	14	11	5	42
		3学期	5	7	3	0	15
			A学区	B学区	C学区	他学区	合計
	学区別	1学期	12	14	16	0	42
		3学期	6	5	4	0	15
	外国籍	1学期	7	全体に占める割合		7/42	17%
		3学期	3			3/15	20%

る。

　S中学校で学力調査が始まった2002年度の翌年度である2003年度の1学年は，学力調査を行うかどうかが，なかなか学年の議題として上がらなかったという。こうした状況の背景には次のようなことが考えられる。まず，A・B学区の子どもたちの人数が減ったことにより，昨年度からB学区の小学校は廃校となりA学区に統合されるという施策が執行されたこと，これによって「階層」という概念で認識されるB学区固有の問題は，表面的には捉えにくくなった。さらに，次年度からはA・B学区の子どもは，A中学校に進学するという学区再編の施策が執行されることになっていて，今後実態が大きく変わろうとする時に，あえて実態を捉えようという動機はなかなか見出されにくかったのである。

　　この取り組みは，外国籍生徒やB学区の子どものことに限らないんだけど，でも，この取り組みの始まりが，外国籍生徒にあったこともあって，新しく赴任してきた教員にはわかりにくいし，関係ないっていう意識の方が広まっているのかもしれない。自分も，「考えないなら，もういいや」って投げだしたくなりますよ。(中略)外国籍生徒の時も同じような時期があったなあと思い出しますよ。課題を学校職員みんなのものにしていくことは簡単なようで難しい。前の校長が

言いだした言葉に「スクールアイデンティティ」というのがあって，地域にあわせた目標づくりや，学校としての考え方のことで，それを教員が共有していこうというところで，そういうことを言っているんだけれど，なかなか難しいんだよね。
［フィールドノーツ，2003年4月7日］

　このように語られてはいたものの，新1学年の教師に対する他の教師からのいくつかの働きかけが行われた結果，1学年でも2学年と同様の方法で，学力調査が行われることとなった。それに加えて，分析の報告会は，1学年と2学年を合体させて行いたいとして，「研究者」（筆者）に，次のような説明がなされた。

　　柿本先生（2学年主任）：実態が提示されても，それを自分たちのものとして見る観点がないと，「あーそうか」ということで終わってしまう。それでは意味がないんです。ですから，一緒に分析を聞きながら，生徒の様子を語り合う中で，何をすればいいのかが見えてくればいいかと思って，岩田さんに相談しました。
　　森先生（2学年教師）：それは必要だと思います。僕だって，今でも，本当に自分だけで考えていけるかっていうと，難しいですよ。
　　岩田先生（1学年主任）：そうだと思います。自分なんかはまだいろいろよくわかっていないので，そうしてもらった方がいいと思います。
　　柿本先生：ということなので，できれば比較してもらって，そういう観点を報告の中に多く入れてもらえるとありがたいのです。
　　［フィールドノーツ，2003年4月14日］

　こうして2003年4月25日に分析報告会が行われることとなる。報告会に先立ち，学校長からは次のような挨拶が行われた。

　　去年，1年生では学力調査を行って，その実態を知って補充学習が行われました。その成果は，3月に清水さんに報告してもらい，一定の成果が見られるけれど，「取りこぼしている生徒」がいる実態もよくわかりました。新しい2学年は，そこから今日の実態を聞いて，今後の方向性を考えることになると思います。1学年にとっては新しいことですが，やはりこの実態から課題をもってもらえると

いいのではないかと思います。［フィールドノーツ，2003年4月25日］

　このように意味づけされた分析報告会で研究者は，学力調査による1年生と2年生（入学当時のデータ使用）の比較，生活実態調査での特徴的な小学校の様子に焦点をあてた分析を行った。学力調査結果としては，1年生と2年生の入学当時の総得点の平均値の差は，算数0点，国語＋0.4点で，ほとんど変わらないものであった。出身学区の得点差は，算数ではC学区が－0.3点に対しA・B学区が－12.8点，国語ではC学区が＋0.5点に対し，A・B学区は－6.0点であった。ただし，旧B学区域を除いてA学区の得点差を見た場合には，算数－7.3点，国語＋0.2点となり，A学区とB学区の差は依然として存在していることがわかった。この報告に対して，この場で次のような対話があった。

　　柿本先生（2年生）：2年生で見られた学力の低位の子どもたちが周辺化する状
　　　　　　況というのは，既に，小学校の時から起きていると考える必要があります
　　　　　　よね。
　　青山先生（1年生）：確かに，最初から勉強を投げてしまっている感じの子がみ
　　　　　　られるから，そういうことかもしれない。
　　　　　　［フィールドノーツ，2003年4月25日］

　続いてヒストグラムを用いて，1年生と2年生の入学当時の得点分布の違いを提示した。平均点に差がなくても，1年生の分布には，2年生で見られた「取りこぼしている生徒」が確認されず，変わって平均点の下の部分に，一定数の生徒が"団子状態"になっていることが提示された。この報告に対しても，次のような対話があった。

　　森先生（2学年）：ということは，今の2年生と全く同じ方法で補充学習をして
　　　　　　いいかどうかはわからないということですよね。
　　柿本先生（2学年）：そういうことになるかもしれないですね。これは1学年で
　　　　　　良く検討してもらう必要があるかと思います。
　　岩田先生（1学年）：（頷いている）
　　　　　　［フィールドノーツ，2003年4月25日］

さらに生活実態調査の報告では，C学区の子どもたちの小学校の実態把握に焦点が絞られていった。まず，小学校の授業の様子について尋ねる設問のうち，「教科書や黒板を使って先生が教えてくれる授業」「宿題が出る授業」「自分で考えたり，調べたりする授業」「自分たちの考えを発表したり，意見を言いあう授業」については，学区間で差が見られないが，「ドリルや小テストをする授業」については，「よくある」と回答した生徒が，A・B学区では13.9％であったのに対し，C学区は35.4％に達していて有意差が確認された。また，授業への取り組み方についても，「先生が黒板に書いたことはしっかりノートをとる」「授業でわからないことをあとで先生に質問する」「テストで間違えた問題はしっかりやり直す」「調べ学習の時は積極的に活動する」「グループ学習の時は，まとめ役になることが多い」という設問では差がみられないが，「授業中，よく手をあげて発言する」については，「あてはまらない」と回答した生徒が，A・B学区では8.3％にとどまるのに対し，C学区では32.3％，さらに「あまりあてはまらない」を加えれば73.8％の生徒が，授業中に発言することがほとんどなかったと回答しているのである。

　さらに付け加えれば，実技教科3科での取り組みについても，A・B学区とC学区では有意差が確認された。「とてもよく取り組める＋かなり取り組める」をあわせた場合，「体育」ではA・B学区80.7％に対しC学区63.1％，「家庭科」ではA・B学区88.8％に対しC学区58.5％，「音楽」ではA・B学区77.7％に対し63％であった。この報告に対しても，次のような対話がなされた。

　　森先生（2学年）：ということは，小学校でドリルばかりの授業で発言することもない。それに，ホントはきっと楽しいはずの実技教科も楽しくない。ひぇーっていう感じだよね。
　　安藤先生（2学年）：学年会でも話したんだけど，新1年生を受け入れるにあたって小学校に行って話をきいた時に，子どもたちへのコメントがとても否定的な感じでびっくりしたんですよ。なんか，子どもたちがかわいそうなくらいでした。
　　柿本先生（2学年）：さっき，青山先生が「最初から投げてしまっている感じがある」って言っていたけど，もしかしたら，〈A・B学区〉の子どもではなく，〈C学区〉の子どもかもしれないですね。

青山先生（1学年）：（頷いている）
　　　　［フィールドノーツ，2003年4月25日］

　ここに示した報告会での対話からは，「学力達成の低位の生徒」を「集団」として捉えるという認識枠組そのものは昨年度の有り様と変わらないものの，その枠組で括られた「集団」の内実は異なっているということに，教師たちが注目していることがわかる。さらに，その実態把握は，「学力補充学習」という制度的枠組は同じであっても，1学年と2学年の実践は異なる部分をもつはずであるという認識を導いていっている。そして，実際に，そうした語りに基づいて「学力補充学習」は実践されていくこととなったのである。
　2004年4月，2003年度入学生は新2年生となり，新3年生と同様，1年間の成果を把握することを目的として，同一問題での学力調査と1年生での学習内容の学力調査を行った。諸処の事情により分析報告会は7月となったが，そこで明らかになったことは，昨年度初めとの比較では，平均得点が算数5.7点，国語8.1点の上昇が確認されると同時に，"団子状態"の実態は解消し，上方修正されたことが確認された。しかしながら，1年生の学習内容の習得状況では，ヒストグラムに，国語では二こぶ，数学と英語では三こぶが確認されることとなった。こうして確認された新たな実態によって，新2学年でも再び「学力補充学習」という実践の意味を構成する過程へと踏み出し始めたのである。
　さて，こうした展開を俯瞰した場合に確認できるのが，「全体化」という課題の連鎖である。2002年度入学生から始まったＳ中学校の学力調査と生活実態調査は，「学力補充学習」という実践の意味を構成することを目的として行われたものであった。その目的は，2003年度入学生に対しても継続されたのである。しかしながら，それによって捉えられた実態からうかがわれたのは，「学力補充学習」において「中心」となる子どもは，学年によって異なるという事実であり，それぞれの学年は，その実態に応じて課題を「焦点化」していくことになっているのである。このように「焦点化」という課題の連鎖と「全体化」という課題の連鎖は，次元を異にしながらも，学校における教育実践の様々な部分で連動している。この点を実証するために，最後に次の事例を付記しておきたい。
　2004年7月15日の新2年生の三こぶの実態は，教師たちにとって衝撃的であ

ったことは，その場の雰囲気から研究者（筆者）にも実感されるものであった。さらに，新3年生の数学においても，1年生の学習内容の達成度は，平均得点では4点上昇しているものの，その分布は二こぶから三こぶへと変わっていることも明らかになった。今年度も分析報告会は合同で行われたが，次のようなコメントが残された。

　　森先生（新3年生）：補充学習だけじゃなくて，根本的に授業を見直さなければ
　　　　　　　　　　　　いけないってことになりますよね。
　　神代先生（新2年生）：そうかもしれないね。
　　　　　　　　［フィールドノーツ，2003年7月15日］

　ここにはS中学校の新たな課題としての「授業の見直し」が浮上していることがわかる。今後，S中学校の教師集団が，この観点で課題を立ち上げていくかは今後の推移を見守らなければならないが，「授業」という観点は，学年間や教科間を超える課題として立ち上げられる可能性をもつものであり，「全体化」という次元での新たな課題の連鎖のまさに入り口にあるとも言えるだろう。

第5節　再帰的学校文化の醸成

　本章では，ニューカマーの子どもたちを意味づける新たなコンテキストの生成を行ったS中学校が，学力調査を通して，教育実践を新たにどのように展開していったのかを，課題設定に焦点をあてて明らかにした。その目的は，本章冒頭で明らかにした「具体的な手だてを考えるためには，実態把握が必要である」というストーリーがどのように可能となるかを検討することであった。そして，本章で描き出した「学力調査」によって課題設定がなされたS中学校の「学力補充学習」という実践は，その可能性を提示するものとして検証された。しかしながら，実態把握と実践は容易には接続してはいなかったのである。ここでの考察は，その接続関係に的をしぼり，まず「具体的な手だて」の意味づけを考察し，次に，その意味づけのもとにある実態把握の機能を考察したい。
　まず，「学力補充学習」という実践に焦点をあてると，その実践の意味づけには，「実践の意味を問う語り」の軸と，学力補充学習に伴う「生徒の変化を

問う語り」の軸とがあり，実践の過程は，その2軸を取り巻いて螺旋的に展開していた。ここで重要なことは，この2軸の語りの質は異なるということである。前者の「実践の意味を問う語り」の軸は，制度的に位置づけられた学力補充学習という時間の実践を，S中学校としてどういうものにするのかという語りであり，それはS中学校でのある実践に一定の意味を与えて枠づけていくことでもあり，「収斂へ向かう語り」と呼びうるものである。しかしながら，後者の「生徒の変化を問う語り」の軸は，個々の教師が生徒と関わる学校の日常において，教師の観察によって初めて顕わになる部分の語りである。それは，教師の人数分だけの多様な語りが存在しうるものであるし，また，複眼的な視角をもつ教師がいれば，同じ現象でも違う観点から観察がなされ，一人の教師に多様な語りが存在することもある。その意味で，後者は「多様性に開かれる語り」と呼ぶことができよう。したがって，「2軸を取り巻いて螺旋的に展開されていく」という過程は，多様性から収斂へ，そして，収斂から多様性へ……というサイクルを伴うものとして捉えることもできるであろう。そこには「再帰性」を帯びた営みがあり，ここに再帰的学校文化と呼びうるものの醸成が垣間見られよう。

　では，そのサイクルにおいて，実態把握となる学力調査はどのように位置づけられるのであろうか。S中学校の場合，それは「多様性の保障」として機能していると言える。というのは，「生徒の変化を問う語り」は多様性に開かれるからといって，その軸が多様性を維持し続けられるかといえば，必ずしもそうではないからである。いや，むしろ実践の語りは収斂に向かう傾向が強いのかもしれない。

　実は，日本の学校には，「多様性に開かれる語り」は，多く存在している。それを代表するものとして「一人ひとりを大切に」があろう。しかしながら，こうした「多様性に開かれる語り」は，既に理念として収斂されてしまう傾向が強いために，多様性には開かれなくなってしまっているように見えるのである。例えば「一人ひとりを大切に」という言葉が多様性に開かれるためには，「一人ひとりを"どのように"大切にするのか」を，まさしく"一人ひとり"について明らかにしなければならないであろうが，実際には「一人ひとりを大切にして，学力補充学習を行います」と表明すれば，一人ひとりを大切にすることは，学力補充学習の必然的帰結であるかのように解釈されてしまう傾向を

もっているのである。これが,「理念として収斂されてしまう傾向」として指し示そうとするところのものである。これは,教育行政組織上の問題か,それとも教育の構造の問題か,それとも,本書で相対化することを試みている学校文化の問題か。現段階でその原因をつきとめるだけの力量が筆者にはないが,そうした傾向性を学校が持っていることだけは確かなようである。

そうであるとするならば,「多様性の保障」の機能を担う装置が学校には必要になる。それが,S中学校では学力調査だったのである。S中学校の場合,学力調査の分析の際に,「階層」という概念で,ある子どもたちを「集団」として捉えて実態把握を行うことによって,今まで看過されてきた生徒の実態が顕わになり,それを捉えることは,教師にとって「子どもたちに近づけた」と語られるような変化を伴うものとなっていたのである。したがって,学力調査は,調査することそのことに意味があるのではなく,その結果の分析が,「生徒の変化を問う語り」を多様性に開くように提示されるかどうかが重要になるということになる。そうでなければ,学力調査は,調査が終わった時点で終わりになるか,あるいは学校間の競争を煽る材料として別の意味が付与されるか,といった運命をたどることになったであろう。

最後に,本章の研究手法に関わる可能性について言及しておきたい。第Ⅱ部の研究手法は,「エスノグラフィー」をベースとする「臨床的アプローチ」を用いて,学校文化の変革という外側から理解される現象を,その内部に分け入って,教師の認識枠組に寄り添いながら「何と何がどのように関連しあって,何を生み出しているのか」ということの成り行きを描き出すことを試みている。それによって,「実践の意味を問う語り」と「生徒の変化を問う語り」という軸とその質の違いが明らかになり,さらに,そうした課題は「焦点化」と「全体化」という次元で連鎖していくことも明らかになった。こうした研究方法は,学校なるものに,ある種の文化的特質を付与することにとどまりがちな学校文化研究に対して,新しい展開を志向している。ここにも,学校文化に「再帰性」を見出す学校文化研究の地平を見出すことができる。

学校の内部に分け入れば,学校は一枚岩ではないし,静態的でもないことは,自ずと明らかになる事実である。しかしながら他方で,学校はさまざまな理由によって一枚岩であろうとするし,静態的であろうともする。そのさまざまな理由の一つに「研究者」の存在もあると考える。本章の文脈にそって言いかえ

るならば，学校が一枚岩であろうとしたり，静態的であろうとするのは，「研究者」が，教師の実践の意味を執拗に問うことによって，意図的ではないにしても，教師の語りを収斂へと向かわせてしまっているのかもしれない。そうであるとすれば，収斂された語りから描きだされたものは，自ずと静態的になるのである。

　しかしながら，変化の可能性は「収斂に向かう語り」にあるわけではなく，もう一方の「多様性に開かれる語り」にこそ存在している。S中学校での学力調査が「多様性の保障」として機能していたのと同様に，「研究者」の存在も同様に「多様性の保障」として機能することによって，学校文化研究は固定化から逃れることができると考えるのである。そして，そうした学校の動態的な側面を描き出すことによって，学校文化の「再帰性」に着目した学校文化研究の地平が開かれるのではないかと考えるのである。

---

1) S中学校では，校長，教頭，教務主任，生徒指導主任，研究主任，各学年主任，養護教諭によって構成されている。
2) 調査対象者は国語115名，算数116名（A地区37名，B地区27名，C地区46名，校区外国語5名・算数6名）である。
3) この点に関わって，筆者は「今を生きるためと意味づけることで，教師は，現在教えている内容そのものについて疑いをもつという指向性が削がれることにはならないのか」という点について，柿本先生に質問をしているが，それについては，次のように回答されている。
　　確かに，その点は言われる通りだと思う。でも今，そのことを問うことができる教員がいるだろうか。残念ながら全くないという状況だと思う。つまり，M市の現状は，そこにもいかず，教えていることに対して，子どもが「わからない」と言える可能性すらうばってしまっているのが現実だと思う。だとしたら，今はまずそこから変えるしかないのだと思う。［フィールドノーツ，2002年8月4日］

第7章　ニューカマーの子どもたちによる自治的運営組織の可能性

　第5章の学校文化の変革や第6章の再帰的学校文化の醸成は、第3章で明らかにしたニューカマーの子どもたちによる地域での日常的支援の組織化と並行して試みられたものである。両者は互いに影響しあって、それぞれの実践を展開させていったと言えよう。本章では、第3章で明らかにした以降のニューカマーの子どもたちによる自治的運営組織の活動を概観し、その可能性に言及してみたい。

第1節　ボランティア教室からの独立

　第3章で明らかにしたように、KS学習室には日常性を帯びた支援のもとで「エスニシティへの肯定感」というアイデンティティ、「在日外国人モデル」という情報、「エスニック的背景を伴う過去」と「具体的な将来像を伴う未来」という時間という資源が蓄えられつつあった。しかしながら、他方で、KS学習室はインドシナ定住難民を対象とした民間ボランティア団体の傘下の一グループであるがゆえに、活動と責任の限定を伴う運営を行わなければならないとする圧力が、親団体からボランティアに対してかけられるようにもなっていた。当時、KS学習室でのニューカマーの子どもたちの活動の変化に伴って、従来の「ボランティア文化」を相対化し、新たな役割を模索していた家上さんは、この時期大きく揺れていた。

　　家上：KS学習室は、子どもたちを虐待しているって言われているって。
　　筆者：虐待？
　　家上：子どもたちが他の子どもたちに教えていることを言っているんだと思う。理解されていないなあつては思う。子どもたちの活動資金のことを考えれば、ある程度の制約があっても、大きな団体の傘下にあった方がいいと思

う。でも，それで，子どもたちの活動が誤解されるのであれば，距離をおいた方がいいのかもしれない。
　［フィールドノーツ，2000年10月14日］

　既存の枠組で何とか折り合いをつけていくのか，一定の距離をもつのか，いずれで活動していくのかについて，KS学習室の「ボランティア」の主力であった家上さんが，独立を決断するまでに，この語りから約半年という時間が必要となった。
　その間，これらの状況について，家上さんから子どもたちにも相談がなされているようではあったが，子どもたちは一様に独立に魅力を感じているようであった。子どもたちは，家上さんに決断を促すような動きを見せつつも，家上さんの結論が出るのを辛抱強く待っているというのが，半年間のKS学習室の雰囲気であったといっていいだろう。この間，独立を意識し始めた子どもたちは，活動範囲を「ボランティア」のコントロール範囲を超えて拡大させていくようになり，そうであったからこそ，家上さんの決断は独立へ向かったとも言えるのかもしれない。
　また，他方で第5章で明らかにした学校文化の変革の試みも始まっていて，KS学習室の主力である家上さんの活動を，S中学校の教師が評価するような場面も生まれ始める。

　　家上さんを見ていると，今までの自分たちが知っている「ボランティア」と呼ばれる人とは違う動きをしているなあって思うんです。何か，今までとは違う何かで，新しい言葉が見つからなくて，それは「家上」としか言いようのない動きなんですよ。だけど，子どもたちにとっては，そうした動きをする大人がどうしても必要だっていうことは，自分が教員だからかもしれないけど，わかります。
　［フィールドノーツ，2001年2月5日］

　こうした評価も，家上さんの決断に影響を与えたのかもしれない。このように家上さんの活動は，従来の「ボランティア文化」のもとにある「ボランティア」とは異なる，日常性を帯びた「地域ボランティア」という意味合いを強くもって，ニューカマーの子どもたちの日常的支援活動を支えるようになってい

ったと言えよう。当時のことを、後に家上さんは次のように振り返っている。

　この事（当事者集団の支え支えられる活動をいかに支援するかという課題——引用者補足）は、教室という「箱」の中でできる範囲で、という従来の私の「ボランティア」としてのスタンスをはるかに超えるものだった。また、S中学校の先生方と当該の子どもをめぐって時を選ばず行動を共にすることが何度かあったが、その中で私は、明らかに学習室の「ボランティア」というよりは、より日常性を持った「地域」の立場が求められていた。私の活動する場は、箱物の「ボランティア現場」ではなく「地域」となったのである　この時期は、私にとって、自身の立場を箱物の中の「ボランティア」から、子どもたちを集団として支援する「地域」の人間として位置づけなおす過程であったと言える。これは、「学校」「当事者」「地域」を横断する情報を持ち、且つそれらを含めて当該の子どもの支援をいかに可能にするかというより大きな枠組を提示しながら、それぞれをつなげた「研究者」の存在があったからこそ可能になったことだった。あくまで全体を見渡した中で自分は「地域」の立場でやっていく事が明確になったのだ。この時期は清水さんも共に活動する実践者ではあったが、「研究者」としての見解は「地域」の実践に反映されることとなり、研究と実践は分断されたものではなくなったと言える1)。

　こうして過程を経て、KS学習室としての第25回運営委員会が行われた2001年5月26日に「独立」は確認されたのであった。その後、独立後の名称をめぐり、さまざまな意見が出るが、当時、KS学習室に顔を出す子どもたちの間で流行っていた「スタンド・バイ・ミー」という映画の線路を歩く場面が話題にあがり、さらに、かれらの多くがカタカナを読めない状況にあることも指摘され、「すたんどばいみー」という名前が決定することとなる。活動内容は、今までKS学習室で行っていた活動の中で、運営委員会の立ち上げによって始まった活動すべてを、「すたんどばいみー」で引き継ぐこととなった。

　ここでの子どもたちの独立の背景には、「地域ボランティア」としての役割を変化させていった家上さんとの関係のみならず、学校の教師との関係も重要な意味をもっている。本書の中で何度か言及してきている1999年夏、S中学校区にあるG団地に住む、それまで学校において「やれている」と捉えられていた外国人生徒が、「群れ」を形成し、違法行為を起こすという事件が起こった。

この状況に対して，第5章で明らかにしたように，S中学校の生徒指導部を中心とする教師たちは，「なぜ，こうした状況が生み出されるのか」という問いをめぐって，「研究者」「地域ボランティア」「当事者（ニューカマーの子ども）」と「対等性」を伴った新たな関係を持つようになっていた。この生徒指導部の中心であった柿本先生は，1999年夏から2001年春までの時期を，①学校の動きのために，外から情報だけを得ようとした段階，②新たな視点や考え方を中心的な教員たちが吸収し始めた段階，③学校全体に，研究者や地域活動者を位置づけ始める段階，の三段階に整理している[2]。「すたんどばいみー」の独立の時期は，柿本先生の分類上の③の時期に相当していて，S中学校は，2001年4月からKS学習室の金曜日教室の開催場所について，学校の空き教室を提供してもよいという方針を打ち出していたのである。この背景には，第5章で明らかにした「外国人生徒のための授業」という試みが，その枠組にとどまらず，学校の日常全体へと波及していったことがあろう。
　さらに，S中学校の教師は，こうした変化について，「多様性に開かれる語り」を持ってもいる。したがって，空き教室の提供という実践についても，教師によって異なる解釈がなされていくのである。「研究者」から確認できたその一つは，外国人生徒の固有の問題を見えやすくする機能としての意味合いである。

　　「問題」を「個人化」していた時には，教師が学校の外側に，その「問題」を解決しに出向いていかなければならなかったが，かれらを「集団」として支援しようする体制のもとでは，「問題」は学校に持ち込まれて来るのであり，そういう意味では「問題」が見えやすくなつた。［フィールドノーツ，2001年6月8日］

　ここに示されるのは，現在の学校運営の中では見えにくくなっている「問題（課題）」を，従来は教師が学校の外に出向くことで摑まなければならなかったが，外部を学校の内部に入れ込むことによって，教師は学校に居ながらにして「課題」を摑むことができるようになったという指摘である。もう一つは，受け入れの条件整備を行った坂下教頭の次の語りに表れる意味合いである。

　　学校の閉鎖性がいわれて学校開放が目指されるなか，確かに学校の特別教室は

地域の人たちに利用されるようになってはいるけれど，それが学校教育に生きているかと言えばそうではないと思う。本当の意味での学校開放は，学校教育に影響を及ぼすものでなくてはならないと思う。［フィールドノーツ，2001年6月1日］

　ここに示されるのは，「学校開放」というスローガンのもとでの実践が，その目的性を問われることなく進行している状況についての疑義である。こうした解釈は，空き教室の提供という試みが，学校と地域の連携にこれまでとは異なる可能性を拓くことを示唆している。こうした新しい試みに対する「多様性に開かれる語り」の存在は，「再帰的学校文化」の資源となっているのであり，こうして展開する学校の活動が，ニューカマーの子どもたちの自治的運営組織に与えた影響は極めて大きいと思われる。

第2節　自治的運営組織の活動

　2000年5月の設立から現在（2006年3月）まで，ニューカマーの子どもたちの自治的運営組織「すたんどばいみー」は，その活動範囲を徐々に広げつつ，かつ，その活動の意味を深めたり広げたりしながら，活動を展開してきていると言える。独立年度に何らかの形で，この活動に参加していたニューカマーの子どもたちは38名とされているが，その後，その数は70人とも，100人とも，150人とも言われるようになっていて，2004年12月のあるイベントでは，この活動の当時の代表のリット（カンボジア，当時高3，男，日本生まれ）によって，次のような活動報告が行われている。

　　すたんどばいみーは2001年に立ち上げて，自分たちが必要だと思ったことをやってきました。それは，その年によって変化がありますが，現在，活動はM市にある中学校に併設されている開放施設の部屋を借りて毎日しています。週2回は，高校生・大学生が就学前の子や小学生に勉強を教える教室があり，中学2年生が中心になってできた，勉強を主にし，スポーツなどやりたいことをする「すっげー教室」，他に高校生教室，自習教室，絵画教室，音楽教室があります。また，子どもたちの中に教室に来れない子がいたときには，家庭訪問をして，勉強を見たときもありました。一般的な学習補講の教室の他に，⑪国語教室があります。

ベトナム語・カンボジア語・ラオス語・中国語・スペイン語教室があり，週1回，大学生や地域の大人の方に頼んで，それぞれの母国語を教えてもらっています。

　勉強以外にもスポーツやイベントを行っています。スポーツは週1回で小中学生中心のものと，高校生やフリーター中心のものがあって，毎回様々なスポーツをやっています。最近では，スポーツに来ていたフリーターがつくったダンスグループもできて，活動の一部としてやっています。

　イベントは，ダンスや母国語によるセリフをいう劇を上演したり，夏キャンプ，懇談会，クリスマス会，高校受験の勉強合宿，卒業生のお祝い会など，自分たちがやりたいと思ったり，必要だと思ったことを企画してやっています。また，それとは別に，M市S中学校の選択国際という授業でスタッフとして授業の手伝いをするという活動もしています。

　立ち上がった当初の自分たちを含めた子どもは10人しかいませんでしたが，今では200人以上を超える子どもや青年が来ています。かれらの国籍の内訳は，13カ国になります。

　週1回に，運営委員会があり，それは高校生，大学生，日本人の大人を含めた，約12名で行い，活動の反省点や問題などを話し合い，解決策を考えたり，また，イベントの企画や話し合いをしています。その話し合いの最後には，活動を通して，非行に走りそうな仲間たちや，学校または家庭などで悩んで困っている仲間たちについての情報交換をしながら，どう支えてあげたら良いのかという事も話します。

　このように，様々な活動をしていますが，その活動において，もっとも注意していることが一つあり，それは，ただ単に甘やかしたり，互いの傷のなめあいをするような「依存」をするのではなく，最終的に日本で一人の外国籍として自立して生きていけることを目指し，日々いろんな活動をしています。［フィールドノーツ，2004年12月11日］

（1）活動の特徴――アイドリング

　「すたんどばいみー」の活動の特徴として特に強調できることは，メンバーシップの緩やかさである。先のリットの報告では，この活動への参加者は200人であるが，こうした公の場での報告は，この数年間で10人，38人，70人，100人，150人，そして200人と増えていっている。こうした数のカウントは，その数字が物語るように，非常におおざっぱな算出である。しかし，そこには，「一度でも，すたんどばいみーの活動に参加したニューカマーの子どもは，み

な『すたんどばいみー』の活動の範囲である」という認識がある。

例えば，2005年1月21日の運営委員会で話題にあがっていたのは，カナシロ（ペルー，当時高2，男，来日12年）であった。カナシロは，彼が中3の時期には運営委員会にも参加するほどの中心メンバーであったが，高校入学後は全く顔を出さなくなっていた。カナシロは，日本の学校の教師からも「やれている」と判断され，努力・姿勢・態度も"十分"と見なされる子どもである。このコンテキストに位置づけられる子どもたちは，第5章で明らかにしたように，S中学校の学校文化の変化のもとで，受験の時期を中心として一時「手厚い支援」のコンテキストに導かれて，「すたんどばいみー」のような地域の活動に積極的に参加する。しかしながら，その結果迎える高校の学校文化は，やはり第1章で明らかにしたような「差異の一元化」か「差異の固定化」かという教師の認識の枠組を伴っていて，従来の日本の学校の支配的なコンテキストに引き戻されていく傾向を持ちやすい。カナシロもそうした傾向を示すニューカマーの子どもの一人である。

カナシロについての話題は，運営委員会に参加している同じ年齢の西田（中国〈帰化〉，当時高2，男，日本生まれ）によって持ち込まれた。西田によれば，カナシロは高校2年の夏休み明けから学校を休むようになり，精神的にも苦しくなって病院へ通っているというのである。この日の運営委員会では，西田の対応へのアドバイス，また，カナシロを見かけた場合の対応などが話しあわれていた。当然のことながら，カナシロがその後「すたんどばいみー」の活動に参加したという報告はないし，活動への参加が目的とされて，運営委員会の話題にされたわけでもない。であるにもかかわらず，カナシロの問題は，運営委員会の場だけでなく，活動の隙間をぬうようにちょっとした場面で話題にあがり，"必要があれば，踏み込む"という「アイドリング」が保たれているのである。

週1回の「すたんどばいみー」の運営委員会に参加していると，カナシロの事例を典型とするような「アイドリング」的課題が非常にたくさんあることがわかる。それらすべてを，運営委員会で扱うことはできないわけであるが，緊急性の高い問題や，状況が急展開した問題は，すぐに何らかの対応がとられる。そうした活動のあり方が，「一度でも，すたんどばいみーの活動に参加したニューカマーの子どもは，みな『すたんどばいみー』の活動の範囲である」とい

う認識を生み出し，結果としてのその参加者の算出が，「10人，38人，70人，100人，150人，そして200人」となっているのである。

　しかしながら，こうした活動のあり方は，地域の日本人にはなかなか理解されない活動のようである。2004年5月から中学校区が再編され，ニューカマーが多く住むG団地の中にA中学校が移転した関係で，「すたんどばいみー」は，活動の場をS中学校からA中学校へと移してきている。そうした中で，A中学校の学校開放を担う市民団体の一部からは，「すたんどばいみー」の占有率が高すぎることを問題とする動きが生まれたこともあった。また，「自分たちのやっていることに，『すたんどばいみー』って名前を勝手につけてやってるの」（フィールドノーツ，2005年3月10日）と声がけをされたりすることもある。こうした地域の日本人の反応の根底には，日本人が意識するしないにかかわらず，外国人に向けられた差別意識もあろう。しかしながら，「差別はいけない」こととする日本人の倫理観は基本的には醸成されていて，ニューカマーの子どもたちに対して差別意識が直接的に表面化されることはほとんどない。その代わりに，活動や責任の限定を伴うような日本人に共有される「ボランティア文化」を背景に，それとは異なる「日常的支援の組織化」という意味合いのもつ外国人支援活動を批判するという構図をとるのである。それは，日本社会においては「外国人は外国人固有の問題を抱える」という問題のとらえ方に対して，「外国人も日本人も変わらない」という「差異の同質化」（テイラー，1996［1994］）というコンテクストに，「すたんどばいみー」の活動を位置づけ直そうとする動きとして解釈できよう。

（2）「在日外国人」という当事者意識の形成

　前項で明らかにしたような「アイドリング」に象徴される日常的支援の組織化の中で，「すたんどばいみー」の活動に参加するニューカマーの子どもたちは，その活動を通して，「在日外国人」という当事者意識を形成していることがわかる。本項では，チャナ（カンボジア，当時中2～3，男，日本生まれ）と，ソッカム（カンボジア，当時高3～大1，男，7歳で来日）との関わりを通して，この点を明らかにすることとする。

①チャナとソッカムの関わり

　チャナの「すたんどばいみー」への参加は，独立前の2000年10月頃で，かれ

は中学2年生であった。体は小さいけれど丸々していて憎めない感じの顔立ちをしてはいるものの，おどおどした感じのする男の子であった。学力的には，日本語でのコミュニケーションに支障は感じられないのもの，算数の九九が完全に獲得されておらず，国語は，文章の読みがたどたどしく，漢字の読み書きも小学2，3年生程度であった。加えて，落ち着いて勉強に取り組めない様子が随所に見られ，第2章で明らかにしたような，状況依存的な教室理解をしている様子であった。

　チャナと「すたんどばいみー」との関わりは，ソッカム（KS学習室の運営委員会の立ち上げとそれに続く「すたんどばいみー」独立の主力の1人）との関係によるものであった。ソッカムは，地域のカンボジアコミュニティの中では，品行方正であると評判がよく，カンボジア人の大人にも一定の信頼があったようで，その彼が，チャナの母親から「勉強をみてほしい」と依頼されたというのである。当初，ソッカムは，すぐに「KS学習室の勉強会に出させよう」とも考えたようであったが，まだ幼さの残るチャナの参加は難しいと判断し，しばらくの間，家庭訪問をして勉強を教えていた。しかし，その中で，ソッカムは，「家庭訪問での勉強は，チャナにいい結果をもたらさない」と考えるようになり，チャナをKS学習室に参加させる方向で動き出したのである。そうしたソッカムの動きによって，チャナのKS学習室への参加が始まる。

　ソッカムの話（フィールドノーツ，2000年10月27日）によれば，ソッカムのこうした判断の背景には，チャナの母親が，勉強の苦手なチャナの様子を心配するあまり，勉強の間も口を出してくることが多いために，チャナは母親ばかり気にして，勉強に集中できないという状況が繰り返されていたという事情があったという。ソッカムは，このような親子関係から，チャナをある時間だけでも切り離さないと，「チャナが自分のために勉強するっていう風にならない」と語っていた。こうして，ソッカムがチャナに責任をもつことを母親に約束し，ソッカムは，週3，4回行われていたKS学習室の学習補充教室のすべての活動に，チャナを連れ出すようになったのである。

　ここでチャナのおかれた状況を考えるためには，第1章で明らかにしたカンボジア家族の日本における状況に関する知識が必要となる。インドシナ難民であるカンボジア家族は，日本社会において，いくつかの理由から子どもの学校での教育達成に積極的にはかかわれない状況にある。しかしながら，他方で，

カンボジア家族の親の多くは，子どものしつけに関し，母国で重要視される「子どもが親のいうことを聞き，すべてにおいて従う」という規範を維持しようともしている。こうしたしつけが成功するか否かは，子どものカンボジア語能力に左右される。というのは，親は母国語を通じてしつけをしようとし，それに対して子どもが日本語で応じていくという中では，母国の文化的規範に根差したしつけは成功しがたいからである。ところが，子どもに対する母国語習得の手だては，「親が家庭内で母国語を話す」ことにとどまっていて，その結果，家庭内では，夫婦間と，親から子への話しかけは母国語で，子どもは親に対し日本語で返事をすることになってしまっている。そうした中で，親は母国語や母国文化の規範に応じた振る舞いを子どもに期待しながらも，日本社会で生き，親の価値観とは異なってしまっている子どもの状況を追認するようになっていく。

　この結果，カンボジア家族の親の多くは，子どもが親の目の届かない，あるいは親の認識を超えた行動を起こすことについて，すべて子どもが悪くなることにつなげて考えて，それを心配している。そのことは，カンボジア家族の親にとって，子どもが生きる日本社会は，子どもを極端に日本人化させ，親の理解を超えてしまう可能性のある場として捉えられていることを意味している。しかしこのような心配をしながらも，親が子どもに対して行なえていることは，親の望む母国的な規範を繰り返し母国語で語ることであり，日本社会という，親とは異なる文脈の中で日本人化していく子どもの状況を認めつつ，それを阻止する別の策を講じないままに，同じ期待を繰り返しているのである。チャナの場合も，子どもが親の理解を超えてしまうことを心配しながらも，期待を繰り返し母国語で語るという状況下にあったのだろう。

　ソッカムの支援により，親の心配による囲い込みから一定程度解放されたチャナは，勉強に意欲的であった。もちろん，だからといってこれまでの遅れが簡単に取り戻せるわけではない。それまでに培われた「学習の型」のようなものはなかなか改善されなかった。この様子については，次のようなエピソードがある。チャナがKS学習室で国語の勉強をしている際に，テキストにでてきた「水飲み場」が読めずに困ったというのである。ここでチャナの口から解答が出るのを待っている担当者に対して，彼は，「水道」，「蛇口」といった「水」に関係する知っている単語を羅列して解答しようとする態度を続け，それが思

うようでなかった最後には「わからない」と投げ出したというのである。チャナのこうした「当てずっぽう」とも表現できる態度は，学習の随所に見られ，それが学習を積み重ねることを難しくさせてもいたのである。

　一方で，親の心配による囲い込みからの解放は，チャナの行動範囲を広げてもいった。彼がKS学習室に来るようになって間もなくのある日，「勉強に行く」と行って家を出たにもかかわらず，友達と遊びに出かけてしまったということが母親に知られるということが起こった。友達と遊んでいて遅くなって教室に現れたチャナに，チャナを探して教室に現れた母親は，カンボジア語で泣き叫びながら，近くにあった卓球のラケットで彼の体を数回たたいたのである（フィールドノーツ，2000年11月24日）。そのことがあってから，母親は頻繁にKS学習室に現れて，彼が勉強していることを確認したり，地域ボランティアの家上さんの携帯電話に確認の電話を入れるようにもなった。この時以来，ソッカムは，チャナを含むカンボジア人の子どもたちに，「自分がやりたいことをやるためには，親を安心させないといけない」という話を繰り返し語るようになっていった。

　それから1年。チャナは，ソッカムや他の子どもたちの支えもあって，親の心配による囲い込みから一定程度解放されたところで，高校進学に向けての勉強を自らの意志で始めていった。そうしたチャナの努力にもかかわらず，学習の遅れはいかんともし難かったが，チャナは進学を希望し，受験先を決めていかなければならなかった。が，地域にある県立高校への進学は非常に厳しい状態であった。そんな折，チャナは，「すたんどばいみー」で一緒に活動する日本人の沖村が，通学に2時間ほどかかる職業科のあるE高校を受験することを知る。勉強が苦手な沖村は，競争率の高い近隣の公立高校の普通科を避けて，好きな釣りに関係する進学先として遠方のE高校を選択していた。勉強は苦手でも，体を動かして何かをすることを厭わないという感じは，チャナと沖村に共通するものであり，どちらからともなく出た「いっしょに行けたらいいな」という言葉をきっかけに，チャナの進路は大きく変化することになっていった。

　しかし，そのチャナの意志を実現させるためには，チャナには乗り越えなければならないたくさんの問題があることが，これをきっかけに浮上することとなった。まず，最初に立ち現れたのは「学校」の壁である。チャナはG団地在

住ではあるが，K市側のK中学校に通っていて，担任はチャナの進学を心配しながらも，最終的にダメなら定時制を覚悟するしかないと語っていたという。そうした教師の認識枠組のもとで，チャナからの進路の変更の願いを，地域ボランティアの家上さんから受けた担任の見解は，「『受からないから』という理由だけで『受かる』可能性のあるところへ変更するのはどうか」というものであり，その進路変更に渋る態度を示したというのである。一方，ソッカムからチャナの願いを聞いた両親，特に母親は，チャナの意向を汲むのではなく，遠くへ通うことに対する心配を皮切りに，知っている人が誰も通っていないこと，日本人である沖村が通うということでは信用できないこと，体調を崩して学校を休むことなどほとんどなかったチャナについて「体が弱い」とし，「今は元気だけど小さい頃は体が弱かったから」など，次から次へと理由をあげて反対したというのである（フィールドノーツ，2001年1月21日）。ここに「家族」の壁が立ちはだかった。

「受かりたい」「高校に行きたい」と語るチャナではあったが，家族と学校の「間(はざま)」で完全に身動きできない状態にあった。その状態を何とか緩和したいと，学校側には「地域ボランティア」の家上さんがかけあっていった。家上さんからは，日本社会において，ニューカマーの子どもたちがおかれる状況の説明も行われたようで，そうした対話の中で，担任は「親の承諾が得られれば動きましょう。ギリギリまで変更の可能性を残しましょう」と話してくれるようになったという。一方，家族側にはソッカムがかけあい，チャナのおかれている状況を母国語で懇切丁寧に説明し続けた。しかし，チャナの親の意向は変わり難かった。親の承諾がなければ，学校は進路変更を認めない。この状況のもとで，チャナはE高校への進学をあきらめ，地域にある県立N高校を受験することを決めていく。「先生は受かるかどうかはやってみないとわからないと言った。だから，いちかばちかやってみる」というのが，チャナの結論だった（フィールドノーツ，2002年2月4日）。家族と学校の「間(はざま)」で身動きできずにいた彼が，その「間(はざま)」に落ち込んだようにも思われた瞬間でもあった。

志願状況の最終発表の日（フィールドノーツ，2002年2月5日），チャナが志願したN高校の普通科は3倍以上であった。チャナに受かる見込みはない。志願変更の前日，「すたんどばいみー」では，チャナに最後の意思確認がソッカムと家上さんを中心に行われていた。「いちかばちか」という状態にはないこ

とが話されると，チャナは「受かりたい」とつぶやいた。チャナは，その夜，もう一度，両親の説得を試みた。父親は理解を示し，母親の「勝手にしなさい」の言葉で，チャナは翌日，N高校からE高校への志願変更に出かけた。2002年3月1日，チャナは県立E高校に合格した。その顔には満面の笑みがあった。

②「在日外国人」という当事者意識の形成

ここでは，チャナとソッカムの関わりの事例にもとづいて，「すたんどばいみー」における当事者意識の形成について検討してみたい。この事例から解釈できることは，チャナの問題は，学校と家族の「間(はざま)」で生じていて，それを繋いだのが，「在日外国人モデル」となるソッカムであり，「地域ボランティア」である家上さんであったということである。

第Ⅰ部で明らかにしてきたように，日本の学校の教師は，ニューカマーの子どもたちに対して「特別扱いしない」ことを前提とするまなざしをもっている。一方で，ニューカマーの子どもの親は，子どもたちの教育について積極的に関われない状況におかれている。したがって，子どもへの対応も子ども任せか学校任せ，そうでなければ，チャナの母親に見られるように，親の固有の論理を子どもに押しつけるかのいずれかである。この学校と家族の両者の関係の調整を，ニューカマーの子どもたちは自ら引き受けている。その空間を，本書では「間(はざま)」と表現してきたわけである。こうした状況は，ホフステード（1995[1991]）によっても「移民は二つの世界のどちらの人間にもなりきれなくて，日々二つの世界を間を行き来している」（p.238）と指摘されている。

そして，その「間(はざま)」の意味づけ方によって，ニューカマーの子どもたちのエスニシティにかかわるアイデンティティは異なる指向性をもつことになるのである。この異なる指向性を明らかにするために作成したのが【図表7-1】である。ここでは，学校と家族のそれぞれへのコミットメントの程度（強弱）を組み合わせて4分類を試みている。この分類に，第Ⅰ部で明らかにしてきた事柄を考慮して各象限に名前をつけるならば，第1象限は家族へも学校へもコミットメントの程度を強く維持し続ける「在日外国人」志向型のアイデンティティを形成するもの，第2象限は家族へのコミットメントの程度が強い「外国人」志向型のアイデンティティを形成するもの，第3象限は家族にも学校にもコミットメントの程度が弱い「浮遊離脱」志向型のアイデンティティを形成す

【図表7-1】 アイデンティティの指向性の4類型

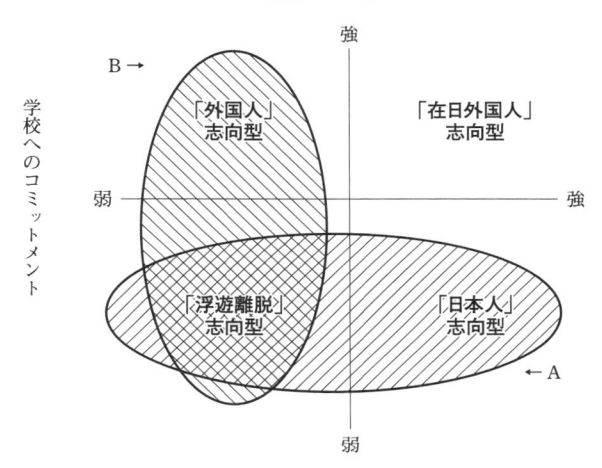

家族へのコミットメント（強／弱）、学校へのコミットメント（強／弱）の2軸による4象限図。第1象限（強・強）「在日外国人」志向型、第2象限「外国人」志向型（B→）、第3象限「浮遊離脱」志向型、第4象限「日本人」志向型（←A）。

るもの，第4象限は学校へのコミットメントの程度が強い「日本人」志向型のアイデンティティを形成するものとなる[3]。そして，第2章で明らかにしてきたように，日本の学校においてニューカマーの子どもたちは，一般的には，第3・4象限にまたがるアイデンティティ形成（Aの部分）をしやすい。そしてそうした中での学校からの離脱は，ニューカマーの子どもたちの「間(はざま)」の意味づけを，第2・3象限にまたがるアイデンティティ形成（Bの部分）へと一転させることになるのである。当然のことながら，学校からの離脱は，学校へのコミットメントの程度は弱めることとなる。そしてその際には，次の学校段階での復学を考える者は希である。その結果，学校からの離脱は，必然的にかれらを仕事の場へと導いていく。そして，そこで直面するのが「外国人差別」である。賃金体系，支払い，昇給制度等において，日本人との違いは歴然としている。

モン（ラオス，当時中3，男，来日6歳）は，中学校へ行ったり行かなかったりするような生活をしていた中学3年生の夏休みに，年齢を偽って建築現場でアルバイトをしたのだが，1ヶ月の給料は6千円だったという。かれは，それに文句を言うこともできず，頭にきたからそこでやめたというのである。「や

【図表7-2】「すたんどばいみー」の活動が向かう
アイデンティティの指向性

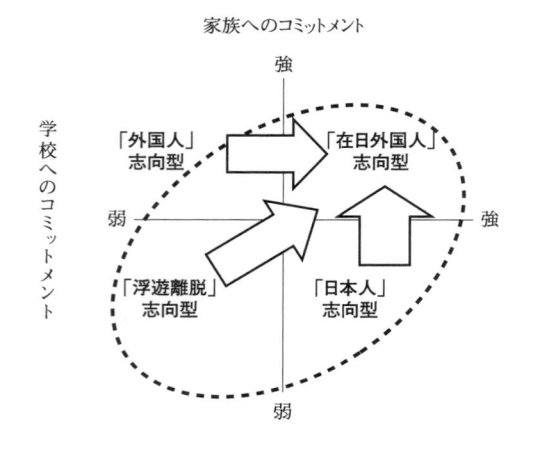

家族へのコミットメント

学校へのコミットメント

「外国人」志向型 → 「在日外国人」志向型

「浮遊離脱」志向型 ↗ 「日本人」志向型 ↑

強／弱

っぱ，外国人だから」（2001年9月19日，フィールドノーツ）と彼は言うが，それが本当の原因かどうかはわからない。しかしながら，かれらの多くは，そうした違いを「外国人差別」として意味づけつつも，当面必要となる金銭獲得を目的としてアルバイトをし，その結果，この地域における「外国人差別」の再生産に寄与してもいるのである。したがって，図表の第2象限に見られる「外国人」志向型のアイデンティティ形成は，ニューカマーの子どもたちの感じ方により近い表現をするならば，家族へのコミットメントの程度を自ら強めるというより，「外国人」を意識した生活しか想定できなくなった結果として，家族へのコミットメントの程度を強めていると言えよう。このことは，第2章で明らかにしたように，学校において努力・姿勢・態度などの"不足"の原因が，家族を含む「エスニシティなるもの」の求められる状況に非常に近いコンテキストが，学校以外の日本社会においても準備されていることを物語っている。そして，こうした状況におかれたニューカマーの子どもたちの全てを対象として，「アイドリング」が保たれている（【図表7-2】波線の楕円）。そして活動が展開される際には，家族と学校のいずれからも離脱せずに生き抜くような支援が試みられるのである。その意味で「すたんどばいみー」の活動は，「在日外国人」志向型のアイデンティティ形成が目指されていると言えよう（【図表

7-2】の矢印)。

　このことを先のチャナの事例で説明するならば，次のように言えよう。「すたんどばいみー」に参加するようになってから受験に向かうまでのチャナの様子からは，当時彼が「浮遊離脱」志向型のアイデンティティを形成してきていたとみることができる。したがって，「すたんどばいみー」での活動が，彼に何らの変化も与えていないとすれば，彼の中学校卒業後の進路は，状況依存的な教室理解に基づいたものになったであろう。しかしながら，「すたんどばいみー」での活動を通して，確実に高校へ進学していく同年代のニューカマーの子どもたちを見る中で，チャナは「受かりたい」「高校へ行きたい」と感じるようになるのである。そうしたチャナの変化には，明らかに「浮遊離脱」志向型のアイデンティティからの移行を読みとることができる。その意味で，チャナの1年半にわたる「すたんどばいみー」での活動は，チャナのアイデンティティ形成を，【図表7-2】の斜めの矢印の方向に引っ張ったと言えるであろう。そのチャナの変化の象徴が，進路変更という出来事だったわけである。ニューカマーの子どもたちの問題に対して「アイドリング」が保たれている「すたんどばいみー」の活動は，チャナの意向を受けて，家族には「在日外国人モデル」となるソッカムがかけあい，学校には「地域ボランティア」の家上さんがかけあい，家族と学校の「間(はざま)」を繋ぐことで，チャナは「在日外国人」という当事者意識を形成していったのである。

第3節　帰属によるニーズの創出

　ここで考えたいことは，「すたんどばいみー」と，その前身であるKS学習室との違いである。第3章で明らかにしたように，KS学習室という地域のボランティア教室は，1998年前半期，参加者数・ボランティア数の減少によって閉室を余儀なくされていた。そうした背景にあったのは，活動と責任の限定性を伴う「ボランティア文化」であった。

　一方，「すたんどばいみー」の活動は，「すたんどばいみーの活動を紹介してほしい」という要請に，その中核にいる運営委員会のメンバーでさえ，とりまとめるのに非常に時間がかかる。本章2節冒頭で紹介した文章も，運営委員会のメンバーの何人かが集まり半日以上を費やしてまとめたという。なぜならば，

「すたんどばいみー」の活動は，特定の時間と場所を定めて活動を決めていくというスタイルではなく，場所と時間を定めない日常の中で，とりとめもなく語りあい，そうした語りの中から「ニーズ」を拾い，それを運営委員会という場で提示することで，活動を立ち上げるというスタイルで運営されているのである。これが，「日常的支援の組織化」として表現されているところの実質であり，それは「ボランティア文化」のもとにある活動とは位相を異にしている。本節では，こうした活動を「すたんどばいみー的実践」と括り，その内実を通して明らかにしていきたい。

（1）すたんどばいみー的実践

「すたんどばいみー的実践」には，例えば次のような事例がある。中学時代，「すたんどばいみー」の前身のKS学習室に，数回勉強に来た後は全く参加することのなかった姜（中国，17歳，男，中学卒業後フリーター）が，「すたんどばいみー」の運営委員会のメンバーの1人であるビン（ベトナム，大学1年，男，来日5歳）と，ある日語りあったことをきっかけとして，姜は「すたんどばいみー」に参加するようになっていた。その姜からの「なんか，ぱーっとすることをしたい」と語りをきっかけとして，「地域を自転車で走り回る」「海外に行く」等のいくつかの提案がなされたという。結局「日本を知ろう」ということになり，姜とビンに加えて，姜にくっついて参加するようになったボー（ベトナム，高2，男，来日未確認），さらに，運営委員会のメンバーであるリット（カンボジア，高2，男，日本生まれ），ソッカム（カンボジア，大3，男，来日7歳）の5人で，青春18キップを使って，京都－大阪－長崎－福井への旅（車中泊4日，カプセルホテル泊1日）という旅行が行われたという。その旅の行程で語られた姜や，最近参加するようになったボーのこれまでの生い立ちにかかわる語りは，この旅に同行した3人にとって非常に印象深かったようである。

　　筆者：旅行，どうだった？
　　ビン：良かったですよ。姜やボーが語り始めて，それがあまりにきつい話しで，
　　　　　僕よりずっと辛いところで生きてきたんだなあって思った。
　　　　［フィールドノーツ，2003年8月20日］

この旅行を経て，姜は「すたんどばいみー」の運営委員会にも顔を出すようになり，それに続いて，高校進学を目指して勉強をするようにもなった。その結果2004年4月には県立高校の1年生になった。一方，ボーは，運営委員会には参加するようにはならなかったものの，大学進学を目指して勉強を始めるようになっていた。しかしながら，家族の状況は依然として混沌としているようで，ボーの生活が安定するまでには至っていない。2004年冬の段階で，運営委員会のメンバーは，彼に対して「アイドリング」を保ちつつも，彼に関する情報が何ら入ってこない状態としてかれを捉えているようである。

　夏の青春18キップ旅行に典型的に表れているように，「すたんどばいみー的実践」は，かれらの日常の対話の中で，かれらの「ニーズ」が拾い上げられて活動となり，それが継続されていく場合が多い。そして活動を立ち上げるかどうかは，その「ニーズ」を拾い上げた者の裁量に委ねられている部分が大きい。

　例えばソッカム（カンボジア，大4，男，来日7歳）は，「ダンスをやりたい」というナリ（カンボジア，高3，男，来日未確認）とビライ（ラオス，男，16歳，中学卒業後フリーター）の語りを「ニーズ」とした活動の立ち上げに，2004年秋から取り組み始めている。ソッカムの話によれば，週1回のスポーツの活動に来ているナリやビライから「ダンスをやりたいけどできるのか」と話されたことがきっかけになっているという。ナリは，前節で紹介したチャナの遊び仲間で，その仲間の中心にいるタイプである。ナリの「すたんどばいみー」への参加は，チャナと同時期でその後は活動の中心にいることもあったが，高校進学を契機にスポーツ以外には顔を出さなくなっていた。ビライは，S中学校出身であるが，彼の在籍期間はS中学校の学校文化の変革の時期に重なっていたにもかかわらず，彼への様々な働きかけは結局功を奏さず，中学3年生の夏休み明けから不登校となり，結局高校進学せずにフリーターとなっていた。

　かれらの語りを「ニーズ」として拾い上げたソッカムは，いくつものことを複合的に考えなければならなかったようである。まず，ナリもビライも明らかに「不良」というレッテルを外側から貼られるような風貌をしているし，態度も横柄である。また，飲食禁止や喫煙禁止というルールを簡単にやぶってしまうこともある。そのかれらが単独でグループを作って，この地域で活動をすることは極めて困難であることをソッカムはわかっていた。また，かれらの「やりたい」という気持ちがいつまで継続されるかは，はっきりしない。かれらの

「やりたい」という気持ちは，状況に応じて簡単に変化するし，それを実現するためのハードルが高ければ簡単に萎えてしまうようなものでもある。そのこともソッカムはわかっているのである。「ニーズ」を拾い上げたとしても，それを現実の状況にあわせながら活動を立ち上げ，そのことを通して「在日外国人」という当事者意識を形成していくためには，いくつかの仕組みを施さなければならないのである。

　ソッカムは，2004年9月24日の運営委員会に向けて，「ダンスをやりたい」という4名のニューカマーの子どもたちを呼ぶと同時に，「地域ボランティア」である家上さん，「学校」とのパイプ役である柿本先生，そして「研究者」である筆者にも声をかけ，「日本人の大人として，気をつけてほしいことを言ってほしい」と声がけしていた。この日，その場をソッカムが仕切り，いくつかの取り決めが行われた。取り決められた内容としては，①「すたんどばいみー」の活動として位置づけることで，場所の確保は運営委員会が行うこと，②ただし，「すたんどばいみー」は，「地域ボランティア」である家上さんを代表とし，地元のS中学校の教師である柿本先生を副代表として，この地域で信頼を得ていろいろな活動を行えているので，その信頼を損なうと，他のすべての活動が行えなくなるということを自覚してほしいこと，③飲食と喫煙禁止のルールを必ず守ること，④活動のメンバーシップをはっきりさせること，⑤代表と副代表を決め，月1回の運営委員会には出席して活動報告をすること，であった。このようなソッカムの演出による「運営委員会」という場をくぐり抜けて，ナリとビライを中心とする「ダンスをやりたい」という「ニーズ」は拾い上げられ，「すたんどばいみー」の活動として位置づけられ，立ち上げられていったのである。

（2）帰属によるニーズの創出

　ここで，「すたんどばいみー的実践」において，ニューカマーの子どもたちによって拾い上げられる「ニーズ」について検討してみたい。「ニード」という語と観念の変容をめぐる思想を探求したイグナティエフ（1999［1984・1996］）は，「ニーズ」を次のように説明している。

> わたしたちのニーズは複数の語でできている。それらは語られた言葉というか

たちでわたしたちの許にやってくるのであって，表現されなければ死滅することもある。わたしたちが自分自身の語を見いだすうえで手助けとなるような，公衆に開かれた言語体系がなければ，わたしたちのニーズは沈黙のなかで干上がってしまうだろう。(pp.196-197)

また，「ニーズ」を支える「帰属」については，次のように説明する。

帰属するとは，たんにある特定の共同体——集落であれ国家であれ——のメンバーであるという感情にとどまらず，理解し理解されているというある特殊な感情のことである。すなわち，わたしたちが生きている社会的諸関係のより広範な世界を理解していること，そしてわたしたちの周囲にいる人びとがわたしが口に出して言うことを理解しているだけではなく本当に言いたいことを理解してくれていると感じること，なのだ。言いかえれば，わが家にいるようにくつろいだ感じをもつということは，情緒的であると同時に認知的な経験の，ある特別な感じを言うのである。それは，わたしたちが社会的世界に対してある精神的な形態を与えることができるという感覚，さらにはこの社会的世界にあってはわたしたちがおこなったり喋ったりすることが周囲の人びとによって了解されているという感覚のことなのだ。(p.201)

このように説明される「ニーズ」と「帰属」を，「すたんどばいみー的実践」に引きつけて解釈するならば，次のように言うことができるであろう。「すたんどばいみー的実践」は，前節で明らかにしたように，メンバーシップが緩やかである。メンバーシップの緩やかさが象徴するのは，極端に言えば，ニューカマーの子どもたちであれば誰もが「すたんどばいみー」のメンバーであるとするような認識である。そうした認識の生み出す背景となっているのが，学校と家族の「間(はざま)」を生き抜かなければならないという宿命である。日本人のために制度化されてきた歴史をもつ日本の学校は，かれらが理解される場所とはなりえない。また，母国的なやり方でしかかれらに関わることのできない家族も，かれらが理解される場所とはなりえない。ニューカマーの子どもたちは，現在の制度上では自らが理解される場所を持ち得ていないのである。こうした宿命を正面から引き受けた姿が，「在日外国人」という当事者意識の形成なのであろう。そして，これを背景として作り上げられた「すたんどばいみー」と

いう場は，当事者同士であるがゆえに，イグナティエフが言うところの「理解し理解されているというある特殊な感情」が共有され，「わたしたちの周囲にいる人びとがわたしが口に出して言うことを理解しているだけでなく本当に言いたいことを理解してくれていると感じる」のであろう。そして，そうした「帰属」の可能性が見出されたからこそ，それまで「表現されなければ死滅する」ようなものであったニューカマーの子どもたちの「ニーズ」が表面化するようになっていったと言える。

　さらに，イグナティエフは，「帰属」に関して，次のように詳説してもいる。

　　公共社会の一員であることは，いかに価値あるものとはいえ，あくまでもわたしたちの数あるアイデンティティのなかのひとつにすぎない。わたしたちは家族に，職場集団に，友人たちの網の目のような広がりに，ありとあらゆる種類の私的および公的な結社に，帰属している。こうしたさまざまな形式でさまざまな場所へと帰属しているがゆえに，わたしたちは忠誠心をめぐる絶えざる葛藤に陥る。（中略）わたしたちが考え出すことができるどんな社会工学の魔法をもってしても，これらの葛藤はけっして駆逐されえない。わたしたちが社会に負うているものと社会がわたしたちに負うているものとをめぐる不安，これらの複数の要求をいかにして解決するかをめぐるジレンマは，まさに帰属するという考えそのものを成り立たせる絶対不可欠な構成要素なのだ。帰属するとは，すなわち選択する権利をもつということだ。（pp.212-214）

　ここに述べられる「帰属」をめぐる葛藤の問題は，ソッカムが支援したダンスの活動にも表れている。ニューカマーの子どもたちの「ニーズ」は，そのままの形では日本社会であるこの地域には受け入れられない。ソッカムは，地域に受け入れられないことを理由に，かれらの「ニーズ」を無視することもできたはずである。しかしながらソッカムはそれをしなかった。だからといって，かれらの「ニーズ」を最優先した活動を行うことに可能性があるわけでもなかった。この時期，ソッカムの内側は，「複数の要求をいかにして解決するかをめぐるジレンマ」で埋め尽くされていたことであろう。そして，その結果は先の事例に示した通り，「在日外国人」という当事者意識を，「ダンスをやりたい」とするニューカマーの子どもたちに形成させつつ，かれらの「ニーズ」を「活動」に変換したのである。すなわち，「すたんどばいみー的実践」は，家族

第3節　帰属によるニーズの創出

や学校のいずれにも「帰属」できなかったニューカマーの子どもたちに対して，その「間(はざま)」を生きる宿命を「在日外国人」という当事者意識として形成することによって「帰属」を生み出し，「ニーズ」を創出し，それを「活動」に変換させていると言えるであろう。

第4節　自治的運営組織の機能

（1）資源のプール

　第3章で明らかにしたように，日常的支援の組織化の過程に積極的に関わったニューカマーの子どもたちには，共通する資源を見出すことができた。それは，アイデンティティの資源として「エスニシティへの肯定感」，情報の資源として「在日外国人モデル」，時間の資源として「エスニック的背景を伴う過去」と「具体的な将来像をともなう未来」であった。そして，それらの編成的資源によって，かれらは「文化的生産」を可能にしていたのである。

　ところで，「すたんどばいみー」の活動の場は，それらの編成的資源を獲得したニューカマーの子どもたちが運営委員会のメンバーとなっている。したがって，ニューカマーの子どもたちは「すたんどばいみー」の活動に参加することで，そうした資源の提供を受けることができるのである。ここに，「資源のプール」という「すたんどばいみー的実践」の機能を確認することがきでる。

　ここでリット（カンボジア，当時小5～高3，男，日本生まれ）とアン（ベトナム，当時小5～高3，男，日本生まれ）の事例を検討してみたい。2人はともに，第2章で安定した教室理解をしている事例として検討したニューカマーの子どもたちである。したがって，2人の日常のコンテキストは，日本の学校の教師からは「やれている」と判断され，努力・姿勢・態度も"十分"と見なされる一方で，「エスニシティなるもの」へのコミットメントの程度は"弱い"ものとなっている。したがって「日本人」志向型のアイデンティティを形成してきているといえる。2人は，ともにS小学校からS中学校に進学した後，リットは県立W高校，アンは県立T高校へ進学した。

　リットは，第2章でも明らかにしたように，たまたまニューカマーの子どもたちが一つのグループに固まったりすると「外人ばっかりだ」と，ことさら戯

けてみせるようなところがあった。その一方で、担任の教師が、リットの母国をラオスと誤解していても、「仕方がない」とするようなところがあった。また、第5章の冒頭に示したように、「外国人生徒のための授業」への参加を当初は拒否してもいた。

　しかしながら、この授業開始直後から、リットの様子は変化していったのである。カンボジアグループを担当していた授業者の話では、「リットは知識欲があるから、学習がどんどん積み重なっていく感じがする」（フィールドノーツ、2000年10月2日）とのことであった。さらに、S中学校の文化祭（2000年10月28日）では、「選択国際」の授業を通して初めて知った家族の歴史について、次のようなスピーチを行っている。

「カンボジアのことを知って」

　僕は、日本で生まれて日本で育ってきました。僕はカンボジア人ですが、カンボジア語がぜんぜんわかりません。カンボジアの事もあまりよく知りません。今、選択の授業の時間にカンボジアの事を勉強しています。僕の母はプノンペンで生まれました。1975年までは、カンボジアはとても平和でした。しかし、戦争が始まって人々は次々に殺されていきました。その時母は17才でした。母はプノンペンで22才の時に、僕の姉を生み、汽車で難民キャンプに逃げたそうです。逃げる時は大変だったそうです。まわりには地雷がたくさんあったといっていました。逃げるところを兵たいに見られると殺されるともいっていました。汽車の中ではどろぼうやごうとうもあったといっていました。そして2日間汽車に乗り、難民キャンプに着いたそうです。そして、3、4ヶ月後に日本に来て、僕の兄が生まれて、その2年後に僕が生まれたと知りました。

　これからは、カンボジアの事をもっと勉強し、カンボジア語もすこし勉強したいと思います。そして、大人になったら、カンボジアにいってみたいと思います。

　今、僕は小学校、中学校と楽しくすごしているけど、一つだけ不安があります。

　それは差別です。今は、ふつうに遊んだり、話したりする友達がいるけれど、高校などにいったら、やっぱり外国人だということで、差別されたり、嫌われたりしないかとちょっと心配です。仕事などでもそうです。そのためにも、友達や仲間をたくさん作っていきたいと思っています。そして、このS中学校でいい思い出を作っていきたいです。

ここで語られた内容は，前半では，「外国人生徒のための授業」によって，リットの獲得した知識が明らかにされている。後半では，日本の学校の教師から「やれている」と判断され，努力・姿勢・態度も"十分"と見なされ，かつ，学力達成も上位にあるリットでさえも，「やれている」状態に覆い隠された「不安な毎日」が日常となっていることが明らかにされているのである。こうして「不安な毎日」の存在を明らかにしたリットは，「すたんどばいみー」の母国語教室に顔を出すようになり，2001年度の「すたんどばいみー」の組織化の際には，運営委員の一人として名前を連ね活動を行うようになったのである。さらに，2002年度と2004年度は「すたんどばいみー」の代表として活動している。

　リットほど大きな変化が見られないものの，アンが「すたんどばいみー」という活動を通して，「在日外国人」志向型のアイデンティティを形成しつつあったことは，2001度のS中学校の文化祭（2001年10月27日）のスピーチで明らかにされた。

　　僕の両親はベトナム人で，20年ぐらい前に日本に来ました。両親がなぜ日本に来たかというと，その頃，ベトナムでは戦争があり，自分の国にはいられなくなったからです。両親は船でベトナムを出て，日本に来ました。そして，日本で知り合い，僕と兄が生まれました。兄は今，高校2年生で，バスケットをやっています。そして，僕にはもう一人兄と思える人がいます。それは，このS中学校ではない隣のK市の中学校出身の僕と同じベトナム人のビンという人です。／ビン君は今，高校3年生で，僕と同じ受験生です。僕がビン君と知り合ったのは，「すたんどばいみー」というグループを通してです。そこにはたくさんの外国籍の子供達がいて，ビン君は，ボランティアとして子供達に勉強を教えていました。これが僕とビン君との出会いの始まりでした。（中略）ビン君と出会って，僕は変わったと思います。ビン君と出会う前は，自分の気持ちをあまり表には出さない，おとなしい自分でしたが，出会ってからは，自分の気持ちをはっきり言えるようになりました。また，行事に積極的に取り組めるようにもなりました。／僕は中学校を卒業して高校生になった時，ビン君のように，子供達に勉強を教えたいと思っています。そして，自分の考えをもって，自分の考えをはっきりと述べられる大人になっていきたいと思います。

ここで語られた内容からは，「すたんどばいみー」の活動においてビンという「在日外国人モデル」の情報を得ることで，第1章でも明らかにしたような，自分に対する他者と自身とのイメージのギャップを抱える日常を変化させる可能性を見出していることがわかる。アンは，高校1年生の間は「すたんどばいみー」の活動に参加していたが，高校2年生からは，高校での部活を中心とする日常を構成するようになった結果，全く「すたんどばいみー」には姿を見せなくなっている。彼に関する情報としては，高校を卒業して専門学校への進学が決まったということ，日本的な名前を通名として使うようになっていることが運営委員会のメンバーにキャッチされている。

　これらの事例からは，「資源のプール」という「すたんどばいみー的実践」の機能を確認できるわけだが，その一方で，この機能を維持していくことには，実は困難さが伴っている。そのことは，運営委員会の参加人数に表れている。先の事例のリットとアンの場合，リットは運営委員会のメンバーとなったが，アンはそのようにはならなかった。前節で明らかにしたダンスグループのナリ，ビライ，コーン，そしてラットにもそうした可能性があるのだろうが，そうなるかどうかは全くわからない。この点を，立ち上げ当初から運営委員会のメンバーとして活動してきているサラ（カンボジア，大2，女，来日5歳）は，大学のAO入試のための作文（2002年8月28日）で次のように記している。

　　（前略）私が運営する際に，強く感じさせた例としては，ある女の子との出会いにありました。当時私は自分の高校受験に合格し高校生活がこれからという時に知人から，「学校の勉強についていけなく，高校へ進学する事をあきらめようとしている，中学校二年生のラオス人の女の子がいる」と聞いた。私は高校に進学しこれから沢山の事を勉強し母国と日本をつなげるような仕事をすると言う私が抱いてこれから進もうとした時に，知人から聞いたそのある女の子は，私は何か彼女に以前の私の境遇に自分を思いかえしていた。彼女は家が厳しく，家の家事の手伝いとかでなかなか外にでられずにいてそんな彼女も次第に勉強するという意欲をなくしてしまっていた。また彼女の親は彼女が勉強するため外に出るという事は許されていませんでした。一方で私は家事の手伝いでしばしば勉強に行けないといったことはあったが，全く出られないという事はなかった。そして私は彼女に何か力になれたら，と思い彼女と知人を通じて会い，話をした結果彼女が出られないのなら家庭訪問と言う形で彼女の家で勉強をし，最初は高校進学と

言うよりも学校の勉強についていけるように勉強をみると言う事で，私の彼女に対する支えが始まった。そして，初めは学校の勉強についていくという目的で勉強を彼女と始めたが今は高校に合格し通っている。／私は彼女と会い，よかった事と，残念だった事があります。まずよかった事は彼女が以前高校進学をあきらめていたが私やあるいは私の周りにいる沢山の人のつながりや支えによって，高校へ進学するという考えをでき，高校を合格した事や，以前家から出て何か活動をする事が厳しかった事が彼女の高校合格と言った事が親に響き前に増して彼女自身の二国間の文化の間で生きていき易くなった事です／残念だと思った事とは彼女が合格しそれを次の世代の子供達に譲り受けなかった事です。私のすたんどばいみーへのあり方として，お互いが支えあいながら共に成長して上の子達は自分が，すたんどばいみーをとうして学んだ事を次の子達に教えていき支えあうという考えでしたが，その彼女には私の考えがうまく伝わらなく，高校受かって何カ月後かは，彼女の姿がすたんどばいみーに現れなくなってしまった事です。そしてこれらの残念な事は今後の私の課題だと思っています。(後略)

　サラは，この文章において，「すたんどばいみー的実践」の担い手が育たなかったことを，「今後の私の課題だ」と述べている。しかしながら，サラが，自分自身と年下のニューカマーの子どもたちの関係に，その原因を求めているとするならば，それはたぶん認識の間違いであろうと筆者は思う。

　ニューカマーの子どもたちが「すたんどばいみー」の活動に参加し，そこで得た資源によって次の場を獲得した時，その進んだ次の場での日常は，「すたんどばいみー」の活動とは異なる新たな日常がある。そしてその場には，その場固有の「外国人」に対するまなざしと，その結果として，かれらがそのまなざしをどのように意味づけていくかということによって生み出されるコンテキストがある。そうした場では，もしかしたら「すたんどばいみー的実践」で獲得した「在日外国人」という当事者意識は邪魔となることもあるのだろう。そして，そうした新たな場のコンテキストとニューカマーの子どもたちとの関係が，「すたんどばいみー」での活動を続けさせるかさせないかを決定させていくのである。こう考えるならば，「すたんどばいみー的実践」は，現在の運営委員会のメンバーでさえも，それが継続されるかどうかは，今とは異なる新たな日常が展開された際に，その場での「在日外国人」という当事者意識の意味づけ次第で変わりうる可能性がある。

しかしながら，そうだとしても，「すたんどばいみー的実践」がなくなるわけではない。新しい日常のもとで，「在日外国人」という当事者意識がたとえ邪魔であると感じたとしても，そこを起点として，ニューカマーの子どもに対するまなざしを，かれらの側から読みかえていく可能性もあるからである。ニューカマーの子どもたちが自らがおかれたコンテキストを読みかえる営みを始める時，この地を離れて「すたんばいみー的実践」が，当該の日常で始動し始めていくのかもしれない。

（２）日本社会との新たな関係の模索
①クレイム申し立て機能
　社会問題の構築についての詳細な検討を行ったキツセ＆スペクター（1992［1977］）は，「社会問題は，なんらかの想定された状態について苦情を述べ，クレイムを申し立てる個人やグループの活動である」（p.119）と定義し，その上で「クレイム申し立て」について，次のように説明する。

> 　クレイムの申し立ては，つねに相互作用の一形式である。つまりそれは，ある活動主体から他の者に向けての，ある想定された状態について何かをすべきだという要求である。クレイムには，それを行う者が，満足する結果を得られるかどうかはともかく，少なくとも他者に自分の主張を聞かせる権利をもつという含みがある。(p.123-124)

　このように整理される「クレイム申し立て」という概念を用いて，「すたんどばいみー的実践」の機能を検討してみたい。これまで明らかにしてきた「すたんどばいみー」の活動は，ニューカマーの子どもたちを対象とした実践であった。しかしながら，その活動を通して浮かび上がる課題も，「すたんどばいみー的実践」の内側の問題というよりは，その外側である日本社会との関係で発生していることが理解されるようになると，「すたんどばいみー的実践」は，新たな活動をその射程に入れるようになっていく。
　例えば，2003年10月のことである。前章で明らかにしたように学校文化の変革が進むＳ中学校では，3年生に対しての受験対策が例年にない早い時期の10月から始められることになっていた。ただし，そうした試みは，学校文化の変

革が進んだからだけとは言いきれない側面を持ちあわせてもいた。というのは，2003年度3年生であったニューカマーの子どもたちは，S中学校において部活への参加も多数あり，従来のニューカマーの子どもたちよりは積極的に学校にコミットする様子がうかがわれていたからである。そして，「すたんどばいみー」の活動にも，部活の後に参加するという流れができあがっていて，「学校」と「すたんどばいみー」の連携がうまくいっている様子がうかがわれていた。しかしながら，部活の終了と同時期に迎えた夏休みは，ニューカマーの子どもたちの日常を一変させたようで，夏休み明けには，ニューカマーの子どもたちの多くが不登校傾向を見せ始めたのである。この現象を，S中学校でニューカマーの子どもたちの生徒指導の枠組を提示してきた柿本先生は，次のように説明していた。

　　　　部活シンドロームですよ。日本人の子どもたちは，家で，部活が終われば受験という雰囲気が準備されるんでしょうけれど，外国籍にはそれがないんですよ。だから，日本人の子どもは，部活が終われば，勉強しなきゃって，けっこう簡単に移っていける。でも，外国籍の子は目標を失いますよ。それに，部活で頑張れば頑張るほど，やれているって自分でも思うでしょうけれど，でも，気づいてみたらけっこう勉強は大変。その結果ですよ。［フィールドノーツ，2003年9月6日］

　こうした課題把握の結果として，受験対策が例年より早い時期に始まったのである。
　ところが，「学校」の受験対策が始まったとたんに，それまで継続的に「すたんどばいみー」の活動に参加していたS中学校のニューカマーの子どもたちが，活動に参加しなくなったというのである。そうした状況の変化に，「すたんどばいみー的実践」を担っていたニューカマーの子どもたちは，情報を集め始める。その結果，「学校」側には「『すたんどばいみー』に行く」と言い，「すたんどばいみー」側には「『学校』でやる」という口実を作り，「学校」からも「すたんどばいみー」からも離脱し始めている状況を摑んだのである。そうした情報を受けて「すたんどばいみー」側の対応は，サラ（カンボジア，大1，女，来日5歳），リット（カンボジア，高2，男，日本生まれ），西田（中国〈帰化〉，高1，男，日本生まれ）の3人が，「学校」の授業観察に入り，その様

子を受けて受験対策の方法を考えるように動き出した。その結果，ニューカマーの子どもたちに対する受験対策は，「学校」と「すたんどばいみー」が同一のテキストを用いて行い，互いの補充がどこまで進んだかを確認しながら進める方向が決定され，それを提案するために，サラは10月15日にＳ中学校の３年生の学年会に参加したのである。サラはその時の様子を次のように話している。

　　筆者：どうだったの？
　　サラ：うーん（怪訝そうな顔をして）って感じ。ばいみーが考えていることだけを伝えたって感じかなあ。外国籍が抱える問題とかも話したけど，やっぱ，わかっている先生とそうでない先生がいて，わかっていない人は，言えば「そうですか，じゃあ，言ったとおりします」って感じで，やっぱり考えてくれていないって感じ。
　　　［フィールドノーツ，2003年10月20日］

　ここで示した一連の経過には，次に述べるような「すたんどばいみー的実践」の新たな機能が提示されている。まず，「すたんどばいみー的実践」を通して，ニューカマーの子どもたちが示すある現象を，かれらの先輩格の子どもたちが「問題」と見なす。次に，その問題が，ニューカマーの子どもたちの日常を構成している人々に共有されるように，ニューカマーの子どもたち自身が「クレイム申し立て」を行ったということである。こうした動きは，2003年度あたりから「すたんどばいみー的実践」の特徴の一つとして観察されるようになる。この年には，Ｋ市Ｋ中学校において，入学後からずっと「いじめ」にあっていたクォン（ベトナム，中１，男，来日７年）を「問題」として取り上げて，Ｋ中学校に対して「クレイム申し立て」を行うと同時に，「いじめ」がなくならない状況をも捉えて，最終的には「緊急避難」という制度上の枠組で，Ｓ中学校への転校を実現させてもいる。もちろん，こうした制度が絡む問題は，「すたんどばいみー」の運営委員会のメンバーだけでは対応が困難であり，多くの日本人の大人が動員されてもいる。しかしながら，ここで重要なことは，ニューカマーの子どもたちが自身を含むニューカマーの子どもたちに関わる状況に問題性を付与し，それによって「クレイム申し立て」を行う動きが始まっているという事実である。

「すたんどばいみー」の立ち上げの2001年まで遡ってみると，本章の2節で提示したチャナの事例においても，「学校」に対する「クレイム申し立て」は行われている。しかしながら，この時期の担い手は，ニューカマーの子どもたちではなく，「地域ボランティア」の家上さんであった。しかしながら，2003年の秋に至るまでには，その担い手は，ニューカマーの子どもたちへとシフトしていっている。そうした変化は，ニューカマーの子どもたちの問題を自らの問題とする「当事者」の認識枠組をもったニューカマーの子どもの誕生に負うところが大きいと思われる。先の事例でＳ中学校の３学年会に出向き「クレイム申し立て」を行ったサラは，第５章で紹介したＳ中学校で行われていた外国人生徒の授業づくりにも参加していて，その感想で次のように述べている。

　　（前略）そして最近思うのがやっぱり「自分たちのつらさは外国人である自分たちでしかわからない」ことである。間違えたくない同情のされかたは可愛そうだと言うことからではなく知ったからでもなく，「異文化理解」と言った事からでもない。これらの事から私自身や，同じ仲間を守るためには，私はもっと人を見分ける力と知識を積み重ねたいと思う。／今年から，私は大学に行きますが忘れたくないのは自分は何の為に勉強し誰を守っていけるかである。そのためにも今年から選択国際にもっと参加したいと思っているし，できるなら授業自体一緒にボランティアの先生方とやっていきたいと思う。なぜなら，私がやる事の意味と日本のスタッフの先生方がやるとでは持つ意味が違うと思うからである。
　［2002年度「選択国際授業のあしあと」授業スタッフの感想より抜粋］

② 「在日外国人」の支援者としての日本人
　「すたんどばいみー的実践」が，その射程に日本社会をいれようとする時，それまで「すたんどばいみー」の活動にいろいろな形で関わってきた「日本人」は，自らの立場性を問われることになる。なぜなら，「すたんどばいみー的実践」は，「帰属によるニーズの創出」によって活動を行っているため，この活動に関わる「日本人」を当該の活動に積極的に位置づけるようなアクションを起こさないからである。そのためか，「私がここにいる意味がよくわからなくなった」という類の言葉を残して，この場を去る日本人の支援者が数多くいることも事実である。こうした傾向は，「ボランティア文化」のもとにある

団体から見れば「あそこは閉鎖的だから」(フィールドノーツ,2004年4月24日)と捉えられることにもつながってもいる。この点に関わって,「すたんどばいみー」の運営委員会のメンバーが言葉にするのは,例えば次のようなことである。

　　子どもたちの勉強を見る人数は多い方がいいから,日本人の人に手伝ってほしいって思うことはあるけど,でも,ここで何をしたらいいかを,自分達に聞かないでほしいって思う。自分は,自分が必要だと思うことをやっているわけだから,日本人には,日本人にしかできないことがあると思うから,それを考えてほしいんだよね。[フィールドノーツ,2003年12月26日]

　そうした中にあって,リットと中学・高校をともにした結城(日本人,女)は,中学校卒業後,継続的に「すたんどばいみー」の活動に参加している。結城が「なぜ継続的に参加しているのか」を,ニューカマーの子どもたちは誰も彼女に問わないし,だから,結城がなぜ参加し続けているかを誰も知らないでいる。そして,たぶん現在(2005年3月)運営委員会のメンバーも,それを知らないであろう[4]。
　筆者は,フィールドワークの中で一度だけ,結城にそれを問うたことがあるが,その時の反応は次のようなものだった。

　　筆者：結城は,どうして来続けているの？
　　結城：やり始めちゃったからかな。
　　筆者：でも,そう思ったからと言って,続けられることではないよ。
　　結城：……何となく。
　　　　[フィールドノーツ,2003年10月20日]

　その結城が,2004年11月,大学のAO入試に際して書いた作文は,「すたんどばいみー」にかかわるものだという。そこには,次のように書かれていた。

　　(前略)例えば,問題を一つあげたとして,それについて考えるとき,その問題は色々な事柄と結びつき,重なり「問題」となっている。だが,自分が知識が乏しいために,目に見える範囲の「問題」だけに目を向けてしまう。それは,見えていないのと同じ事だ。／私の住む地域は,インドシナ難民とその家族,出稼

ぎの日系南米人とその家族，中国残留孤児の帰国者とその家族など，15カ国以上，約1割の世帯が外国籍の人達である。小学校のクラスでは，4～5人が外国籍児童で，私自身も，彼らと一緒に育ってきた。そのような環境の中で私は，外国人と友達になった，というよりは，友達は外国籍だった，という感覚で過ごしてきた。「外国人であること」と「日本人であること」の違いなど意識した事もなかった。さらに言えば，日本人も外国人も仲よく過ごしているのだから，「日本人」「外国人」と分けて考える事は，よくない事だと思っていた。／中学校を卒業した春，私の通っていた中学校と地域の外国人児童生徒による自治的支援活動組織「すたんどばいみー」のメンバーと共同でイベントを行った。それをきっかけに「小中学生の学習教室のスタッフが足りないので手伝ってほしい」と言われ，彼らと関わり始めた。今までは，日本語を話すことができる外国人が学校の勉強についていけないのは，個人の努力の問題であると思っていた。しかし，「すたんどばいみー」に関わり，彼らと接する中で見えてくる彼らの状況，彼ら自身から話を聞く中で，これは，その人の個人的な問題ではない，と感じるようになった。(中略)「違い」を意識するようになると，「すたんどばいみー」に日本人として，どう関わればよいのかと悩む事も多くなった。知識が少ないために，問題をどうとらえればよいのか分からず，「違い」に気づけなかったのは，私個人の問題なのか，私が何かすれば解決するのか，と考えた事もあった。そんな時「すたんどばいみー」に関わる地域ボランティアや研究者の大人に，彼らの来日背景，家庭環境，社会における日本人と外国人の存在の仕方の違いなどを，知識として教えてもらった。／こうして私は，社会における「外国人」の存在に気づき，私自身が「日本人」として存在している事に気がついた。そして，私個人がこの問題について考えるのではなく，日本人として私は何を考え，何をすべきか，と考えるようになった。(後略)

　この結城の作文には，先の「日本人には，日本人にしかできないことがあると思うから，それを考えてほしいんだよね」というニューカマーの子どもたちの言葉を，彼女自身が受けとめて，この活動に関わろうしていることが表れている。かれらは，「在日外国人」の支援者としての「日本人」を，ここで1人獲得したのかもしれない。そして，彼女は，ニューカマーの子どもたちとともに，この地域で育ってきているということが，誰にも代え難いものとなっているであろう。

　さて，当然のことながら，筆者も，「すたんどばいみー的実践」に関わる

「日本人」として，立場性は常に問われている。「すたんどばいみー」の独立以前，筆者は「ボランティア」兼「研究者」であった。しかしながら，「ボランティア」である家上さんが「地域ボランティア」として，かれらの日常的支援の組織化に深くコミットするようになると，筆者の「ボランティア」という立場は薄れていった。なぜならば，筆者の日常は，ニューカマーの子どもたちとともにはなく，「研究者」としてあったからである。

筆者は，現在，この瞬間も「研究者」として，かれらのことを観察し書き続けている。2004年秋，本書の第5章のもととなったものを学会で発表し，それを「すたんどばいみー」の運営委員会でも報告した。その時，かれらは筆者に「悔しい」と語ったのである。その意味をかれらに問うと「本当は自分たちで言葉にしたいのに，それができずに，まだ（筆者に）負けていると感じたから」だという。そうしたかれらの反応を受けとめつつ，かれらが筆者を乗り越える日もそう遠くはないことだと感じている。そして，かれらが「悔しい」と感じる限りにおいて，筆者はまだ「すたんどばいみー的実践」にかかわる「研究者」として，ここに居続けることができるのではないかと思っているところである。

1）　「日本教育社会学会第54回大会課題研究3　学校を創る──教育社会学はどうかかわれるか？──」発表資料より抜粋。
2）　前掲，発表資料より抜粋。
3）　この分類は，福岡（1993）によって提示される「『在日』若者世代のアイデンティティ構築の分類枠組と重なるところが多い（pp.76-107）。本章で提示される「在日外国人」志向型を，福岡は「共生志向〈共に生きる〉」とし，「外国人」志向型は「祖国志向〈在外公民〉」，「日本人」志向型は「帰化志向〈日本人になる〉」，そして「浮遊離脱」志向型は「個人志向〈自己実現〉」である。第3象限だけが著しく異なるわけであるが，この点は次の2点で解釈可能であろう。第一に，福岡はこの象限に位置づく若者を「シンボルとなる言葉が明示的に語られない」としていて，それは，本章のニューカマーの子ども達とも重なる。しかしながら，第二に，福岡の対象者が社会生活の経験をもった者からのインタビューが多いのに対し，ここでは，自らの位置づけられ方や位置づき方を模索し，また，そうした模索の過程に自らがいることを相対化できないような世代のニューカマーの子ども達である。そうした対象者の違いがネーミングの違いと表れていると言えよう。
4）　筆者は本書のもととなる博士論文をまとめた際（2005年4月）に，「すたんどばいみー」の活動やニューカマーの子ども関わる部分の読み合わせを運営委員会のメンバーと行っている。この結果，筆者の文章を通して結城の考えていることを知るという過程を経ることとなった。

終　章　ニューカマーの子どもたちの日常世界への接近

第1節　エスノグラフィーによる知見の要約

　「ニューカマーの子どもたちの日常世界を描き出す」という第Ⅰ部の試みでは，まず日本の学校でかれらがどのように位置づけられているのかという観点から，学校での日常を明らかにした。日本の学校の教師は，ニューカマーの子どもたちに対するまなざしを，「やれている」か「手厚い支援」かという判断基準で二分化している。それは，かれらに対して「特別扱いしない」ことを原則とする制度的制約のもとで，「やれている」という判断を可能な限り早い段階で行いたいという指向性によって導き出された認識枠組である。したがって，「やれている」と判断されれば，かれらへの「手厚い支援」は一気になされなくなるという「支援の方向性の転換」が起きているのである。

　こうした教師の認識枠組や戦略の背後にあるのは，教師の「状況理解のスキップ」である。ここでのそれは，ニューカマーの子どもたちの「日本語による教師の指示や子ども同士のやりとりに対する反応に大きな逸脱がない」と判断されるような状況と，「日本語がある程度理解できるようになった」という状況が，異なった状況であるにもかかわらず，同等視されていることを示している。この点をより広く概念化すれば，「態度」を「日本語能力」と同等視する認識枠組とも言える。こうした「状況理解のスキップ」は，教師の経験知の中で醸成されるもので，日本の学校文化の一要因ともなっている。この結果，ニューカマーの子どもたちに関わる問題は，個人の性向をその原因とする「問題の個人化」によって処理されていくのである。

　このような日本の学校の教師のまなざしのもと，ニューカマーの子どもたちの学校での日常は，「やれている」状態に覆い隠された「不安な毎日」を伴うものとなっている。かれらは，日本の学校の教師のまなざしに沿うように，また，まるでそれを支えるかのように，「ふり」に向かう態度を形成したり，自

分に対する他者と自身のイメージのギャップを伴うような振る舞いを身につけていく。ただし，そのような振る舞いを，かれらがやりきれなくなったり，その振る舞いにかれらが意味を見いだせなくなれば，かれらは不登校傾向を示し始めるようになる。一方，日本人の子どもたちとの関係で特徴的なことは，かれらの多くにいじめられた経験があるということである。しかし，それが明かされることは希であり，多くの場合「語られないもの」として，個々人の胸の奥底にしまい込まれている。また，いじめられた経験を持たない子どもたちも若干いるものの，それは，半ば無意識的に，学校や教室の「周辺」に自ら位置づくことで「いじめ」を回避してきた結果である。いじめられた経験が「語られないもの」としてある場合でも，「いじめ」の回避の結果として「周辺」に位置づく場合でも，いずれにしても，ニューカマーの子どもたちの学校での日常は「周辺化」の過程を伴っているのである。先に述べた教師との関係で見いだされるニューカマーの子どもたちの不登校傾向は，一方で，日本人の子どもたちとの関係で生じる「周辺化」の過程によっても準備されていくと言える。

　では，ニューカマーの子どもたちの家族での日常とは，どのようなものであろうか。本書で提示したのは，本書の事例の中心となるインドシナ系ニューカマーを対象としたインタビュー調査から導き出された「家族の物語」と，そこから導き出される「教育戦略」である。そして，そこでの考察から導き出されるのは，インドシナ系ニューカマーの教育に対する関わりが，母国的なやり方で子どもの教育に積極的に関わるか（ベトナム家族），あるいは，日本の教育システムに依存するか（カンボジア家族），日本での子どもの有り様を追認するか（ラオス家族）になっているということである。こうした関わりは，日本の教育に対する批判的な観点をもちにくくさせているがゆえに，子どもの学校での様子を問題として，日本の学校に対して「クレイム申し立て」を行うことを難しくさせているのである。そして，そのことは翻って，インドシナ系ニューカマーの家族での日常において，子どもの学校や教育に関わる事柄は，「周辺」に位置づけられていくことにもなっているのである。

　このように学校と家族を検討した結果として明らかになったことは，ニューカマーの子どもたちが，学校と家族のいずれの場においても，「周辺」に位置づけられているということである。しかし，それぞれの場において，ニューカマーの子どもたちが周辺的であろうとも，かれらがかれら自身として生き抜く

日常世界において，かれらがその意味世界の中心にいることにかわりはない。こうした状況を捉えることで見いだされるのが，学校と家族の「間(はざま)」である。

（1）多様なコンテキスト

　学校と家族の「間(はざま)」という日常世界は，学校という場，家族という場と密接な関連をもっていて，ニューカマーの子どもたちは，それぞれの場における自らの意味づけられ方を内面化しつつも，一方で状況に応じてその意味づけを異化し，新たな意味づけを生み出すことで，それまでとは異なる学校と家族の間の日常世界を構成してもいく。そこに見いだされるのは，意味づけ，意味づけられることが繰り返される終わりのない過程である。そして，その終わりのない過程の切り取られたある部分について，その意味世界の構成を捉えるために概念化したのが，「コンテキスト」である。本書で描き出したコンテキストとその移行を図示すると【図表2-5】（p.131）のようになる。まず，図表の波線の×に示されるように，筆者のフィールドワークを通して確認されたことは，日本の学校の支配的なコンテキストに，ⅠやⅣのコンテキストは存在していないということである。それは，日本の学校の教師が，「エスニシティなるもの」の顕在化の程度が"弱い"ニューカマーの子どもに対して，「手厚い支援」を行うことは一般的ではなかったし，逆に「エスニシティなるもの」の顕在化の程度が"強い"ニューカマーの子どもが，「やれている」と判断されていることも一般的ではなかったからである。こうしたコンテキストのもとで，ニューカマーの子どもたちは，来日当初の短期間，Ⅲのコンテキストの位置づけられることはあっても，日本生まれのニューカマーの子どもも含め，その多くがⅡのコンテキストに位置づけられ，「やれている」状態に覆い隠された「不安な毎日」を送ることになっているのである。

　ところが，そのコンテキストが維持されつつも，一方で日本の学校の教師はニューカマーの子どもたちの適応に多様性を確認することによって，かれらの差異の管理をめぐる別のコンテキストが生成されるようになる。他方で，ニューカマーの子どもたちの中には，そうしたコンテキストから離脱し，コンテキストの生成の担い手となる者も見出されるようになる。【図表2-5】を用いてもう少し詳しく確認してみよう。

　まず，コンテキストの生成の基点となる主体が，日本の学校の教師である場

合のⅠ'とⅡ'のコンテキストを概観したい。日本の学校の教師には,「やれている」と判断されるニューカマーの子どもたちを,その内部において二分化する認識枠組がある。その判断基準は,努力・姿勢・態度などを"十分"（Ⅱのコンテキスト）とするか,そうでなければ"不足"とするものである。さらに,"不足"と判断されるニューカマーの子どもたちは,日本の学校の教師によってその内部で二分化されることになる。その一方が,Ⅰ'のコンテキストである。このコンテキストに位置づけられるニューカマーの子どもたちは,その振る舞いが,日本の学校の教師に「反学校的」と捉えられるような場合に多く見られる。この場合,日本の学校の教師は,その振る舞いの原因を,家族や母国などの「エスニシティなるもの」に求める傾向があり,それによって,「エスニシティなるもの」が,ニューカマーの子どもたちの日常世界において顕在化することになる。他方にⅡ'のコンテキストがある。このコンテキストに位置づけられるニューカマーの子どもたちは,その振る舞いに日本の学校の教師が「反学校的」な側面を見出しがたい場合に多く見られる。この場合,その原因は特定されないままとなり,その結果,ニューカマーの子どもたちは「存在証明」の意味あいが強い振る舞いを日常世界の場面ごとに織り込んでいく。こうしたかれらの振る舞いは,それらに一定の傾向性が確認できないため「はちゃめちゃ」という形容が最もふさわしくみえる。

　次に,新しいコンテキストの生成の基点の主体が,ニューカマーの子どもたちとなる場合に生成されるⅠ"とⅡ"のコンテキストについて概観してみたい。図表のⅠ'のコンテキストに位置づけられたニューカマーの子どもたちが,不登校傾向を示し始める時,かれらは,日本の学校の教師が,かれらを意味づけるコンテキストから逃れるために,その日常世界の中心を学校外に見出す。その際に「エスニシティなるもの」を象徴として「群れ」を形成し,それを背景とする日常世界を獲得するようになる。それがⅠ"のコンテキストである。一方,学校からの離脱が確認できるニューカマーの子どもの中で,それまでⅡ"に位置づけられた子どもは,「群れ」を形成することはない。かれらの日常世界がいかなるものであるかは,現段階では事例をもって検証することができていない。ここは,今後の研究を待たなければならない。

（2）コンテキストの移行

【図表2-5】で矢印を用いて示したように，本書で明らかにした六つ（理念上は八つ）のコンテキストの間には，ある程度の規則的な移行を確認することができる。まず，実線の移行は，母国での経験が記憶にある年齢で来日したニューカマーの子どもたちに見られるものである。かれらは，まず，日本の学校の支配的なコンテキストにおいて，Ⅲのコンテキストに位置づけられ，かれらもそれを内面化して日常世界を構成している。しかしながら，Ⅲのコンテキストのもとでのかれらの日常世界は，「特別扱いしない」という制度的制約や，「特別扱いしない」ことを「平等」とする日本の学校の教師の認識枠組によって，常にⅡのコンテキストへの移行が促されている。かれらに強いられるこうしたコンテキストの移行には，「失われたもの」となる母国での経験の記憶や，「語られないもの」となるいじめられた経験が伴うことになっている。

こうしてⅡのコンテキストに位置づけられたニューカマーの子どもたちの日常世界は，先に示した通りである。「やれている」状態に覆い隠された「不安な毎日」，「ふり」に向かう態度，自分に対する他者と自身のイメージのギャップ，「周辺化」がその特徴である。しかしながら，学年段階の進行に伴い，学校の勉強は一層難しくなり，努力・姿勢・態度などが"十分"という状態を保つことは一層困難になる。なぜなら，ニューカマーの子どもたち自身が，日本語によるコミュニケーションにほとんど支障を感じなくなっても，学校の勉強はなかなかわかるようにはならないし，成績も上がってはいかないからである。「頑張っても，頑張っても，うまくいかない」のである。

ところが，そうした事態が生み出されるようになっても，誰も，日本語がわかるようになっても，学校の勉強が簡単にできるようにはならないことを教えてはくれない。なぜならば，「社会生活言語」と「学習思考言語」を区別する認識枠組を，日本の学校の教師は持ち得ていないばかりか，日本の学校の教師は，「状況理解のスキップ」により「努力・姿勢・態度」と「学業達成」を同等視する認識枠組をもっているからである。そのため，ニューカマーの子どもたちの学業達成が低位にとどまる限りにおいて，かれらの「努力・姿勢・態度など」は"十分"とは見なされないのである。「勉強ができるようになりたい」と訴えるかれらに対して，日本の学校の教師は，「もう少し頑張らないと……」と答えるのみにとどまることが圧倒的に多いのである。

頑張ることに疲れたニューカマーの子どもたちは，日本の学校の教師がコンテキストの生成の主体となる日常世界からの離脱を決断する。その象徴となるのが，かれらを意味づける学校の支配的なコンテキストにおいては，顕在化させることが阻まれたり，負のレッテルがはられた「エスニシティなるもの」である。顕在化させることを阻まれたものを顕在化させることで，また，負のレッテルを返上することで，かれらは自らを日常世界のコンテキスト生成の主体として，I"のコンテキストを生成するのである。しかし学校からの離脱は，家族からの離脱を伴ってもいるから，単なる「エスニシティなるもの」への回帰ではないのである。

　続いて破線の移行を見てみよう。この移行は，日本生まれや幼少期に来日したニューカマーの子どもたちに見られるものである。かれらは，「社会生活言語」と「学習思考言語」を区別する認識枠組を持ち得ていない日本の学校の教師によって，入学当初からIIのコンテキストに位置づけられる。しかしながら，学年段階の進行に伴い，学校の勉強は一層難しくなる。こうなれば，事態は先の移行の場合と同様である。「社会生活言語」と「学習思考言語」を区別する認識枠組を持ち得ず，かつ，「努力・姿勢・態度」と「学業達成」を同等視する日本の学校の教師の認識枠組は，かれらの学業達成が低位にとどまる限りにおいて，かれらの努力・姿勢・態度などを"不足"と見なし続けるのである。この場合，日本の学校の教師は，その原因を「エスニシティなるもの」に求める傾向がある。こうした日本の学校の教師の認識枠組により生成されるのが，I'のコンテキストである。このコンテキストは，ニューカマーの子どもたちにも内面化され，それによって，かれら自身も，学校において顕在化する自らの異質性の根拠を「エスニシティなるもの」に求めることになっていく。こうした事態は，さらにその先で，努力・姿勢・態度などの不足を"仕方がない"こととして片づけてしまうような教師の認識を誘発し，それによって，努力・姿勢・態度などの不足の原因を，「エスニシティなるもの」に求める教師の認識枠組は一層強化されてもいくのである。こうして，ニューカマーの子どもたちは，学業達成が低位にとどまることに，自らも身を投じることになるのである。本書のp.43で提示した「外国人はバカだから，高校へ行くの無理」（フィールドツーツ，1999年1月30日）とするニューカマーの子どもたちの認識枠組が，かれらの間で正当性をもった言説として共有される素地は，こうして準備され

ることになっているのである。

　最後に，ⅡからⅡ'のコンテキストへと移行する場合が細線である。これは，日本の学校の教師が，ニューカマーの子どもたちの努力・姿勢・態度などの不足の原因を「エスニシティなるもの」に求めることもないまま，かれらを理解しがたく，よくわからない存在として位置づける場合である。このⅡ'のコンテキストに位置づけられ，自らもそれを内面化していくニューカマーの子どもたちの日常世界は，学校や家族の誰にも，またどのようにも理解されない状態が長く続くことになり，かれらは，その場の「存在証明」のためだけに振る舞うような認識枠組を持つようになっていく。そして，かれらのその後は，Ⅱ"のコンテキストへの移行が仮説的には提示できるが，現段階では事例をもって明らかにすることはできていない。

(3) 失われたコンテキストの再生の可能性

　ニューカマーの子どもたちを意味づける学校の支配的なコンテキストにおいて，理念的には析出されるものの，実際には存在してはいなかったⅠやⅣのコンテキストの可能性を探るために，本書では，地域のボランティア団体を選択し研究対象とした。そこでは，ニューカマーの子どもたちの中には，学校や家族との関係で「周辺化」される状況におかれつつも，「エスニシティなるもの」の顕在化の程度を弱める力に対して，「抵抗」を可能にする資源を獲得している者がいて，そこには「文化的生産」の可能性が見いだされた。具体的に明らかになった編成的資源は，「エスニシティへの肯定感」というアイデンティティ，「在日外国人モデル」という情報，「エスニック的背景を伴う過去」と「具体的な将来像を伴う未来」という時間である。

　しかしながら，地域に，ニューカマーの子どもたちを支援する団体があれば，そこには必ず「抵抗」の資源があるというわけではない。通常，日本人が運営するボランティアの団体は，活動や責任の限定性を伴う「ボランティア文化」のもとにある場合が多い。一方，ニューカマーの子どもたちを意味づける学校の支配的なコンテキストにおいて，「エスニシティなるもの」は弱める方向に推し進められている。その上，かれらの日常世界は，時間的拘束の長さから学校という場が中心となっている。その結果，「エスニシティなるもの」の顕在化の程度が必然的に強くなるようなボランティア団体の活動に，かれらが積極

的に参加するということは難しくなる。そうした日本人側の有り様と，ニューカマーの子どもたちの有り様のすれ違いによって，ニューカマーの子どもたちを支援するボランティア団体の活動は先細りしやすいのである。したがって，「抵抗」の資源は，ニューカマーの子どもたちを支援するボランティア団体だからという理由だけで，容易に見いだせるものではないのである。

では，なぜ本書で取り上げた団体ではそれが可能になったのであろうか。それは，日本人側の有り様として，従来の「ボランティア文化」のもとで支配的であった活動や責任の限定性が捨てられ，「日常性」を原則とする方向へ活動が変化したからである。活動が「日常性」を帯びれば，学校と家族の間を日常世界とするニューカマーの子どもたちへの接近の可能性は高まる。こうして失われたコンテキストの再生の可能性が示唆されることになったのである。

第2節　臨床的アプローチの成果

学校における臨床的アプローチは，当該の問題にかかわる人びとの立場性の相違の確認と，その関係の対等性が確保されたことによって始まったということを最初に述べておく必要がある。こうした関係によって，新たなコンテキストの生成を促す過程は始まることになっている。本書で明らかにしたS中学校での新たなコンテキストの生成は，「外国人生徒のための授業」という実践の場をベースとして進められていくこととなった。その結果，【図表5-2】(p.256)のような新たなコンテキストの生成が促されたのである。

S中学校における新たなコンテキストの生成は，図表に矢印①②で示した教師の認識枠組の変更によって生じている。矢印①の変化は，ニューカマーの子どもたちに対する「特別扱いしない」という制度的制約や，「特別扱いしない」ことを平等とする学校の教師の認識枠組の変更によって生じている。具体的には，学校での裁量の範囲で可能な限りの制度的制約を取り払うことで「外国人生徒支援」という認識枠組を前面に押し出したことである。その結果，ニューカマーの子どもたちが日本の学校に参入する場合，その初期に限定されて行なわれていた「手厚い支援」という認識枠組は，消滅する方向へ向かった。つまり，外国人生徒には，日本人とは異なり固有に何らかの問題を抱える傾向があることが，在日年数を問わずに配慮されることになっていったのである。

矢印②の変化は，日本の学校の教師がニューカマーの子どもたちの適応の多様性に対して行う差異の管理による「問題の個人化」と，その原因を「エスニシティなるもの」に求める認識枠組が変更したことによって生じている。それは，「外国人生徒のための授業」において，その内容と方法の選択原理が「つなげる」ことに収斂していったことによって促されていく。具体的には，S中学校では，学校の支配的なコンテキストのもとで，ニューカマーの子どもたちから「失われたもの」や，かれらによって「語られないもの」があることが理解され，それらがかれらの日常で「断片化された知識や経験」として表出された場合，それらを「つなげる」ことが試みられていったのである。また，そうした試みが行われたからといって「断片化された知識や経験」が短期間に回復されるものではないことが理解され，かつ，学校の支配的なコンテキストは依然として残り続けることも予測されることによって，地域で「抵抗」の資源を獲得したニューカマーの子どもたちと，S中学校の外国人生徒を「つなげる」ことが試みられてもいったのである。それは，学校の支配的なコンテキストのもとで，ニューカマーの子どもたちをⅡ・Ⅰ'・Ⅱ'という異なるコンテキストに，分断し序列化してきた結果を，学校が真正面に受けとめ，「外国人生徒支援」を前面に押し出すことで，かれらをⅠのコンテキストに位置づけなおす試みとも言えよう。

　一方，地域での新たなニューカマーの子どもたちの支援の試みは，かれら自身による「日常性」を帯びた活動によって，新たなコンテキストが生成されようとしている。しかしながら現段階で，それらの活動が当該の地域で定着しているかと言えば，まだまだ過渡的状況と言えよう。したがって現段階で明らかにできるのは，地域で新たに立ち上げられたニューカマーの子どもたちによる自治的運営組織の活動の意味を探ることまでであった。

　本書に示した地域での臨床的アプローチは，筆者の研究成果であるエスノグラフィーに対して，その対象であるニューカマーの子どもたち自身がオーディエンスとして立ち上がったことから始まっている。かれらの「エスノグラフィー」に対する反応は，「学校と家族の間に自らがおかれていて，その間で日常を構成せざるを得ない状況にある」という理解，その一点に集中していると言ってよい。そして，そうした理解を共有するニューカマーの子どもたちが，自治的運営組織の核となっている。かれらは，その活動を通して「エスニシティ

への肯定感」というアイデンティティ,「在日外国人モデル」という情報,「エスニック的背景を伴う過去」と「具体的な将来像を伴う未来」という時間,という編成的資源を獲得することによって,「文化的生産」を可能とし,その結果「在日外国人」志向型のアイデンティティ形成をしていくことになっているのである。その志向は,学校からも家族からも離脱せずに,「間(はざま)」を「間(はざま)」として真正面から捉えて日常世界を構成していこうとするものと言える。

　実は,学校と家族の「間(はざま)」におけるアイデンティティの指向性は,それぞれへのコミットメントの程度によって,四つに分類することが可能である。学校・家族へのコミットメントがいずれも強い「在日外国人」志向型,学校へのコミットメントのみが強い「日本人」志向型,家族へのコミットメントのみが強い「外国人」志向型,学校・家族へのコミットメントがいずれも弱い「浮遊離脱」志向型である。こうした志向の違いは,日本の学校の支配的なコンテキストのもとで,ニューカマーの子どもたちがどのような経験をしてきたかによって異なっている。

　こうした多様な指向性をもつニューカマーの子どもたちに対して,自治的運営組織の実践は,【図表7-2】(p.304)に示したように,そのすべてを範疇として,アイドリングを保っている。それは,自治的運営組織の核となるニューカマーの子どもが「在日外国人」志向型であるからといって,その他のアイデンティティ形成の指向性を否定するものではなく,そうしたそれぞれのアイデンティティ形成が立ち行かなくなった時,「在日外国人」志向型のアイデンティティ形成を志向する方向で支援するという実践なのである。かれらの立ち行かない状況は,「帰属によるニーズの創出」という仕組みによって拾い上げられ,それによって活動はどんどん広がっている。こうして資源がプールされることによって,ニューカマーの子どもたちを意味づける日本の学校の支配的なコンテキストに対して,「クレイム申し立て」を行う基盤が,徐々に地域に準備されることになっていっているのである。

第3節　どこに可能性は拓(ひら)かれていくのか

　本書では,エスニック・マイノリティの視点から学校文化を批判的に捉えようする際に陥りがちな本質主義の罠を捉え,その罠に陥ることを可能な限り避

けるために，脱構築の過程を伴うようなテキスト作成を行ってきている。こうした研究者としての作業を振り返って見れば，その過程は，フィールドにおける研究者にとっての他者（つまり，ニューカマーの子ども，その親，教師，地域の人々など）の脱構築の過程に寄り添うことと連動していたのだと言える。したがって，その過程は，まさに「過程」であるがゆえに，必然的に時間と，それを描き出すための莫大な紙面を必要とした。本書に費やされた時間の長さと，本書のテキストの長さは，そのことを象徴するものである。しかしながら，一方にこうした「研究者」と「研究者にとっての他者」の連動がありつつも，他方で，「研究者にとっての他者」の脱構築の過程は，現場における必然的帰結かといえば，必ずしもそうではない。時に「研究者にとっての他者」は，ある文化性やある状況を理解するためのコンテキストを本質化・実体化・定式化しようとする本質主義の指向性を，研究者以上に強く持ちあわせている場合があるということも指摘せざるを得ない。それは，自らを語る場合に，他者を語る場合にと，時と場所を越えて見え隠れするものである。

　本節では，ニューカマーの子ども自身やかれらにかかわる人々が，本質主義の罠を捉え，その罠に陥らない実践は，どのように可能であるかを検討したい。それは，本書でこれまでに描き出したものの理解の方向性を確認することであり，それが本節のタイトルの「どこに可能性は拓かれていくのか」の意味するところである。

　この問題に分け入るために示唆的であるのは，「カルチュラル・スタディーズ」の分野でスチュアート・ホールによって展開された「ニュー・エスニシティーズ」であろう[1]。ホール（1999 [1991]）は，新しい「アイデンティティ」について，「アイデンティティとは決して完結せず，決して終わりのないものである。アイデンティティは主体性それ自体と同じく，常に進行中の状態にある」(p.75) と定義した上で，「ブラックというアイデンティティ」を検討して，次のように述べる。

　　多様なブラックという問題の価値を認めてその周縁化を打破し，黒人たちのさまざまな経験という失われた歴史を見直し始める一方で，同時に本質的なブラックという問題の終焉を認めることは，いったいどのようなものなのだろうか。
　　それは差異による生きたアイデンティティの政治学である。私たちは皆，多重

の社会的アイデンティティをもっているのであって，唯一のアイデンティティをもっているのではないことを認める政治学である。すなわち，私たちは常にさまざまなカテゴリーによって複雑に構成され，諸々の対立のなかで成り立っている。そしてこれらによって私たちは社会的に周縁，従属といった位置に多重的に位置づけられるが，その位置づけは一様なかたちで作用するのではない。同様にそれは，その帰属意識の多様性によって人々を組織しようとするローカルなものの対抗政治学が，相互の位置関係による闘争とならざるをえないことを認めることである。それはグラムシの「陣地戦」という概念を借りれば，陣地戦としての反人種主義，反性差別，反古典主義の始まりである。

　ローカルなものの闘争を陣地戦とみなすことは，政治学のなかでも非常に困難を伴う。だれもどのようにそれを行うべきかわからないし，それを行うべきかどうかさえも知らない。ただ，ほかに政治的ゲームがない以上，そのやり方を見つけなければならないだろう。

　なぜそれが困難を伴うのかといえば，何ら保証がないからである。帰属意識が変化，移行するので，それらは，外部の政治的，経済的な力を受けたり，いろいろ異なった形で表現されたりすることもあるからである。そのアイデンティティのなかに常に刻み込まれたような政治的保証というものは全くない。黒人が作った映画だからといって，それがいい映画である理由には決してならない。女性が政治にたずさわればあらゆる政治は正しくなるだろうという保証は何もない。

　そのような類の政治的保証というものはない。政治というのは自由に動き回れる開かれた空間とはならない。というのも，歴史によって，空間は過去という強力で特定の傾向をもった構造を与えられる。私たちは過去の痕跡，過去とのつながりを抱え込んでいる。その種の文化の政治学を行うためには，必ず過去に立ち返らなければならないが，それは単に直接的，文字どおりの過去に立ち返ることではない。過去は私たちがアイデンティティを取り戻すのをあちらで待っていてくれるわけではない。常に過去は語り直され，再発見され，新たに作り直される。それは物語として語られなければならない。私たちは歴史によって，記憶によって，欲求によって自分たちの過去に立ち返るのであって，正真正銘の事実としての過去に戻るのではない。(pp.88-89)

　本節では，ホールによって提唱される「差異による生きたアイデンティティの政治学」の観点で，本書がこれまで描き出したものを再検討することを通して，本質主義の罠を捉え，その罠に陥らない実践の可能性を検討してみたい。

（1）本質主義的傾向への対抗

　日本のおいて支配的であった単一民族神話のもとで，私たち日本人の「エスニシティ」へのまなざしは，「外国人」対「日本人」という枠組に定式化されてきた。そして，今日増え続けているニューカマーやその子どもたちに対するまなざしも，同じ枠組によって意味づけられている場合が多く，依然としてその枠組は定式化されていると言えよう。ここに，「ニューカマー」と対面的相互行為する「日本人」の本質主義的傾向を捉えることができる。そうした本質主義的傾向に対抗する「差異による生きたアイデンティティの政治学」に倣って本書の知見を検討するならば，「ニューカマー」や「ニューカマーの子どもたち」の多様性を指摘した点に意義を見出すことができる。そして，それらの多様性は，対面的相互行為の場で，次のような「差異」として立ちあらわれることが理解される必要がある。

　第一に，ニューカマーの来日前の移動への意味づけ，すなわち「家族の物語」は，出身母国によって異なっているという点である。そうした意味づけの違いが，日本人との対面的相互行為に際して，日本人にとっての外国人の「差異」となって表れてくる。第二に，ニューカマーの子どもたちの教育に深く関わる親の「教育戦略」は，母国での教育制度の整備状況によって異なっているという点である。そうした違いは，ニューカマーの子どもたちの通う学校との関係（日本の教師との対面的相互行為だけでなく，学校から提示される宿題・お知らせ・保護者会等との関係も含む）に対する関わりにおいても「差異」となって表れてくる。第三に，【図表2-5】にまとめたニューカマーの子どもたちの学校と家族の間を意味づけるコンテキストとして示された八つのコンテキストによる「差異」がある。これらのコンテキストは，日本の学校の教師を基点として，ニューカマーの子どもたちの日常世界が意味づけられていると同時に，それらを子どもたちも内面化している。また，ニューカマーの子どもたちを基点としてコンテキストが生成されている場合もある。こうしたコンテキストへの意味づけ方や意味づけられ方の違いは，日本の学校の教師との対面的行為に際して，子どもたちの行為の「差異」となって表れてくる。

　もし，私たち日本人が本質主義的傾向に抗って「差異による生きたアイデンティティの政治学」に参加しようとするならば，私たちは，目の前に立ち現れる「ニューカマー」や「ニューカマーの子どもたち」に対して，少なくともこ

の3点の多様性を射程に入れて，かれらとの対面的相互行為を始めなければならないと言えよう。

（2）戦略的本質主義の地平
　ところが，本質主義的傾向への抵抗としての多様性の確認は，一方で，非常にやっかいな問題を抱え込むことになる。この問題を，松田（1996）は次のように表現している。

　　　ある人間分節を「実在」として認定したとたん，その分節は多様な個人を超越した一枚岩の他者として出現することになる。しかし，分節の実在性を否定してしまうと，現実の差別や暴力を生み出す構造が温存される。なぜなら抵抗し異議を申し立てるには，この分節に依拠し内部の連帯を打ち固めねばならないからだ。解体すべきものに依拠せざるをえないというジレンマに直面したのである。（p.62）

　ここで「分節の実在性」と表現されるものは，ホールの「差異による生きたアイデンティティの政治学」においては，グラムシの「陣地戦」という概念を借りて表現されるものとほぼ同じであろう。そして，ホールも，「陣地戦」に対して「政治学のなかでも非常に困難を伴う」としつつも，「ほかに政治的ゲームがない以上，そのやり方を見つけなければならないだろう」としている。この点について，松田は，先の引用部分の後に，次のように述べている。

　　　こうした難題に対して，性やエスニシティーといったあらゆる分節を拒絶して自立したn個の生として自己を確立するという選択肢がある。二項対立を超越して全的差異を強調する徹底した脱構築路線の立場である。しかしこのロマンティックでラディカルな選択とはまったく別に，より柔軟でしたたかな路線を模索する人々がいる。ベドゥインの一グループを調査した女性の人類学者，アブルゴッドもその一人であった。彼女はこのジレンマから脱却する方策として，戦術的リアリズムを提唱した。それは現実の不正な構造に対する「政治的責務」を果たすために，本質主義の危うさを十全に認識しながら暫定的に実在論者になってしまおうというものだ。民族，性という他者分節をひとまず便宜的に固定してしまい，その上で現状の変革に主体的に参画しようというのである。（p.62）

こうした地平に見出されるのが,「戦略的本質主義」である[2]。ここでは,この観点から本書の第Ⅱ部の臨床的アプローチを考察してみたい。

① S中学校の試み

「外国人」対「日本人」という定式化された枠組のもとで, 教師が意識するしないにかかわらず, 日本の学校は私たち日本人のためにあると言えよう。そうした日本人のための学校に, 多くのニューカマーの子どもたちが参入するようになったのである。こうした新たな事態に対して生成された日本の学校の教師を基点とする学校の支配的なコンテキストは,【図表2-1】(p.72)である。そこには, 教師に意識されているかどうかはともかく「日本人を前提として構成される学校文化の維持と存続」を目的とする「差異の一元化」と「差異の固定化」という教師の戦略がある (児島, 2006)。そして, その戦略は, ニューカマーの子どもたちの学校の日常において立ちあらわれる差異の管理にも用いられ, その結果,【図表2-2】(p.92)で提示したⅠ'やⅡ'のコンテキストが生成されることになっていたのである。

ところが, S中学校では,「外国人生徒のための授業」という実践の場をベースとして【図表5-2】(p.256)のような新たなコンテキストが生成されることとなった。それは,「差異の一元化」と「差異の固定化」という教師の戦略を無効化し, 新たに「外国人生徒支援」という認識枠組を前面に押し出すと同時に, 授業の内容と方法の選択原理を「つなげる」ことに収斂させていくような変化である。これによって, 従来の日本の学校の支配的なコンテキストのもとで, 分断され序列化して位置づけられていたニューカマーの子どもたちは再統合されていったのである。ここに, 戦略的本質主義の地平を見いだすことができる。

ただし, ここで注意しなければならないのは, S中学校での「外国人生徒のための授業」という実践が「戦略的本質主義」となりうるのは, それが阿久澤(1998)によって「『国際理解教育』における"博物主義"」として批判されているものと区別される限りにおいてであるということである。阿久澤は,「『国際理解教育』における"博物主義"」について, いくつかの事例を紹介した後に次のように説明している。

　　これらの指導実践を見る限り, 第1の問題点は海外の民芸品などの収集展示,

掲示，あるいは「国際理解集会」などの名称で行われる「お国紹介」の単発型イベント（たとえば，クイズ，ゲーム，料理，踊りなどを楽しむなど）が中心となっているということである。こういった実践は，外国の文化に関心を持たせるきっかけづくりにはなるであろうが，継続的にこれだけを行っても，"博物主義的"な——文化を鑑賞の対象としてしまうような——視点から，必ずしも理解や共生の視点を導き出すことにはつながらない。(p.105)

阿久澤によって「博物主義的」と批判される実践は，本書で克服されるべきものとしてある本質主義的実践である。一方，Ｓ中学校の実践は「戦略的本質主義」的実践である。私たちは，目の前に展開される実践が，「本質主義」に基づくものなのか，「戦略的本質主義」に基づくものなのかを選別していかなければならないのである。

さらに，ここでもう一点，「戦略的本質主義」に対する次のような批判があることを付け加えておきたい。

　　近年のポスト構造主義・クィア理論の隆盛への反動として，マイノリティ当事者の言説と運動を「政治的に正しい」戦略的本質主義 strategic essentialism として盲目的に追認する思潮がマイノリティ・マジョリティ両陣営にみられる。たしかに戦略的本質主義は，構築主義と本質主義を調停する次善の策ではある。しかし，政治的利害が見通せないまま，あるいは主張の内容や政治的有効性が慎重に問われないまま，戦略的本質主義とただただ連呼することは，何も語っていないに等しい。(伊野, 2001, p.209)

Ｓ中学校での実践は，このような批判にも耐えうるものであったのであろうか。つまり，政治的利害は見いだせていたのか，主張の内容や政治的有効性は問われていたのだろうか，という点である。残念ながら，極めて模索的に試みられた実践であるがゆえに，当初から，これらの問いに明確に答えられていたとは言い難い。しかしながら，Ｓ中学校での実践を通して，「外国人生徒」の母国の経験が「失われたもの」としてあることや，いじめられた経験が「語られないもの」として教師に意識されたり，「抵抗」の資源を獲得したニューカマーの子どもたちとＳ中学校の外国人生徒のつながりが教師に意識されたりしたという事実は，政治的利害・主張の内容・政治的有効性が問われ続けていた

と言っても過言ではないと思われる。

② 地域での試み

　地域における新たなコンテキストの生成の可能性は，日本の学校の支配的なコンテキストに対する「抵抗」の資源が見いだされたことに始まる。「抵抗」の資源に焦点をあてた場合，カルチュラル・スタディーズの分野で大衆文化の批判的研究を行ったフィスク（1998［1989］）の分析は示唆的である[3]。フィスクは，ポピュラーカルチャーは支配的な社会構造との関係で生み出されるものであり，その内部では，支配的なイデオロギーに反して，自分たちのための社会的意味を生みだす努力がなされているとしている。そして，その関係について，次のように述べる。

　　その関係には二つの主要な形態がある。抵抗か逃走かである。（中略）もっとも逃走と抵抗は相互に関係し合っており，たがいに他方なしにはありえない。また，どちらの場合にも快楽と解釈とは内部で交錯しているが，どちらかといえば逃走は解釈よりも快楽のほうに重点があり，一方，抵抗は快楽よりも解釈のほうに重点がある。（p.10）

　では，地域での試みに，ここに示されるような区別は見出されるのだろうか。まず，第3章で明らかにしたことは，ニューカマーの子どもたちを支援するボランティア教室の閉室に至る経緯である。そこに見いだされたのは，ニューカマーの子どもたちにとっての「ボランティア文化」は，その場が「学校」とは異なる「地域」という場での試みであったとしても，日本の支配的な文化のもとで行われているものに変わりはないということである。したがって，ボランティア教室の閉室という現象は，日本の支配的な文化からの「逃走」とみることができよう。一方，「日常性」を原則とする活動の広がりやボランティア教室の運営へのニューカマーの子どもたちの参加は，再びかれらをその場に呼び戻すことになるわけであるが，それは，かれらが自らのために社会的意味を生みだす場をその場に見いだしたからであると言えよう。かれらは限定的であるかもしれないが勝利し，自らが作り出すものが支配的文化となりうる可能性を秘めた空間を獲得したのである。

　では，この空間の獲得は，「逃走」なのだろうか。それとも「抵抗」なのだ

ろうか。この活動の基点となったニューカマーの子ども（ビン）は，当時，【図表２-２】のⅡかⅠ'のコンテキストに，日常の場面ごとのズレを伴いながら位置づけられる子どもであった。それに対して，ビンの活動のきっかけとなったニューカマーの子ども（ワット）は，当時，Ⅱ"のコンテキストを自らが主体となって生成している子どもであった。両者を比較した場合，前者の子どもが「抵抗」であるとすれば，後者の子どもは「逃走」と言えよう。いや，後者が「逃走」と言えるから，前者に「抵抗」を見いだすことができるのかもしれない。

　いずれの見方であったとしても「逃走」するニューカマーの子どもたちは，タバコ，シンナー，薬物，そして，万引，窃盗，暴行へとその行為をエスカレートさせていくのであり，その姿には，その場その場の「快楽」を見いだして行為を積み重ねていっている様子が見え隠れする。一方，「抵抗」するニューカマーの子どもたちが，「エスニシティへの肯定感」というアイデンティティ，「在日外国人モデル」という情報，「エスニック的背景を伴う過去」と「具体的な将来像を伴う未来」という時間といった編成的資源を獲得していく姿には，既存の資源を解釈することによって「抵抗」の資源を獲得している様子が見い出せる。つまり，「抵抗」の資源の獲得は，既存の資源に自分たちのための社会的意味を見出す解釈の変更を行うことであり，それが「資源化」の過程なのである。

　しかしながら，そうした「抵抗」に向けた解釈に，光だけを見いだすことができるかと言えば，必ずしもそうではない。この点は，イギリスの中等学校を卒業し，すぐに就職する労働者階級の若者たちを描き出したウィリス（1996 [1977]）によって，「洞察の光」と「制約の影」のコントラストとして，次のように表現されている。

　　学校という制度は，その意図とはかかわりなく，深刻で逆説的な機能を果たしていることがわかる。学校を介してあらわれる支配イデオロギーの個々の側面は，インフォーマルな抵抗にあってその面目を失うことがある。だが，面目を失ったかに見えながら，イデオロギーの全体としての枠組は確実に維持されている。いやむしろ，インフォーマルな反抗が（その場その場の短い）勝利に浮かれることがあればそれだけ，全体としての構造は少年たちの意識から遠ざかり，あたかも

自然状態のごとく受容されるようになる。(p.343)

　本書の対象となった地域で「抵抗」の試みを担うニューカマーの子どもたちは，「逃走」を試みるニューカマーの子どもたちをも，その対象に据えている。このことは，ウィリスの指摘にならって再分析するならば，そこには全く異なる二つの結論を導き出すことになる。その一つは，学校という支配文化は，「抵抗」の試みの存在によって「逃走」を試みるニューカマーの子どもたちさえも，学校という支配文化のもとにおくことを可能にしているというものである。もう一つの全く異なる結論は，「抵抗」の試みは，「逃走」を試みるニューカマーの子どもたちの存在によって，一層，学校という支配文化に抗う装置となっているというものである。この点は，慎重に検討されなければならない。
　S中学校の試みに，「在日外国人モデル」という情報を提供する役割を担い，「抵抗」の試みの核の一人となったビンは，こうした葛藤をある生徒の関わりにおいて自覚していて，次のように表現している。

　　発表の当日に彼女は家庭の用事があった。しかし私は，彼女の発表だけでもいいから出てもらいたいと思い説得をした。その時の会話の中で彼女はこのように言っていた。「別にいいじゃん出なくても!!　他の人がいるでしょ。何であたしが出なければいけないの？」と。思わず一瞬何も返せなかった。学校の先生でもない私は，とっさに「一応これも学校の授業だよ!!」と返した。私の言葉をどう受け止めたかわからないが発表に出てくれることになった。それから彼女は自分の発表を終えてすぐに帰った。私は，発表に向けて彼女と一緒にやってきたことを振り返ってみた。彼女の考えや想いを形にして発表できるようにしたいと思ってきた。けれど，その発表が彼女にどんな意味があって，彼女が自分の事を発表することがどんなことか考えていなかった。ただ，彼女が語る事でその想いが他の仲間たちと共有できればいいなと思った。だが，もし彼女の発表が先ほど私が言ったメッセージだとしたら彼女の言葉を受け止めてあげられる保障はなかった。それにもかかわらず私は，彼女に発表をさせてしまった。そう思うとそんな私の無責任な行動に反省をした。もしかしたら，彼女にとって発表は必要なかったのかもしれない。彼女の考えや想いなどを形にできたということが彼女にとって学べたという事だったのではないだろうか。そんな私が思っていた事と実際に彼女が必要としていることがズレていることがわかった。〔2002年度「選択国際授業の

あしあと」授業者の感想より抜粋］

　こうした慎重さに十分配慮しながらも，地域での「抵抗」の試みに，「文化的生産」の可能性を，次のように見いだしたいのである。本節の冒頭で提示したホールの「差異による生きたアイデンティティの政治学」では，「陣地戦」の困難さとして，外部の政治的・経済的な力や表現の違いによる「帰属意識の変化・移行」が指摘されている。しかしながら，「抵抗」による「文化的生産」の一つの帰結として生みだされたニューカマーの子どもたちによる自治的支援組織は，【図表7-2】（p.304）に示したように，学校と家族のコミットメントの程度によって異なるアイデンティティの指向性が存在することを認めた上で，それら全てに対して「アイドリング」が保たれているのである。それは結果として，多種多様な活動を展開することにつながっていくわけだが，多種多様で随時変更されていくそれらの活動は，まさに「帰属意識の変化・移行」を射程に入れた実践と言えよう。ここに戦略的本質主義の地平を見いだすことができると考えるのである。
　さらに，ここで別の観点からの慎重さの必要性の指摘を付け加えよう。それは，鄭（1996）によって，次のように述べられている事柄である。

　　"マイノリティ"が「マジョリティ」に向かって，「マイノリティ」として語る時，細心の注意を払わなくてはならない。「マイノリティ」として語ることが〈聞き手〉によって，ある〈代表性〉を付随されていないか，と。ある「マイノリティ」が何かを表現することが，それ以外の「マイノリティ」の表現を，封じ込める口実となってしまってはいないか，と。この問題を超えるためには，「マイノリティ」としてのアイデンティティを揺さぶるしかない。「マイノリティ」－「マジョリティ」の二項対立の中で，アイデンティティを打ち立てないこと。「マジョリティ」に向かって語る時は，必ず，「マイノリティ」どうしの間にもある差異についても語り，「マジョリティ」によるステレオタイプ化を許さないこと。だが，まず何よりも肝心なことは，「マジョリティ」に向かって「マイノリティ」として語らないこと，これにつきる。(pp.25-26)

　この問題に関しても，地域で展開されているニューカマーの子どもたちによる自治的支援組織の実践では，意図されてきたわけではないが回避してきてい

る。というのは、第7章で明らかにしたように、この実践はその概要を摑むのが難しい。それは、「アイドリング」という状態での活動の多様性の結果であると当時に、かれらは、自ら求めて「何ものであるか」を語ることに必要性を見いだしてこなかったことによる。フィスク（1998［1989］）の概念をかりれば、社会的意味を生みだすような自分たちのための解釈を、「マジョリティ」の「何ものであるのか」という問いへの応答として語ってこなかったのである。

　ここで告白しなければならないのは、筆者は当初、かれらの「アイデンティティ」を本書の中心テーマにしようと考えていた。しかし、かれらは「何ものであるか」を語ることがなかった。それは、かれらと私との出会いが、かれら自身が「何ものであるか」を考えざるを得ないような社会的場面に出くわす前に設定されたからなのかもしれない。いずれにしても、かれらは「何ものであるか」を語らなかったのである。だから、私はかれらの「アイデンティティ」を本書の中心テーマとすることができなかったのである。私は、かれらの戦略的本質主義に取り込まれて、今、これを書き上げようとしているのかもしれない。それは幸せなことなのか、不幸なことなのか。きっと幸せなことであるとは思いつつも、そこに陥らないのが「研究者」としての脱構築の過程であるとも考えている。

（3）差異による生きたアイデンティティの政治学における「時間」の問題

　こうして「当事者」の本質主義の問題は、「研究者」による本質主義の問題とリンクすることとなった。私とかれらとの出会いを考える時、ホールのアイデンティティに関わる論考の中に見いだされる「時間」の記述を再検討する必要に気づかされる。ホールは言う。「帰属意識が変化、移行する」「空間は過去によって特定の傾向に構造化される」「過去は語り直され、再発見され、新たに作り直される」等々と。

　実は、戦略的本質主義は、「戦略」としての有効性を重んじるあまりに、時空間を短期間に措定しやすいのである。したがって、「戦略」を練りつつも、時空間の短期性ゆえに結果として本質主義の罠に陥るのである。そこで本書では、戦略的本質主義から失われがちな「時間」を浮かびあがらせたのである。それが本書の最大の成果かもしれない。そして、その成果を図示したのが、【図表2-5】である。それぞれの移行の説明は、ここでは省略するとして、こ

こで確認したいことは次のことである。

　ニューカマーの子どもたちの学校と家族の間の日常世界は，図表で示したようなコンテキストの移行がある。そして，図表の矢印が右から左に移行していることに示されるように，決して後戻りすることはない。ニューカマーの子どもたちの「現在の〈いま－ここ〉」のコンテキストが，かれらの「未来の〈いま－ここ〉」のコンテキストを確実に方向付けていくのである。こうした過程を経て，ニューカマーの子どもたちは，学校において周辺化されていくのである。さらに，周辺化される前の状況は，二度と同じ様相で立ちあらわれることはない。Ⅰ”のコンテキストに自らを位置づけたニューカマーの子どもたちを，日本の学校の教師が，Ⅲのコンテキストに位置づけ直そうと試みても，それらすべての試みが不毛であったことは，第2章で明らかにした通りである。Ⅰ”のコンテキストを生成して自らを意味づけるニューカマーの子どもたちにとって，かれらの学校における「周辺化」は，そこに至るまでに「時間」を経て幾重にも繰り返されている「周辺化」の結果なのであり，だからこそ，かれらの〈いま－ここ〉は，Ⅰ”のコンテキストにしか見いだされないのである。

　ニューカマーの子どもたちとの関係において，日本の学校文化としてとらえられる「同化主義的傾向」や「一斉共同体主義」は，学校の支配的なコンテキストに，ニューカマーの子どもたちが位置づけられ，かれらもそれを内面化していく過程のある瞬間を捉えたものであろう。しかしながら，そうした瞬間を捉えるだけでは，今とは異なる学校文化を理想として提示する本質主義の地平にとどまることになってしまうのである。そうした本質主義に，私たち研究者が陥らないためには，〈いま－ここ〉と，〈いま－ここ〉に至る経過を結びあわせたエスノグラフィーが必要である。しかしながら，それは極めて難しい作業を伴う。なぜならば，それは〈いま－ここ〉という地点に立って，「過去」を読み解くライフヒストリー系の研究からは見落とされてしまいがちな，「未来の〈いま－ここ〉」の可能性を多層的に想定して，「現在の〈いま－ここ〉」を「〈いま－ここ〉に至る経過」との関係で読み解くという，終わりのない作業だからである。

1）「ニューエスニシティーズ」については，以下の文献を参照した。本山謙二「人種・エスニシティ」吉見俊哉編2001『カルチュラル・スタディーズ』講談社選書メチエ，pp.123-145，上野俊哉・毛利嘉孝2000「ニューエスニシティズの政治」『カルチュラル・スタディーズ入門』ちくま新書，pp.168-173。
2）古谷（1996）を参考に，この地平を「戦略的本質主義」という用語で示した。
3）フィスクの「エリート的なもの」と「大衆的なもの」,「支配的なもの」と「従属的なもの」という二分法的なモデルは，単純化されすぎていて実際の現象のアクチュアリティに迫ることができないという批判もある（吉見2001，pp.39-41)。しかしながら，ここでは，実際の現象のアクチュアリティに迫る以上に，ニューカマーの子ども達の「抵抗」の意味を探るために必要な視点として持ち込んでいる。

参考・引用文献 （著者のアルファベット順）

阿久澤麻理子 1998「マイノリティの子どもたちと教育」中川明編『マイノリティの子どもたち』明石書店，88-112．

天野正治・村田翼夫 2001『多文化共生社会の教育』玉川大学出版部．

Apple, M. W. 1979 *Ideology and Curriculum,* Routledge & Kegan Paul．（＝1986 門倉正美・宮崎充保・植村高久訳『学校幻想とカリキュラム』日本エディタースクール出版．）

Apple, M. W.・長尾彰夫・池田寛編 1993『学校文化への挑戦――批判的教育研究の最前線』東信堂．

朝倉景樹 1995『登校拒否のエスノグラフィー』彩流社．

Baker, C. 1993 *Foundations of Bilingual Education and Bilingualism,* Clevedon: Multilingual Matters．（＝1996 岡秀夫訳編『バイリンガル教育と第二言語習得』大修館書店．）

Barth, F. 1969 "Introduction," F.Barth eds., *Ethnic Groups and Boundaries: The Social Organization of Culture Differences,* Little Brown & Co．（＝1996 内藤暁子・行木敬訳「エスニック集団の境界――論文集『エスニック集団と境界』のための序文」青柳まちこ編監訳『「エスニック」とは何か――エスニシティ基本論文選』新泉社，23-71．）

Berger, P. L. & T. Luckman 1966 *The Social Construction of Reality: A Treatise in the Sociology of Knowledge,* Doubleday & Co．（＝1977 山口節郎訳『日常世界の構成――アイデンティティと社会の弁証法』新曜社．）

Banks, J. A. 1994 *An Introduction to Multicultural Education．*（＝1996 平沢安政訳『多文化教育――新しい時代の学校づくり』サイマル出版会．）

Bernstein, B. 1971 *Class, Codes and Control: Volume 1, Theoretical Studies towards a Sociology of Language,* Routledge & Kegan Paul．（＝1981 萩原元昭編訳『言語社会化論』明治図書．）

――― 1978 *Class, Codes and Control: Volume 3, Towards a Theory of Educational Transmissions,* 2nd ed., Routledge & Kegan Paul．（＝1985 萩原元昭編訳『教育伝達の社会学――開かれた学校とは』明治図書．）

Blumer, H. 1969 *Symbolic Interactionism: Perspective and Method,* Prentice-Hall．（＝1991 後藤将之訳『シンボリック相互作用論――パースペクティヴと方法』勁草書房．）

Bourdieu, P. 1977 *Algerie 60*： *Structures Economiques et Structures Temporelles,* Les Editions de Minuit．（＝1993 原山哲訳『資本主義のハビトゥス――アルジェリアの矛盾』藤原書店．）

Bourdieu, P. & J. Passeron 1970 *La Reproduction: elements pour une theorie du systeme d'enseignement,* Les Editions de Minuit.（＝1991　宮島喬訳『再生産——教育・社会・文化』藤原書店.）

Bowles, S. & H. Gintis 1976 *Schooling in Capitalist America,* Basic Books.（＝1986-87　宇沢弘文訳『アメリカ資本主義と学校教育Ⅰ・Ⅱ』岩波書店.）

鄭暎惠　1996「アイデンティティを超えて」井上俊・上野千鶴子・大澤真幸・見田宗介・吉見俊哉編『岩波講座　現代社会学　第15巻　差別と共生の社会学』岩波書店, 1-33.

Clifford, J. & G.E.Marcus eds. 1986 *Writing Culture: The Poetics and Politics of Ethnography,* University of California Press.（＝1996　春日直樹・足羽与志子・橋本和也・多和田裕司・西川麦子・和邇悦子訳『文化を書く』紀伊国屋書店.）

Cohen, R. 1978 Ethnicity: Problem and Focus in Anthropology, *Annual Review of Anthropology* 7：379-403．（＝1996　百瀬響・行木敬訳「部族からエスニシティへ——エスニシティ：人類学における問題と焦点」青柳まちこ編監訳『「エスニック」とは何か——エスニシティ基本論文選』新泉社, 141-187.）

Cummingus, W. K. 1980 *Education and Equality in Japan,* Princeton University Press.（＝1981友田泰正訳『ニッポンの小学校——観察してわかったその優秀性』サイマル出版.）

Emerson, R. M., R. I. Fretz & L. L. Show 1995 *Writing Ethnographic Fieldnotes,* The University of Chicago.（＝1998　佐藤郁哉・好井裕明・山田富秋訳『方法としてのフィールドノート——現地取材から物語作成まで』新曜社.）

Fiske, J. 1989 *Reading the Popular,* Unwin Hyman.（＝1998　山本雄二訳『抵抗の快楽——ポピュラーカルチャーの記号論』世界思想社.）

藤田英典　2004「中央教育審議会初等中等教育分科会教育行政部会第5回議事要旨, 2003年9月」(http://www.mext.go.jp/b_menu/shingi/chukyo/chukyo3/gijiroku/006/03102901.html, 2005.3.10).

福岡安則　1993『在日韓国・朝鮮人——若い世代のアイデンティティ』中公新書.

古谷嘉章　1996「近代への別の入り方——ブラジルのインディオの抵抗戦略」青木保・内堀基光・梶原景昭・小松和彦・清水昭俊・中林伸浩・福井勝義・船曳建夫・山下晋司編『岩波講座 文化人類学 第12巻 思想化される周辺世界』岩波書店, 255-280.

Garfinkel, H. 1964 Studies of the routine grounds of everyday activities, *Social Problems,* Vol.11, No.3： 225-250．（＝1995　北澤裕・西阪仰訳「日常活動の基盤——当り前を見る」北澤裕・西阪仰訳『日常性の解剖学——知と会話』マルジュ社.）

Geertz, C. 1988 *Works and Lives: The Anthropologist as Author,* Stanford

University Press.（＝1996　森泉弘次訳『文化の読み方／書き方』岩波書店.）
Glaser, G. & A. L. Strauss 1967 *The Discovery of Grounded Theory: Strategies for Qualitative Research,* Aldine Publishing Co.（＝1996　後藤隆・大出春江・水野節夫訳『データ対話型理論の発見――調査からいかに理論をうみだすか』新曜社.）
Goffman, E. 1959 *The Presentation of Self in Everyday Life.* Doubleday & Co.（＝1974　石黒毅訳『ゴッフマンの社会学1　行為と演技――日常世界における自己呈示』誠信書房.）
―――― 1961 *Encounters: Two Studies in the Sociology of Interaction,* The Bobbs-Merrill Co.（＝1985　佐藤毅・折橋徹彦訳『ゴッフマンの社会学2　出会い――相互行為の社会学』誠信書房.）
―――― 1961 *Asylums: Essays on the Social Situation of Mental Patients and Other Inmates,* Doubleday & Co.（＝1984　石黒毅訳『ゴッフマンの社会学3　アサイラム――施設被収容者の日常世界』誠信書房.）
―――― 1963 *Behavior in Public Places: Notes on the Social Organization of Gatherings,* The Free Press of Glencoe.（＝1980　丸木恵祐・本名信行訳『ゴッフマンの社会学4　集まりの構造――新しい日常行動論を求めて』誠信書房.）
―――― 1963 *Stigma: Notes on the Management of Spoiled Identity,* Prentice-Hall.（＝2003　石黒毅訳『スティグマの社会学――烙印を押されたアイデンティティ　改訂版』せりか書房.
―――― 1967 *Interaction Ritual: Essays on Face-to-Face Behavior,* Doubleday & Co.（＝2002　浅野敏夫訳『儀礼としての相互行為――対面行動の社会学』法政大学出版局.）
Hall, S. 1991 "Old and New Identities, Old and New Ethnicities," King, A. D. ed., *Culture, Globalization and the World-System: Contemporary Conditions for the Representation of Identity,* State University of New York at Binghamton.（＝1999　安藤充「新旧のアイデンティティ、新旧のエスニシティ」山中弘・安藤充・保呂篤彦訳『文化とグローバル化――現代社会とアイデンティティ表現』玉川大学出版部, 67-104.）
Hammersley, M. 1992 *What's wrong with Ethnography?,* Routledge.
Hammersley, M. & P. Atkinson 1995 *Ethnography: principle in practice, 2nd ed.,* Routledge.
広田照幸　2001『教育言説の歴史社会学』名古屋大学出版.
広田照幸編　2002『〈きょういく〉のエポケー　第1巻　〈理想の家族〉はどこにあるのか？』教育開発研究所.
広田康生　1994「アジア系新移民（Asian American）調査研究の視点――アメリカにおけるエスニック・コミュニティのゆらぎ」奥田道大・広田康生・田

嶋淳子『外国人居住者と日本の地域社会』明石書房, 304-347.
―――― 2003『エスニシティと都市 新版』有信堂.
Hofstede, G. 1991 *Culture and Organizations: Software of the mind,* McGraw-Hill Book Co.（＝1995 岩井紀子・岩井八郎訳『多文化世界――違いを学び共存への道を探る』有斐閣.
法務省入国管理局 2006「平成17年末現在における外国人登録者統計について」(http://www.moj.go.jp/PRESS/060530-1/060530-1.html, 2006.7.25).
市川伸一 2002『学力低下論争』筑摩書房.
家上幸子 1999「定住インドシナ難民子弟に対する民間学習支援の展開――神奈川県インドシナ難民定住援助協会の試み」志水宏吉編『ニューカマーの子どもたちに対する教育支援の研究――大都市圏におけるフィールド調査から』1997-1998年度科学研究費補助金（基礎研究（C）(2)）研究成果報告書, 東京大学, 161-174.
Ignatieff, M. [1984] 1994 *The Needs of Strangers,* Vintage.（＝1999 添谷育志・金田耕一『ニーズ・オブ・ストレンジャーズ』風行社.）
Ignatieff, M. 1996 "There's No Place Like Home: The Politics of Belonging," Dunant, S. & R. Porter eds., *The Age of Anxiety,* Virago Press.（＝1999 添谷育志「《付論》帰属の政治学――わが家にまさる場所はない・帰るべき場所などどこにもない」添谷育志・金田耕一『ニーズ・オブ・ストレンジャーズ』風行社.）
Isajiw, W. W. 1974 Definitions of Ethnicity, *Ethnicity,* vol.1, no.2, 111-124.（＝1996 有吉真弓・藤井衣吹・中村恭子「さまざまなエスニシティ定義」青柳まちこ編監訳『「エスニック」とは何か――エスニシティ基本論文選』新泉社, 73-96.）
石川准 1992『アイデンティティ・ゲーム――存在証明の社会学』新評論.
Levinson, B. A., D. E. Foley & D. Holland eds. 1996 *The Cultural Production of the Educated Person; Critical Ethnographies of Schooling and Local Practice,* State University of New York Press.
伊野真一 2001「構築されるセクシュアリティ――クィア理論と構築主義」上野千鶴子『構築主義とは何か』勁草書房, 189-211.
梶田正巳・松本一子・加賀澤泰明編 1997『外国人児童・生徒と共に学ぶ学校づくり』ナカニシヤ出版.
柿本隆夫 2001「外国籍生徒をめぐる『言葉の状況』と国語教育」神奈川県教育文化研究所『外国人の子どもたちとともにⅡ――学習と進路の保障をもとめて』, 23-30.
菅野仁 2003『ジンメル・つながりの哲学』日本放送出版協会.
Karabel, J. & Halsey, A. H. ed. 1977 Power and Ideology in Education, Oxford University Press.（＝潮木守一・天野郁夫・藤田英典 編訳『教育と社会変動（上・下）』東京大学出版会.

姜尚中　1996『オリエンタリズムの彼方へ——近代文化批判』岩波書店.
苅谷剛彦　1995『大衆教育社会のゆくえ——学歴主義と平等神話の戦後史』中央公論社.
────　2001『階層化日本と教育危機——不平等再生産から意欲格差社会へ』有信堂.
────　2002『教育改革の幻想』筑摩書房.
────　2003『なぜ教育論争は不毛なのか——学力論争を超えて』中央公論新社.
苅谷剛彦・志水宏吉編　2004『学力の社会学』岩波書店.
苅谷剛彦・志水宏吉・清水睦美・諸田裕子　2002『調査報告「学力低下」の実態』岩波書店.
金泰泳　1999『アイデンティティ・ポリティクスを超えて——在日朝鮮人のエスニシティ』世界思想社.
木原孝博・武藤孝典・熊谷一乗・藤田英典編　1993『学校文化の社会学』福村出版.
Kitsuse, J. I. & M. B. Spector 1977 *Constructing Social Problems,* Cummings.（＝1992　村上直之・中河伸俊・鮎川潤・森俊太訳『社会問題の構築——ラベリング理論をこえて』マルジュ社.）
小林哲也・江淵一公編　1985『多文化教育の比較研究——教育における文化的同化と多様化』九州大学出版会.
古賀正義　1997「参与観察法と多声法的エスノグラフィー——学校調査の経験から」北澤毅・古賀正義編,『〈社会〉を読み解く技法——質的調査法への招待』福村出版, 72-93.
────　2001『〈教えること〉のエスノグラフィー——「教育困難校」の構築過程』金子書房.
────　2004「構築主義的エスノグラフィーによる学校文化研究の可能性」『教育社会学研究』第74集：39-57.
児島明　2001「『創造的適応』の可能性とジレンマ」志水宏吉・清水睦美編『ニューカマーと教育——学校文化とエスニシティの葛藤をめぐって』明石書店, 80-126.
────　2002「差異をめぐる教師のストラテジーと学校文化——ニューカマー受け入れ校の事例から」『異文化間教育』16号：106-120.
────　2006『ニューカマーの子どもと学校文化——日系ブラジル人生徒の教育エスノグラフィー』勁草書房.
駒井洋編　1995『定住化する外国人』明石書店.
────編　1997『新来・定住外国人がわかる事典』明石書店.
久冨善之　1996「学校文化の構造と特質——『文化的な場』としての学校を考える」堀尾輝久・久冨善之『講座学校6　学校文化という磁場』柏書房, 7-41.
Lacey, C. 1970　*Hightown Grammer,* Manchester University Press.
Levinson, B. A., Foley D. E. & Holland, D. C. 1996 *The Cultural Production of*

the Educated Person; Critical Ethnographies of Schooling and Local Practice, State University of New York Press.

Maanen, J. V. 1988 *Tales from the Field: On Writing Ethnography,* The University of Chicago.（＝1999　森川渉訳『フィールドワークの物語――エスノグラフィーの文章作法』現代書館.

松田素二　1996「変奏する二つの記憶――韓国人元三菱徴用工被爆者の戦争の語り」『インパクション』第99号：54-63.

Mead, G. H. 1934 *Mind, Self, and Society: from the standpoint of a social behaviorist,* The University of Chicago.（＝1995　河村望訳『デューイ＝ミード著作集6　精神・自我・社会』人間の科学社.）

箕浦康子編　1999『フィールドワークの技法と実際――マイクロ・エスノグラフィー入門』ミネルヴァ書房.

宮島喬　1994『文化的再生産の社会学――ブルデュー理論からの展開』藤原書店.

――――　1999『文化と不平等――社会学的アプローチ』有斐閣.

宮島喬・梶田孝道編　1996『外国人労働者から市民へ』有斐閣.

文部科学省　2005「帰国・外国人児童生徒教育に関する施策」(http://www.mext.go.jp/a_menu/shotou/clarinet/kiko_zi0.html, 2005.3.10).

文部科学省　2005「日本語指導が必要な外国人児童生徒の受け入れ状況等に関する調査（平成16年度）」の結果（http://www.mext.go.jp/b_menu/houdou/17/04/05042001.htm, 2006.7.25）.

守中高明　1999『思考のフロンティア　脱構築』岩波書店.

森田洋司・清永賢二　1994『いじめ――教室の病』金子書房.

本山謙二　2001「人種・エスニシティ」吉見俊哉編『カルチュラル・スタディーズ』講談社，123-145.

鍋島祥郎　2003『効果のある学校――学力不平等を乗り越える教育』解放出版社.

長尾彰夫・池田寛編　1990『学校文化――深層へのパースペクティブ』東信堂.

中川明編　1998『マイノリティの子どもたち』明石書店

中島智子　[1985] 1997「日本の学校における在日朝鮮人教育」小林哲也・江淵一公編，『多文化教育の比較研究――教育における文化的同化と多様化』九州大学出版会，313-335.

中根光敏　1997『社会学者は2度ベルを鳴らす――閉塞する社会空間／熔解する自己』松籟社.

中野卓・桜井厚編　1995『ライフヒストリーの社会学』弘文堂.

中谷文美　2001「〈文化〉？〈女〉？――民族誌をめぐる本質主義と構築主義」上野千鶴子編『構築主義とは何か』勁草書房，109-137.

Nieto,S. 1994 "Lessons from Students on Creating a Chance to Dream." *Harvard Educational Review,* Vol.64, No.4：392-426.

日本教育学会　2002『教育学研究　特集　教育における臨床の知』第69巻第3号.

日本教育学会　2002『教育学研究　特集　教育における臨床の知』第69巻第4号.

日本教育社会学会　2004『教育社会学研究　特集　教育臨床の社会学』第74集.
越智康詞　2003「教育社会学の現在におけるひとつの可能な『風景』——現実問題・現場・自己（一般通念）と格闘するゲリラ性の視点から」『教育学研究』第70巻第2号：97-106.
Ogbu, J. U.　1978　*Minority Education and Caste,* Academic Press.
Ogbu, J. U. & Simions, H. D.　1998　"Voluntary and Involuntary Minorities: A cultural-ecological theory of school performance with some implications for education", *Anthropology & Education Quarterly* 29(2)：155-188.
小熊英二　1995『単一民族神話の起源——〈日本人〉の自画像の系譜』新曜社.
大熊高明・毛利嘉孝　1999「訳者解説　カルチュラル・スタディーズの日本における導入」グレアム・ターナー著／溝上由紀・毛利嘉孝・鶴本花織・大熊高明・成実弘至・野村明宏・金智子訳『カルチュラルスタディーズ入門——理論と英国での発展』作品社，332-347.
太田晴雄　2000a「ニューカマーの子どもの学校教育——日本的対応の再考」江原武一『多文化教育の国際比較——エスニシティへの教育の対応』玉川大学出版部，284-308.
————　2000b『ニューカマーの子どもと日本の学校』国際書院.
太田好信　1998『トランスポジションの思想——文化人類学の再想像』世界思想社.
小澤浩明　1999「日本における社会階級・社会問題研究とブルデュー社会学理論」『情況』38-52.
Ragin, C. C. 1994 *Constructing Social Research,* Pine.
Rohlen, T. P. 1983 *Japan's High School,* University of California Press.（＝1988　友田泰正訳『日本の高校——成功と代償』サイマル出版.）
Rosenbaum, C. H. 1976　*Making Inequality: The Hidden Curriculum of High School Tracking,* John Wiley & Sons.
酒井直樹　1996『死産される日本語・日本人——「日本」の歴史－地政的配置』新曜社.
佐藤郡衛　2001『国際理解教育——多文化共生社会の学校づくり』明石書店.
佐藤郁哉　1992『フィールドワーク——書を持って街へ出よう』新曜社.
Schutz, A.　1970　*On Phenomenology and Social Relations,* The University of Chicago Press.（＝1980　森川眞規雄・浜日出夫訳『現象学的社会学』紀伊国屋書店.）
千田有紀　2001「構築主義の系譜学」上野千鶴子『構築主義とは何か』勁草書房，1-41.
志水宏吉　1990「学校文化論のパースペクティブ」長尾彰夫・池田寛編『学校文化——深層へのパースペクティブ』東信堂，11-42.
————　1994『変わりゆくイギリスの学校——「平等」と「自由」をめぐる教育改革のゆくえ』東洋館出版社.

―――― 1996「臨床的学校社会学の可能性」『教育社会学研究』第59集：55-67.
――――編 1998『教育のエスノグラフィー――学校現場のいま』嵯峨野書院.
――――編 1999『のぞいてみよう！今の小学校――変貌する教室のエスノグラフィー』有信堂.
―――― 2000「裏側のニッポン――日系南米人の出稼ぎと学校教育」『教育社会学研究』第66集：21-39.
―――― 2002a「研究 VS 実践――学校の臨床社会学に向けて――」『東京大学大学院教育学研究科紀要』第41巻：365-378.
―――― 2002b『学校文化の比較社会学――日本とイギリスの中等教育』東京大学出版会.
―――― 2003『公立小学校の挑戦――「力のある学校」とはなにか』岩波書店.
志水宏吉・徳田耕造編 1991『よみがえれ公立中学――尼崎市立「南」中学校のエスノグラフィー』有信堂.
志水宏吉・清水睦美編 2001『ニューカマーと教育――学校文化とエスニシティの葛藤をめぐって』明石書店.
清水睦美 2002「ニューカマー家族の困難さ――家族の多様化①」広田照幸編『〈きょういく〉のエポケー 第1巻〈理想の家族〉はどこにあるのか？』教育開発研究所, 219-229.
清水睦美・柿本隆夫・家上幸子 2002「学校・地域・研究者の『連携』の模索――ニューカマー支援をめぐる学校文化の変革の試み」第54回日本教育社会学会発表原稿.
清水睦美・児島明編 2006『外国人生徒のためのカリキュラム――学校文化の変革の可能性を探る』嵯峨野書院.
須藤健一編 1996『フィールドワークを歩く――文科系研究者の知識と経験』嵯峨野書院.
戴エイカ 1999『多文化主義とディアスポラ―― Voices from San Francisco』明石書店.
本橋哲也 2002『カルチュラル・スタディーズへの招待』大修館書店.
竹川郁雄 1993『いじめと不登校の社会学――集団状況と同一化意識』法律文化社.
田辺繁治・松田素二編 2002『日常的実践のエスノグラフィ――語り・コミュニティ・アイデンティティ』世界思想社.
Taylor, C. 1994 "The Politics of Recognition," Gutmann, A. ed., 1994, *Multiculturalism: Examining the Politics of Recognition,* Princeton University Press.（＝1996 辻康夫訳「承認をめぐる政治」佐々木毅・辻康夫・向山恭一訳『マルチカルチュラリズム』岩波書店：37-110.）
坪谷美欧子 2001「外国籍生徒のサポートを地域ぐるみで――地域の学習室の意義と今後の課題」神奈川県教育文化研究所『外国人の子どもたちとともにⅡ――学習と進路の保障をもとめて』, 73-82.
坪谷美欧子・小林宏美・五十嵐素子 2004「ニューカマー外国籍生徒に対する多文

化教育の可能性と課題——神奈川県S中学校の選択教科「国際」における取り組みから」『〈教育と社会〉研究』第14号：54-61.

辻山ゆき子　1996「家族の適応と葛藤」宮島喬・梶田孝道編『外国人労働者から市民へ』有斐閣，83-98.

恒吉僚子　1995「教室の中の社会——日本の教室文化とニューカマーの子どもたち」佐藤学編，『教室という場所』国土社，185-214.

─────　1996「多文化共存時代の日本の学校文化」堀尾輝久・久冨善之『講座学校6　学校文化という磁場』柏書房，215-240.

上野俊哉・毛利嘉孝　2000『カルチュラル・スタディーズ入門』筑摩書房．

Wallman, S.　1984　*Eight London Households,* Tavistock.（＝1996　福井正子訳『家庭の三つの資源』河出書房新社．

Weis, L.　1990　*Working Class Without Work: High School Students in a De-industrializing Economy,* Routledge.

Wexler, P.　1992　*Becoming Somebody: Toward a Social Psychology of School,* The Falmer Press.

Willis, P.　1977　Learning to Labour: How Working Class Kids Get Working Class Jobs, Saxon House.（＝［1985］1996　熊沢誠・山田潤訳『ハマータウンの野郎ども』筑摩書房．）

吉見俊哉　2000『思考のフロンティア　カルチュラル・スタディーズ』岩波書店．

資料1　本書に登場するニューカマーの子どもたちのリスト

第2章で取り上げた学年をOとして年齢順に配置（名前はすべて仮名）

	仮名	出身母国など	来日	来日年齢	出生地
X	エンナリット	カンボジア	1997	19	カンボジア
X	プラセット	カンボジア	1997	19	カンボジア
X	福沢力	中国系カンボジア	1997	19	カンボジア
I	タオ	ラオス	1988	8	ラオス
I	リサ	カンボジア	1984	4	タイ難民キャンプ
I	サウ	ベトナム	未確認		ベトナム
J	カナ	カンボジア	1984	3	カンボジア
J	ソーン	カンボジア	1989	8	タイ難民キャンプ
J	バン	ベトナム	1992	11	ベトナム
K	ソッカム	カンボジア	1989	7	タイ難民キャンプ
K	ロナ	カンボジア	1984	2	タイ難民キャンプ
K	タイホン	ベトナム	未確認		ベトナム
L	セナ	ラオス	1988	5	ラオス
L	セン	カンボジア	1984（両親）	―	日本
L	チャン	ベトナム	1986	3	ベトナム
L	ビン	ベトナム	1989	5	ベトナム
L	ヒン	ベトナム	未確認		ベトナム
L	勇太	日本	―	―	―
M	サラ	カンボジア	1989	5	タイ難民キャンプ
M	ソックー	カンボジア	未確認		未確認
M	福沢泰正	中国系カンボジア	1983（両親）	―	日本
M	ダン	ベトナム	1995	11	ベトナム
M	ハイ	ベトナム	1996	12	ベトナム
M	フン	ベトナム	1992	8	ベトナム
N	ブン	ラオス	1988	3	未確認
N	モン	ラオス	1991	6	ラオス
N	コーン	ラオス	1995	10	タイ難民キャンプ
N	トー	カンボジア	1988	3	タイ難民キャンプ
N	ソムナー	カンボジア	1991	6	タイ難民キャンプ
N	サン	カンボジア	1992	7	タイ難民キャンプ
N	ダラ	カンボジア	未確認（両親）	―	日本
N	ホン	ベトナム	1994	9	ベトナム
N	ワット	ベトナム	1994	9	ベトナム
N	ホアン	ベトナム	1995	10	ベトナム
O	アテ	ラオス	1988	0	タイ難民キャンプ
O	サミ	ラオス	未確認（両親）	―	日本
O	ソッグ	カンボジア	1987	1	タイ難民キャンプ
O	リット	カンボジア	1984（両親）	―	日本
O	ワン	カンボジア	1984（両親）	―	日本
O	タラ	カンボジア	未確認（両親）	―	日本
O	チャナ	カンボジア	未確認（両親）	―	日本
O	ナリ	カンボジア	未確認（両親）	―	日本

年上 ↑

（基準）

学年（↑	O	小百合	カンボジア	未確認		未確認
	O	アン	ベトナム	1982/1983（両親）	—	日本
	O	ボー	ベトナム	未確認		ベトナム
	O	姜	中国	1991	5	中国
	O	西田洋志	中国	未確認（両親）	—	日本
	O	柳沢	日本	—	—	—
	O	今田	日本	—	—	—
	O	沖村	日本	—	—	—
	O	木田	日本	—	—	—
	O	一平	日本	—	—	—
	O	田畑	日本	—	—	—
	O	結城	日本	—	—	—
	P	サック	ラオス	1993	6	ラオス
	P	レー	ベトナム	1991	4	ベトナム
	P	ティー	ベトナム	2000	13	ベトナム
	P	テット	ベトナム	未確認（両親）	—	日本
	P	西田	中国	未確認（両親）	—	日本
	P	杉田	中国	19981	1	中国
	P	王苑	中国	2000	13	中国
	P	孫	中国	2001	14	中国
	P	江本	ブラジル	1994	7	ブラジル
	P	マルヤマ	ペルー	1992/1999	4/11	ペルー
	P	カナシロ	ペルー	1993	6	ペルー
	P	竹中	日本	—	—	—
	Q	ビライ	ラオス	1995	7	タイ難民キャンプ
	Q	トゥーン	カンボジア	1986	—	日本
	Q	ロム	カンボジア	1994	6	カンボジア
	Q	ドン	カンボジア	1983（両親）	—	日本
	Q	ヤット	カンボジア	未確認（両親）	—	日本
	Q	バン	ベトナム	1991	3	ベトナム
	Q	ヒガ	ペルー	1992	4	ペルー
	Q	オハラ	ペルー	1998	10	ペルー
	Q	ロッシス	ペルー	2000	12	ペルー
	Q	オシロ	アルゼンチン	1990	2	アルゼンチン
	Q	ドミングス	ボリビア	1994	6	ボリビア
	Q	アルギロ	ボリビア	1998	10	ボリビア
	Q	シメナ	ボリビア	1999	11	ボリビア
	R	孝カン	ボジア	未確認		未確認
	R	ルォン	ベトナム	1996	7	ベトナム
	R	小野田	中国	2001	12	中国
	R	原島	中国	2001	12	中国
	R	津川	日本	—	—	—
	S	ラット	カンボジア	1986	—	日本
	S	クォン	ベトナム	1996	6	ベトナム
	S	トラン	ベトナム	1989（両親）	—	日本
年下↓	V	スニ	ラオス	未確認（両親）	—	日本

資料1　本書に登場するニューカマーの子どもたちのリスト

資料2　家族インタビュー対象者リスト

（○印が筆者が直接インタビューを行ったもの）

	ケース	国籍	家族構成 親世代	家族構成 子世代	来日経緯 移住歴	来日年（呼び寄せ）	住宅	現在の仕事	学校適応 学校文化	学校適応 学力	親の学歴	日本語能力	学習具体的な支援	学校や勉強の重要性の指摘	子どもの母国語の程度	将来の居住場所
○	V1	帰化（ベトナム）	夫妻	3人	ベトナム→日本	72(76)	他団地	夫：会社員・相談員　妻：指導員	向	中	夫：大卒　妻：高卒	◎	あり	あり	○	永住？
	V2	ベトナム	夫妻	5人	ベトナム→日本	90(94)	G団地	夫：工員　妻：店員	向	低	夫：中卒　妻：中卒	△	なし	なし	◎ー○	永住
	V3	ベトナム	夫妻	3人	ベトナム→日本	89(92)	G団地	夫：パート　妻：パート	反	低	夫：？　妻：高卒	×	なし	なし	◎ー○	帰国
	V4	ベトナム	夫妻	3人	ベトナム→（マレーシア）→日本	92(97)	G団地	夫：作業員　妻：工員	向	低	夫：高2　妻：小卒	×	なし	なし	○ー？	永住
	V5	ベトナム	夫妻	4人	ベトナム→（マレーシア）→日本	94(96)	G団地	夫：工員　妻：内職	反	低	夫：中卒　妻：小卒	夫：△妻：×	なし	あり	◎ー○ー？	永住？
	V6	ベトナム	夫妻	2人	ベトナム→日本	80(93)	G団地	夫：失業？　妻：？	向	中	夫：中1　妻：？	○	あり	あり	○	永住
	V7	ベトナム	夫妻	3人	ベトナム→（シンガポール）→日本	82(82)	G団地	夫：工員　妻：無職	向	中？	夫：大卒？　妻：高卒	夫：×妻：×	あり	あり	△ー○	永住？
	V8	ベトナム	夫妻	2人	ベトナム→（インドネシア）→日本	93(97)	G団地	夫：工員　妻：工員	向	中	夫：高卒　妻：中卒	夫：×妻：×	あり	あり	◎	永住
	V9	ベトナム	夫妻	2人	ベトナム→（タイ・マレーシア／インドネシア）→日本	89(92)	他団地	夫：失業？　妻：パート	向	中	夫：高1　妻：中卒	○	あり	あり	◎ー○	永住
	V10	ベトナム	夫妻	子孫他7人	ベトナム→日本	96(96)	アパート	夫：作業員　妻：パート	向	低	夫：高1　妻：小卒	◎	なし	あり	◎ー○	永住
	V11	ベトナム	夫妻	9人	ベトナム→日本	97(97)	他団地	夫：無職　妻：パート	向	低	夫：高1　妻：高卒	×	なし	あり	◎	帰国？

ID	国籍	世帯	人数	移動経路	年齢(生年)	住居	職業 夫/妻	志向	学歴 高/中/低	学歴 夫/妻	日本語	母語	子ども	評価	永住/帰国
V12	ベトナム	夫婦	2人	ベトナム→日本	80(80)	他団地	夫:工員 妻:店員	向	高	夫:? 妻:高卒	○	昔ある	ある	◎	永住
V13	ベトナム	夫婦	2人	ベトナム→日本	82(83)	G団地	夫:工員 妻:パート	向	中→高	夫:高3中退 妻:中3中退	○	昔ある	ある	△→○	帰国?
V14	ベトナム	妻	2人	ベトナム→日本	90(91)	G団地	妻:無職	向	低	妻:大1	×	ある	ある	◎	永住
V15	ベトナム	夫婦	2人	ベトナム→(フィリピン)→日本	91(95)	G団地	夫:無職 妻:内職	反/向	低/中	夫:高卒 妻:高2	△	ある	ある	○→△	永住
V16	ベトナム	夫婦	2人	ベトナム→日本	85(89)	G団地	夫:工員 妻:内職	向	中→高	夫:大2 妻:高卒	△	ある	ある	○	永住
C1	カンボジア	夫婦	2人	カンボジア→タイ(妻のみ5年)→日本	82	持ち家	夫:会社員 妻:相談員	向	中→高	夫:専門学校 妻:大卒	◎	ある	告げらず報も	△	帰国
C2	カンボジア	夫婦	4人	カンボジア→タイ(12年)→日本	91	G他団地	夫:無職 妻:無職	向	低	夫:なし 妻:なし	×	なし	ある	◎	帰国?
C3	カンボジア	夫婦	3人	カンボジア→タイ(10年)→日本	92	G団地	地夫:工員 妻:工員	向	高	夫:高卒 妻:中卒	○	なし	ある	△	永住
C4	カンボジア	夫婦	5人	カンボジア→タイ(11年)→日本	89	G団地	夫:工員 妻:工員	向	中	夫:中卒 妻:なし	△	なし	ある	○→×	永住
C5	カンボジア	夫婦	3人	カンボジア→タイ(5年)→日本	89	G団地	夫:店員 妻:工員	低→中	低→中	夫:なし 妻:小中退	△	なし	ある	△	永住
C6	カンボジア	子孫 夫婦	5人	カンボジア→タイ(2年)→日本	84	G団地	夫:工員 妻:工員	反	中→高	夫:高校中退 妻:なし	△	なし	無指摘視	△	帰国
C7	カンボジア	妻	3人		84	G団地	母:パート	向		妻:小6	◎	なし	ある	×	永住
											○	○	○	○	○	○	○	○	○	○	○

資料2 家族インタビュー対象者リスト

	ID	民族	対象者	人数	移動経路	来日年	住居	職業	定住志向	生活程度	学歴	日本語	親族関係	無視/指摘を受けた経験	子どもの適応	定住計画
○	C8	カンボジア	夫婦	3人	カンボジア→タイ(3年)→日本	82	他団地	夫:工員 妻:無職	反	低	夫:中1 妻:?	○	なし	なし	△	永住
○	C9	カンボジア	夫婦	2人	カンボジア→タイ(3年)→日本	84	他団地	夫:工員 妻:工員	向	中~高	夫:大学中退 妻:なし	○	ある	ある	○	帰国
○	C10	カンボジア	夫婦	2人	カンボジア→タイ(4年)→日本	83	他団地	夫:工員 妻:パート	向	高	夫:専門中退 妻:なし	◎	なし	ある	△	永住?
○	C11	カンボジア	夫婦	3人	カンボジア→タイ(8年)→日本	87	他団地	夫:工員 妻:工員	向	中	夫:中学中退 妻:小卒	○	なし	ある	○	帰国
○	C12	カンボジア	夫婦	2人	カンボジア→タイ(8年)→日本	87	G団地	夫:工員 妻:工員	反	低	夫:難民キャンプの高校 妻:なし	×	なし	なし	○	帰国
○	C13	カンボジア	夫婦	2人	カンボジア→タイ(5年)→日本	86	G団地	夫:工員 妻:工員	反	低	夫:難民キャンプ+高校 妻:なし	○	なし	なし	△	未定
○	C14	帰化(中国系カンボジア)	夫婦	3人	カンボジア→タイ(1年)→日本	83	G団地	夫:工員 妻:工員	向	高	夫:中卒? 妻:?	◎	ある	ある	×	帰国?
○	C15	カンボジア	夫婦	4人	カンボジア→タイ(4年)→日本	87	G団地	夫:工員 妻:パート	向	低	夫:? 妻:高校中退	△	なし	ある	◎-△	帰国?
○	C16	カンボジア	夫婦	2人	カンボジア→タイ(6年)→日本	88	他団地	夫:工員 妻:工員	向	低	夫:小3 妻:?	○	ある	ある	◎	永住
○	C17	カンボジア	妻	4人	カンボジア→タイ(4年)→日本	83	G団地	夫:工員 妻:?	反	低	夫:中学中退 妻:中卒	×	なし	なし	女△男×	未定
	C18	カンボジア	夫婦	2人	カンボジア→タイ(3年)→日本	83	アパート	母:無職	反	低~中	夫:高卒 妻:なし	△	なし	なし	△	帰国
○	C19	帰化(中国系カンボジア)	夫婦	2人	カンボジア→タイ(4年)→日本	83	持ち家	夫:無職 妻:?	向	高	夫:高卒 妻:高2	◎	なし	ある	◎-×	永住
	C20	カンボジア	夫婦	3人	カンボジア→タイ→日本	88	G団地	妻:工員	向	中	夫:? 妻:中卒	◎	なし	ある	?	?

資料2　家族インタビュー対象者リスト

ID	出身国	回答者	人数	経路	年齢	住居	職業	向/反	階層	学歴					永住/帰国	
C21	カンボジア	夫婦	6人	カンボジア→タイ(6年・4年)→日本	89	G団地	夫:工員 妻:工員	反	低	夫:中2 妻:小2	○	なし	なし	△	永住	
C22	カンボジア	夫婦	4人	カンボジア→タイ(5年)→日本	88	他団地	夫:工員 妻:工員	向	中	夫:小中退 妻:小2	○	なし	あるなし	◎○—△	定住	
C23	カンボジア	夫婦	2人	カンボジア→タイ(4年)→日本	83	他団地	夫:工員 妻:工員	反	低	夫:なし 妻:小6	△	なし	なし	△	帰国	
C24	カンボジア	夫婦	2人	カンボジア→タイ(9年)→日本	88	他団地	夫:工員 妻:工員	向	低	夫:高2 妻:なし	△	なし	なし	兄○弟×	永住?	
L1	ラオス	夫婦	3人	ラオス→タイ(9年)→日本	95	他団地	夫:職人 妻:職人	中	中	夫:小卒 妻:中卒	×	ある	ある	◎	帰国	
L2	ラオス	夫婦	1人	ラオス→タイ(11年)→日本	80	アパート	夫:? 妻:飲食店経営	向	中	夫:? 妻:高卒	◎	ある	ある	◎	永住?	
L3	ラオス	夫婦	2人	ラオス→タイ(4年)→日本	80	他団地	夫:工員 妻:パート	向	低	夫:中2 妻:?	△	ある	ある	△	永住?	
L4	ラオス	夫婦	1人	ラオス→タイ(2年)→日本	80(93)	他団地	夫:工員 妻:工員	向	中	夫:中2 妻:中2	夫:△ 妻:×	ある	ある	×	未定	
L5	ラオス	夫婦	2人	ラオス→タイ(半年)→日本	81	持ち家	夫:工員 妻:工員	向	中	夫:小卒 妻:中卒	○	ある	ある	×	夫:帰国 妻:永住	
L6	帰化(ラオス)	夫	2人	ラオス→タイ(11年)→日本	80	G団地	父:公共職員	向	高	夫:高卒	×	なし	ある	○	帰国	○
L7	ラオス	夫婦	2人	ラオス→タイ(4年)→日本	95	G団地	夫:無職 妻:パート	向	中	夫:専門学校 妻:小卒	×	ある	ある	△	永住	○
L8	ラオス	夫婦	3人	ラオス→タイ(4年)→日本	88	G団地	夫:工員 妻:工員	反	低	夫:中卒 妻:なし	×	なし	ある	△	帰国	○
L9	ラオス	夫婦	2人	ラオス→タイ(1年)→日本	84	G団地	夫:工員 妻:工員	向	低	夫:中卒 妻:中2	◎	なし	ある	×	永住	
L10	ラオス	夫婦	2人	ラオス→タイ(4年)→日本	79	G団地	夫:作業員 妻:店員	向	高	夫:大卒 妻:中卒	△	なし	なし	△	帰国	
L11	ラオス	妻	3人	ラオス→タイ(4年)→日本	86	G団地	妻:工員	反	低	妻:小4	×	なし	なし	×	永住?	

資料2　家族インタビュー対象者リスト

あとがき

　本書の出版が，私の周辺では，希望，期待，戸惑い，恐れなどの様々な感情が入り乱れながら受けとめられている。それが私と本書のフィールドワークの対象となった人々との関係であり，そうした人々との関係を，私の側からみた言葉で綴り，博士論文をまとめ，本書のような形で出版した。もとになるのは，2005年度に東京大学大学院教育学研究科に提出した博士論文『ニューカマーの子ども達のエスノグラフィー――学校と家族の間の日常世界――』である。

　博士論文の執筆にあたっては，本当に多くの方にご指導とご支援をいただいた。ここですべての方のお名前をあげることは到底できないが，この場を借りて謝辞を述べることをお許しいただきたい。筆者をこのフィールドに導いてくださったのは，大学院時代にお世話になった志水宏吉先生である。精力的に研究を進めていかれる姿，そして，立場の異なる人々を集める懐の深さによって，先生のもとに集う人々との対話は常に刺激的であり，そこから教えられたことの大きさは計り知れない。また，志水宏吉先生が大阪大学に移られてからは，苅谷剛彦先生に大変お世話になった。苅谷先生とは，東京大学基礎学力研究開発センターでの共同研究を出発点として，その後，いくつかの研究会でディスカッションを重ねてきたわけであるが，その議論がフィールドでの「研究者」としての立場をより明確にさせていく過程と連動していたことは事実である。「今起きている現象を説明することから逃げたら，それは研究者の怠慢としか言いようがない」というある場での先生の発言は，私にとっての研究者の道しるべともなっている。また，草稿段階で有益なコメントをいただいた近藤邦夫先生，恒吉僚子先生，児島明さん，山田哲也さん，堀健志さんにも記してお礼を申し上げたい。また，多くの紙面を必要とした本書の刊行の編集をお引き受けいただいた勁草書房の藤尾やしおさんにも大変お世話になった。改めて感謝申し上げる。

　小中学校の教員を経験した後に，私は学士入学を経て大学院へと進んできた

わけであるが、その道のりは当初予想した以上に困難なものであり、それを支えてくれたのはほかでもない両親と弟たちである。本当にお世話になったと思う。特に、教師であり、研究者でもあろうとした父との生活経験をもつ母は、私の前の壁でありつつも、最も良き理解者であった。

　本書が出版されることによる影響を大なり小なり受けるフィールドの方々には、本当に深く感謝申し上げなければならない。私はこの研究活動を通じて多くの友人を得た。フィールドの先生方、ボランティアの方々、そして子どもたち。特に、柿本隆夫先生、家上幸子さんには、フィールドワークの段階から草稿段階までの全ての過程でお世話になった。「教師」として、「ボランティア」として、自らの立場に対するお二方の真摯な態度なくして、本書に示したような展開がなかったことは明かである。そうしたお二方との議論の積み重ねによって、「研究者」という私の立場の問い直しが可能になったということは言うまでもない。時間を忘れて語り合った多くの状況分析が、私の語りとしてこのような形でまとまったことの背後に、お二方の多くの語りがあったことを、ここにあらためて記して感謝申し上げたい。

　そして、最も深くお礼を言わなければならないのは、この研究を通じて出会った多くのニューカマーの子どもたちであろう。この間、かれらの言葉に、そして表情に、時に驚き、時に涙し、時に喜び、時に落胆し……。そしてそれらを書きとめ、また、かれらと出会うという研究活動を繰り返してきた。そして、たぶん、かれらも、私の言葉に、そして表情に、時に驚き、時に涙し、時に喜び、時に落胆し、そして時に憤ったことだろう。その上、当事者団体として自らを称するように変化していった「すたんどばいみー」の運営委員会のメンバーには、草稿にも目を通していただいて有益なコメントをいただいた。ここであらためて感謝申し上げたい。

　本書の刊行は一つの終わりであると同時に、一つの始まりである。また、次の可能性に向かってしばらくかれらの傍らに身をおいてみたいと思うのである。

2006年9月
清水睦美

人名索引

【ア行】

阿久澤麻理子　3,4,337,338
イグナティエフ，M　308-310
イサジフ，W.W.　73
石川准　81
伊野真一　338
ウィリス，P.　17-18,340-341
ウェイズ，L.　135
ウェクスラー，P.　135
上野俊哉・毛利嘉孝　21
ウォルマン，S.　136,179,186
大熊高明・毛利嘉孝　21
太田晴雄　3,5,42,71,119,230

【カ行】

ガーフィンケル，H.　18
梶田正巳　6
カミングス，W.K.　14
カミンズ　42
苅谷剛彦　206,259,262,267
キッセ，J.I.・スペクター，M.B.　70,316
金泰泳　8,11
コーエン，R.　10
古賀正義　18-19
児島明　15-16,30-31,71,91,337
ゴッフマン，E.　74,85,99

【サ行】

酒井直樹　112
佐藤郁哉　137,189,197
志水宏吉　7,13-15,22,24,43,122,197-198,209-210,262
シュッツ，A.　18
ジンメル，G.　19
菅野仁　19

【タ行】

ターナー，G.　21
戴エイカ　37
竹川郁雄　53,56,57,61
鄭暎惠　11,342
恒吉僚子　14
テイラー，C.　297

【ナ行】

中島智子　10
中谷文美　14
鍋島祥郎　32

【ハ行】

ハマスレイ，M.　24
バルト，F.　11
久冨善之　15
広田照幸　207-208,261
フィスク，J.　339,343
福岡安則　11,184
藤田英典　260
ブルデュー，P.　188
ベーカー，C.　42
ホール，S.　333,334,336,343
ホフステード，G.　100,302

【マ行】

松田素二　336
宮島喬　187
森田洋司・清永賢二　47,51,55
守中高明　16

【ラ行】

レイジン，C.C.　203
レビンソン，B.A.　135
ローレン，T.P.　14

事項索引

【ア行】

アイデンティティ　11,12,135,136,165,179,181,183,186-188,195,255,290,303-305,311,313,329,332-335,340,342,343
　「浮遊離脱」志向型——　302-305,332
　「日本人」志向型——　303,311,332
　「在日外国人」志向型——　303-305,313,332
　「外国人」志向型——　303,304,332
アイドリング　295-297,305,343
安住の物語　64,65,67,71,87,96,101,104,126,158,169,180,181,184,185
異質性　31,73,85,119,187
いじめ　47-64,205,207,251,253,318,324
　語られた——　50,63
　いじめられた経験　117-119,132,257,324,327,338
居場所　260-261,265
　——探り　52-54,57,59,62,63,110
＜いま—ここ＞　17,20,245,344
今できる手助け　144-145,148-149
イメージのギャップ　36,39,45,122,314,324,327
「入り口」の問題　3
ヴァルネラビリティ　53,56-57,61
失われたもの　111-113,117,119,120,129,132,327,331,338
エスニシティ　10-11,73,206-208,262,302,335
　——への肯定感　179-181,183-187,195,256,290,311,329,331,340
　——の表現　182-184,187
　——の強調　181
　——に対する認識の転換　98
　——なるもの　73-74,93,98-100,103-104,119,132,134,135-137,157,180-181,187,256-257,304,311,325-326,328-329,331
エスニック・マイノリティ研究　9-11
エスニック的背景を伴う過去　185-186,195,256,290,311,329,332,340

エスノグラフィー　17-20,24,137-138,189,197,200,203,207,209,288
オーディエンス　197,200,207,210
　研究成果の——　200-202,204,206-207,210,221

【カ行】

外国人生徒支援　256,259,265,330-331,337
外国人生徒のための授業　227,230,238,240,259-261,293,312,330,331,337
解釈　55-57,61-63
　——の変更　20,153-155,188,224,340
階層　206-208,262-263,267,273,281
学力補充学習　268,270-271,273-274,276-277,280,285-287
囲い込み　102-104,184,299-300
家族再結合　65-66,87,126,128,158
家族の物語　64,69,128,324,335
課題　223-224,259-261,268,270-271,278-280,285-286
　——化　245,249
　——の連鎖　277-280,285-286
語られないもの　117-120,190,257
語り
　多様性に開かれる——　287,289,293-294
　生徒の変化を問う——　274-275,277,287-288
　収斂に向かう——　287,289
　実践の意味を問う——　271,274,277,287-288
学校生活における周辺化　230-231,238,240,247,250-251,254,260
学校文化　205,259,277,280,288-289,296,323,333,344
　——研究　13-15,288-289
　——の変革　189,206,212,259,288,290-291,307,316
　——の変化　204-205,208,239,296
　再帰的——　259,286-287,290,294
家庭での疎外　234-235,240
カルチュラル・スタディーズ　17,20-21,

333,339
帰属　308-311,319,332,342,343
教育社会学者　196-197,208
教室理解
　不安定な――　89,95-96,100,111,170
　状況依存的な――　77,79,81-82,84,89,134,298,305
　安定した――　83-84,86,88,162,182,232,311
具体的な将来像を伴う未来　185-186,195,256,290,311,329,332,340
クレイム申し立て　70,257,316,318-319,324,332
研究者　113,137-138,140,145-146,148,150-151,157,173,189-191,196-210,215-217,219-222,224-227,229,233-235,242,244,248,254,261-263,267,269,270,274,279,282-283,286,293,308,322,333,343-344
　――と当事者の有意性構造のズレ　197-199,202
　――コミュニティ　197-198,200-201,206-210,262,267
　ボランティア兼――（＝研究者兼ボランティア）　137-138,150,152,156,157,212,217-219
現金獲得　68-70,96
言語
　社会生活――　42,144,327,328
　学習思考――　42,144,327,328
限定
　責任の――　157,173,290,297,305,329
　活動の――　149-151,157,165-166,173,290,297,305,329
現場　196-210,215-216,221,262
権力関係　8,253
　――の非対称性　8,9,13,17
行為の束　81,89,92-93,130
コンテキスト　17,19,20,72-74,84,92-95,98-100,120,129-132,134,136,144,181,187,190-191,195,256-257,296-297,304,311,315-316,325-331,333,335,337,340,344
　――の移行　17,74,92,111,129,131-132,327
　新たな――　225-228,230-231,233,242,256-257,259,265,269,286,330,331,337,339
　学校の支配的な――　72-74,77,98,104,

119,129-131,190,195,212-213,221-222,225-226,230,232-233,237,255,296,325,327-329,331-332,337,339,344

【サ行】

差異
　――による生きたアイデンティティの政治学　335,336,342,343
　――の固定化　15,30,31,73,91,256-257,296,337
　――の同質化　297
　――の管理　92,325,331,337
　――の一元化　15,30-31,73,91,256-257,296,337
再埋め込み　202-208,210,262-263,267
再生産論　135,187
支援
　――の方向性の転換　30-33,111,323
　間接的――　30
　直接的――　30
　手厚い――　30,34,42,44,53,60-61,73-74,111,117,119-120,130,256,296,323,325,330
ジェンダー葛藤　170-172
時間　114,115,136,179,185-189,195,290,311,329,332,340,343-344
資源　68,102,107,136-137,142-144,157,162,180,183,185-188,195,253,257,290,294,311,315,329,330,331,338,340
　――化　187,340
　――のプール　311,314,332
　教育――　77,82-83,87,232
　編成的――　136,179,186,188,255,311,329,332,340
周辺　49-50,58,60,62-64,72,125,162
　――化　250,261,324,329,344
主体　147-150,162-163,174,257
状況理解のスキップ　31-32,42-43,53,323,327
上下関係　123,248,251,253,257
情報　136,179,183-184,186-188,195,256,290,311,329,332,340,341
新規参入者　54-56,61-63,205,269
すたんどばいみー　292-298,300-302,304-311,313-322
スティグマ　74,85,99
棲み分け　48-52,63

選択国際　38,45,49,57,113,115-116,227,
　　231,233-234,236-251,253-257,312
戦略　30,31,52,62,73,91,92,198-201,221,
　　225
　教育——　64-67,69,83,87-88,96,99,104,
　　143,158,169,171,185-186,324,335
　異質化——　199-201
相互作用論的社会観　19
創造的適応　71-72
存在証明　81,326,329

【タ行】

対等性　165,217-218,220,293
他者　33-39,54,81,145,154,182,183
立場　137-138,150,151,156,196-197,219-
　　220,322
　——性　190,196,208,319,322
脱構築　16-17,190,333,336,343
奪文化化　71,77,119,135
多様性の保障　287-289
断片　111-112,115-116,235
断片化　257
　——された知識や経験　235-236,242-245
力関係　48-50,53,55,261
通訳さん　248
つなげる　235,237,242-245,247-248,253,
　　255-256,331,337
抵抗　71,135-136,157,186,233,255,257,
　　329-331,336,339-341
当事者　112-113,157,178,197,199-202,206,
　　215,218,220,222,293,309,310,319,343
　「在日外国人」という——意識　297,302,
　　305,308-310,315
逃走　339-341
特別扱いしない　3,5,29-30,33,34,42,44,73,
　　111,116,120,228,256,302,323,327,330
努力・姿勢・態度　91,104,108,131,226,
　　232-233,256-257,296,304,311,313,326-
　　329

【ナ行】

仲間　166,168,172-174,180,219,257
ニーズ　143,150-151,155,162,172-175,305,
　　307-311,319
日常性　168-169,173-175,177-178,184,219,
　　290-291,330,331,339
日常世界　18,20,187,323-330,332,335,344

日常的支援の組織化　169,178-179,181,185,
　　290,297,306,311,322
日本人
　——のための学校への参入　230-231,238,
　　240,260
　——とかわらない　85,91,94,112
　——ではない生徒　244
　——化　121,161,165,299
人間関係の地図　48-50,54,55,57,62
のらない　123,130

【ハ行】

博物主義的　337
はちゃめちゃ　78-79,81-82,89,92,107,326
バッシング　85
反学校的　93,107,326
不安な毎日　33-36,38-39,45,54,77,114,122,
　　131,313,323,325,327
筆を鈍らせる　198
不登校傾向　38-39,53,76,95,99,121,134,
　　156,190,203-204,261,317,324,326
負のレッテル　98-99,119,187,195,233,328
ふり　34,36,38,45,59,114,122,323,327
文化資本　187
　相続的——　187-188
　獲得的——　187
文化的生産　135,186,188,257,311,329,332,
　　342
分断　35-36,112,237
変換　187
母国語教室　166,170,175,180,182-184,313
母国での経験の記憶　113,116-117,119
ボランティア　137,139-153,155-158,160,
　　162,165,168-178,180,217-219,234,290-
　　292,322,329-330
　——文化　149,151,157,163,165,173-175,
　　216,290-291,297,305-306,319,329,330,
　　339
　——のミーティング　151,155,158,165,
　　172,176
　地域——　219-220,222,234,242,244,246,
　　248,254,291-293,301-302,305,308,319
　——精神　144
　——現場　140,149
　——活動　143,145,149,156,172,234
本質主義　14-17,19,333-335,338,343-344
　戦略的——　336-338,342-343

翻訳者　　222-224

【マ行】

マジョリティ　　57,63,73,111,342-343
まなざし　　29,36,44,58,59,73,85,145,146,
　226,232-233,244,302,315-316
　教師の――　　29,32,41,43,45,92,116
皆と同じ　　67-68,169
向学校的　　107
群れ　　120-122,124-125,129-132,134,160,
　162,163,165-167,177,180-181,212,216-
　217,292,326
モデル　　108,110,171,183-184,237
　在日外国人――　　183-186,188,195,238,
　246,256,290,302,305,311,314,329,332,
　340-341
精神的経歴（モラル・キャリア）　　74,81,99
問題の個人化　　43-44,80-81,323,331

【ヤ行】

やれている　　30-36,40-41,44-45,59,73,74,
　77,91,92,108,111,117,120,122,130,140,
　144,162,226,232-233,256,292,296,311,
　313,323,325-327
要約の暴力　　198-200

【ラ行】

離脱
　家族からの――　　125,127,128-129,135,
　　180,212,219,304,328,332
　学校からの――　　94,125,128-129,131,
　　134,135,162,180-181,195,212,219,304,
　　317,326,328,332
臨床　　137,195-197,209
　――的役割　　196
　――的アプローチ　　138,196,209-210,255,
　　288,330,331,337

著者略歴

1963年	長野県に生まれる
1986年	上越教育大学学校教育学部卒業　長野県内の公立小中学校での勤務を経て，早稲田大学社会科学部へ学士入学
2005年	東京大学大学院教育学研究科博士課程修了　博士（教育学）
現　在	東京理科大学理工学部教養科　助教授
著　書	『《教師》という仕事＝ワーク』（共著，学文社，2000年） 『ニューカマーと教育――学校文化とエスニシティの葛藤をめぐって』（共編著，明石書店，2001年） 『学校臨床学への招待――教育現場への臨床的アプローチ』（共著，嵯峨野書院，2002年） 『学力の社会学――調査が示す学力の変化と学習の課題』（共著，岩波書店，2004年） 『外国人生徒のためのカリキュラム――学校文化の変革の可能性を探る』（共編著，嵯峨野書院，2006年）

ニューカマーの子どもたち
――学校と家族の間（はざま）の日常世界――

2006年9月20日　第1版第1刷発行

著　者　　清水（しみず）睦美（むつみ）

発行者　　井　村　寿　人

発行所　　株式会社　勁（けい）草（そう）書　房

112-0005　東京都文京区水道 2-1-1　振替 00150-2-175253
（編集）電話 03-3815-5277／FAX 03-3814-6968
（営業）電話 03-3814-6854／FAX 03-3814-6854
堀内印刷所・牧製本

©SHIMIZU Mutsumi　2006

ISBN4-326-25055-0　Printed in Japan

JCLS ㈱日本著作出版権管理システム委託出版物＞
本書の無断複写は著作権法上での例外を除き禁じられています。
複写される場合は，そのつど事前に㈱日本著作出版権管理システム
（電話03-3817-5670，FAX03-3815-8199）の許諾を得てください。

＊落丁本・乱丁本はお取替いたします。
http://www.keisoshobo.co.jp

児島　明	ニューカマーの子どもと学校文化 日系ブラジル人生徒の教育エスノグラフィー	Ａ５判	4410 円
宮寺晃夫	教育の分配論	Ａ５判	2940 円
佐久間孝正	外国人の子どもの不就学 異文化に開かれた教育とは	四六判	2520 円
森田伸子	文字の経験 読むことと書くことの思想	四六判	2625 円
田中智志	他者の喪失から感受へ 近代の教育装置を超えて	〔教育思想双書１〕 四六判　2520 円
松下良平	知ることの力 心情主義の道徳教育を超えて	〔教育思想双書２〕 四六判　2520 円
田中毎実	臨床的人間形成論へ ライフサイクルと相互形成	〔教育思想双書３〕 四六判　2940 円
石戸教嗣	教育現象のシステム論	〔教育思想双書４〕 四六判　2835 円
遠藤孝夫	管理から自律へ 戦後ドイツの学校改革	〔教育思想双書５〕 四六判　2625 円
西岡けいこ	教室の生成のために メルロ＝ポンティとワロンに導かれて	〔教育思想双書６〕 四六判　2625 円
樋口　聡	身体教育の思想	〔教育思想双書７〕 四六判　2625 円
教育思想史学会編	教育思想事典	Ａ５判	7560 円
牧野　篤	中国変動社会の教育 流動化する個人と市場主義への対応	Ａ５判	3150 円
木村一子	イギリスのグローバル教育	Ａ５判	6300 円
清田夏代	現代イギリスの教育行政改革	Ａ５判	3885 円

＊表示価格は 2006 年 9 月現在。消費税は含まれております。